U0632204

抗日战争档案汇编

抗战时期江西人口伤亡及财产损失档案汇编

2

江西省档案馆　编

中華書局

本册目录

二、专题

（二）工业

（三）交通

（四）农业

二、专题

（二）工业

江西省工商管理处关于民生手工纺织社及民生工厂被炸损失致省建设厅的签呈（一九四一年一月十一日）

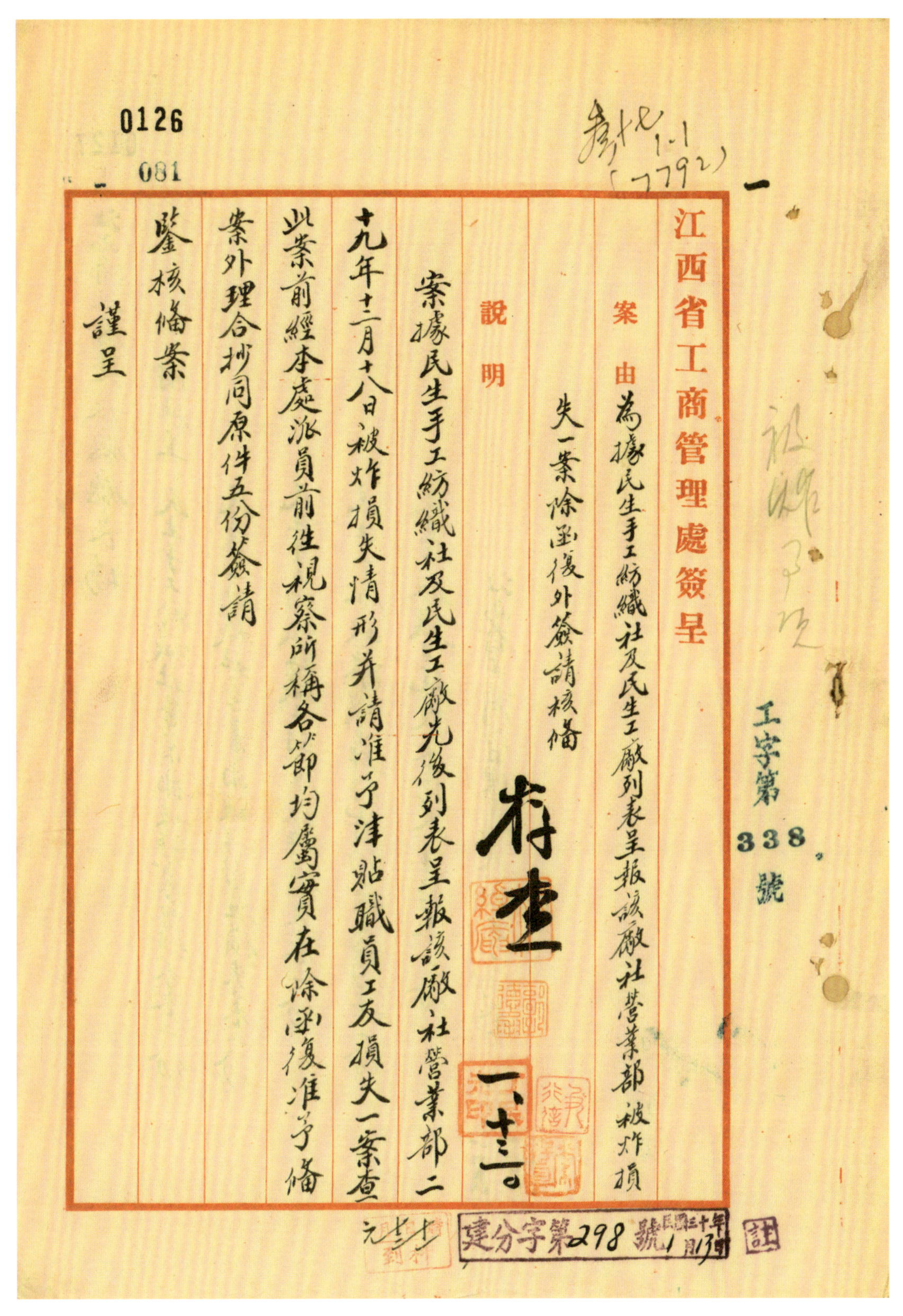
0126

081

江西省工商管理處簽呈

工字第338號

案由：爲據民生手工紡織社及民生工廠列表呈報該廠社營業部被炸損失一案除函復外簽請核備

說明：案據民生手工紡織社及民生工廠先後列表呈報該廠社營業部二十九年十二月十八日被炸損失情形并請准予津貼職員工友損失一案查此案前經本處派員前往視察所稱各節均屬實在除函復准予備案外理合抄同原件五份簽請

鑒核備案

謹呈

一、十三

建分字第298號 民國三十年1月13日

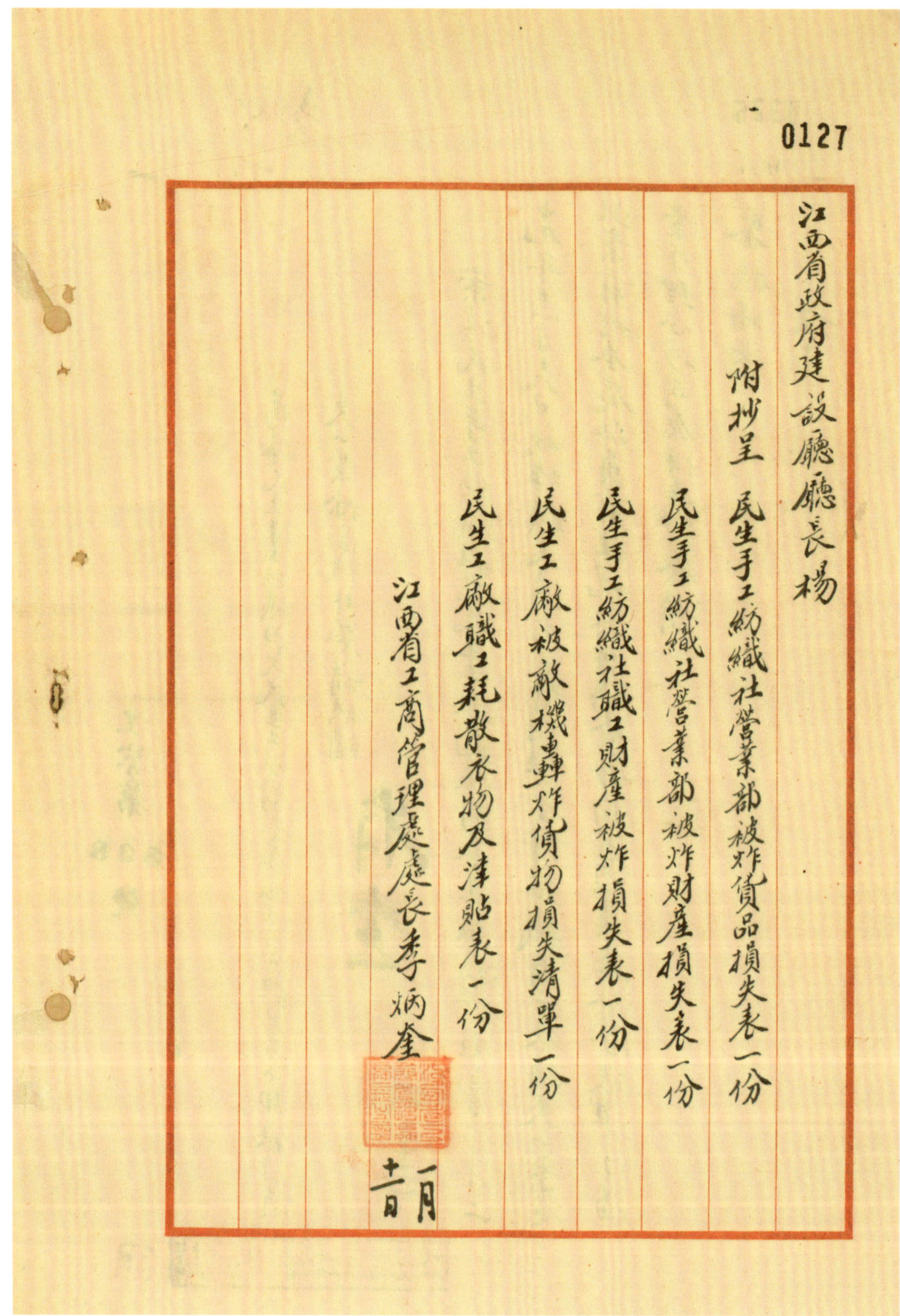
0127

江西省政府建設廳廳長楊

附抄呈　民生手工紡織社營業部被炸貨品損失表一份
民生手工紡織社營業部被炸財產損失表一份
民生手工紡織社職工財產被炸損失表一份
民生工廠被敵機轟炸貨物損失清單一份
民生工廠職工耗散衣物及津貼表一份

江西省工商管理處處長李炳奎

十一月十一日

江西省民生手工紡織社營業處被炸損失貨品表

名稱	單位	數量	價值 單價	價值 共價	附註
二十兩毛巾	条	九八	六〇	五八八〇	
彩花棉布袍料	件	五	六八〇	三四〇〇	
45尺印花被單	床	一	九五〇	九五〇	
大號絞染旅袋	個	九	二〇〇	一八〇〇	
大號背負書包	個	二	二二〇	四四〇	
小號背負書包	個	四	一七五	七〇〇	
脫脂藥棉	磅	二	二一〇	四二〇	
黃夏布繡花餐布	個	二	一九〇	三八〇	

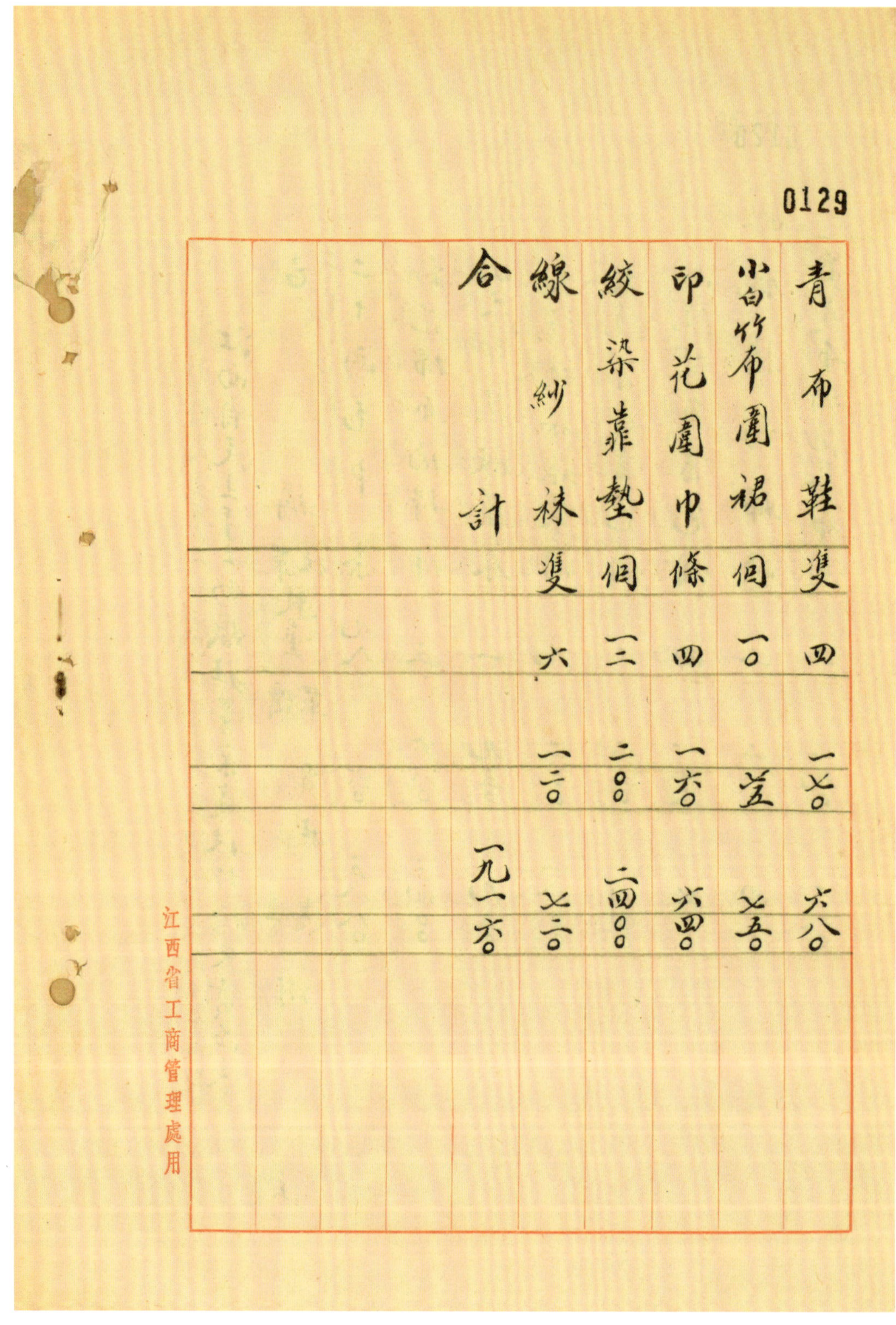

0129

青布鞋	雙	四	一七〇	六八〇
小白竹布圍裙	個	一〇	五五	五五〇
印花圍巾	條	四	一六〇	六四〇
絞染靠墊	個	一二	二〇〇	二四〇〇
線紗襪	雙	六	一二〇	七二〇
合計				一九一六〇

江西省工商管理處用

附（二）江西省民生手工纺织社营业处一九四〇年十二月十八日被炸损失财产表

本社營業處二十九年十二月十八日被炸損失財產表

名稱	單位	數量	價值		附註
			單價	共價	
九斗書桌	張	二	三六五〇	七三〇〇	
靠椅	張	三	五〇〇	一五〇〇	
五斗桌	張	二	一五〇〇	三〇〇〇	
黃色三人紗發椅	張	五	二一四〇	一〇七〇〇	
籐椅	張	四	三〇〇	一二〇〇	
玻璃鞋櫃	張	一	五〇〇	五〇〇	
三斗桌	張	二	八〇〇	一六〇〇	
二斗桌	張	一	八〇〇	八〇〇	

0131

圓櫈	張	五	一四〇	七〇〇	
木櫥	張	四	一七五〇	七〇〇〇	估計價
鋪板	床	一二	三五〇	四二〇〇	平均價
洗面架	只	四	一五〇	六〇〇	估計價
棕棚子	床	三	五五〇	一六五〇	平均價
玻璃文具盤	只	一	一三五〇	一三五〇	
發條叫人鈴	只	二	九五〇	一九〇〇	
陶陶茶碗	只	一〇	二五〇	五〇〇〇	
帆布床	張	二	一二六〇	二五二〇	
陶陶花瓶	只	二	二五〇	五〇〇	

江西省工商管理處用

陶陶花盆	只	一二	三	二	三八	五二	
公文皮包	只	二	一三	九三	二五	八六	
玻璃台板	張	三	一三	〇〇	三九	〇〇	
新式紗發椅	張	一	一三	〇〇	一三	〇〇	
掛鐘	只	一	一〇	〇〇	一〇	〇〇	估計價
屏風	只	二	六	四〇	一二	八〇	估計價
茶几	只	二	一二	〇〇	一二	〇〇	
茶櫈	張	四		五〇	二	〇〇	
算盤	只	八	五	〇〇	四〇	〇〇	平均估價
電燈材料					三三〇	〇〇	估計原價

0133

門面玻璃					七三一二三	門面兩大玻璃櫥及兩貨櫥所配玻璃
門面貨櫥			五八	三	七〇〇〇	大小十二個平均單價
合計					二五一九五三	

江西省工商管理處用

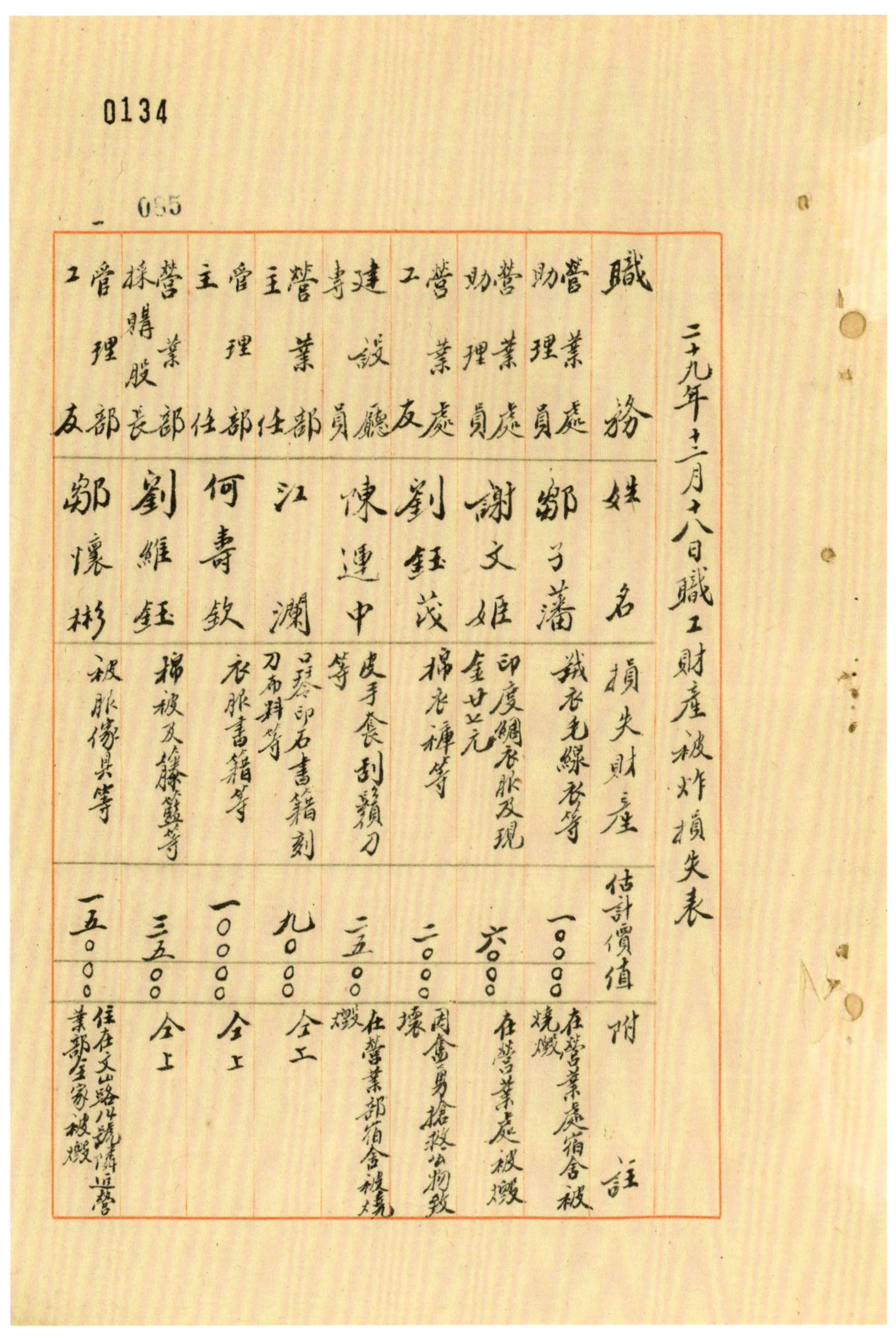

0134

085

二十九年十二月十八日職工財產被炸損失表

職務	姓名	損失財產	估計價值	附註
營業處助理員	鄒子藩	鐵衣毛線衣等	一〇〇〇	在營業處宿舍被燒燬
營業處助理員	謝文姫	印度綢衣服及現金廿元	六〇〇	在營業處被燬
營業處工友	劉鈺茂	棉衣褲等	二〇〇	因奮勇搶救公物致壞
建設廳專員	陳運中	皮手套剃鬚刀等	二五〇	在營業部宿舍被燒燬
營業部主任	江瀾	日文參印石書籍刻刀布料等	九〇〇	仝上
管理部主任	何壽欽	衣服書籍等	一〇〇〇	仝上
營業部採購股長	劉維鈺	棉被及籐籃等	三五〇	仝上
管理部工友	鄒懷彬	被服傢具等	一五〇	住在文山路八號隣近營業部全家被燬

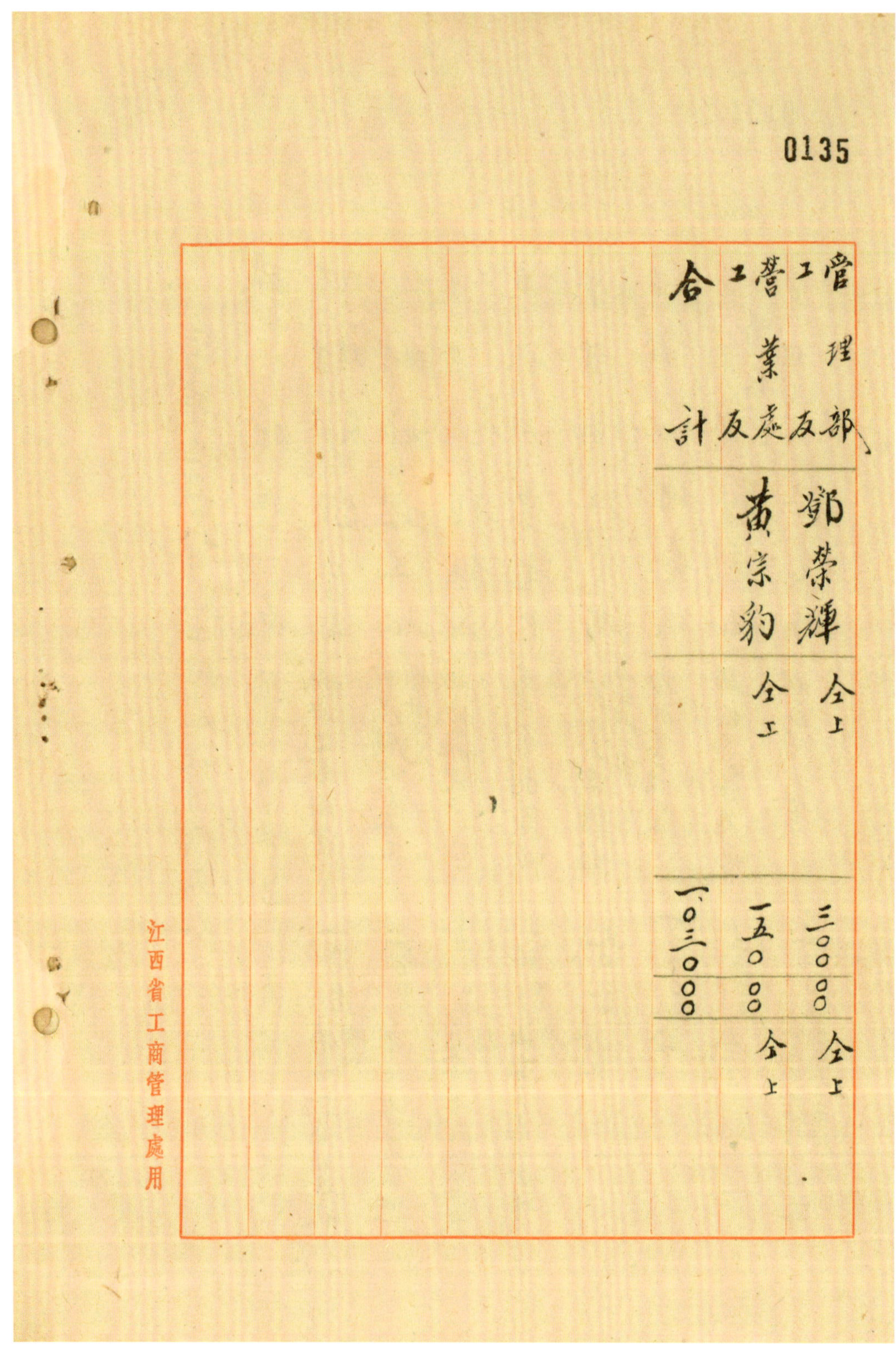

0135

管理部工友	鄭榮輝	仝上	三〇〇〇〇	仝上
營業處工友	黄宗豹	仝上	一五〇〇〇	仝上
合計			一〇三〇〇〇	

江西省工商管理處用

江西省立吉安民生工廠吉安營業部十二月十八日被敵機轟炸貨物損失清單

計開

72 浴巾壹拾弍条　計法幣捌元零肆分

24 白毛巾捌拾玖条　計弍拾捌元弍角六分

24 西湖巾弍伯四拾壹条　計壹伯弍拾壹元肆角六分

20 紅頭巾捌条　計叁元五角

36 寬邊巾拾肆条　計伍元七角九分

24 紅頭巾拾弍条　計陸元九角六分

28 西湖巾肆条　計壹元叁角弍分

20 西湖巾拾九条　計柒元叁角八分

0137

零頭毛巾貳拾柒條　計伍元貳角

毛巾毯子伍床　計肆拾陸元肆角貳分

16短男襪拾隻　計貳元壹角叁分

16正男襪貳拾七隻　計五元五角四分

14正女襪叁拾肆隻　計肆元零五分

32正線襪柒隻　計六元叁角

200針男襪拾貳隻　計四元四角四分

青布襪壹隻　計貳角玖分

30正男襪叁隻　計四角六分

洋布襯衫拾壹件　計拾元零六分

壞紗衣壹件　計叁元九角六分
棉背心弍件　計壹元四角六分
蔴墊陸床　計五元壹角六分
大號籐籃壹隻　計壹元弍角壹分
小號籐籃壹隻　計弍角五分
籐睡椅壹把　計弍元壹角叁分
布鞋子陸雙　計叁元柒角弍分
方櫈壹個　計拾肆元
籐鋪板壹個　計五元
鋪板肆塊　計拾陸元

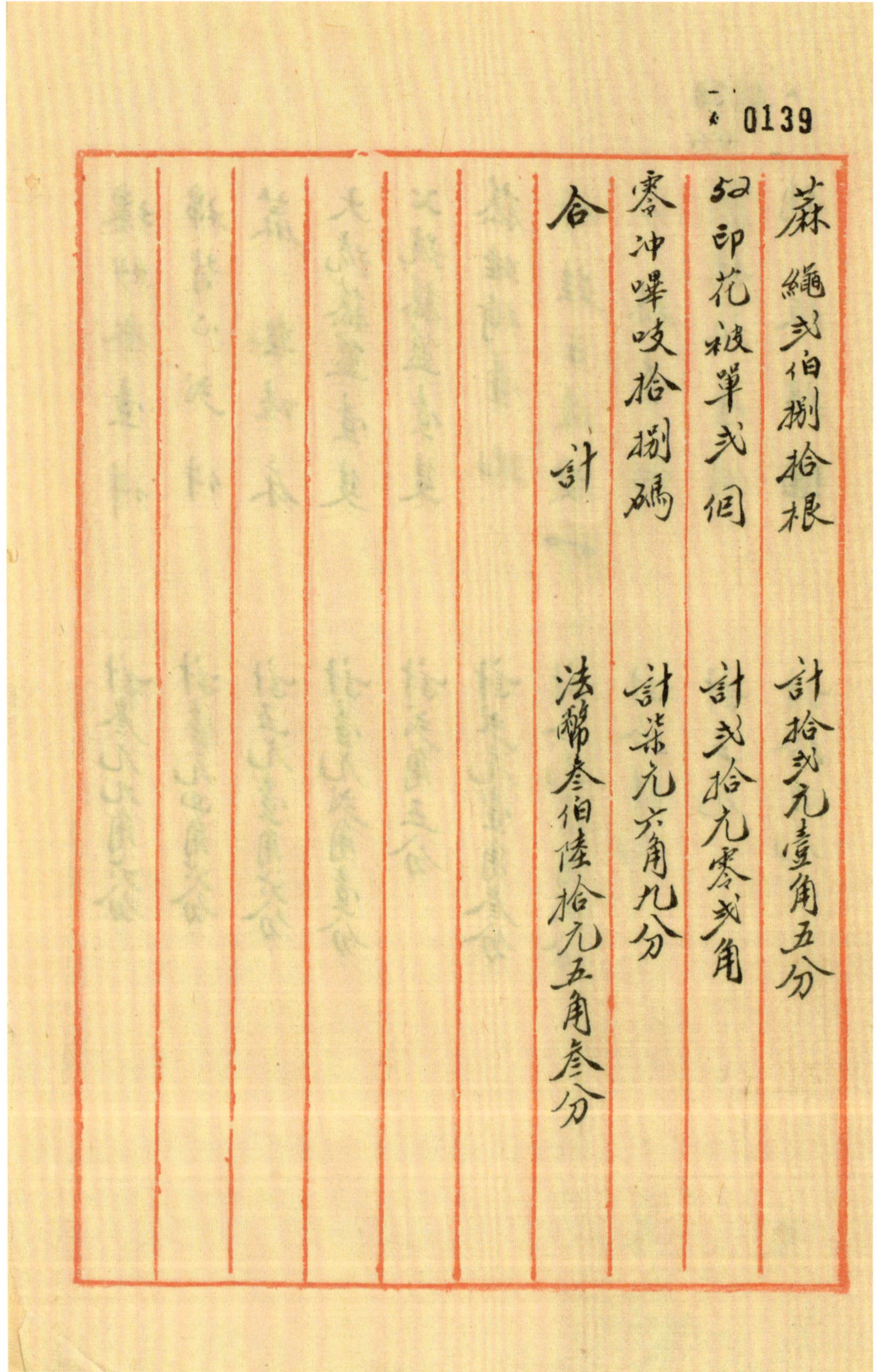
0139

麻繩弍伯捌拾根　計拾弍元壹角五分
印花被單弍個　計弍拾元零弍角
零冲嗶吱拾捌碼　計柒元六角九分
合計　法幣叁伯陸拾九五角叁分

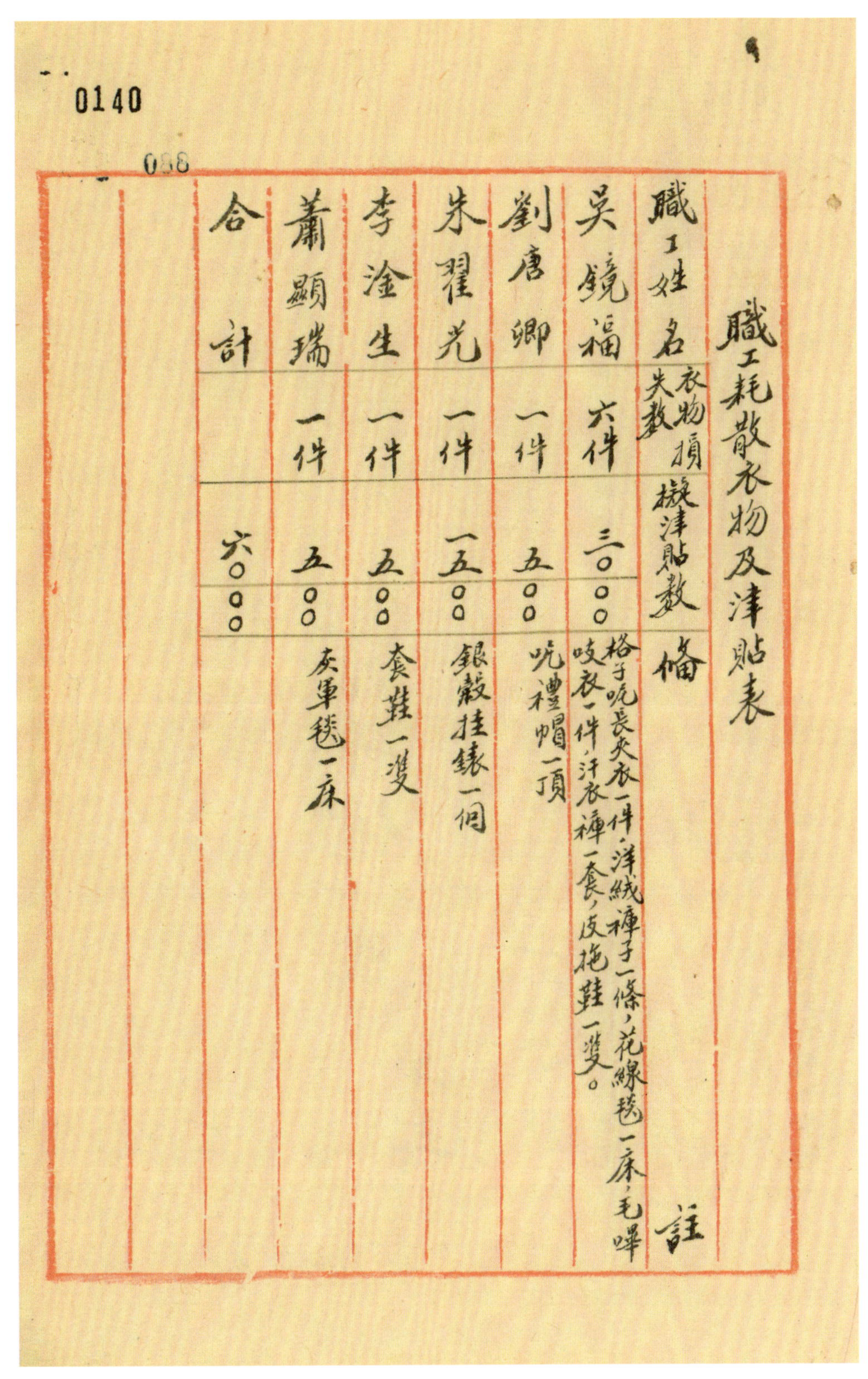

職工耗散衣物及津貼表

職工姓名	衣物損失數	擬津貼數	備註
吳鏡福	六件	三〇〇	格子呢長夾衣一件，洋絨褲子一條，花線毯一床，毛嗶嘰衣一件，汗衣褲一套，皮拖鞋一隻。
劉唐卿	一件	五〇	呢禮帽一頂
朱翟光	一件	一五〇	銀殼掛錶一個
李淦生	一件	五〇	套鞋一隻
蕭顯瑞	一件	五〇	灰單毯一床
合計		六〇〇	

江西省民生手工纺织社关于报送该社被敌机炸毁财产损失表致省建设厅的呈（一九四一年九月二十五日）

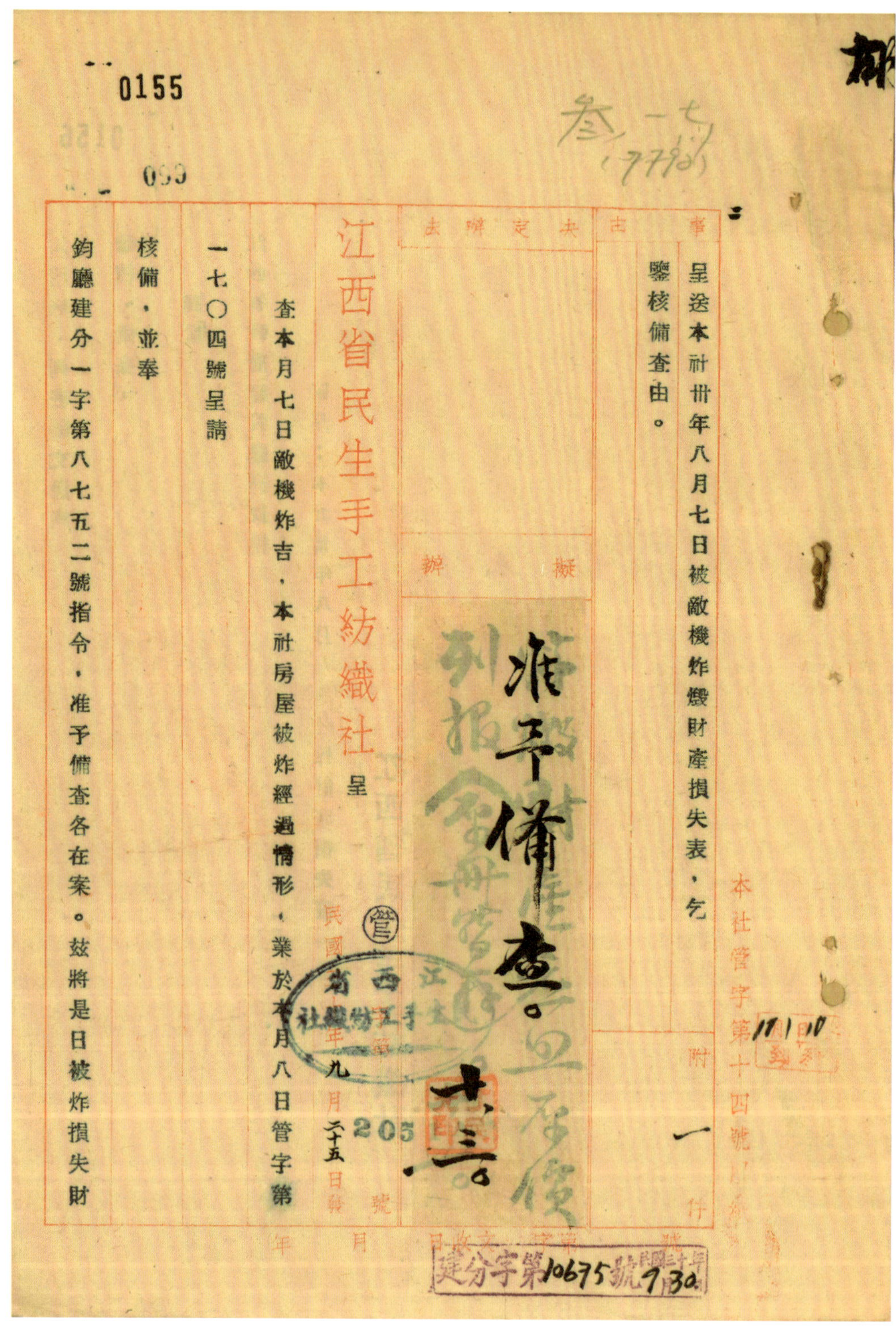
0155

事由：呈送本社卅年八月七日被敌机炸毁财产损失表，乞鉴核备查由。

附：一件

本社管字第十四號

江西省民生手工紡織社 呈

民國卅年九月二十五日發

查本月七日敵機炸吉，本社房屋被炸經過情形，業於本月八日管字第一七〇四號呈請核備，並奉

鈞廳建分一字第八七五二號指令，准予備查各在案。茲將是日被炸損失財

准予備查

建分字第10675號

0156

產情形，列表隨文送請

鑒核，備查。

謹呈

江西省政府建設廳廳長楊

附呈：本社卅年八月七日被炸財產損失表一份

江西省民生手工紡織社

經理 孫子駿

附：江西省民生手工纺织社一九四一年八月七日下午二时被敌机炸毁财产损失表（一九四一年九月二十四日）

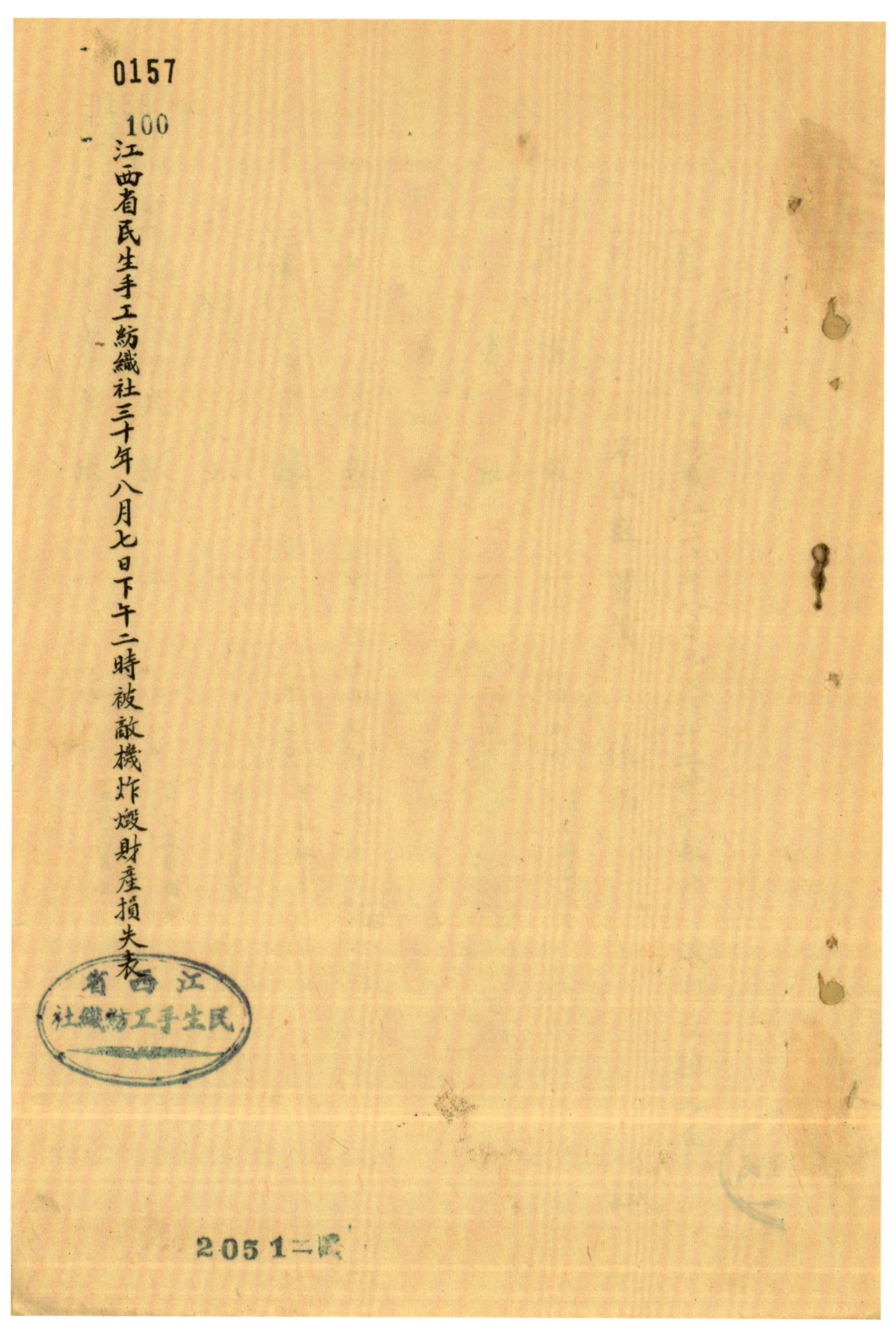
0157

100

江西省民生手工紡織社三十年八月七日下午二時被敵機炸燬財產損失表

江西省民生手工紡織社

2051二民

江西省民生手工紡織社三十年八月七日下午二時被敵機炸燬財產損失表

名稱	單位	數量	價值	備註
五斗書桌	張	一	一四元〇〇	置放職員宿舍
三斗書桌	張	一	八〇〇	仝右
二斗書桌	張	一	八〇〇	仝右
靠椅	張	一七	六八〇〇	仝右
方桌	張	一	五〇〇	置放飯堂
油印桌	張	一	八〇〇	置放傳達室
茶几	張	二	一四〇〇	置放職員宿舍
圖頭書桌	張	一	一八〇〇	置放圖書室

0159

品名	單位	數量	價值	備注
木橱	張	七	九八〇〇	置放職員宿舍、庶務室、
玻璃橱	張	二	一〇六〇〇	置放圖書室
鋪板	副	一八	八一〇〇	置放職員宿舍
方櫈	張	一	一三〇	置放傳達室
樟木箱	只	二	一〇四〇	置放招待所後進
白皮箱	只	一	四三〇	仝右
看書架子	只	六	二四〇〇	置放圖書室
洗面架子	只	五	七五〇	
水桶木架	只	一	一五〇〇	
条櫈	張	一六	一六〇〇	

0160

102

職員名牌	塊	一	一二五〇	置放庶務室
籐椅	張	二〇	五六〇〇	置放職員宿舍及圖書室
棕棚床	張	二	九〇〇	置放職員宿舍
黄包車	輛	三	一一〇五〇〇	置放傳達室門首
推貨土車	輛	七	一四〇〇〇	置放職工招待所門首
鋼板	塊	二	二八〇〇	置放傳達室
玻璃鏡	面	一	二二〇〇	置放庶務室接上
大、小、陶陶花盆	個	四	二一六〇	仝右
帆布椅	張	六	一八〇〇	置放圖書室
德國式床	張	三	四五〇〇	置放職工招待所

0161

寒暑表	只	三	三〇〇	置放庶務室
大鐵鎖	把	一	五六〇	置放圖書室
油衣	件	二	四五〇〇	置放傳達室
市秤	把	三	一六六〇	置放職工招待所
算盤	把	二	七〇〇	置放前會計室
玻璃台板	塊	七	七〇〇〇	置放辦公廳
油印機	架	一	二〇〇〇	置放傳達室
小鐘	只	一	二一五〇	置放圖書室
脚踏車	輛	一	八〇〇〇	置放傳達室
篾篷	方	二	四四一〇	置放警衛室

江西省民生手工紡織社
本社管字第十八號用箋

0162

103

熱水瓶	只	一	一六	〇〇	置放瞿會計主任宿舍
陶陶茶桌	張	六	二四	〇〇	置放飯堂後背房内
蘇袋	只	二五	八七	五〇	置放職工招待所
畫廣告桌	張	二	七二	〇〇	置放廣告室
竹櫈	張	七	七	〇〇	置放傳達室宿舍
竹床	張	一	四	五〇	置放經理宿舍
茶杯桌	張	一	一八	〇〇	置放衣帽間
洗澡盆	只	三	二〇	五〇	置放飯堂後背
陳列橱	張	一	九七二	一八	置放陳列室
營業處玻璃			一、五〇〇	〇〇	

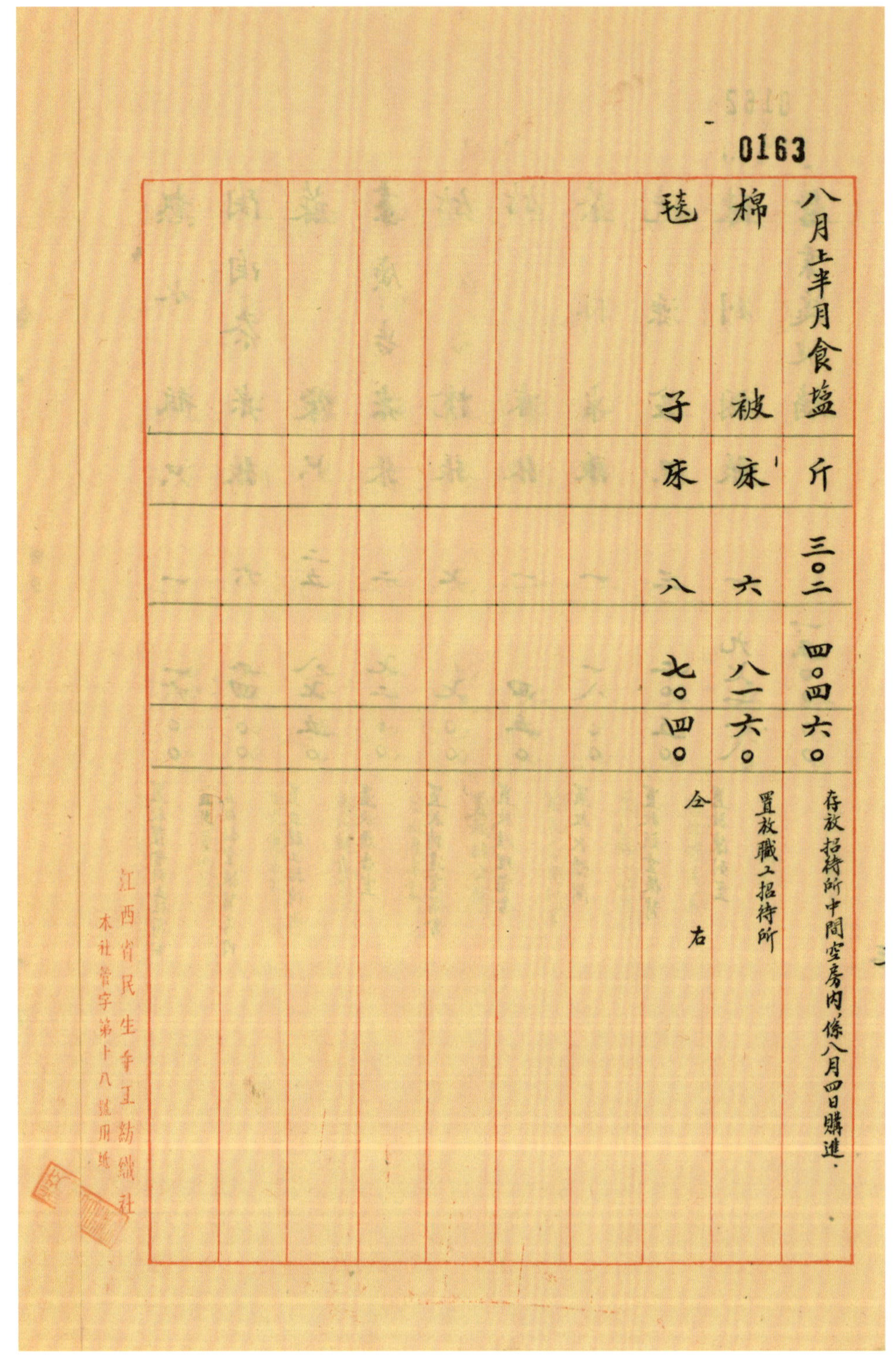

0163

八月上半月食盐	斤	三〇二	四〇四	六〇	存放招待所中间空房内係八月四日購進。
棉被	床	六	八一	六〇	置放職工招待所
毯子	床	八	七〇	四〇	仝右

江西省民生手工紡織社
本社管字第十八號用紙

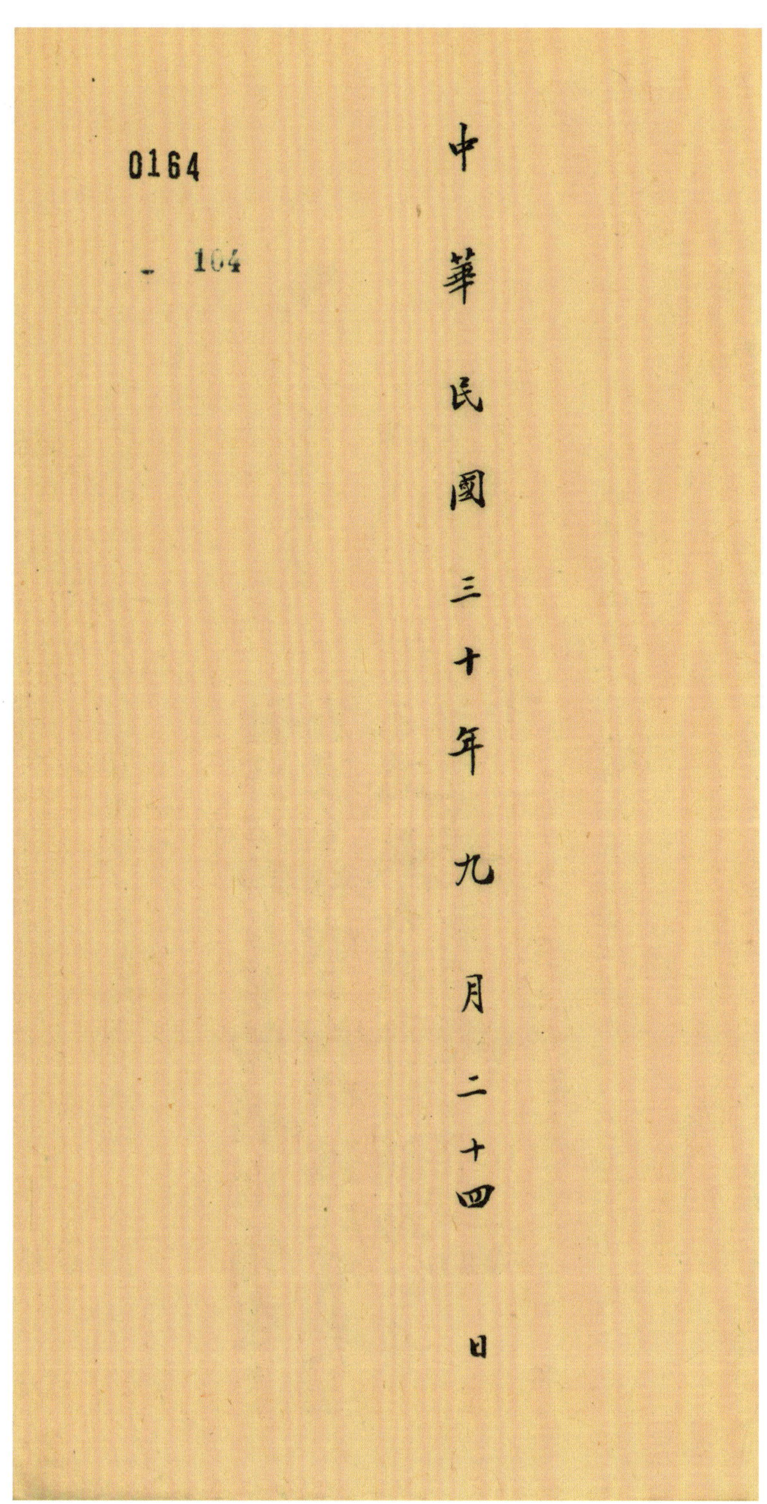
0164

104

中華民國三十年九月二十四日

江西省民生手工纺织社关于转送赣县分社各项被炸损失清册致省建设厅的呈（一九四二年二月十日）

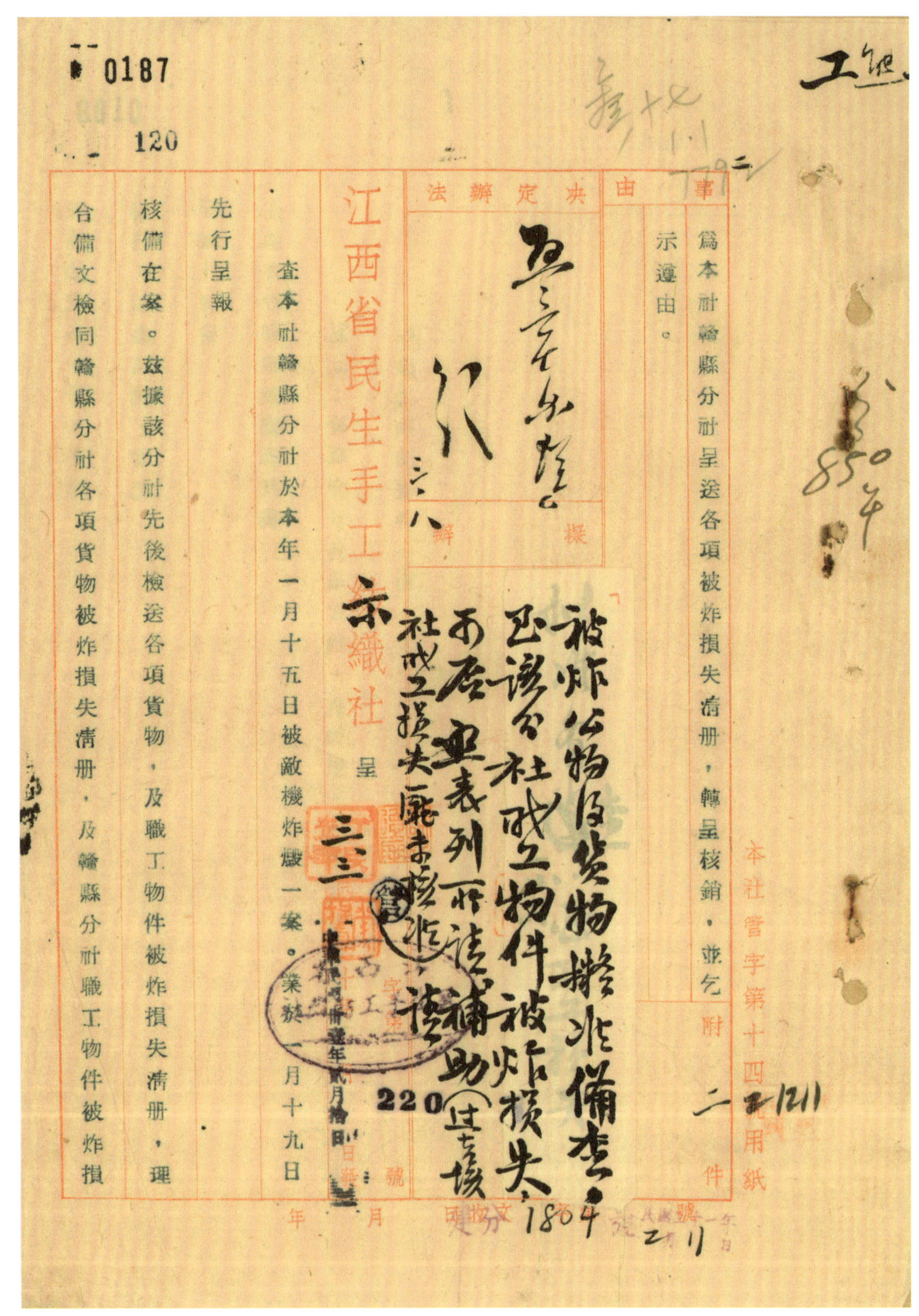
事由：爲本社贛縣分社呈送各項被炸損失清冊，轉呈核銷，並乞示遵由。

決定辦法

擬辦

江西省民生手工紡織社呈 字第 號

查本社贛縣分社於本年一月十五日被敵機炸燬一案，業於一月十九日先行呈報核備在案。茲據該分社先後檢送各項貨物，及職工物件被炸損失清冊，理合備文檢同贛縣分社各項貨物被炸損失清冊，及贛縣分社職工物件被炸損

本社管字第十四號用紙

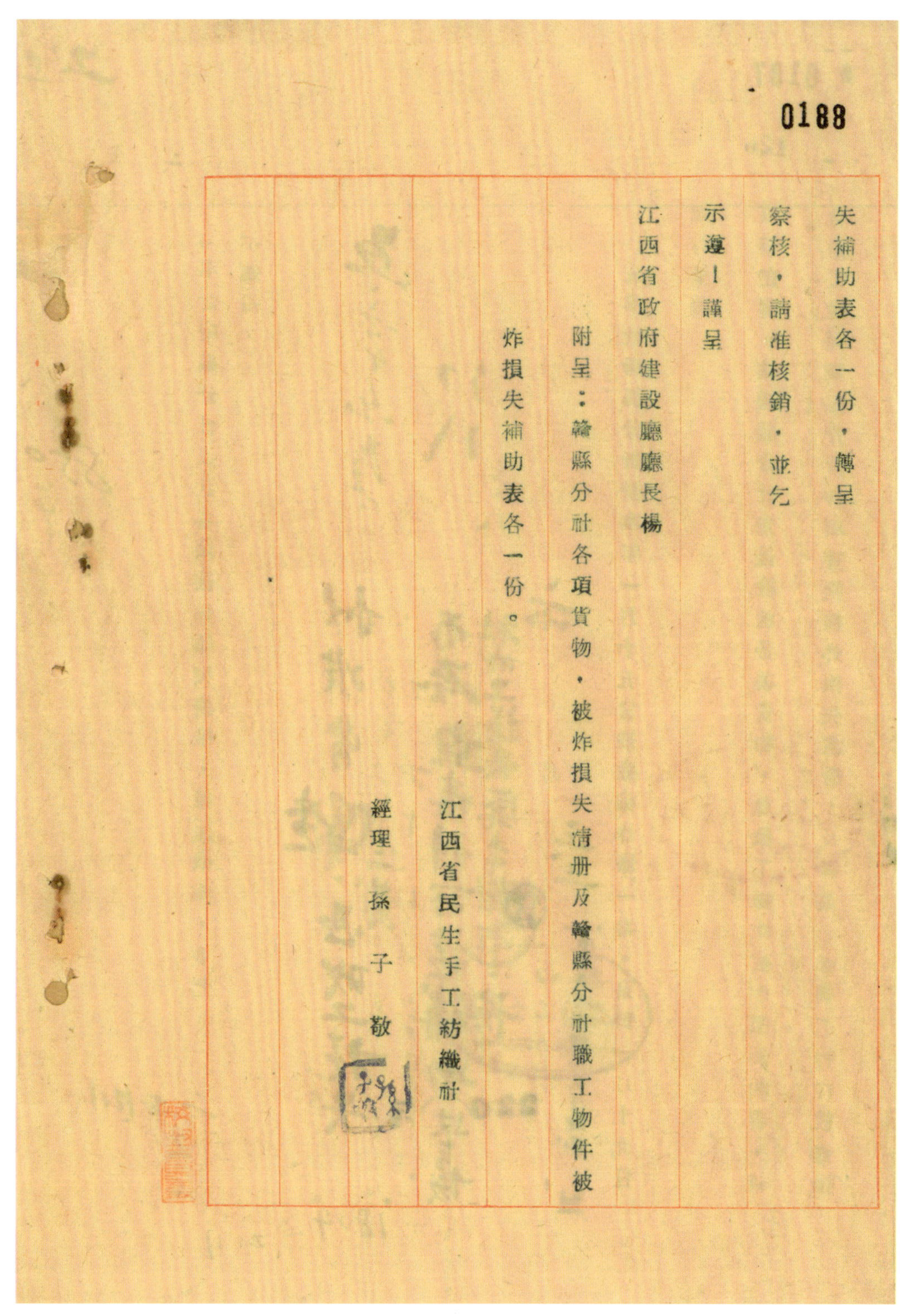
0188

失補助表各一份，轉呈
察核，請准核銷，並乞
示遵！謹呈
江西省政府建設廳廳長楊
附呈：贛縣分社各項貨物，被炸損失清冊及贛縣分社職工物件被
炸損失補助表各一份。
江西省民生手工紡織社
經理　孫子敬

附：江西省民生手工纺织社赣县分社「一·一五」敌机炸毁各项货物损失清册（一九四二年一月二十九日）

江西省民生手工纺织社赣县分社「一·一五」敌机炸毁各项货物损失清册 民国三十一年一月廿九日查造

0190

122

江西省民生手工紡織社贛縣分社"一二五"敵機炸燬產品損失清冊　三十三年一月二十六日造

貨號	品名	損失數量（尺）		單價（元）		總價（元）		備註
五〇六	民生呢（正）	一三	五		七〇	九	四五	
五〇六	民生呢（付）	一二三	八		七〇	八六	六六	
五四〇	民生呢	一六	四		八七	一四	二六	
五五二	民生呢	九一	三		六一	五五	六九	
五五五	民生呢	六	五		七一	四	六一	
五四三	民生呢	九	六		六四	六	一四	
五六六	民生呢	七一	〇	一	六五	一一七	一五	
五〇〇	民生呢	二	五		七一	一	七七	

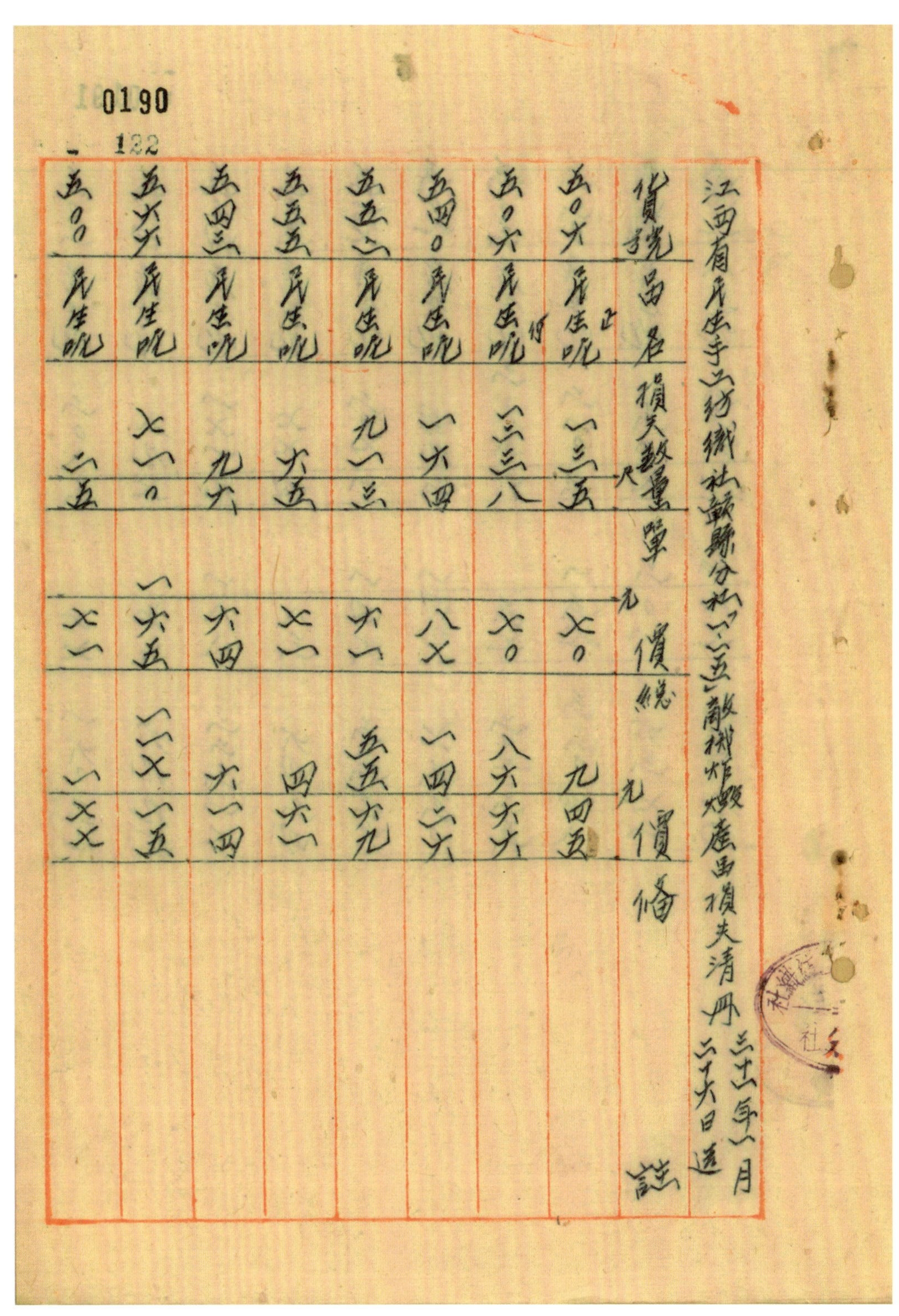

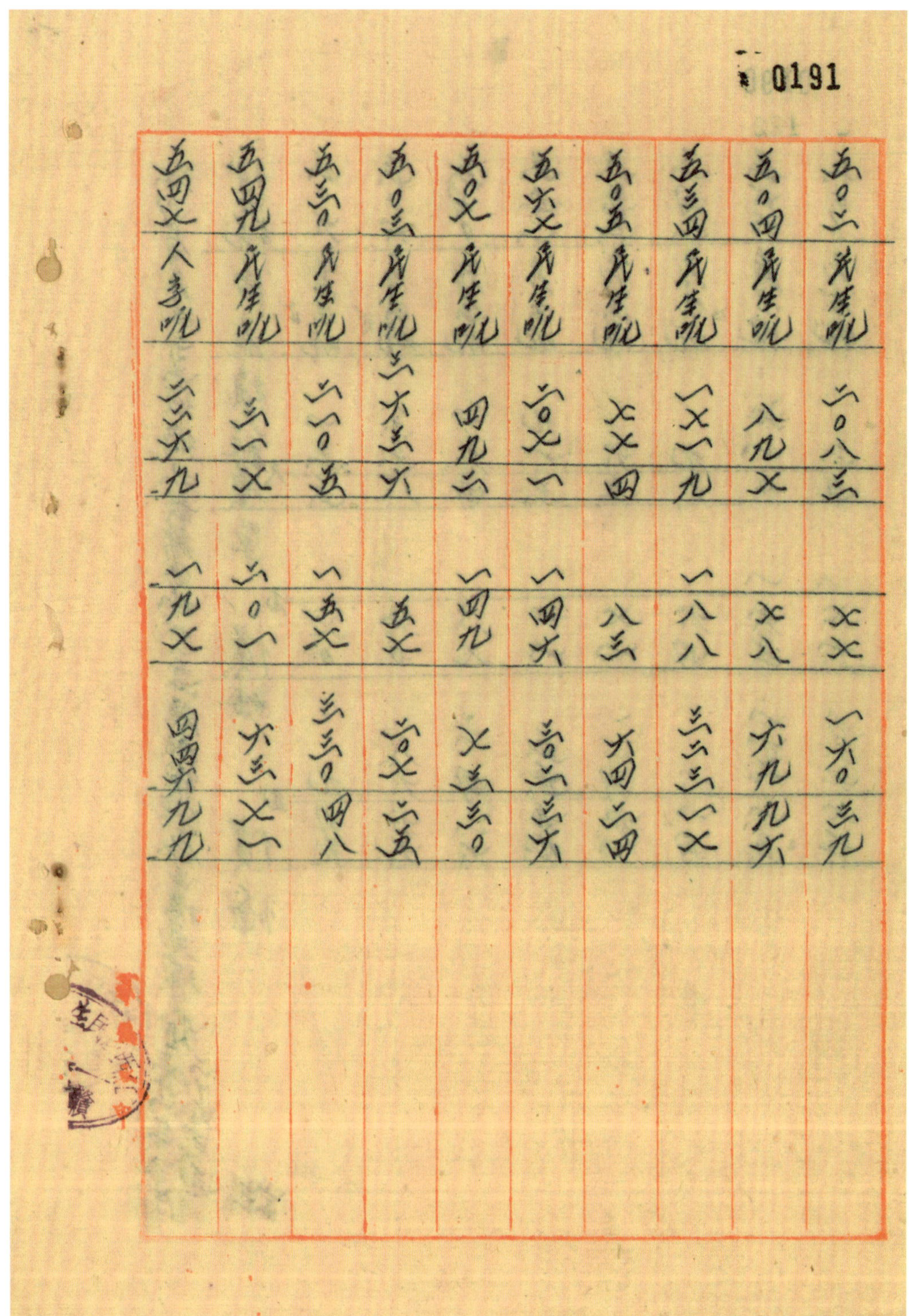

0191

五〇二	民生號	二〇八三	七七	一六〇三九
五〇四	民生號	八九七	七八	六九九六
五三四	民生號	一七一九	一八八	三二三一七
五〇五	民生號	七七四	八三	六四二四
五六七	民生號	二〇七一	一四六	二〇二三六
五〇七	民生號	四九二	一四九	七三三〇
五〇三	民生號	三六三六	五七	二〇七二五
五三〇	民生號	二一〇五	一五七	三三〇四八
五四九	民生號	三一七	三〇一	六三七一
五四七	人亨號	二三六九	一九七	四四六九九

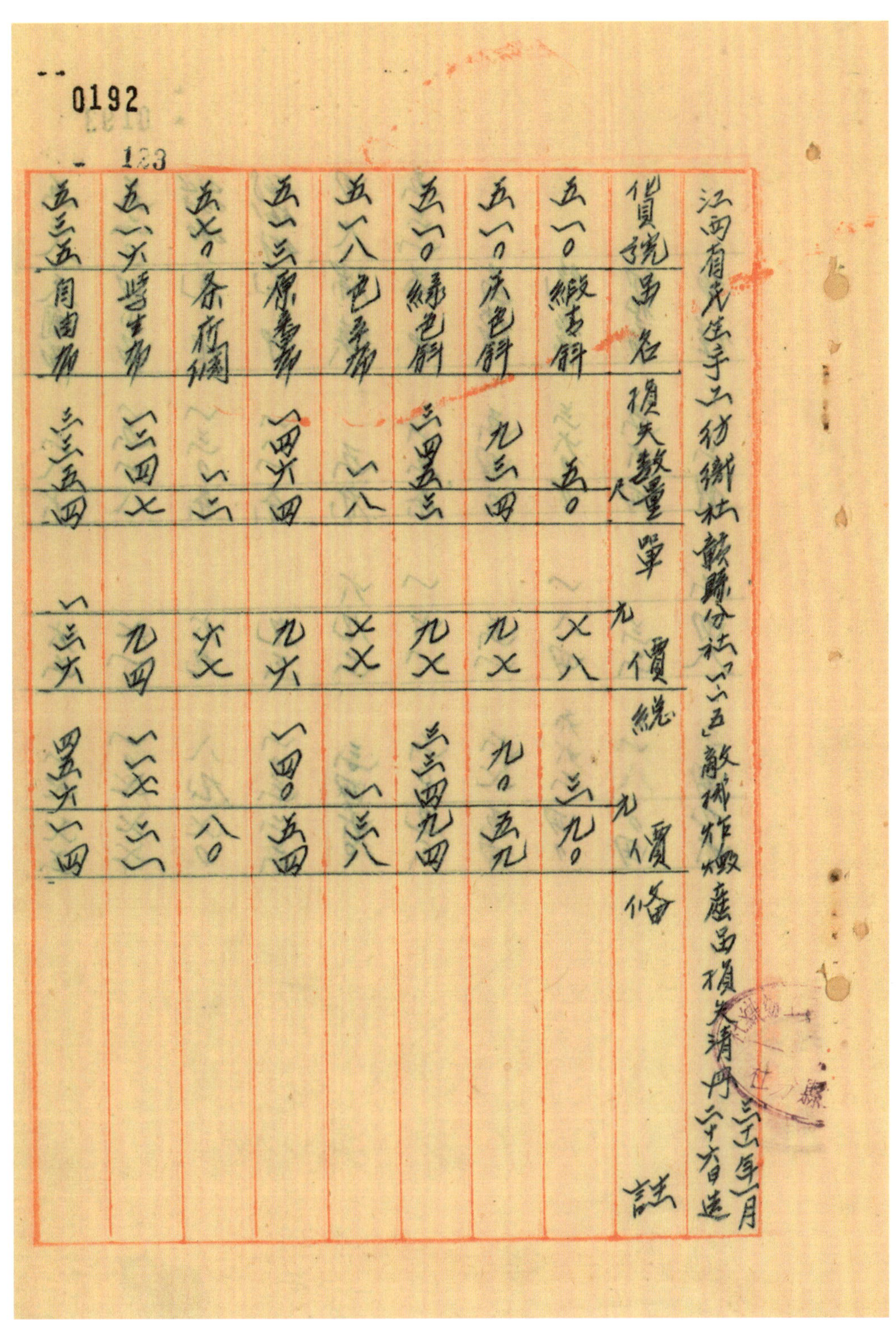

江西省民生手工纺織社赣縣分社〔一二五〕敵機炸燬產品損失清册 三五年一月二十六日造

貨號	品名	損失數量（尺）	單價（元）	總價（元）	備註
五一〇	緞青斜	五〇	七八	三九〇	
五一〇	灰色斜	九三四	九七	九〇五九	
五一〇	綠色斜	三四五三	九七	三三四九四	
五一八	色条布	一八	七七	一三八	
五一三	原素布	一四六四	九六	一四〇五四	
五七〇	条府綢	一二	六七	八〇	
五一六	双生布	一三四七	九四	一二七二一	
五三五	周由布	三三五四	一三六	四五六一四	

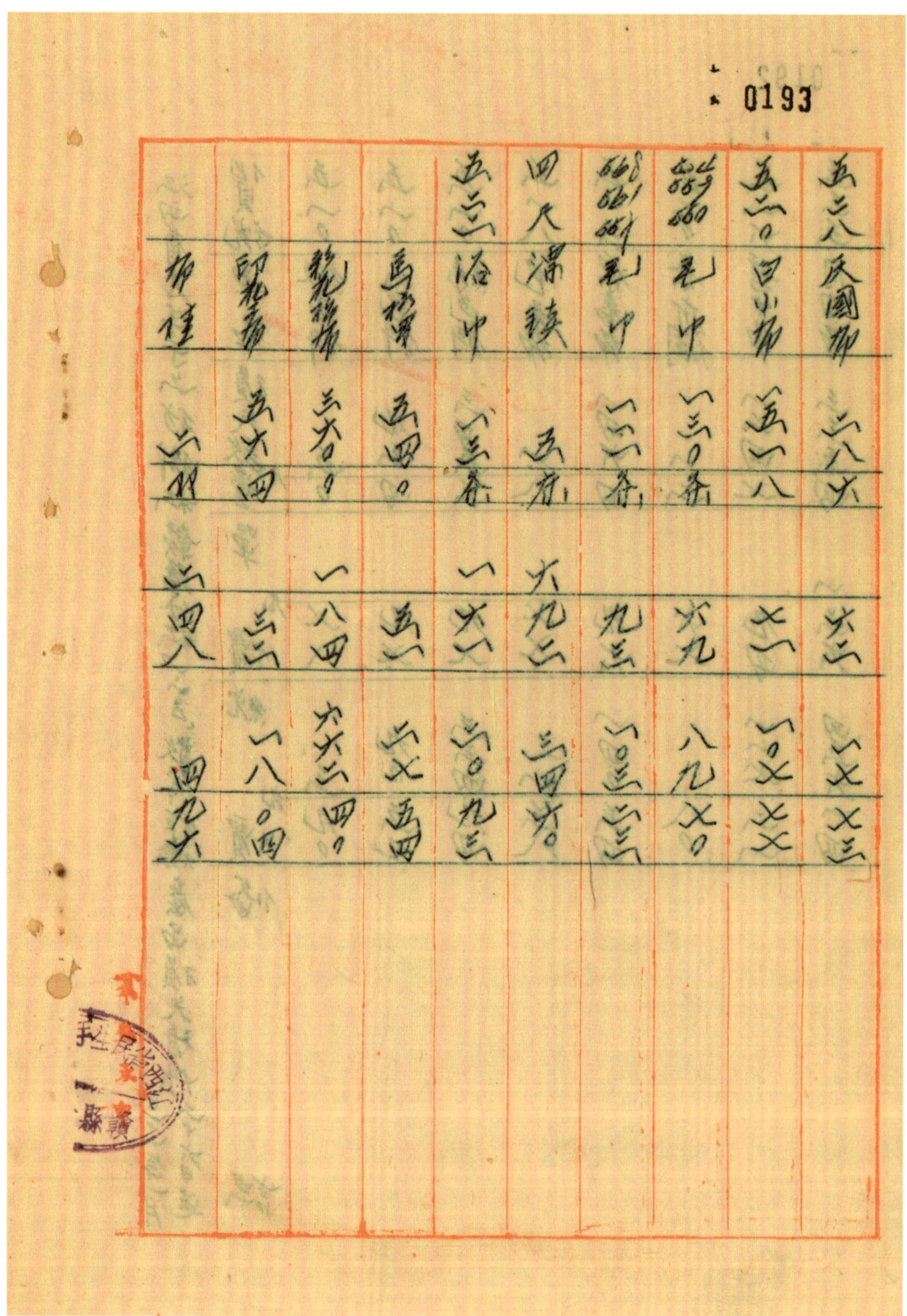

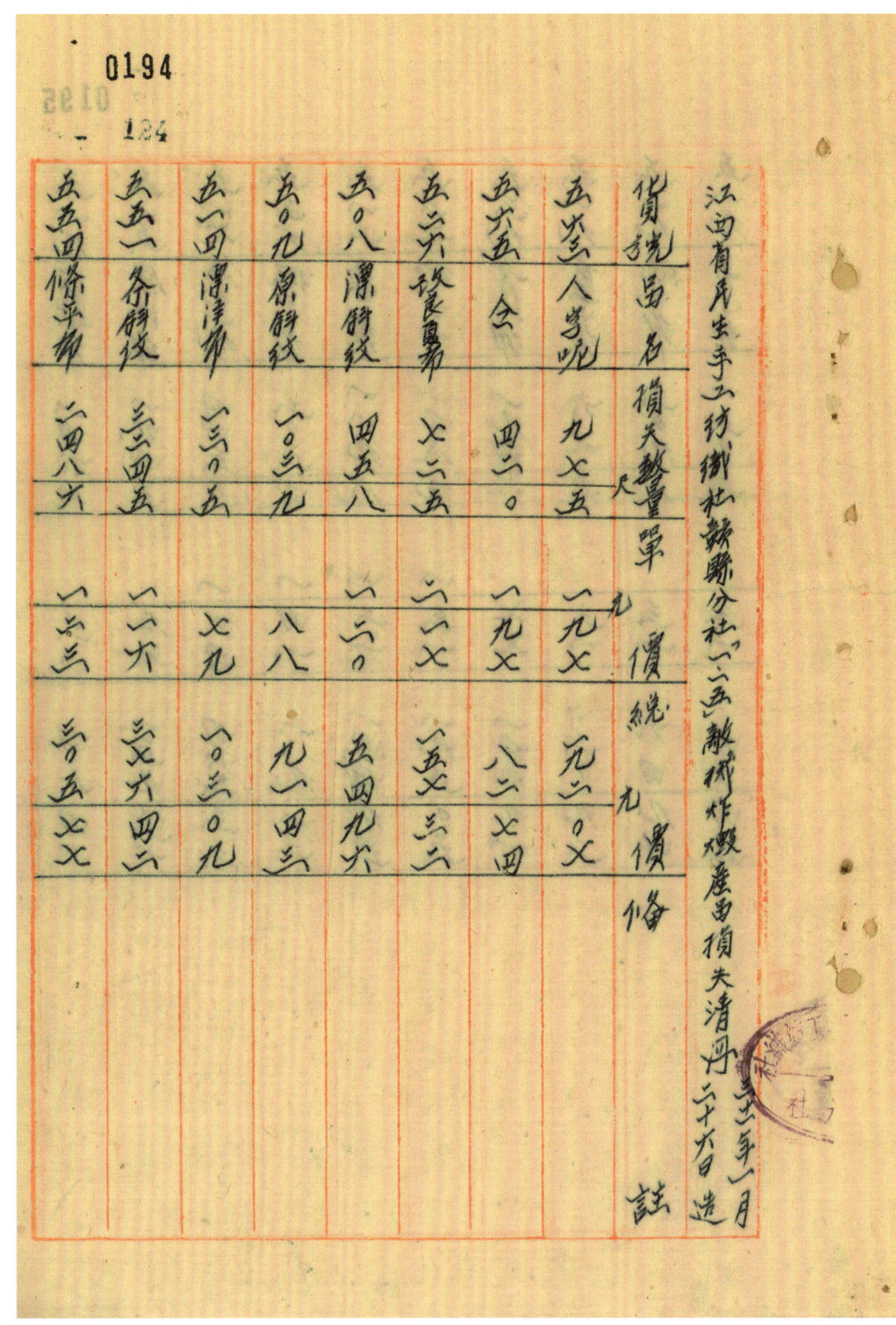

0194

124

江西省民生手工纺织社赣县分社"一二五"敌机炸毁产品损失清册　三十二年一月二十六日造

货号	品名	损失数量（尺）	单价（元）	总价（元）	备注
五三二	人字呢	九七五	一九七	一九二〇七	
五六五	仝	四二〇	一九七	八二七四	
五二六	改良夏布	七二五	二一七	一五七三二	
五〇八	漂斜纹	四五八	一二〇	五四九六	
五〇九	原斜纹	一〇三九	八八	九一四三	
五一四	漂洋布	一三〇五	七九	一〇三〇九	
五五一	条斜纹	三二四五	一一六	三七六四二	
五五四	条平布	二四八六	一二三	三〇五七七	

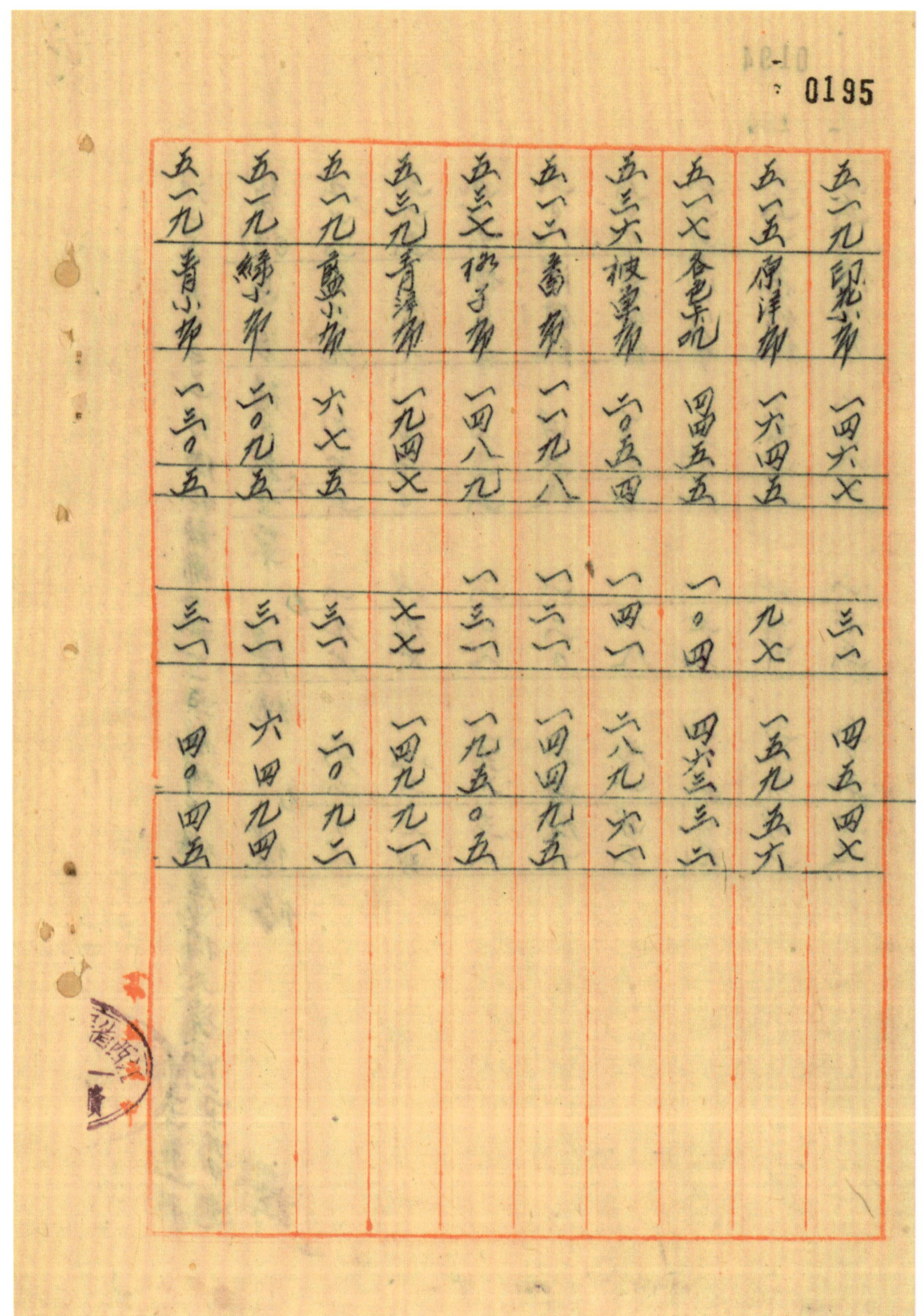

0195

五一九	印花布	一四六七		三一	四五四七
五一五	原洋布	一六四五		九七	一五九五六
五一七	香色京呢	四四五五		一〇四	四六三三二
五二六	被单布	二〇五四		一四一	二八九六一
五一二	斋布	一一九八		一二一	一四四九五
五二七	袜子布	一四八九		一三一	一九五〇五
五二九	青洋布	一九四七		七七	一四九九一
五一九	蓝小布	六七五		三一	二〇九二
五一九	绿小布	二〇九五		三一	六四九四
五一九	青小布	一三〇五		三一	四〇四五

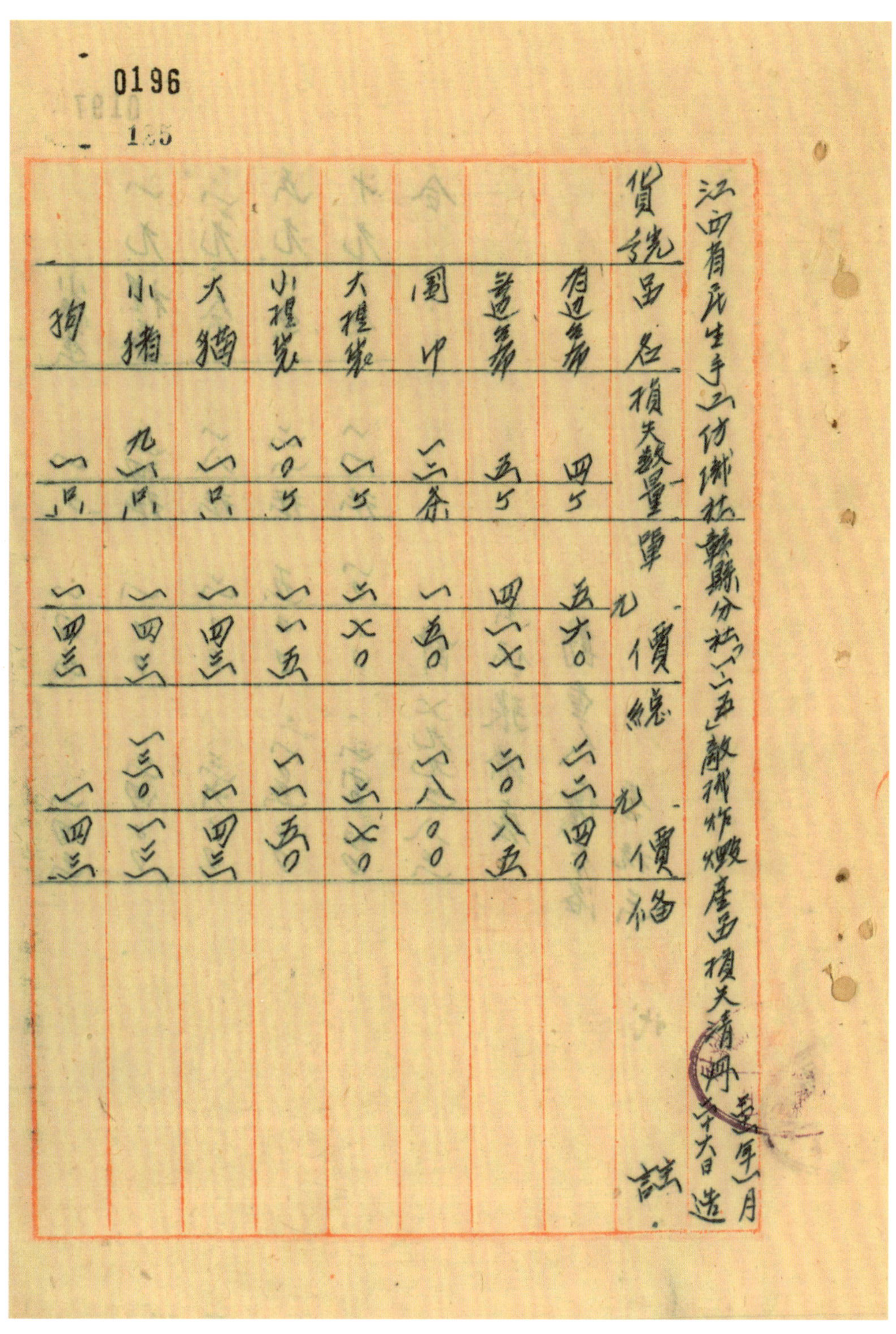

江西省民生手工紡織社赣縣分社"一二五"敵機炸燬產品損失清冊　三十三年一月二十六日造

貨號品名	損失數量	單價（元）	總價格（元）
有邊毛巾	四打	五六〇	二二四〇
無邊毛巾	五打	四一七	二〇八五
圍巾	一二条	一五〇	一八〇〇
大提袋	一打	二七〇	二七〇
小提袋	一〇打	一一五	一一五〇
大貓	一只	一四三	一四三
小猪	九只	一四三	[illegible]
狗	一只	一四三	一四三

誌

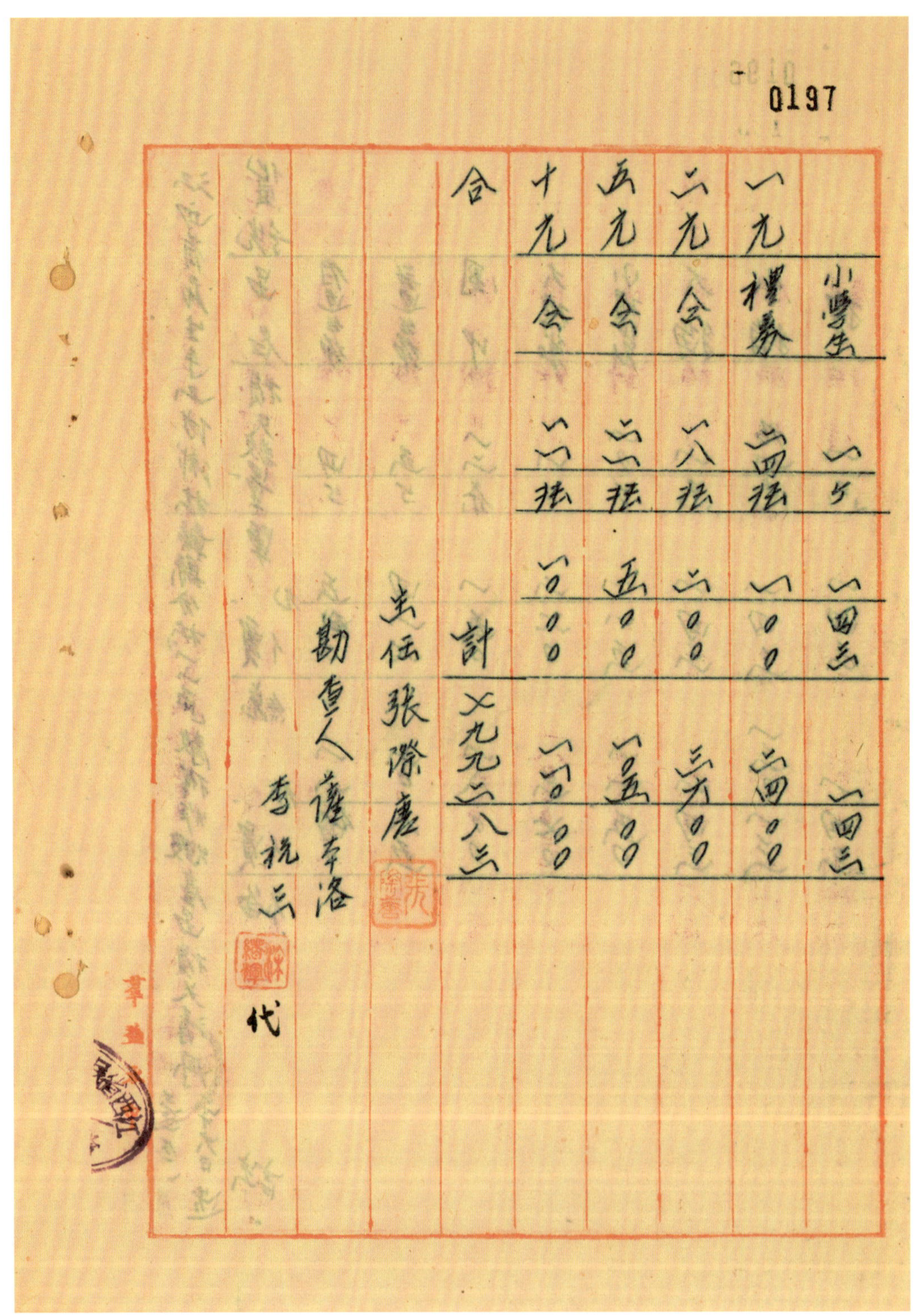

0197

小學生	〡〥	〡四〦	〡四〦
〡九標券	〦四張	〡〇〇	〦四〇〇
〦九会	〡八張	〦〇〇	〡〇八〇〇
五九会	〦〡張	五〇〇	〡五〇〇
十九会	〡〡張	〡〇〇〇	〡〡〇〇〇
合		計	〤九九〦八〦

出伍張際唐

勘查人 薩本洛

李杭三 代

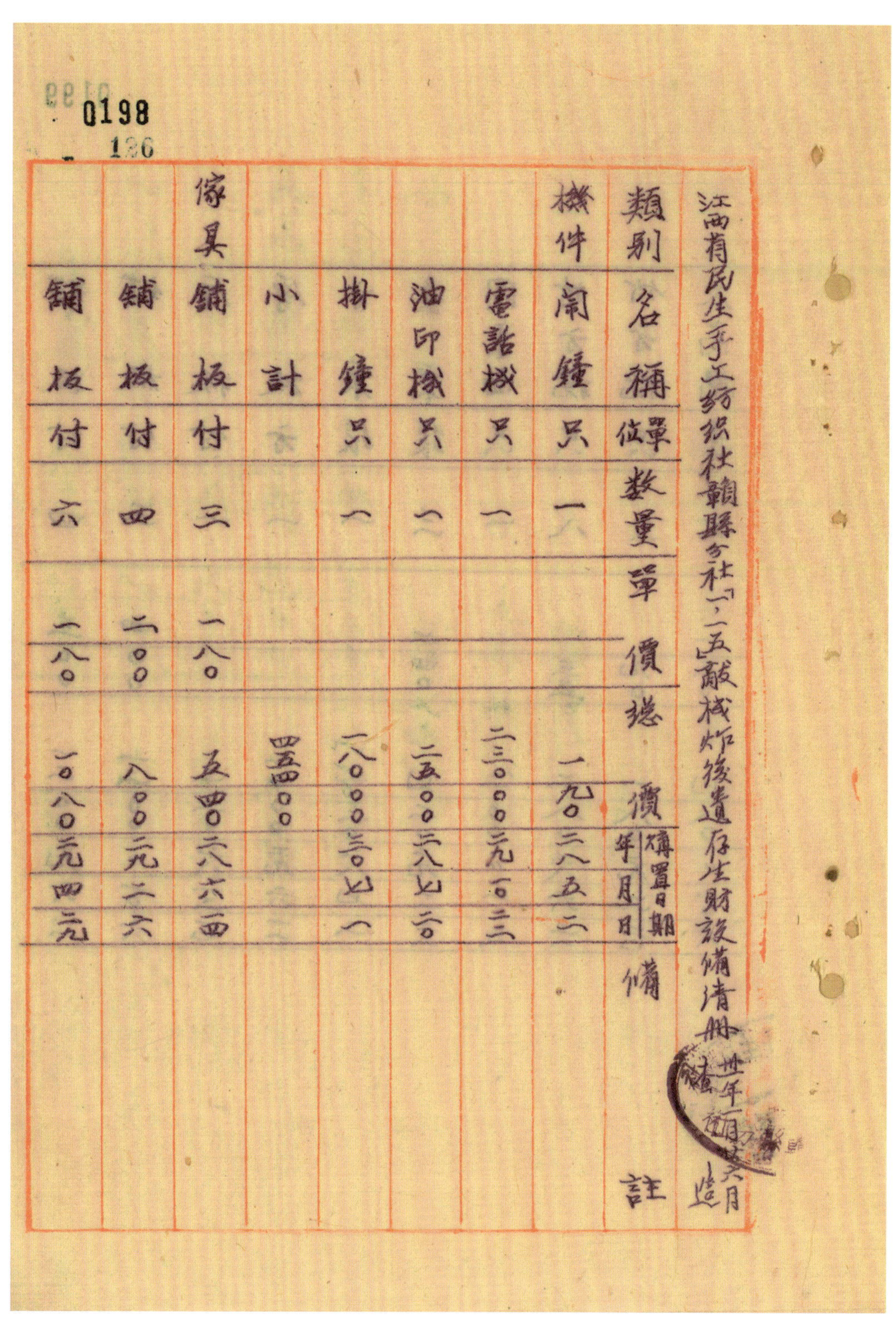

江西省民生手工紡織社贛縣分社「一、一五」敵機炸後遺存生財設備清冊　卅年一月十六日造

類別	名稱	單位	數量	單價	總價	購置日期 年	月	日	備註
機件	鬧鐘	只	一		一九〇	二八	五	二	
	電話機	只	一		二三〇〇〇	二九	一〇	三	
	油印機	只	一		二五〇〇	二八	七	二〇	
	掛鐘	只	一		一八〇〇〇	三〇	七	一	
	小計				四五四〇〇				
傢具	鋪板	付	三	一八〇	五四〇	二八	六	四	
	鋪板	付	四	二〇〇	八〇〇	二九	二	六	
	鋪板	付	六	一八〇	一〇八〇	二九	四	二九	

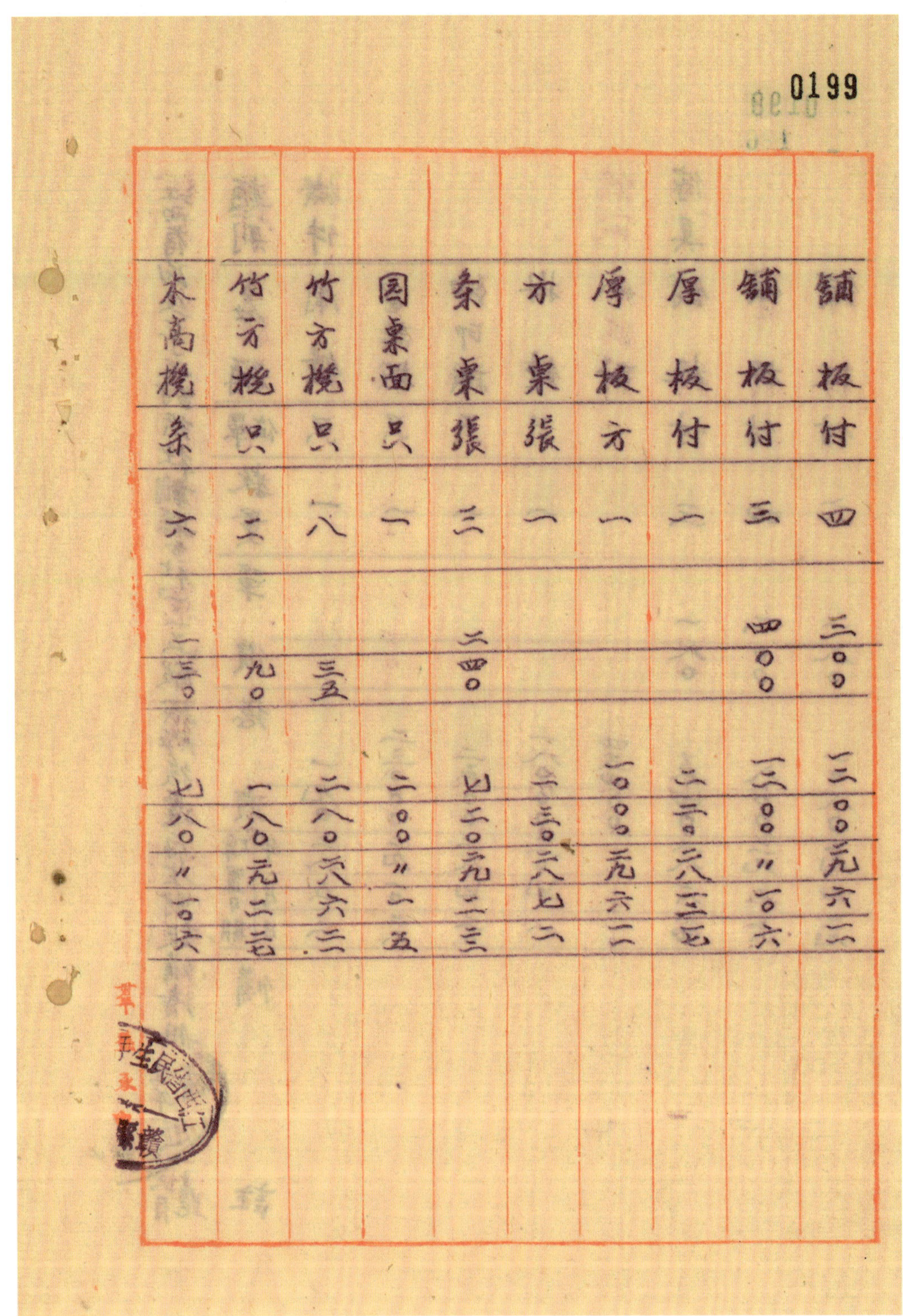

0199

鋪板	付	四	三〇〇	三〇〇元六二
鋪板	付	三	四〇〇	一三〇〇〃一〇六
厚板	付	一		二二〇二八一三七
厚板	方	一		一〇〇〇元六二
方桌	張	一		十三〇二八七二
条桌	張	三	二四〇	七二〇元二三
圓桌面	只	一		二〇〇〃一五
竹方櫈	只	八	三五	二八〇六八六二
竹方櫈	只	二	九〇	一八〇元二二四
木高櫈	条	六	一三〇	七八〇〃一〇六

0200

127

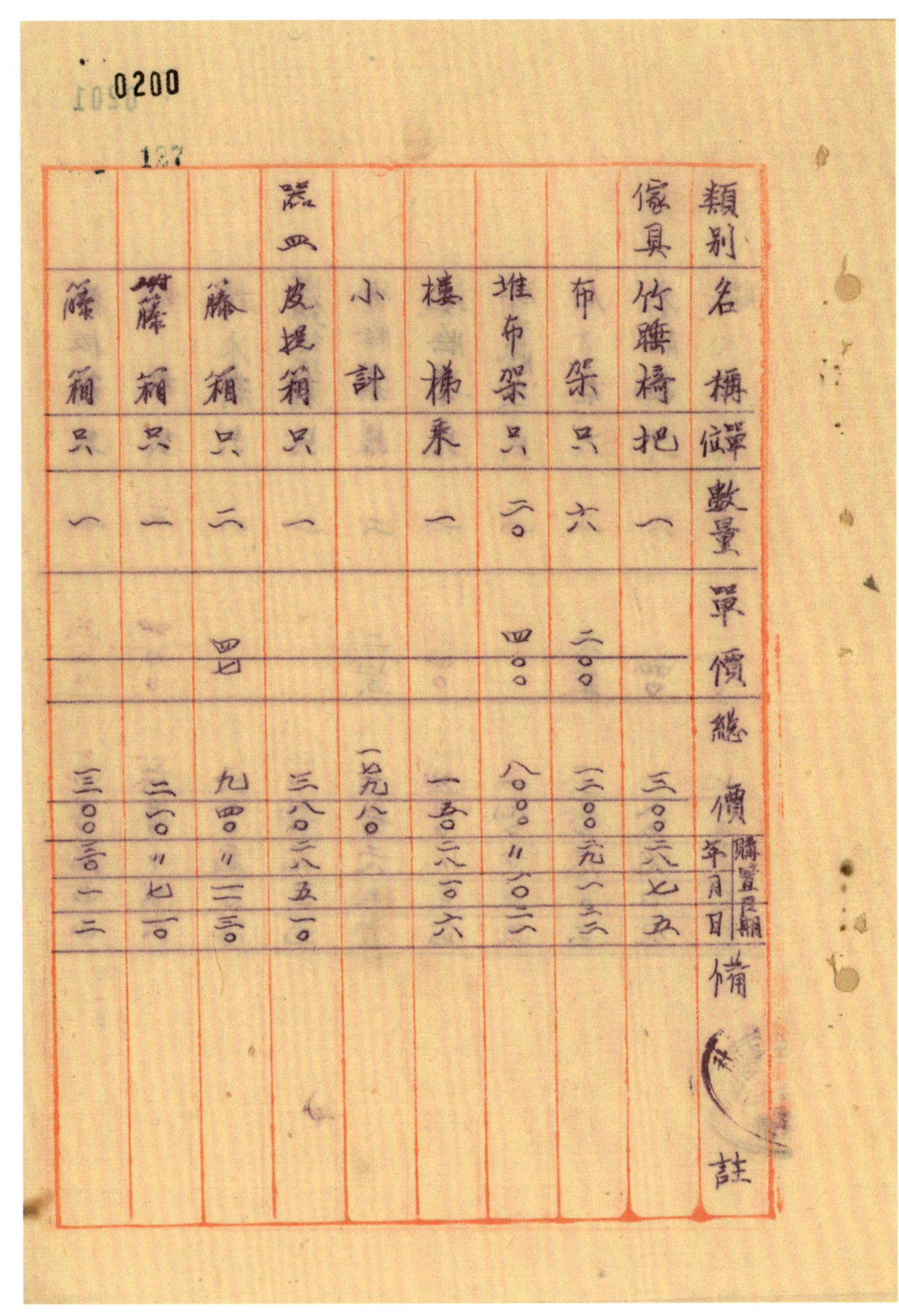

類别	名稱	單位	數量	單價	總價	購置日期 年	月	日	備註
傢具	竹睡椅	把	一		三〇〇	三八	七	五	
	布架	只	六	二〇〇	一二〇〇	三九	一	二三	
	堆布架	只	二〇	四〇〇	八〇〇〇	〃	一〇	二一	
	樓梯	乘	一		一五〇〇	三八	一〇	六	
	小計				一九八〇〇				
四器	皮提箱	只	一		三八〇〇	三八	五	一〇	
	藤箱	只	二	四七〇	九四〇	〃	二	二〇	
	藤箱	只	一		二八〇	〃	七	一〇	
	籐箱	只	一		三〇〇	三〇	一	二	

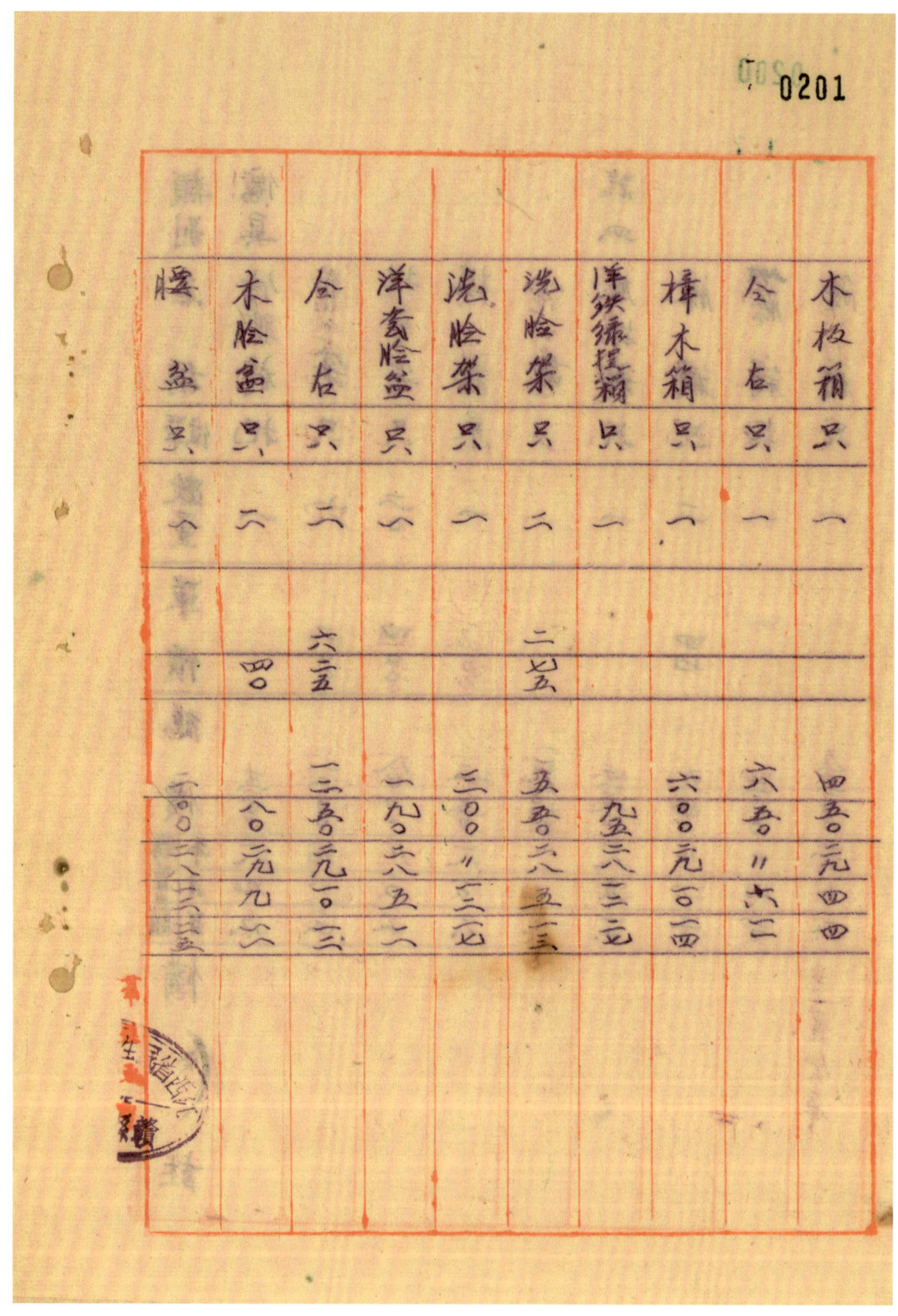

0201

木板箱	只	一		四五〇元九四四
仝右	只	一		六五〇〃六二
樟木箱	只	一		六〇〇元〇一四
洋鉄练提箱	只	一		九五〇二八三三七
洗脸架	只	二	二七五	五五〇二八五一三
洗脸架	只	一		三〇〇〃一三七
洋瓷脸盆	只	一		一九〇二八五二八
仝右	只	二	六二五	一二五〇元九〇一三
木脸盆	只	二	四〇	八〇元九九八
脸盆	只			

類別	名稱	單位	數量	單價	總價	購置日期 年	月	日	備註
器皿	茶桶	只	一		三五	二八	九	二九	
	二指公文包	只	四	七〇〇	二八〇〇	〃	一二	四	
	仝右	只	二	七六〇	一五二〇	二九	三	四	
	仝右	只	一	一五〇〇	一五〇〇	〃	八	五	
	三指公文包	只	一		一九〇〇	〃	七	二六	
	雙力大秤	把	一		三五〇〇	二八	六	一八	
	手秤	把	一		四〇〇	〃	〃	〃	
	篾簍	担	一		四三〇	〃	八	二六	
	電燈材料	套	一		五五三〇	二九	三	一三	裝置倉庫

社

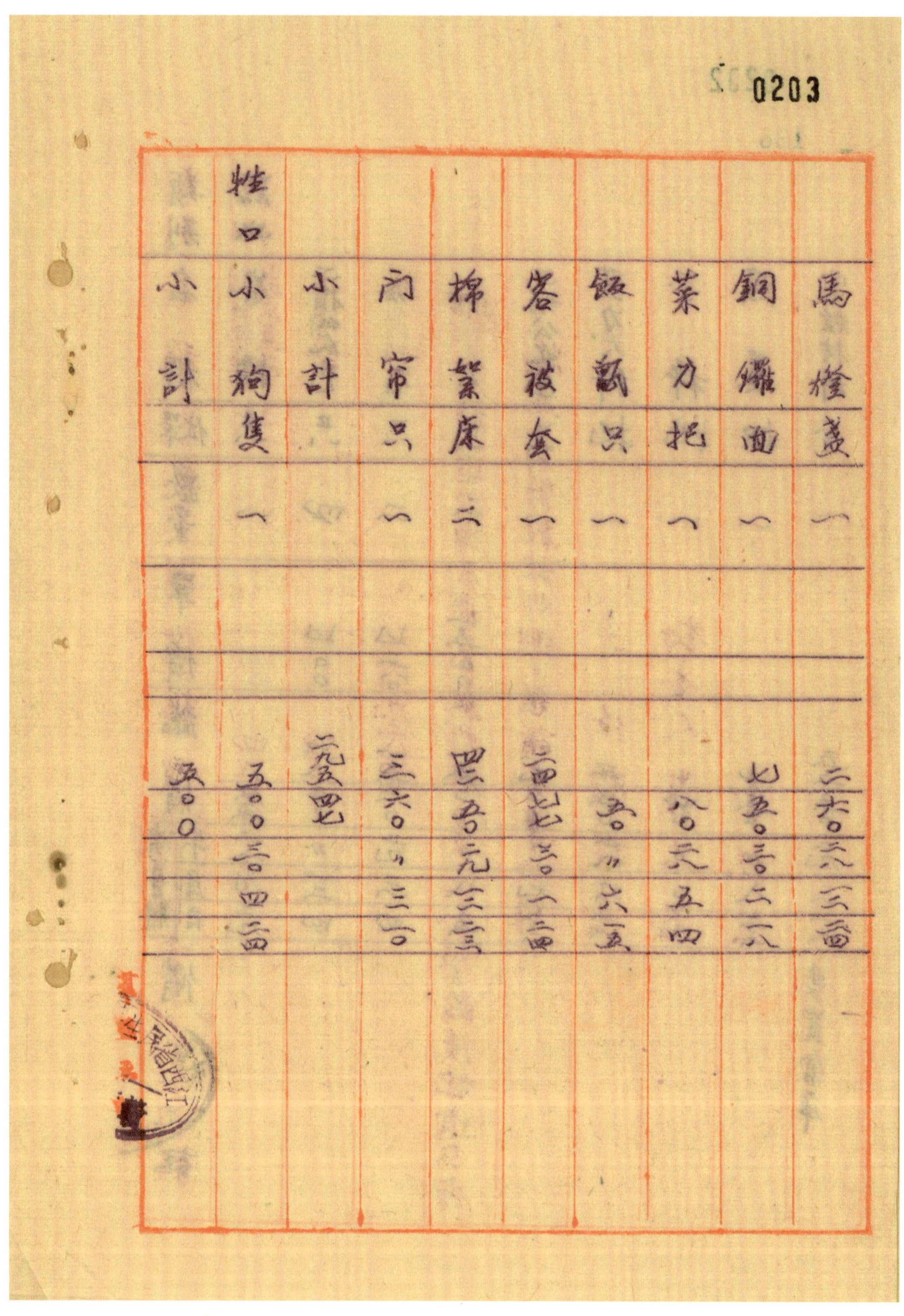

0203

品名	單位	數量	價值
馬燈	盞	一	二六〇 六八 一三 一四
銅鑼	面	一	七五〇 三〇 二 一八
菜刀	把	一	八〇 六八 五 四
飯甑	只	一	五〇 〃 六 一五
客被	套	一	一四七 三〇 一 二四
棉絮	床	二	四五〇 九 一三 三〇
門帘	只	一	三六〇 〃 三 一〇
小計			二九五四七
牲口 小狗	隻	一	五〇〇 三〇 四 二四
小計			五〇〇

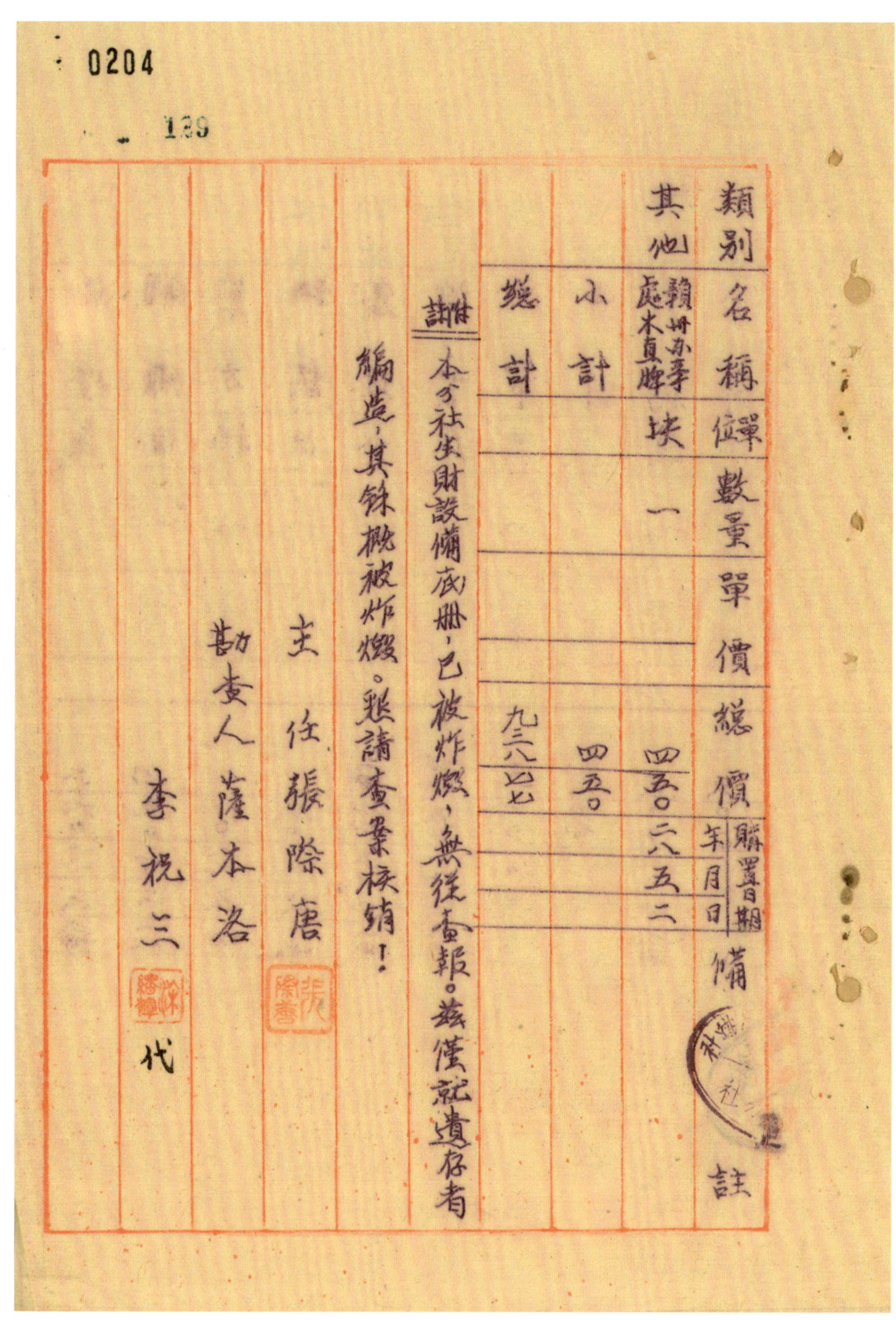

類別	名稱	單位	數量	單價	總價	購置日期 年	月	日	備註
其他	贛州分處木質牌	塊	一		四五〇	二八	五	二	
	小計				四五〇				
	總計				九三八七七				

附註：本分社出財設備底冊，已被炸燬，無從查報。茲僅就遺存者編造，其餘概被炸燬。懇請查案核銷！

主任 張際唐（印）

勘查人 薩本洛

李祝三（印） 代

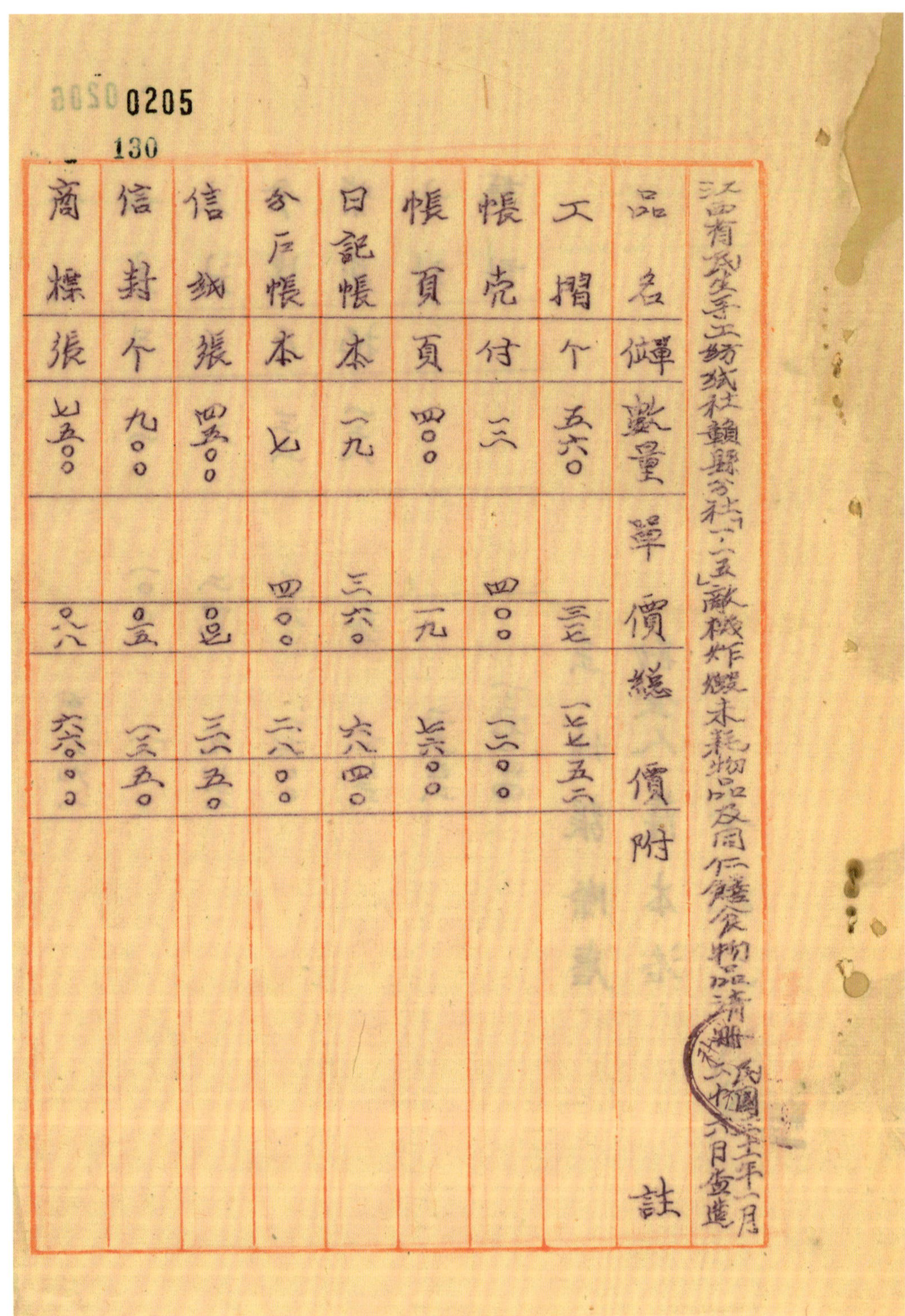

江西省合作事業工場紙社贛縣分社"一·五"敵機炸燬未耗物品及同仁賠償物品清冊　民國三十二年一月六日查造

品名	單位	數量	單價	總價	附註
工摺	个	五六〇	三七	一七五二	
帳殼	付	三	四〇〇	一二〇〇	
帳頁	頁	四〇〇	一九	七六〇〇	
日記帳	本	一九	三六〇	六八四〇	
分戶帳	本	七	四〇〇	二八〇〇	
信紙	張	四五〇〇	〇七	三一五〇	
信封	个	九〇〇	一五	一三五〇	
商標	張	七五〇〇	〇八	六〇〇〇	

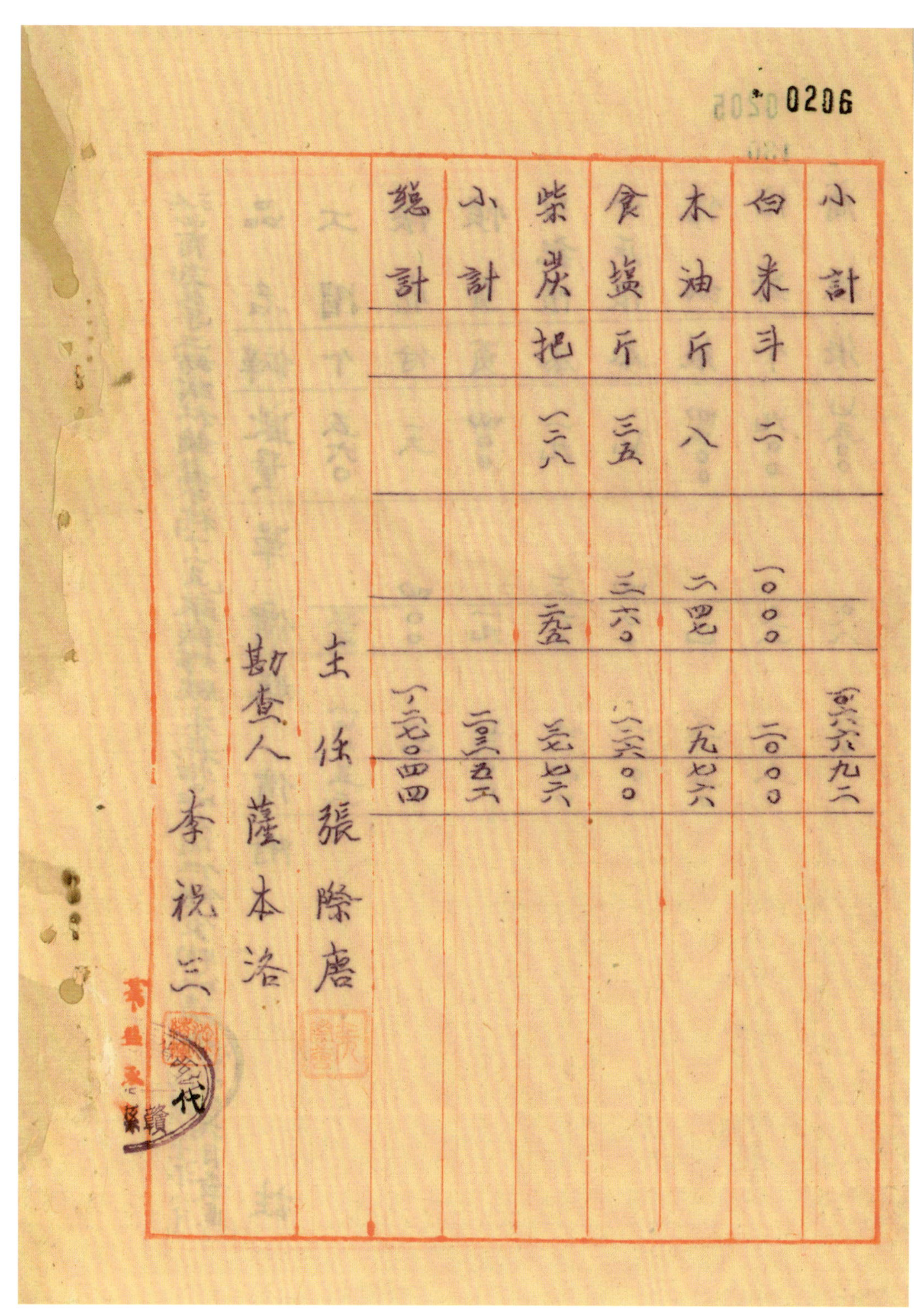

0206

品名	單位	數量	單價	金額
小計				三六六九二
白米	斗	二	一〇〇〇	二〇〇〇
木油	斤	八	二四七	一九七六
食鹽	斤	三五	三六〇	一二六〇〇
柴炭	把	一三八	四二	五七九六
小計				二二三七二
總計				一二七〇四四

主任張際唐（印）

勘查人薩本洛

李視三代（印）

江西省工业实验处关于报送该处购运机件书籍等在长汀被炸损失一览表等致省政府的呈（一九四二年三月十六日）

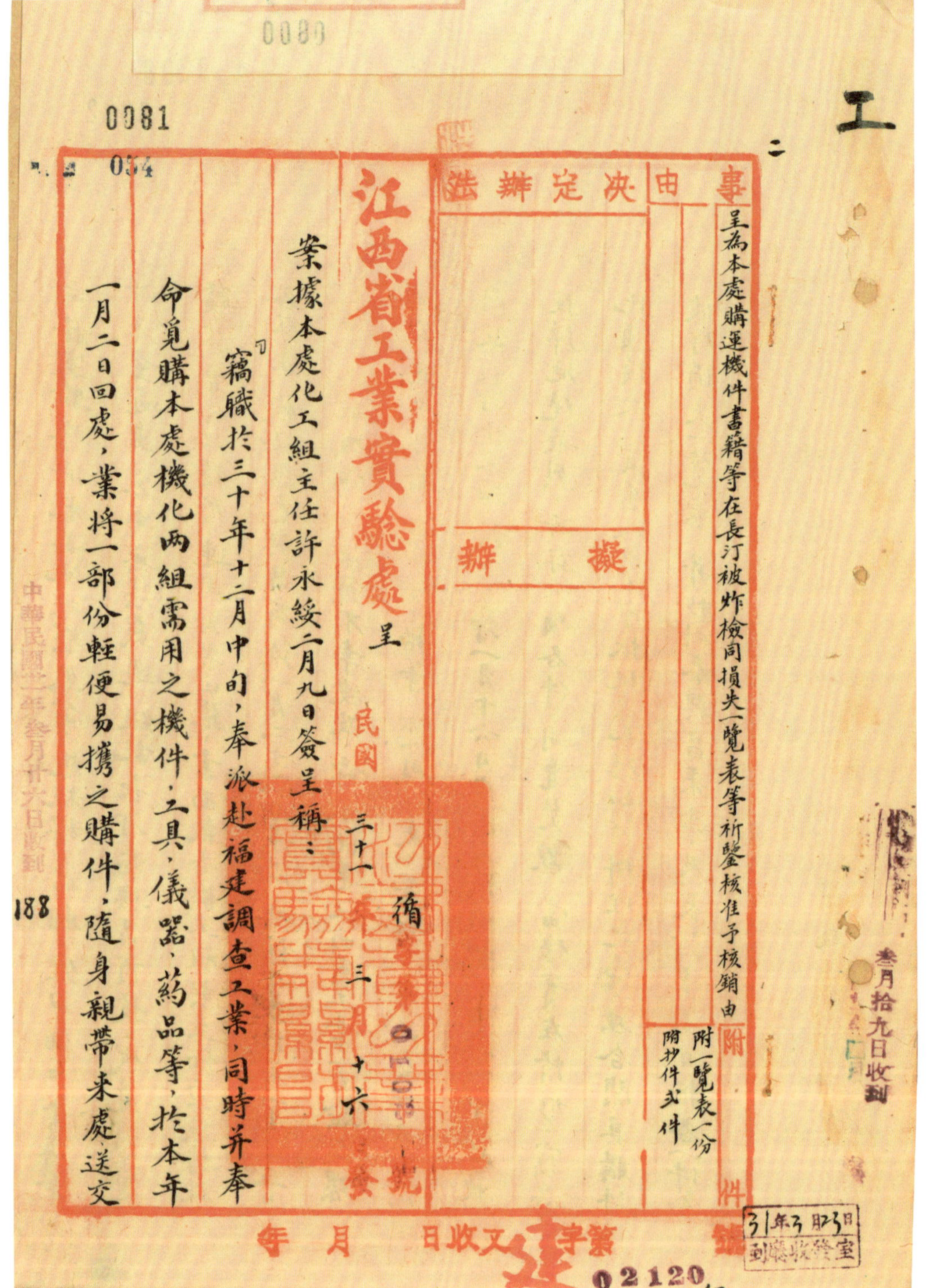

事由：呈為本處購運機件書籍等在長汀被炸檢同損失一覽表等祈鑒核准予核銷由

附件：附一覽表一份 附抄件弍件

江西省工業實驗處 呈

民國三十一年三月十六日發 循字第〇一〇號

案據本處化工組主任許永綏二月九日簽呈稱：

竊職於三十年十二月中旬，奉派赴福建調查工業，同時并奉

命覓購本處機化兩組需用之機件、工具、儀器、藥品等，於本年

一月二日回處，業將一部份輕便易携之購件，隨身親帶来處送交

0002

庶務室驗收，所購其他之螺絲公，絞板桿，砂輪，銼刀，油石，書籍等因質量過重，客車無法載運，經託長汀泰興昌商號，代覓商車運贛，并曾將此情形，連同發票四張，書面報告機工組胡主任查照轉報各在案，旋接該泰興昌商號一月二十三日来函，略稱：「長汀於一月十五日上午，被敵機狂炸，敝號不幸波及，前承託運江西省工業實驗處螺絲公，銼刀，砂輪，油石，書籍等，亦一同損失」等語，查該泰興昌商號開設長汀中正路，證以長汀一月十六日中南日報所載，該路一帶，確被投彈延燒最烈，所存上項各件，同遭焚燬，當係實在情形，竊思此項損失，實屬人力不可抵抗，究應如何辦理之處，理合開具購件被炸損失一覽表，并抄同泰興昌来函，及長汀中南日報各一件簽請鑒核。

等情，當批交機工組、事務室、會計室會同查報去後，兹據機工組主任胡亦欣、事務室主任林旭民、會計室會計員張蘭亭復稱：

查許主任赴閩覓購各件，回處時，曾將覓購情形，連同機件發票四張交機工組查照，同時曾將該件轉請鑒核在案，兹奉交許主任原簽損失情形，核與許主任回處時報告無異，并証以所繳覓購機件及書籍等發票，長汀中南日報，及泰興昌來函等件，自可證明屬實，此項損失，究屬人力不可抵抗，可否據情轉呈江西省政府核備，并准予核銷之處，理合會簽

請予核奪。

0084

等語，查該項損失，爲人力不可抵抗，自屬實情，所繳長汀中南日報，及泰興昌来函，亦自足資證明，除遵照修正抗戰損失查報須知，填表另文呈請核轉外，理合檢同本處購件損失一覽表，并抄同泰興昌来函，長汀中南日報各一件，呈懇

鈞座鑒核，并懇准予核銷，實爲公便！！

謹呈

江西省政府主席曹

附呈：

本處購件被炸損失一覽表一件

抄長汀中南日報一件

0085
056

抄泰興昌來函一件

江西省工業實驗處處長張澤垚

監印姚念慈

校對簡衆東

附（一）江西省工业实验处购件被炸损失一览表（一九四二年三月）

江西省工業實驗處購件被炸損失一覽表 三十一年三月

品名	單位	數量	單價（元）	總價（元）	附註
小號螺絲公、絞板、螺絲桿	套	二	四〇〇〇	八〇〇〇	
大號螺絲公、絞板、螺絲桿	套	一	三五〇〇	三五〇〇	
12" 砂輪	只	二	二四〇〇	四八〇〇	
12" 半圓形銼刀	把	八	二二〇〇	一七六〇〇	
6" 半圓形銼刀	把	四	一五〇〇	六〇〇〇	
12" 油光銼	把	二	九〇〇〇	一八〇〇〇	
各號大小鑽頭	只	三六		三二〇〇〇	
12" 方形銼刀	把	二	二二〇〇	四四〇〇	

名称	单位	数量	单价	总价	备注
8″方形銼刀	把	二	一五〇〇	三〇〇〇	
6″方形銼刀	把	八	一二〇〇	九六〇〇	
6″三角銼刀	把	四	一二〇〇	四八〇〇	
4″三角銼刀	把	四	一〇〇〇	四〇〇〇	
6″油石	塊	二	六〇〇〇	一二〇〇〇	以上機件類發票俱全
硫酸製造法	本	一	三六〇〇	三六〇〇	
製糖工業及糖品分析法	本	一	五四〇〇	五四〇〇	
肥皂工業	本	一	二七〇〇	二七〇〇	
化學戰爭通論	本	一	三二〇〇	三二〇〇	以上書籍類發票因夾在書內被燬業已函請原書店照補

書名	單位	數量	單價	金額
家用藥品製造	本	一	六三〇	六三〇
教育用品製造	本	一	六三〇	六三〇
中學化學設備標準	本	一	一六八	一六八
酒精	本	一	一〇〇八	一〇〇八
中國工業資本問題	本	一	二九四	二九四
明密碼報書	本	一	二一〇	二一〇
福建之紙	本	一	二〇〇	二〇〇
永安經濟	本	一	八〇	八〇
長汀風光	本	一	一二〇	一二〇
福建中心工業	本	一	一二〇	一二〇

以上書籍類發票俱全

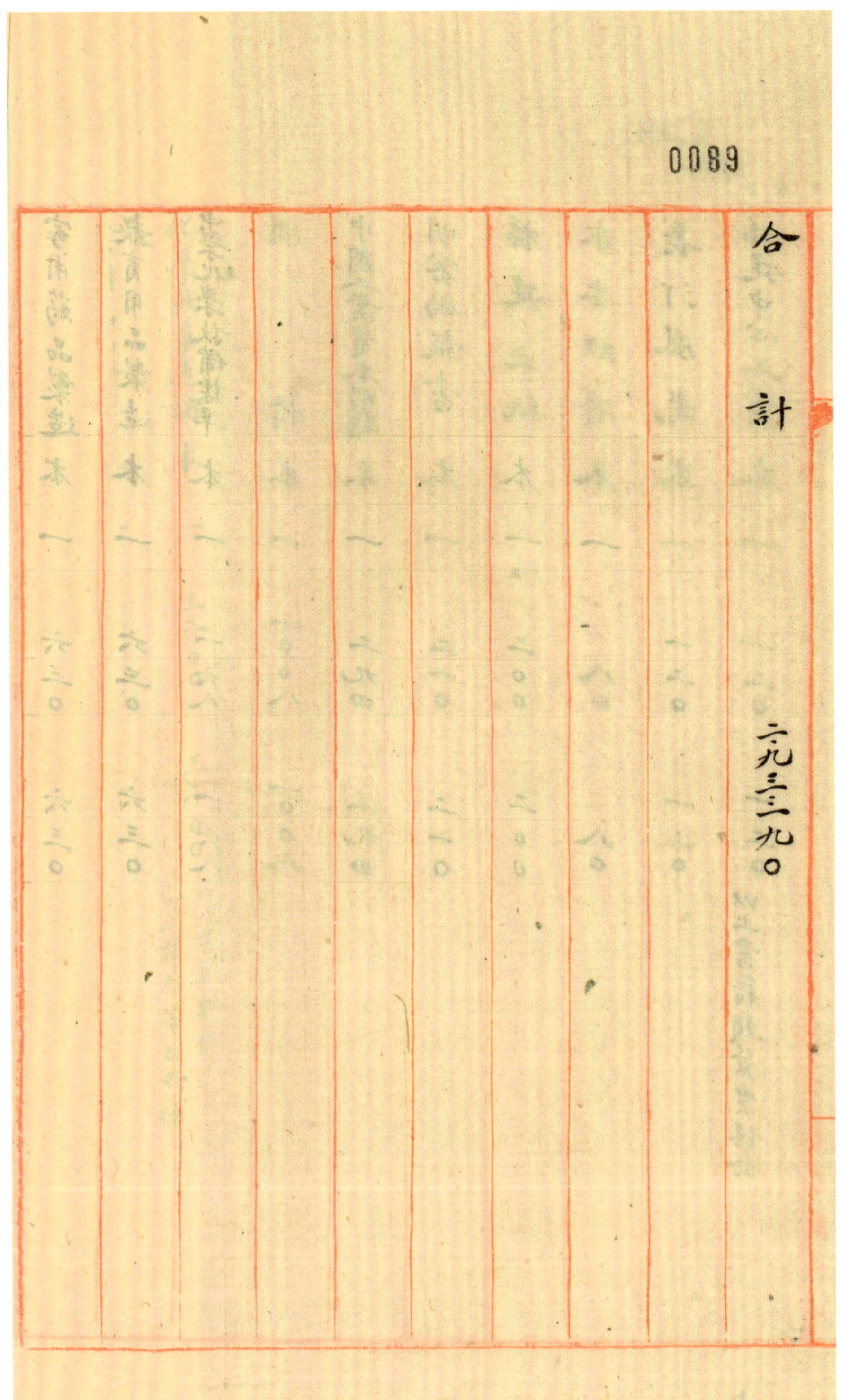
0089

合計　二九三二九〇

昨又寫下一頁血債

敵機九架肆虐市區

投彈廿餘 熱鬧市區大火

聞贛州甯洋兩地亦遭轟炸

（專訪）昨日上午八時許，敵機一架，在閩贛往來偵查。本市即發空襲緊報，旋發緊急報，至九時廿五分解除，十時四十分，龍溪發現敵機八架，又市即發出第二次空襲警報，同時至十五分贛州又竄到敵機九架，投彈後，直向汀境進襲，本市乃趨發急報，十二時許，敵機九架，排成品字形，由西北角侵入本市上空，盤旋兩匝後，即低飛投下爆炸燒夷彈，廿餘枚，計橋下壩落五彈，營背街一彈，中正公園內落○彈，官店背黃德昌一彈，荳豉壩盧宅　落二彈，半片街德興館後落○彈，廣東會館後溪灘落一彈，其餘十餘彈，均落中正街中山橋鬧市地帶，襲後發生大火，延燒頗熱，敵機肆虐後再飛甯洋投彈，始東飛出海，事後記者遍走災區巡視，炸死××人，傷××人，內以瑞金米販最多，燬房屋××間，擊沉民船十餘艘，損失約×××元，為汀城空前浩劫，當市區大火後，陳專員，鄭書記長，歐陽縣長，均赴災區視察，同時廈大及長汀青年分團全体團員，各鎮消防隊亦分頭搶救。衛生院救護團及當地醫師則

發出

緊急通告，指定負責人辦理如下各項，一、成立收容所，二、組織

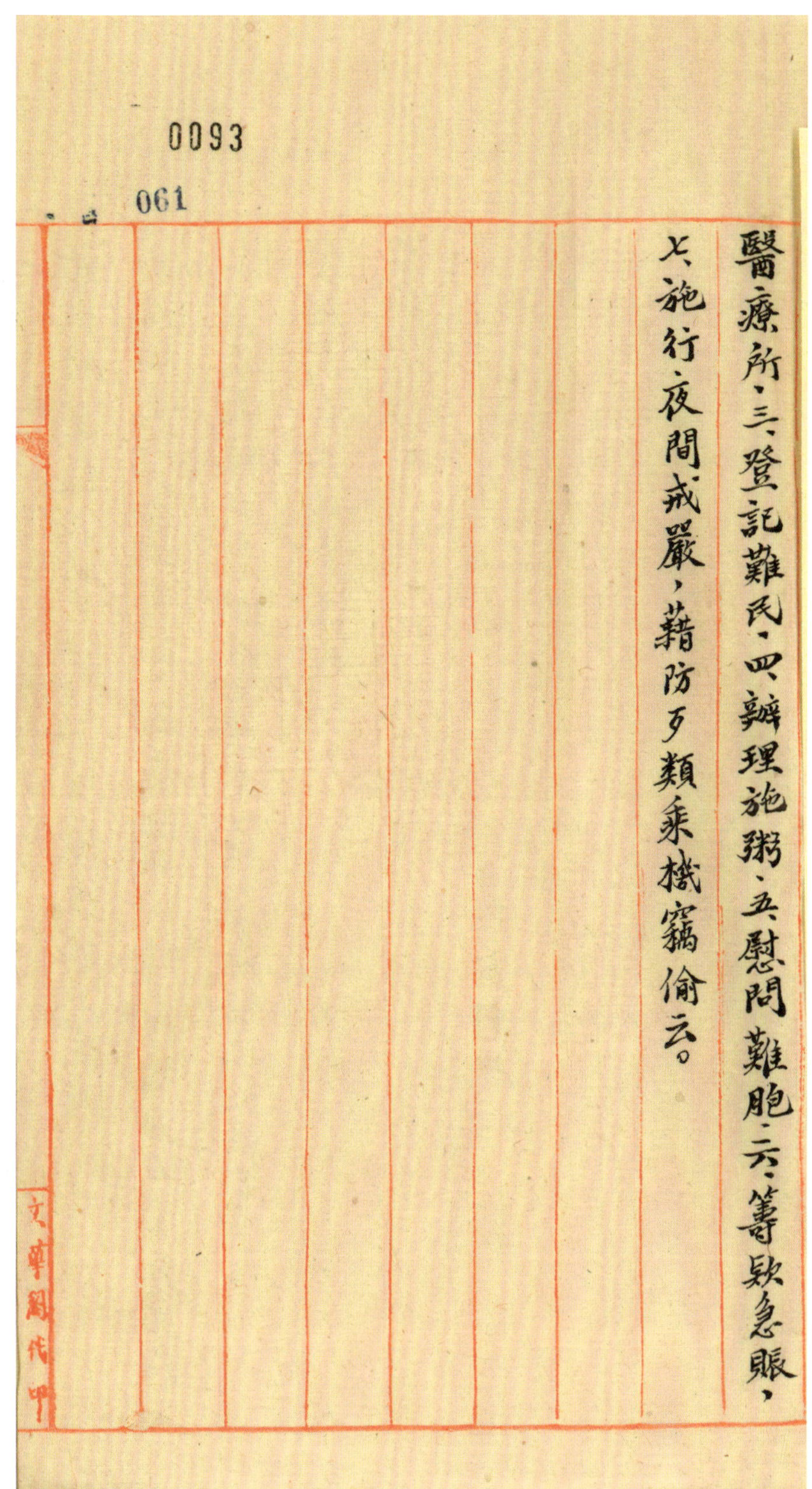

醫療所、三、登記難民、四、辦理施粥、五、慰問難胞、六、籌款急賑、七、施行夜間戒嚴，藉防歹類乘機竊偷云。

附（三）泰兴昌来函（抄件）

0090

059

永绥先生大鉴：敬启者，汀城于本月十五日上午被敌机九架狂炸，全城精华损失过半。敝號不幸竟遭波及，前时台端托運江西省工業實驗處螺丝公鉎刀砂輪油石書籍等件亦同損失，殊為遺憾。惟此種意外非人力所能挽救，尚希鑒原為荷。尚此奉達，敬頌

台安

弟殷茂軒啟 卅一、一、廿三

财政部关于核查该部贸易委员会所属中茶、复兴两公司因浙赣战事在江西境内损失情形致江西省建设厅的快邮代电（一九四三年四月二十三日收）

財政部快郵代電

江西省建設廳楊廳長鑒：查上年浙贛戰事發生，本部貿易委員會所屬中茶、復興兩公司損失物資不貲，前經本部令派本部國庫署稽核許國荃、會計處科長陳維羅、貿易委員會科長靳德明在渝查核該兩總公司帳冊，並令派國庫署稽核許鏡衡分赴皖、浙、閩、贛等省實地澈查去後。茲據在渝查核人員許國荃、陳維羅、靳德明簽呈在渝查核兩公司帳冊情形，及國庫署轉呈許鏡衡報告調查江西方面損失情形，均已先後到部。惟查許鏡衡原報告僅係江西方面一小部分損失情形，其餘未查之處尚多，既據該稽核呈稱交通

速

0273

困難情形隔閡請求另行派員調查等情應予照准

除在浙江境內損失物資已令飭浙江財政廳廳長黃祖培

繼續查報外茲抄附在渝查核人員許國荃等原簽呈一件

及國庫署簽轉許鏡衡報告一件電請查照就江西方

面繼續查報以憑核辦財政部渝秘處印 抄附許國

荃等原簽呈及國庫署簽呈各一件

以上段摘出[illegible]送有關

核閱[illegible]

[illegible]

[illegible] 四，廿六

抄陳維羅等原簽呈

案奉

鈞部三十一年十二月十七日渝秘(三)字第三四九七九號令派職等前往貿易委員會所屬中茶復興兩公司查核兩公司在滇緬及浙贛戰事損失之物資帳冊及各項有關表報迭經根據該公司所供給之各項帳冊報表以及案卷等查核竣事謹將查核所得結果及其他事項分別呈報如次：

甲、查核帳冊報表步驟

查對會計帳表原應先就會計報告核對帳面記載次就帳面記載核對記帳憑證再就記帳憑證核對原始憑証

始可得其正確之根據惟查該兩總公司整個損失帳目無法實地查對或調閱原始憑証及實地盤存所有帳目悉係根據各地公司辦事處電報數字核計至復興公司派出調查人員因未返渝迄未提出報告中茶公司派出人員僅有電報損失數量內容簡單詳細情形無法查考故本案僅能就電報數字(一)加以整理以測定兩公司各種物資損失情形以便抄送部派浙贛調查人員為赴各該分公司實地秘密調查之參考

乙、兩公司各項物資損失數量

查兩總公司對損失數量均係根據各該分公司辦事處電報數字列計為鈎稽其所報損失數量是否正確起

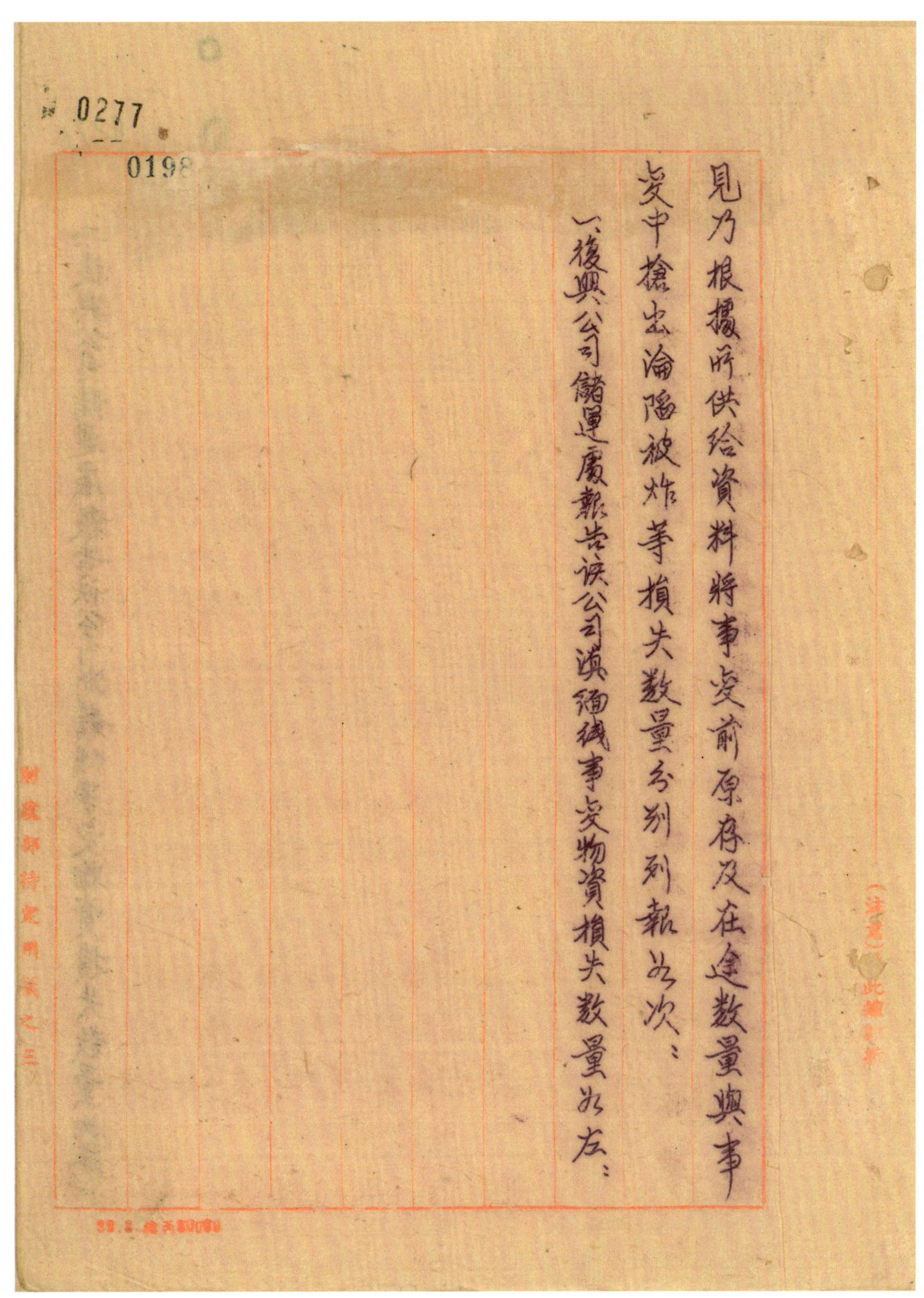

0277

0198

見乃根據所供給資料將事變前原存及在途數量與事變中搶出淪陷被炸等損失數量分別列報如次：

一、復興公司儲運處報告該公司滇緬線事變物資損失數量如左：

財政部特定用箋之三

（注意）此線對折

復興公司滇緬線戰事損失物資数值表

損失地点	貨類	件数	重量	價國幣值	備考
畹町	桐油	1756去	3315.19公担	2.613.408.83	(甲)雲南損失物資数量前據802、884、904、
遮放	〃	356去	676.28〃	330.350.00	1106等函電所報数字以滇易儲853
芒市	〃	108去	204.60〃	94.510.00	號代電列表呈報申明俟查明不符原因再
龍陵	〃	2去	2.48〃	513.82	行更正本表係飭據雲南分公司559號
腊戍	〃	2753去	5.051.81〃	6.499.926.66	呈奉函附損失物資数值表填報
八莫	〃		6.968.00〃	4.035.744.14	(乙)仰光損失係根據陸經理品琴撤
小計			16.218.36〃	13.634.453.45	退至昆明六月四日電報数字併入滇易
畹町	豬鬃	85箱	85公担	413.200.00	儲853文中呈核茲因补報滇分公司損失
龍陵	〃	193〃	193.00〃		金額經詢據前仰光分公司主管人員簽称
小計			278.00〃	413.200.00	前報桐油生絲相符惟八莫梓子九桶又
龍陵	生絲	40包	24.6136	329.651.37	四六二號腸衣九箱均已於二月十五日以
密支那	〃	245〃	153.38	1.449.730.07	前運仰光裝輪赴美并未損失故本表剔
小計			177.9936公担	1.779.381.44	除不錄
龍陵	羊皮	124張	0.72	730.00	(丙)上列兩地確实損失量值剂已办稿正式
小計			0.72公担	730.00	呈報
畹町	汽油	5去		934.60	
遮放	〃	291〃		169.653.00	
芒市	〃	461〃		268.763.00	
龍陵	〃	17〃		14.484.00	
小計				453.834.60	
畹町	機器油 滑機油	2去 1〃 2〃		2.146.80	
小計				2.146.80	
畹町	空去	1515只		73.225.00	
遮放	〃	59〃		3.540.00	
芒市	〃	641〃		38.460.00	
龍陵	〃	2278〃		136.680.00	
龍陵	空听	6〃		72.00	
小計				251.977.00	
總計				16.535.723.29	

0276

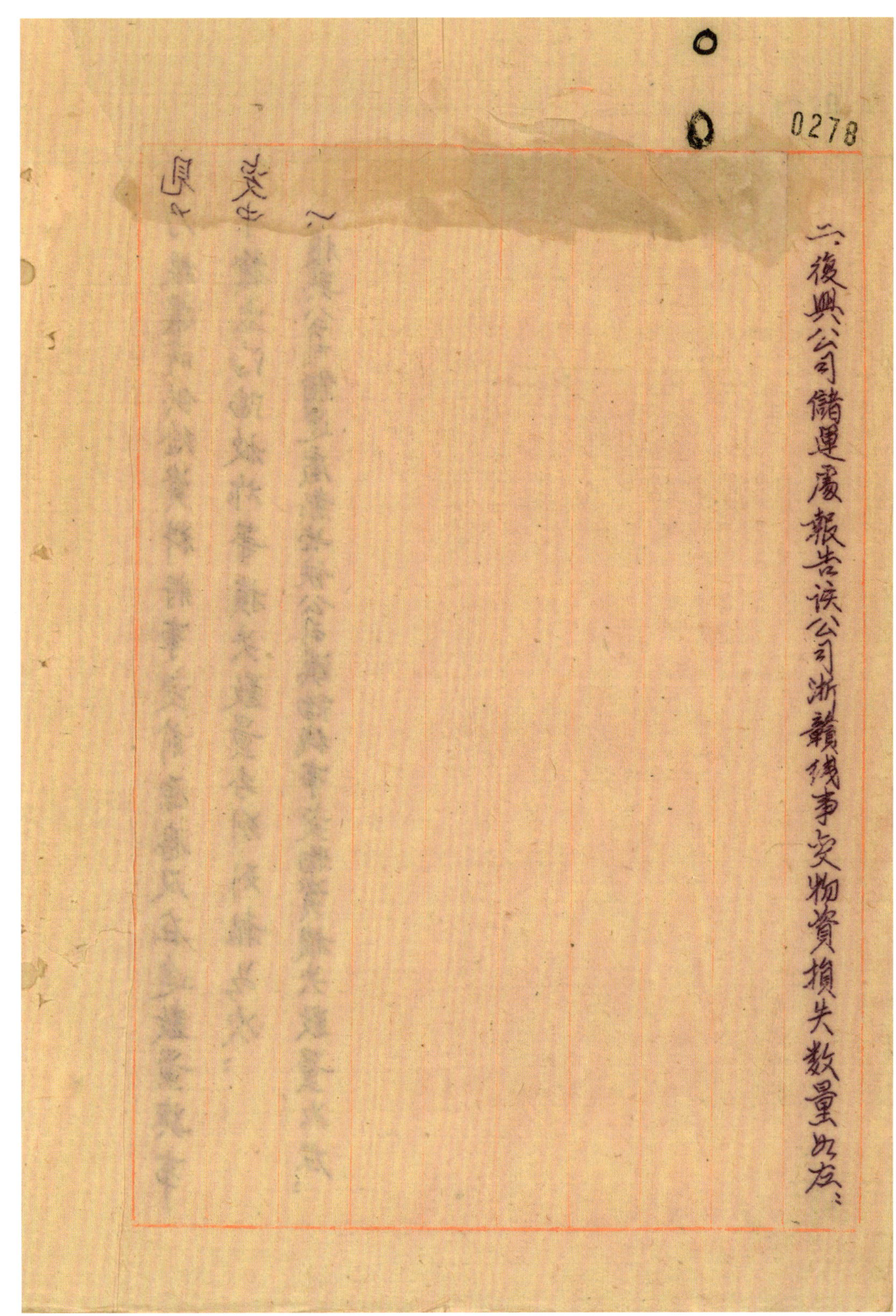
0278

二、復興公司儲運處報告该公司浙贛线事变物資損失数量如左：

8

0279

浙赣物资储存抢运沦陷损失一览表

截至三十一年十一月二十日止　　本表计三页第一页

货名	事变前原存及在途				事变中抢出			事变中沦陷				事变中被炸被劫及中途散失					损失总计				附注
	储存地点或运输区间	件数	包装	重量	抢出地点	件数	重量	储存地点	件数	重量	价值	损失地点	日期	件数	重量	价值	件数	包装	重量	价值	
桐油	兰溪⊕			14274.55				兰溪		14274.55									14274.55		註：⊕号者係浙江及江西两分公司[illegible]存物資，東南運輸處承運者不包括在內
	江山⊕			9236.29				江山		1713.24									1713.24		
	松阳⊕			5322.95				松阳		1240.33									1240.33		
	永康⊕			13219.11				永康		5226.82									5226.82		
	龙泉⊕			828.49															——		
	青田⊕			1140.39				青田		1140.39									1140.39		
	丽水⊕			18940.19				丽水		17798.52									17798.52		
	缙云⊕			3662.76				缙云		914.56									914.56		
	遂昌⊕			2118.74				遂昌		1942.83									1942.83		
	宣平⊕			1574.81				宣平		511.08									511.08		
	於潜⊕			753.41															——		
	分水⊕			2243.88															——		
	寿昌⊕			3654.86				寿昌		321.03									321.03		
	桐庐⊕			306.90															——		
	开化⊕			3140.29				开化		9.50									9.50		
	建德⊕			3880.61				建德		1681.32									1681.32		
	常山⊕			8441.06				常山		499.84									499.84		
	衢县⊕			11173.63				衢县		11173.63									11173.63		
	浦江⊕			710.59				浦江		710.59									710.59		
	浦江接余数⊕			169.68				浦江接余		169.68									169.68		
	仙居⊕			175.69				仙居		175.69									175.69		
	淳安⊕			14809.46						——									——		
	遂安⊕			1410.39															——		
◎	玉山⊕			2817.38				◎玉山		2817.38									2817.38		
	东南运输处丽水存油			1526.35				丽水		928.55									928.55		
	〃衢县存油			3305.62				衢县		3270.94									3270.94		
	〃青田〃			1650.54				青田		882.31									882.31		
◎	〃鹰潭〃			3450.10				◎鹰潭		3450.10	2519828.60								3450.10	2,519,828.60	
◎	〃南城〃			1959.77				◎南城		1959.77	706171.90								1959.77	706171.90	
◎	吉安			529.35	◎泰和		529.35												——		
	东运处江山存油	1902 240	听 吉	774.36				江山不及抢运	1902听 240吉	774.36									774.36		
	丽水抢运数	6	吉	10.80	云和	6吉	10.80												——		

0280

浙贛物資儲存搶運淪陷損失一覽表

截至三十一年十一月二十日止　　　本表計三頁第二頁

貨名	事變前原存及在途				於事變搶出			事變中淪陷				事變中被炸被劫及中途散失					損失總計				附註
	儲存地點或運輸區間	件數	包裝	重量	搶至地點	件數	重量	儲存地點	件數	重量	價值	損失地點	日期	件數	重量	價值	件數	包裝	重量	價值	
桐油	衢縣搶運數	1300	听	260.00				賀村(衢縣)	220听	244.00		衢縣土字村船上		30听	16.00		1300	听	260.00		
	小計			138503.00			540.15			7433[illegible]					16.00				74347.01		
絲	嵊縣⊕			46.16				嵊縣		46.16									46.16		
	富華第一絲廠⊕			3.09				富華第一絲廠		3.09									3.09		
	梅屏絲廠⊕			2.53				梅屏絲廠		2.53									2.53		
	新湖絲廠⊕			1.13															—		
	武義搶出數	183	箱	55.34	衡陽以西	183箱	55.34												—		
	蘭谿 〃	323	〃	47.67	〃	153〃	46.26					蘭麗途中火車上被炸		170箱	51.41				51.41		
	永康 〃	617	〃	186.58	〃	600〃	181.44					衢湘途88公里處		17〃	5.14				5.14		[illegible]
	嵊縣 〃	148	〃	44.76	〃	148〃	44.76												—		
	金華 〃	60	〃	18.14	〃	60〃	18.14												—		
	鷹潭 〃	796	〃	240.71	〃	796〃	240.71												—		
	南城 〃	1058	〃	319.93	〃	741〃	224.07					李坊党被圍損失		317箱	95.86				95.86		
	吉安 〃	451	〃	136.36	〃	451〃	136.36												—		
	蘭谿歙縣途中	415	〃	125.49	歙縣	415〃	125.49												—		
	江山搶出數	70	〃	21.16	衡陽以西	70〃	21.16												—		
	寧都 〃	96	〃	29.03	〃	96〃	29.03												—		
	寧衡途中	97	〃	29.33	〃	97〃	29.33												—		
	小計			1357.41			1152.09			51.78					152.41				204.19		
鬃	義烏⊕			1.34				義烏		1.34									1.34		
	松陽⊕			24.68															—		
	永康⊕			.11				永康		.11									.11		
	龍泉⊕			.32															—		
	河口⊕			2.84															—		
	鷹潭搶出數	38	箱	22.98	衡陽以西	26箱	15.72					李坊党被圍損失		12箱	7.26				7.26		
	義烏 〃	58	〃	35.08	〃	58〃	35.08												—		
	麗水 〃	250	簍	60.48	瑞金	231簍	55.88												—		[illegible]
	小計			147.83			106.68			1.45					7.26				8.71		
蔴	麗水搶出數	107	捆	64.71	局村	107捆	64.71												—		
	浮梁⊕	191	〃	115.51				浮梁去河口途中	191捆	115.51									115.51		
	小計	298	〃	180.22		107捆	64.71		191〃	115.51									115.51		
樟腦	金華	13	箱	7.86	衡陽以西	13箱	7.86												—		

9

0281

浙赣物资储存抢运沦陷损失一览表

重量 8 公担　　截至三十一年十一月二十日止　　本表计三页第三页

货名	事变前原存及在途				事变中抢出			事变中沦陷				事变中被炸被劫及中途散失					损失总计				附注
	储存地点或运输区间	件数	包装	重量	抢至地点	件数	重量	储存地点	件数	重量	价值	损失地点	日期	件数	重量	价值	件数	包装	重量	价值	
菜油	兰溪	114	支	224.66			69.05	兰溪	114支	224.66									224.66		
	●吉安	35	〃	69.05	○泰和	35支	69.05												——		
	小计	149	〃	293.71		35〃	114.85		114支	224.66									224.66		
茧	兰溪饶县途中	430	包	168.74	饶县及云[illegible]	633包	65.50	衢浦路上		53.89									53.89		
	丽水	847	〃	143.69	云和	361〃		丽水兰溪[illegible]	466包	88.18									88.18		
	兰溪	24	〃	4.35				兰溪	24〃	4.35									4.35		
	富华第一丝厂⊕			238.27						238.27									238.27		
	梅屏丝厂⊕			32.26			180.35	〃		32.26									32.26		
	小计			597.30						416.95									416.95		
长吐	江山金华存	1078	包	195.59			4.84	抢运途中沦陷	1078包	195.59									195.59		
禁品	金华存	9	箱	5.44	衡阳以西	8箱	3.02					衢滴路公路上		1箱	.60				.60		
文具	〃	5	〃	3.02	〃	5〃	126.40												——		
鸭毛	●吉安存	209	件	126.40	○泸溪口	209件													——		
	松阳原存			19.30				●河口											——		
	●河口⊕			37.18			126.40			37.18									37.18		
	小计			182.88						37.18									37.18		
绣吐	松阳⊕			22.92															——		
松毛	〃⊕			7.68															——		
药材	〃⊕			36.03				嵊县											——		
副料	嵊县⊕			1.05						1.05									1.05		（徐义乌）
猪皮	龙泉⊕	40	张	[illegible]				○玉山											——		
桐油[illegible]	○玉山			24256斤				○樟树镇		24256斤									24256斤		
	○樟树镇			938 163支				嵊县		938 163支									938 163支		
韩课下脚	嵊县⊕			129.17				兰溪		129.17									129.17		
	富华第一丝厂⊕			133.37				〃		133.37									133.37		
	梅屏丝厂⊕			55.17						55.17									55.17		
	松阳⊕			1.73				永康											——		
	永康⊕			234.59						234.59									234.59		
	新湖丝厂⊕			34.90															——		
	小计			588.93						452.30									452.30		
机器	金华存	6	箱	7.26	衡阳南平间	6箱	7.26												——		
铁管	〃	59	支	35.68	〃	59支	35.68												——		

制表　　覆核

0281

0282

0202

為鈎稽上項兩表所列各項損失数字是否正確特將滇緬綫戰事損失物資數值表所列各数與仰光分公司帳目查對尚能相符惟浙贛綫物資儲存搶運淪陷損失一覽表「事变前原存及在途」欄所列各項物品結存数與財務處帳目查對除一例部相符外餘均未合茲將查對結果分别報告如左

1.財務處帳存浙江分公司事变前桐油與儲運處報告該分公司結存桐油計有「永康」「龍泉」二處不符其詳細数字彙列於次（見次頁）

账面情形							储运处报告（公担）	账存与储运处报告比较数		备考
公司名称	截止月份	货物名称	存在地点	付款科目	重量（公担）	金额		账存多于报告数（公担）	账存少于报告数（公担）	
浙江	卅一年十月份	桐油	温州	存货	毛 292 0820	43 812 30	1,140 39	—	—	相符（系出口申请货）
〃	〃	〃	〃	〃	净 848 8050	127 245 75				
〃	〃	〃	丽水	〃	毛（1,[illegible]0 3870）[illegible]4 1059	1 302 138 60				
〃	〃	〃	〃	〃	净 4,584 8632	1 438 479 49	18,940 19	—	—	相符
〃	〃	〃	〃	〃	脚 688 0725	103 210 88				
〃	〃	〃	〃	〃	脚 16 1500	2 722 50				
〃	〃	〃	永康	〃	毛（18,940 1916）11,0[illegible] 9656	1 664 866 37				浙江公司（致电8439）在
〃	〃	〃	〃	〃	净 271 5050	40 726 25	13,719 11（853[illegible]197桶）	33 751		战前营数改装西815 81公斤44桶计13719
〃	〃	〃	〃	〃	脚 2,401 3904	360 208 57				11公担
〃	〃	〃	兰溪	〃	毛（13,752 8610）14,050 3701	2 179 448 31	14,274 55	—	—	相符
〃	〃	〃	〃	〃	净 224 1790	33 626 85				
〃	〃	〃	淳安	〃	毛（14,274 5441）14,803 6811	2 240 534 98	14,809 46	—	—	〃 〃
〃	〃	〃	〃	〃	脚 5 7775	866 63				
〃	〃	〃	衢县	〃	毛（14,809 4586）11,173 6254	1 678 770 73	11,173 62	—	—	〃 〃
〃	〃	〃	常山	〃	毛 8,441 0545	1 267 153 72	8,441 06	—	—	〃 〃
〃	〃	〃	江山	〃	毛 7108 7735	1 076 196 32				
〃	〃	〃	〃	〃	净 2,084 4250	312 663 75	9,236 29	—	—	〃 〃
〃	〃	〃	〃	〃	脚 43 0900	6 463 50				
〃	〃	〃	兰化	〃	毛（9,236 2885）3,070 5880	463 821 81	3,140 29	—	—	〃 〃
〃	〃	〃	〃	〃	净 69 6980	10 454 70				卅一年五至九月份储存710.5854公担十月卅一日运江山74.502
〃	〃	〃	遂安	〃	毛（3,140 2860）1,410 3910	217 174 59	1,410 39	—	—	
〃	〃	〃	寿昌	〃	毛 3,654 8640	560 816 61	3,654 86	—	—	〃 〃
〃	〃	〃	浦江	〃	毛 636 0836	105 741 90	710 59		74 5066	卅一年五至九月份储存712.5854公担十月卅一日运江山74.502公担
〃	〃	〃	缙云	〃	毛 1,837 5442	275 631 19	3,662 76（5,854）	—	—	相符
〃	〃	〃	〃	〃	净 1,825 2150	273 782 25				
〃	〃	〃	宣平	〃	毛（3,662 7562）1,574 8115	237 427 68	1,574 81	—	—	〃 〃
〃	〃	〃	松阳	〃	毛 1,122 7537	175 044 28	5,322 95	—	—	〃 〃
〃	〃	〃	〃	〃	净 4,200 2000	630 030 00				
〃	〃	〃	龙泉	〃	毛（5,322 9537）826 9526	127 471 23	828 49（15）		1 5367	卅一年七月十六日[illegible]1.5367公担[illegible]数相差[illegible]
〃	〃	〃	遂昌	〃	毛 2,118 7430	328 056 44	2,116 74	—	—	相符
〃	〃	〃	桐庐	〃	毛 306 9036	43 088 34	306 90	—	—	〃 〃
〃	〃	〃	於潜	〃	毛 753 4057	117 076 48	753 41	—	—	〃 〃

帐面情形							储运处报告	储运处报告比较数		备考
公司名称	截止月份	货物名称	存在地点	帐目科目	重量（公担）	金额	报告（公担）	账存多于报告数（公担）	账存少于报告数（公担）	
浙江	卅一年十月份	桐油	分水	存仓货物	毛 2,243.8845	346,644.52	2,243.88	-	-	相符
〃	〃	〃	建德	〃	毛 3,880.6121	619,751.08	3,880.61	-	-	〃〃
〃	〃	〃	仙-缙	运输中货物	175.6897	26,375.45	175.69	-	-	〃〃
〃	〃	〃	浦江	〃	244.1850	36,627.75	169.683	74.502		十月廿一日由浦江运江山74.502公担
〃	〃	青油	兰溪	存仓货物	30.1562	4,523.43	-	30.1562		报告未列载
一					121,751.0991（公担）	18,479,794.23				
浙江	卅一年十月份	黑鬃	义乌	存仓货物	（关斤）119.75=[illegible]公担	4,785.76	1.34	-	-	相符
〃	〃	白鬃	〃	〃	（〃）101.3125=6.12[illegible]公担	4,101.11				
〃	〃	刷料	〃	〃	22（〃）.0625=1.3369公担 173.33316=1.0463公担	4,356.00	1.05	-	-	相符
〃	〃	黑鬃	永康	〃	（〃）29.0=1.75公担	309.04	0.11	0.0653		
〃	〃	〃	龙泉	〃	（〃）87.03125=5.263公担	931.23	0.32	0.2063		
〃	〃	〃	松阳	〃	（〃）51.72324=3.1[illegible]81公担	4,681.43				
〃	〃	统鬃	〃	〃	（公斤）10[illegible]=.10625公担	106.25	24.68	16.1278		
〃	〃	白鬃	〃	〃	（关斤）6.2126603=37.5735公担	33,044.51				
	合	计			10.6[illegible]5公斤 40.8078公担 7.24[illegible]11关斤	92,315.39				

賬面情形						儲運處報告			備考
公司名稱	載貨月份	貨物名稱	存在地點	重量(公担)	金額	貨物名稱	存在地點	重量(公担)	
浙江	卅一年十月份	茧衣	新湖廠	10.840485	6504.30	乾下濕脚	新湖廠	34.90	賬面係照料係存倉貨物
〃	〃	穿頭	〃	3.944143	2493.53				〃
〃	〃	双宫	〃	24.61047	16379.45				〃
〃	〃	印頭	〃	2.005185	802.09				〃
〃	〃	薄皮	〃	3.405725	1112.24				〃
〃	〃	爛茧	〃	12.894375	5605.09				〃
〃	〃	双宫	嵊縣	57.699992 51.659862	28427.28	乾下濕脚	嵊縣	129.17	〃
〃	〃	黄斑	〃	34.3419	15110.44				〃
〃	〃	薄皮	〃	3.3987	815.69				〃
〃	〃	爛茧	〃	2.871275	1177.29				〃
〃	〃	鼠茧	〃	0.055[illegible]	6.41				〃
〃	〃	鼠茧	永康	2.6255	1642.24	乾下濕脚	永康	234.59	〃
〃	〃	穿頭	〃	2.83	1811.20				〃
〃	〃	茧衣	〃	349.72075	196708.20				〃
〃	〃	爛茧	松陽	0.73125	292.50	乾下濕脚	松陽	1.73	〃
〃	〃	鼠茧	〃	2.13	1363.20				〃
〃	卅一年十月份	茧	第一絲廠	2.86125 336.2641	339315.08	茧	第一絲廠	238.27	〃
〃	〃	〃	梅屏絲廠	32.2635	45959.04	〃	梅屏絲廠	32.26	〃
〃	〃	下脚	第一絲廠	254.751	112661.23	乾下濕脚	第一絲廠	133.37	
〃	〃	〃	梅屏絲廠	55.2818	550958.62	〃	梅屏絲廠	55.17	
	合計			1093.6276	1329685.12				

公司名称	賬面情形 截止月份	貨物名稱	存在地点	重(公担)量	金額	儲運處報告 貨物名稱	存在地点	重(公担)量	備考
浙江	三十一年九月份	廠絲	嵊縣	42 1342	291 194 66	絲	嵊縣	46 16	賬面付賬科目係存倉貨物
〃	十月份	條紋	〃	0 562625	1 165 62 ~~1 165 6~~				〃
〃	〃	降什	〃	2 312875	4 251 50 ~~4~~				〃
〃	九月份	樣絲	〃	0 3207	2 601 83				〃
〃	十月份	扁絲	〃	0 021875	21 87				〃
〃	〃	甲吐	〃	21 53355	33 040 32				〃
〃	〃	乙吐	〃	9 3212	10 612 59				〃
〃	六月份	廠絲	新湖廠	2 512507	27 707 43	絲	新湖廠	1 13	〃
〃	十月份	甲吐	永康	29 3275	33 363 50				〃
〃	〃	乙吐	〃	3 61625	3 471 60				〃
〃	〃	蜂吐	〃	0 2075	83 00				〃
〃	〃	長吐	江山	243 4798	237 652 57	長吐	江山 金華在	195 59	〃
〃		絲	第一 絲廠	3 0982	1 559 78	絲	第一 絲廠	3 09	〃
〃	十月份	〃	梅偉 絲廠	2 535	30 521 65	〃	梅偉 絲廠	2 53	〃
〃						綠吐	松陽	22 92	〃
〃	合計			367 0039	682 447 82 ~~367 0039~~				
	合計								
浙江	卅一年十月份	馬尾	松陽	(公担) 37 9	4 262 99	—	—	—	賬面付賬科目係存倉貨物
浙江	卅一年十月份	鵝毛	〃	21 2725	5 610 13	鵝鴨毛	松陽	19 30	〃
〃	〃	鴨毛	〃	10 6475	933 68				〃
〃	〃	桂皮	〃	25 65	864 86	藥材	松陽	36 03	〃
〃	〃	独活		5 81625	821 22				賬面付賬科目係代銷貨物(元)
〃	〃	茯苓		0 9175	204 81				〃
〃	〃	五棓子		0 405	79 48				〃
〃	〃	丹皮		26 7875	4 795 53				〃
〃	〃	獺皮	龍泉	40張	2 400 00	獺皮	龍泉	40張	賬面付賬科目係存倉貨物
〃	〃	松香		12 69875	1 267 44	松香	松陽	7 68	〃 代銷貨物(元)
	合計			40張 142 095公担	21 660 14				

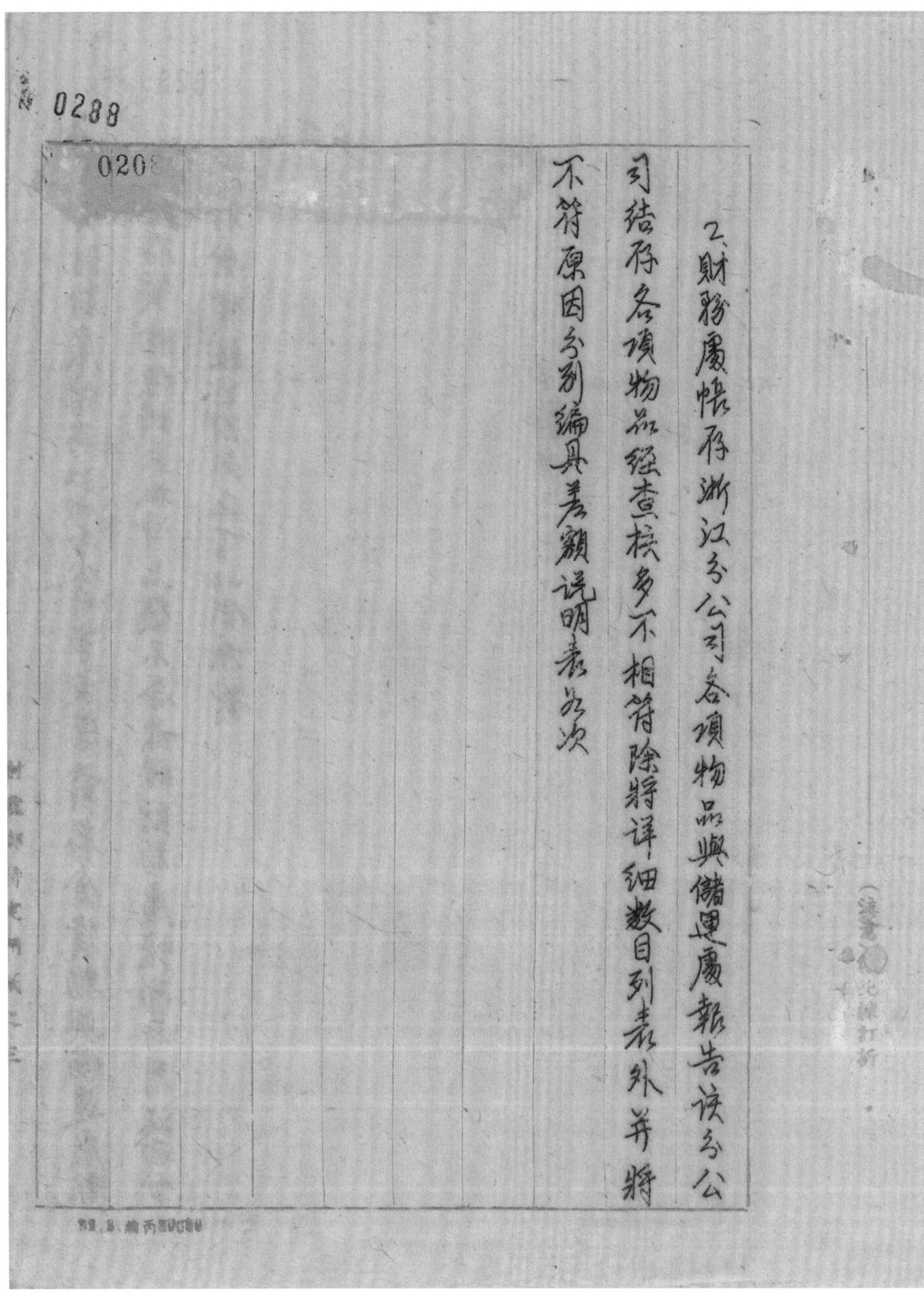
0288

0208

乙、财务处帐存浙江分公司各项物品与储运处报告该分公司结存各项物品经查核多不相符除将详细数目列表外并将不符原因分别编具差额说明表如次

差額說明 （浙江分公司）

截止月份	貨名	存在地點	重量（公担）		貨名	存在地點	重量（公担）		賬面多於報告數		賬面少於報告數（公担）		備考
賬面情形					報告情形				比較				
十月份	青油	蘭谿	30	1562	青油	蘭谿	—		30	1562			損失情況尚未據報
〃	黑猔	永康		1753	猔	永康		11		0653			耗損尚未打除（9）
〃	〃	龍泉		5263	〃	龍泉		32		2063			〃 〃（9）
〃	〃	松陽	3	1281									浙分公司電報[illegible]時誤認[illegible]
〃	統猔	〃		10625	〃	松陽	24	68	16	12785			担73[illegible]60479[illegible]公担[illegible]報告
〃	白猔	〃	37	5735									
〃	蚕類	新湖廠	（40 57	610785） 699992	乾繭下腳	新湖廠	34	90	22	79999			原因同猔類
〃	〃	嵊縣	92	327125	〃	嵊縣	129	17	〇		〇		相符
〃	絲類	〃	36	85475									
〃	蚕類	永康	（129 355	1774625） 17925	〃	永康	234	59	153	7405			原因同猔類
〃	絲類	〃	33	15125									
〃	蚕類	松陽	（338 2	3305） 86125	〃	松陽	1	73	1	13125			
〃	〃	第一絲廠	498	0191	〃	第一絲廠	371	64	126	3791			此[illegible]浙分公司十[illegible]07公担[illegible]0587公担[illegible]尚未轉帳 正為498
〃	〃	梅廣絲廠	87	5453	〃	梅廣絲廠	87	43		1153		4955	耗損尚未打除（9）
九月份	廠絲	嵊縣	42	1342	廠絲	嵊縣	9	5187				7755	溢重〃 〃（9）
〃	橘絲	〃		3207	〃	〃	33	7117				0943	
十月份	降什	〃	2	312875	降什	〃	2	322	〇		〇	00913	
〃	條文	〃		5826125	條紋	〃		5826	〇		〇		相符
〃	肩絲	〃		021875	肩絲	〃		219	〇	3125	〇		〃 〃
六月份	廠絲	新湖廠	（45 2	3724[illegible]） 51257	絲	新湖廠	（46 1	16） 13	1	3825			浙分公司[illegible]8699公担[illegible]時誤認[illegible]担[illegible]60479[illegible]公担[illegible]報告實貝[illegible]8699公担[illegible]相差642607公担[illegible]尚有[illegible]未[illegible]
									47	0098			
十月份	蚕吐	江山	243	4798	蚕吐	江山	193	59		0052			[illegible]107.8[illegible]統計
〃	絲類	第一絲廠	3	0982	絲	第一絲廠	3	09		0052			耗損尚未打除（9）
〃	〃	梅廣絲廠	2	535	〃	梅廣絲廠	2	53		005			〃 〃（9）
〃	馬尾	松陽	37	90	馬尾	松陽	—		37	90			損失情況尚未據報
〃	鵝毛	〃	31	92	鵝毛	〃	19	30	12	62			原因同猔類
〃	藥材類	〃	54	57025	藥材	〃	36	03	18	54025			〃 〃
〃	松香	〃	12	69875	松香	〃	7	68	5	01875			〃 〃
〃	絲吐	〃	—		絲吐	〃	22	92			22	92	此係浙分公司運入[illegible]因運銷帳單未到尚未入賬

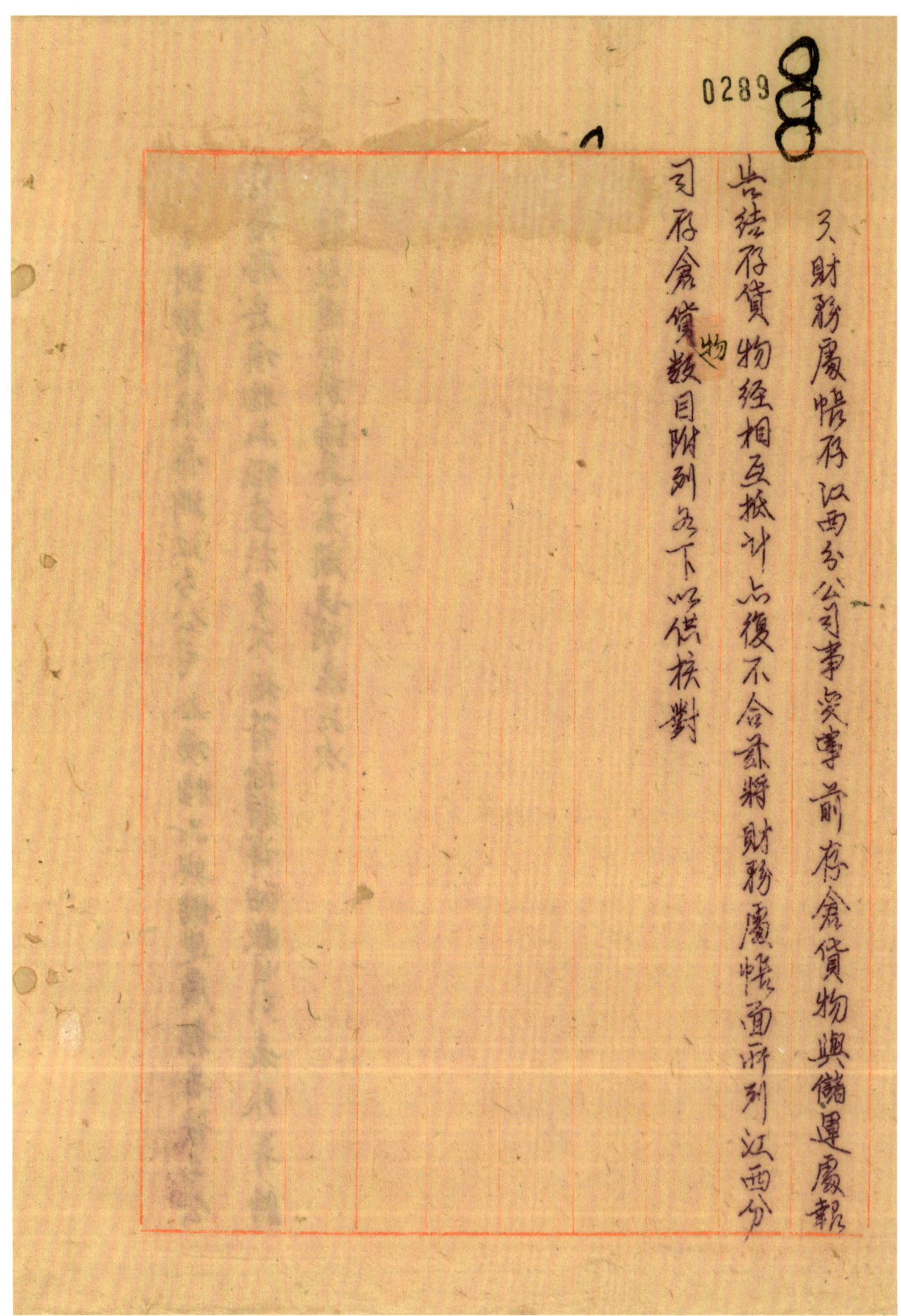

又財務處帳存江西分公司事變事前存倉貨物與儲運處報告結存貨物經相互抵計亦復不合茲將財務處帳面所列江西分司存倉貨物數目附列於下以供核對

江西分公司　存倉貨物　三十一年十月底止　（賬面数字）

户名	摘要	金額	備攷
白麻—存浮	三十一年十月三十一日止結存　6.795公担	3,026.02	
青〃—〃〃	〃　〃　184.79　〃	91,429.93	
白綵—〃泰	〃　〃　13.4225　〃	27,790.46	
〃〃—〃河	〃　〃　0.80375　〃	3,731.49	
黑〃—〃〃	〃　〃　3.8925　〃	7,669.52	
鴨毛—〃贛	〃　〃　101.25　〃	16,119.28	
桐油—〃河	〃　〃　2873.135　〃	492,434.75	
〃〃—〃浮	〃　〃　157.40　〃	26,341.53	
麻織品—〃泰	〃　〃　400.0 套	27,980.00	
灰鵝毛—〃贛	〃　〃　60.50公担	18,204.03	
白〃〃—〃〃	〃　〃　2.25　〃	759.48	
合計		共715,486.49	

8

差額說明

（江西分公司）

賬面情形				報告情形		賬面數多於報告數（公担）	備考
貨名	付賬科目	重（公担）量	金額	貨名	重（公担）量		
白麻 存潯	貯存貨物	6.795	3,026.02	麻 存潯	115.51	76.075	報告之重量係根據電報件數[illegible]估計
青〃 〃〃	〃	184.79	91,429.93				
白綠 〃泰	〃	13.4225	27,790.46				
〃〃 〃河	〃	.80375	3,731.49	綠 存河	2.84	1.03625	[illegible]
黑〃 〃〃	〃	3.8425	7,669.52				
鴨毛 〃贛	〃	101.25	16,119.28				
桐油 〃河	〃	2873.135	492,434.75	桐油 存河	2,817.38	55.755	[illegible]打除
〃〃 〃潯	〃	157.40	26,341.53				
[illegible] 〃泰	〃	400套	27,960.00				
雞鴨毛 〃贛	〃	60.50	18,204.03				
白〃 〃〃	〃	2.25	759.48				
〃〃 河	製[illegible]中貨物	37.175	5,333.12	[illegible]毛 存河	37.16	[illegible]	相符

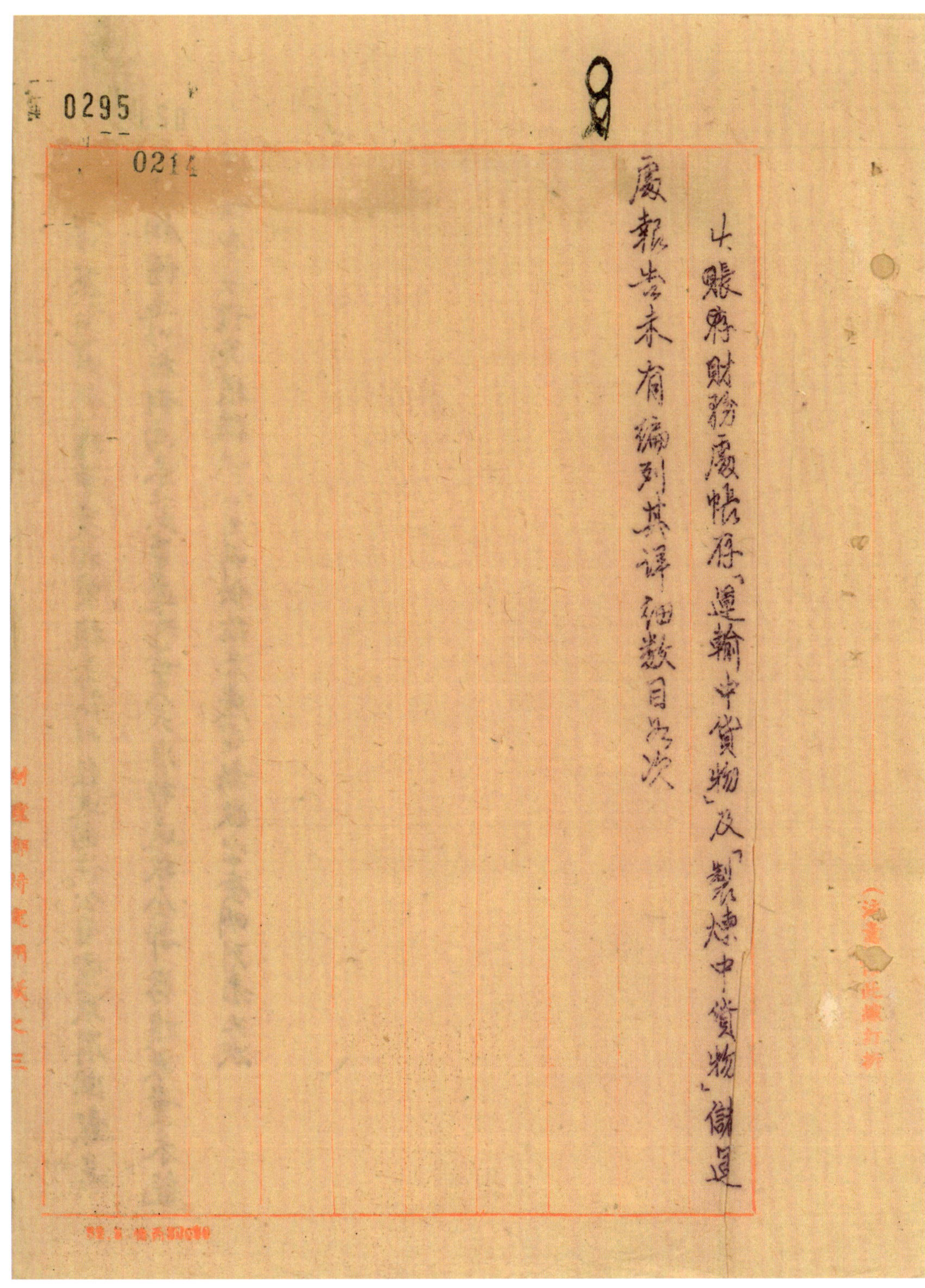

0295

0214

上賬存財務處帳存「運輸中貨物」及「製煉中貨物」僅是

處報告未有編列其詳細數目為次

運輸中貨物　三十一年十月底止　（账面数字）

户名	摘要	金额				備考
桐油	三十一年十月三十一日結数 11.933305公担	3	424	591	01	
鸭毛	〃　〃 252.45844 〃		31	665	56	
鹅毛	〃　〃 51.7121 〃		13	748	08	
青麻	〃　〃 26.03 〃		7	017	77	
白麻	〃　〃 303.74575 〃		62	475	42	
麻綫品	〃　〃 943 套		35	595	65	
樟腦	〃　〃 26.585 公担		16	994	66	
鹿皮	〃　〃 36.59 〃		8	460	44	
樟油	〃　〃 43.78 〃		13	864	25	
合計		共3,6	14	437	04	

0292

纂鍊中貨物　三十一年十月底止　（账面数字）

户名	摘要	金额				備考
白鬃一 裕泰	三十一年十月卅一日结存 150.9317 公担		202	022	67	
〃〃一〃源	〃　〃 0.6982 〃		1	307	05	
黑〃一〃泰	〃　〃 16.8206 〃		8	111	15	
〃〃一〃源	〃　〃 7.4814 〃		7	035	42	
白鹅毛一〃河	〃　〃 37.175 公担		5	333	12	
鸭毛一〃赣	〃　〃 395.14 〃		62	901	15	
合計		共	286	710	36	

運輸中貨物　三十一年十月份　（賬面数字）

貨名	段別	重量		金額			備註
茧	蘭—諸	7	3800 公担	10	512	44	
〃	松—嵊	185	16115 〃	210	485	63	
〃	蘭—嵊	474	1575 〃	675	413	65	
	小計	666	69565 〃	896	411	72	
絲	嵊—黔	1,252 5	404425 〃 615 〃	649 2	279 415	58 71	
〃	蘭—黔	74	726875 〃	600	731	06	
〃	淅—黔	14	6225 〃	49	324	02	
〃	孝—黔	72	866303 〃	432	999	91	
〃	嵊—桂	92	7192 〃	746	274	63	
〃	永—桂	115	8219 〃	872	853	87	
〃	江—柳	21	47875 〃	209	457	31	
〃	嵊—柳	82	57 〃	818	811	25	
〃	嵊—江	87	44 〃	703	499	11	
〃	小計	1,820	264953	12,404	676	45	
	溫—黔	212	41392關斤	2	175	78	
猔	義—黔	3,599	75 〃	118	829	07	
〃	金—筑	3,800	375 〃	120	366	84	
〃	小計	7,613	03892	241	371	69	
	合計	7,613 2,486	03592關斤 96.3603公担	13,542	459	86	

製鍊中貨物　三十一年十月份　（賬面數字）

貨名	产名	重（公担）量		金		額	備考
改茧	嵊縣檢驗室	0	4200		609	36	
〃	錦源繭廠	79	01505	110	254	62	
〃	華豐〃〃	96	0375	134	485	04	
〃	慶雲〃〃	56	1663	78	766	42	
〃	誠信一 誠信二〃〃	25 57	10505 71625	32 77	625 256	82 83	
〃	經成〃〃	137	07495	195	256	41	
〃	剡源〃〃	138	260745	172	253	05	
〃	新錦綸〃〃	46	247605	65	111	60	
〃	新湖〃〃	72	2175	102	870	22	
土茧	嵊縣檢驗室	0	2500		284	20	
〃	錦綸繭廠	14	4437	16	419	16	
〃	華豐〃〃	26	6325	30	275	03	
〃	誠信一〃〃	11	3500	12	402	34	
〃	誠信二〃〃	37	97755	43	171	68	
〃	剡源〃〃	7	5287	8	534	40	
〃	新錦綸〃〃	25	4688	26	952	17	
合計		831	952175	1109	892	35	

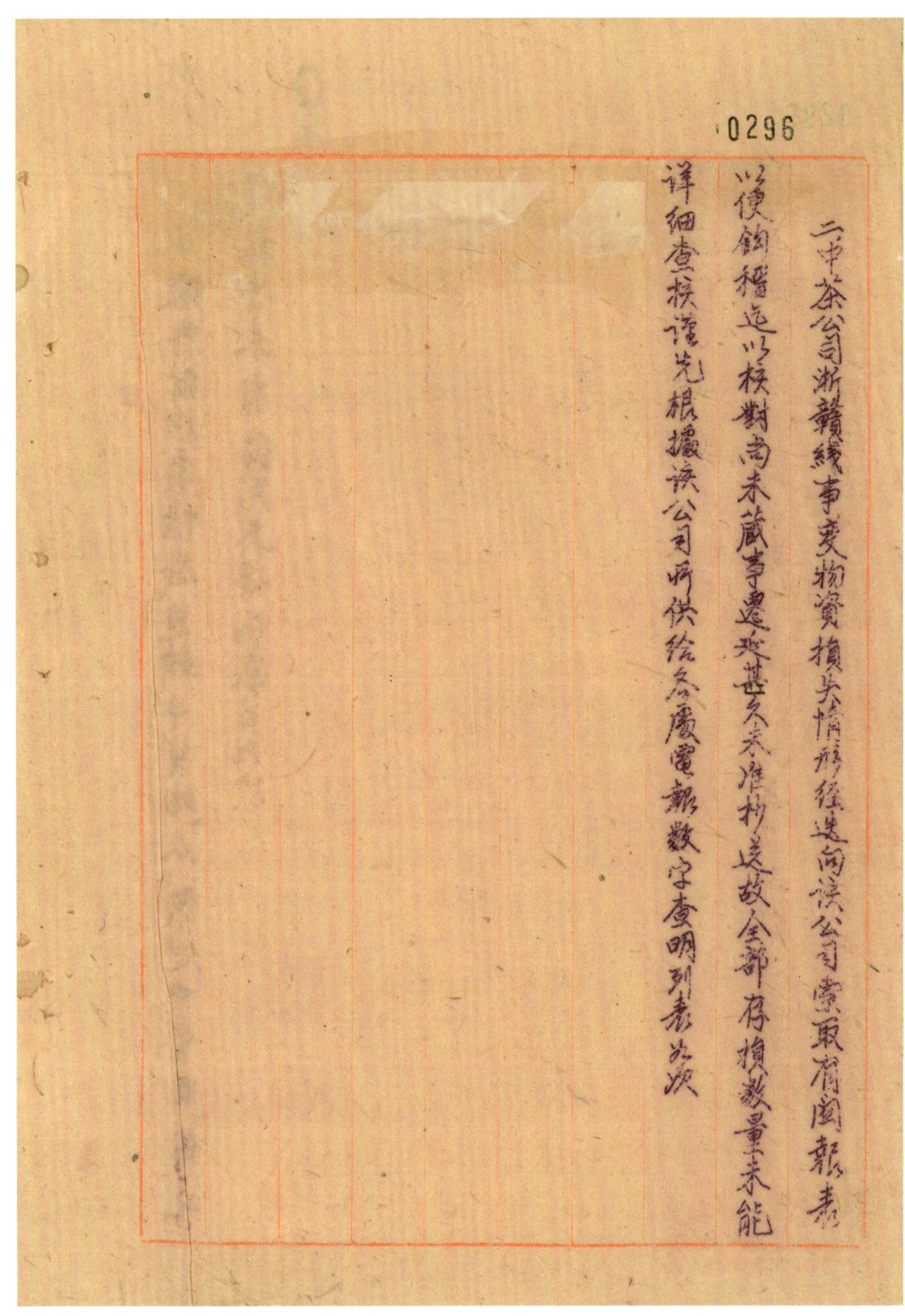
0296

二、中茶公司浙赣线事变物资损失情形经迭向该公司索取有关报表以便鈎稽造以核對尚未蒇事遷延甚久未准抄送故全部存損数量未能詳細查核謹先根據該公司所供給各處電報數字查明列表如次

中國茶葉公司浙贛物資儲存搶運淪陷損失一覽表

貨名	事變前原存及在途					事變中搶出					事變中淪陷				事變中被炸被劫及在途中散失					損失總計			附註
	儲存地點或運輸路線	箱數	重量	單價	總價	儲存地點	箱數	重量	單價	總價	儲存地點	箱數	重量	價值	損失地點	日期	箱數	重(公擔)量	價值	箱數	重量	價值	
二十九年溫茶	青田	13858	4.157.40	150.00	623.610.00	青田	13045	3.924.50	150.00	589.275.0					青田		763	228.90	34.335.00	763	228.90	34.335.00	
紅綠茶	〃	20247	6.074.10	156.00	947.559.60	〃	20019	6.005.70	156.00	936.889.20					〃		228	68.40	10.670.40	228	68.40	10.670.40	
二十九年玉綠	玉山	4220	1.266.00	240.00	303.840.00	玉山	173	51.90	240.00	12.456.00					玉山		4047	1.214.10	291.384.00	4047	1.214.10	291.384.00	○
〃〃河綠	〃	16142	4.842.60	340.00	1.646.484.00	〃	680	204.00	340.00	69.360.00					〃		15462	4.638.60	1.577.124.00	15462	4.638.60	1.577.124.00	○
〃〃祁紅	衢縣	826	247.80	440.00	109.032.00										衢縣		826	247.80	109.032.00	826	247.80	109.032.00	
〃〃浮紅	鷹潭	654	196.20	420.00	82.404.00										鷹潭		654	196.20	82.404.00	654	196.20	82.404.00	○
〃〃玉綠	〃	241	72.30	240.00	17.352.00										〃		241	72.30	17.352.00	241	72.30	17.352.00	○
〃〃婺綠	〃	3	0.90	284.00	255.60										〃		3	0.90	255.60	3	0.90	255.60	○
〃〃祁紅	〃	1982	594.60	440.00	261.624.00										〃		1982	594.60	261.624.00	1982	594.60	261.624.00	○
〃〃屯綠	〃	74	22.20	266.00	5.905.20										〃		74	22.20	5.905.20	74	22.20	5.905.20	○
〃〃平綠	〃	1372	411.60	234.00	96.314.40										〃		1372	411.60	96.314.40	1372	411.60	96.314.40	○
〃〃毛茶	〃	216	64.80	200.00	12.960.00										〃		216	64.80	12.960.00	216	64.80	12.960.00	○
紅茶	河口	5522	1.656.60	200.00	331.320.00	河口	4967	1.490.10	200.00	298.020.00					河口		555	166.50	33.300.00	555	166.50	33.300.00	○
二十九年祁紅	鉛山	37	11.10	440.00	4.884.00										鉛山		37	11.10	4.884.00	37	11.10	4.884.00	○
紅綠茶	上饒	504	151.20	200.00	30.240.00	上饒	106	31.80	200.00	6.360.00					上饒		398	119.40	23.880.00	398	119.40	23.880.00	○
紅茶	麗水	5501	1.650.30	200.00	330.060.00	麗水	3316	994.80	200.00	198.960.00					麗水		2185	655.50	131.100.00	2185	655.50	131.100.00	
綠茶	〃	2670	801.00	200.00	160.200.00	〃	2642	792.60	200.00	158.520.00					〃		28	8.40	1.680.00	28	8.40	1.680.00	
紅綠茶	玉山	1730	519.00	290.00	150.510.00	玉山	540	162.00	290.00	46.980.00					玉山		1190	357.00	103.530.00	1190	357.00	103.530.00	○
〃〃〃	麗水	24961	7.488.30	200.00	1.497.660.00	麗水	24207	7.262.10	200.00	1.452.420.00					麗水		754	226.20	45.200.00	754	226.20	45.240.00	
二十九年婺綠	嵊縣	9610	2.883.00	140.00	403.620.00						嵊縣	9610	2.883.00	403.620.00						9610	2.883.00	403.620.00	
二十九年平綠	〃	57600	17.280.00	234.00	4.043.520.00						〃	57600	17.280.00	4.043.520.00						57600	17.280.00	4.043.520.00	
〃〃紅茶	蘭谿	100	30.00	200.00	6.000.00						蘭谿	100	30.00	6.000.00						100	30.00	6.000.00	
〃〃綠茶	〃	18600	5.580.00	200.00	1.116.000.00						〃	18600	5.580.00	1.116.000.00						18600	5.580.00	1.116.000.00	
〃〃紅茶	江山	1800	540.00	200.00	108.000.00						〃	974	292.20	58.440.00	江山		826	247.80	49.560.00	1800	540.00	108.000.00	
屯綠	屯溪—吉安	5751	1.725.30	266.00	458.929.80	吉安	5037	1.511.10	266.00	401.852.60	〃	714	214.20	6.977.20						714	214.20	56.977.20	
祁紅	蘭谿—…	4194	2.758.20	440.00	1.213.608.00	〃	8148	2.444.40	440.00	1.075.536.00	鷹潭	1046	313.80	38.072.00						1046	313.80	138.072.00	○
〃〃	麗水—鷹潭	3415	1.144.50	440.00	503.580.00						〃	3815	1.144.50	103.580.00						3815	1.144.50	503.580.00	○
		207230	62.169.00		14.465.472.60		82930	24.879.00		5.246.728.80		92459	27.737.70	3.262.920			31841	9.552.30	2.842.534.60	124300	37.290.00	9.218.743.80	

中國茶葉公司浙贛物資儲存搶運淪陷損失一覽表

貨名	事變前原存及在途：備存地點或運輸區間	箱數	重量	單價	總價	事變中搶出：搶出地點	箱數	重量	單價	總價	事變中淪陷：儲存地點	箱數	重量	價值	事變中被炸被劫及在途中散失：損失地點	日期	箱數	重量	價值	損失總計：箱數	重量	價值	附註
承前頁		20730	62.169 00		14.465.472 60		82930	24.879 00		5.246.728 80		92459	27.737 70	6.326.209 20			31841	9.552 30	2.892.534 60	124300	37.290 00	9.218.743 80	
遂綠	麗水一吉安	1458	437 40	202 00	88354 80	吉安	1109	332 70	202 00	67.205 40	鷹潭	349	104 70	21.149 40						349	104 70	21.149 40	○
平綠	營岸一…	6439	1.931 70	234 00	452.017 80	〃					鷹一金	6439	1.931 70	452.017 80						6439	1.931 70	452.017 80	
〃	湯浦一…	23014	6.904 20	234 00	1.615.542 80	〃	1321	396 30	234 00	92.734 20	金華	21693	6507 90	1.522.848 60						21693	6.507 90	1.522.848 60	
〃	嵊縣一…	5918	1.775 40	234 00	415.443 60						〃	5918	1.775 40	415.443 60						5918	1.775 40	415.443 60	
玉綠	玉山一…	8509	2.552 70	240 00	612.648 00	吉安	7288	2.186 40	240 00	524.736 00	鷹潭	1221	366 30	87.912 00						1221	366 30	87.912 00	○
河紅	〃	575	172 50			〃	575	172 50															
婺綠	婺源一…	12546	3.763 80	284 00	1.068.919 20	〃	10563	3.168 90	284 00	899.967 60	鷹潭	1783	594 90	168.951 60						1983	594 90	168.951 60	○
浮紅	鷹潭一…	4416	1.324 80			〃	4416	1.324 80															
寧紅	樟樹一…	302	90 60			〃	302	90 60															
祁紅	吉安一衡陽	5375	1.612 50			茶陵	5375	1.612 50															
浮紅	〃	5414	1.624 20			〃	5414	1.624 20															
婺紅	英峰一…	10979	3.293 70	420 00	1.383.354 00	[illegible]	2699	807 90	420 00	339.318 00	運輸中	8286	2.485 80	1044036 00						8286	2.485 80	1.044.036 00	○
祁紅	江山一上饒	580	174 00	440 00	76.560 00						江一上	580	174 00	76560 00						586	174 00	76.560 00	
〃	洛江一衡陽	2290	687 00			茶陵	[illegible]	687 00															
合計		295045	88.513 50		20.178.352 80		124276	37.282 80		7.170.690 00		138928	41.678 40	10.115.128 20			31841	9.552 30	2.892.534 60	170769	51.230 70	13.007.662 80	

查上表損失數字係根據各分公司辦事處及該公司派赴實地調查人員之電報數字彙計茲將根據原始資料說明如次

一、二十九年青田溫紅起至麗水綠茶止悉根據東總站三十一年十月三十一日永業字第4251號代電附表浙贛事变後溫州等地存茶損失數量概況表數字列報但其中鷹潭運輸中浮紅四千箱因已包括本表內鷹—吉途中數內故未列入

二、嵊縣二十八年婺綠係據該公司三十一年八月二十八日發文業字二六七九號附表十內列嵊縣二十八年茶小計數（即屯綠分婺綠95%浮紅15%合計數）又嵊縣二十九年平綠係據該公司三十一年十月七日發文運字三三六〇號附表一內列嵊縣數字

三、蘭谿二十九年紅茶及綠茶均係據該公司三十一年十月七日發文運字二三六〇號附表一內列蘭谿數字

四、江山二十九年紅茶係據該公司十月七日發文運字二三六〇號附表一內列江山數字

五、屯—吉途中至未行止均係據該公司三十一年十月七日發文運字二三六〇號附表二內各該處所列數字列入惟贛金華—衡陽途中一〇九七九件內有八二八六件據報係於戰前最後一批運出故照加列入

六、所列重量單位爲公担重量估計均以每箱三十斤計算價值單位爲國幣元價值估計均照該公司按保各茶保

險中心價計算

丙、查核意見

查此次奉派查核復興中茶兩公司各項帳表因限於事實無法調閱原案詢証對於滇緬浙贛之一切實物復以路途遙遠未能實地盤點僅能就各公司辦事處電報數字彙計惟以各該公司損數量如是之多時間經過如是之久在上述情形下欲查得一正確結果殊感困難故僅能依照卷宗分別「事變前原存及在途結存數」「事變中搶出」「事變中淪陷」及「事變中被炸被劫及中途散失」數目相互鉤稽以覘大概且各項物資損失與當地戰局及運輸狀況有密切關係能僅

憑報告表冊所能判斷實況而切實查對俾明真相起見擬

請將上項查得數字抄發部派浙贛調查人員前往各分公

司辦事處實地秘密查核

奉派前因理合將查核結果備文呈報伏乞

鑒核謹呈

部長

次長

職 陳維羆

許國荃 謹呈 卅六、六

靳德明

附（二）国库署原签呈（抄件）

抄國庫署原簽呈

案據稽核許鏡衡報稱「窃職前奉 令視察閩浙贛等省庫政行抵永安復奉部渝秘三(12.12)電以中茶復興兩公司浙贛戰事損失物資亟待清查飭就近會同貿易委員會皖浙閩贛四省辦事處派員會同查核各該公司帳冊單據及有無不應損失而損失情形各等因正值三十一年度瞬將終了為完成是年度攷察工作不能得不趕往贛縣將贛省鹽務稅務各機關分別實地視察沿途並探訪中茶復興兩公司損失情形旋即轉赴泰和與貿易委員會駐贛專員辦事處李專員鳳耀洽商並向有關各方面

查詢惟所得均係片面的經職細加綜核再就聞見所及反
復研討覺各該公司於此次事變事前準備不够事後搜
集欠力實無疑義姑舉數事用資佐証
一、豐城縣屬散茶三千餘箱分載多船經豐城縣政府在
港內截獲以無主茶船電報省府由贛省府代電駐
港專員辦事處轉知中茶公司東路總站派員前往
提回
二、江西省政府上年十月二十六日第七一四九號酉宥代電
贛辦事處以鄱陽縣府截獲箱茶五零六件經該
處分電東總站派員前往提取但職於上年底過泰

时仍未派员前往提回

三、复兴公司河口办事处于浙赣战事紧张时（上年五月）曾电请赣分公司拨款抢运，该分公司于五月二十一日复以无款可拨，但于同月二十五日接该办事处快函后又电汇五千元，惟因河口裕民银行以电码不明，未能照兑，及该处将款收到前往抢运时，运输工具适由军事机关全部封用矣。

以上仅各该公司在江西方面情形，一斑浙江方面上年十一月二十一日南平东南日报第四版曾有一篇记载，谨将原报附呈，伏查皖浙闽赣四省一部、邻近战区一部收复

0307

未久沿途既多不靖交通又極困難且聆於各該公司情形，尙極隔閡，會查責重，殊非屬艦桿力所能勝，爲此理合據請鑒呈察核並懇賜准另行派員前往會查」等語，理合呈請

鈞核

國庫署　謹簽　六、十九、

江西省国货陈列馆关于报送该馆抗战损失报告表致省建设厅的呈（一九四四年五月二十三日）

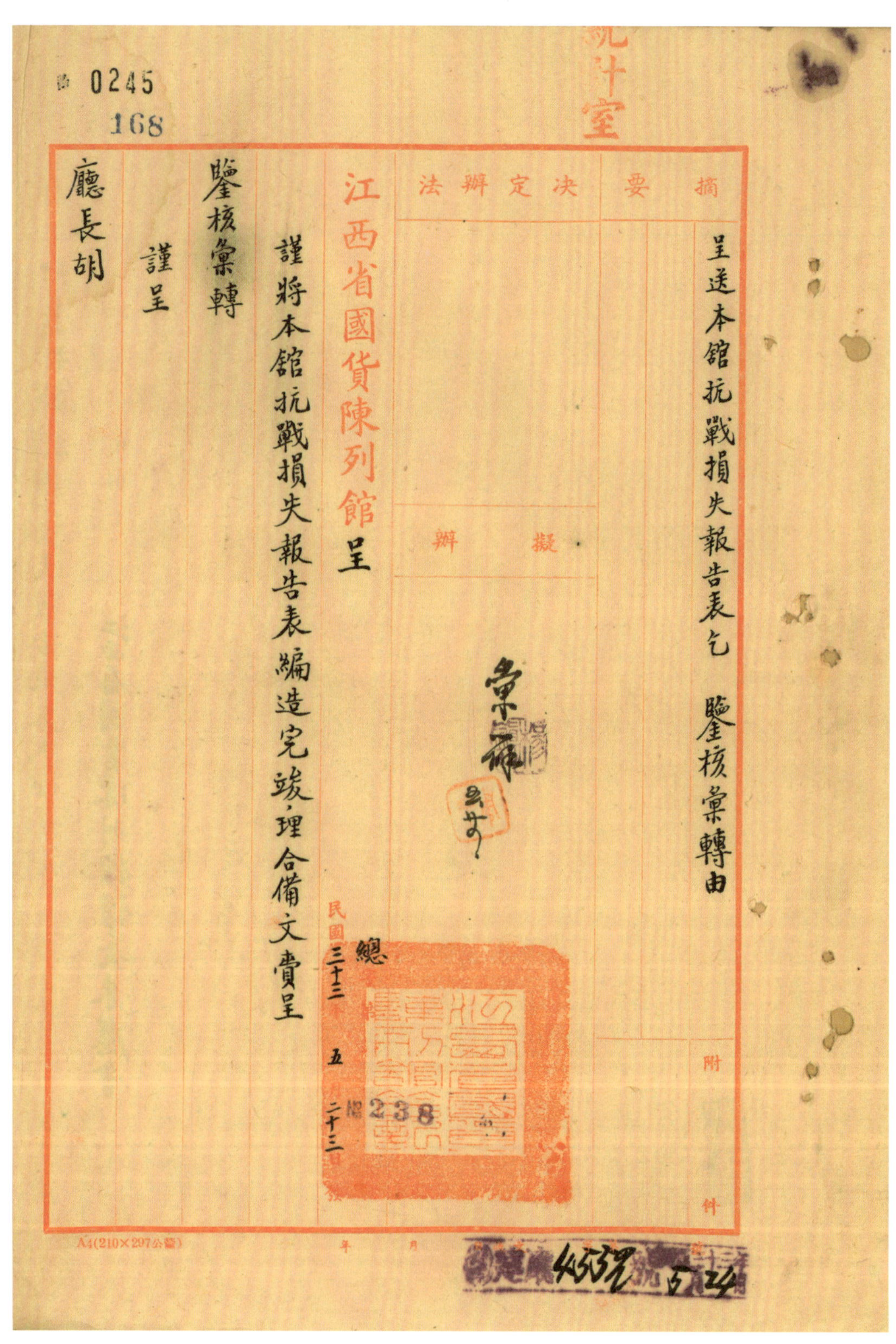
0245
168
统计室

摘要：呈送本馆抗战损失报告表乞鉴核汇转由

决定办法

拟办

附件

江西省國貨陳列館呈

謹將本館抗戰損失報告表編造完竣，理合備文賫呈

鑒核彙轉

謹呈

廳長胡

民國三十三年五月二十三日

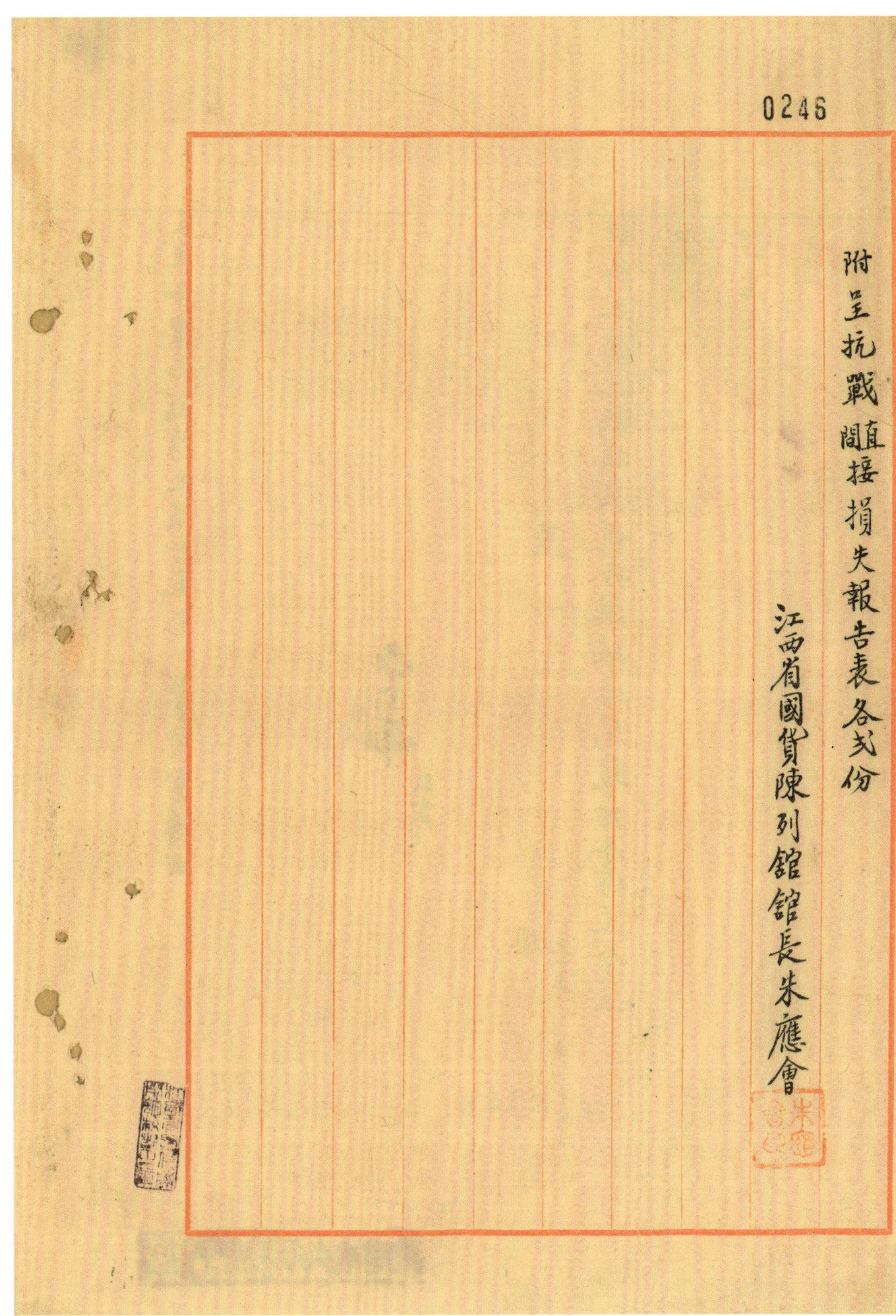
0246

附呈抗戰間直接損失報告表各弍份

江西省國貨陳列館館長朱應會

附（一）江西省国货陈列馆财产直接损失报告表（一九四四年四月）

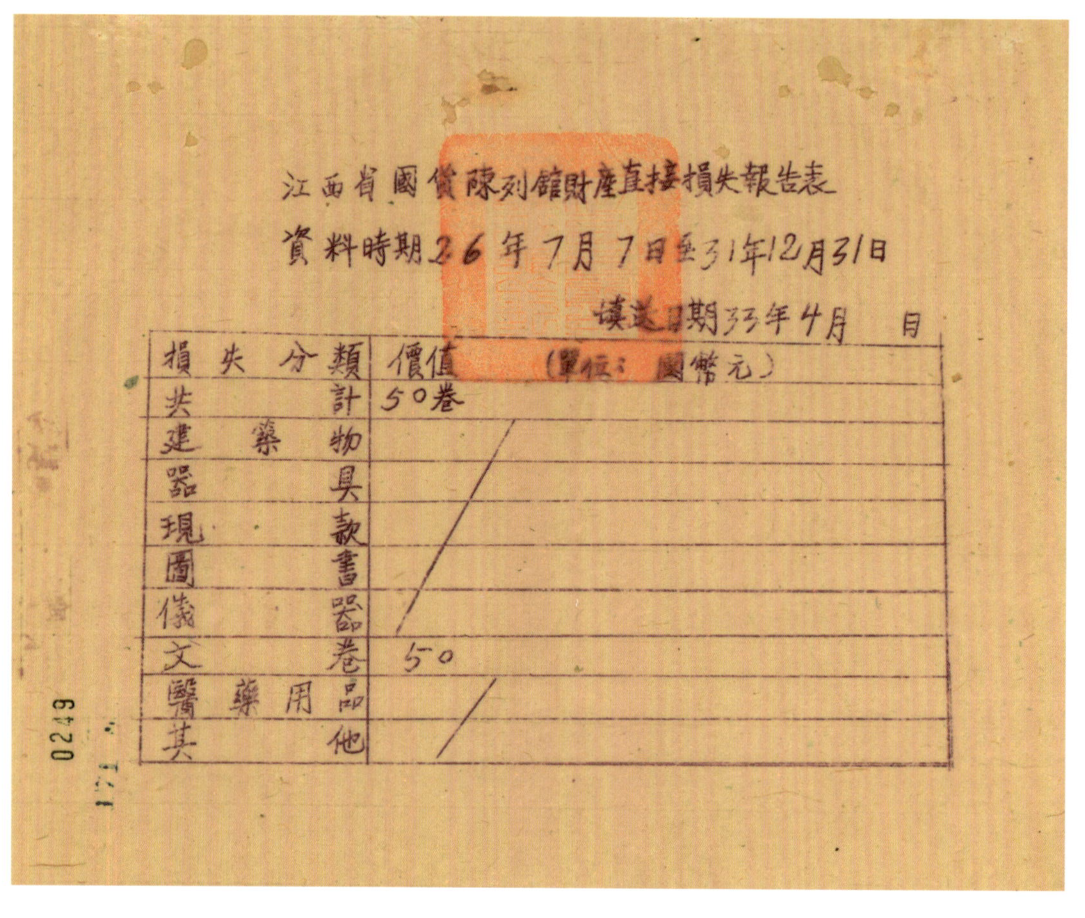

江西省國貨陳列館財產直接損失報告表

資料時期26年7月7日至31年12月31日

填送日期33年4月　日

損失分類	價值（單位：國幣元）
共計	50卷
建築物	/
器具	/
現款	/
圖書	/
儀器	/
文卷	50
醫藥用品	/
其他	/

附（二）江西省国货陈列馆财产间接损失报告表（一九四四年四月十八日）

江西省國貨陳列館財產間接損失報告表

資料時期26年7月7日至31年12月31日

填送日期33年4月18日

損失分類	金額（單位：國幣元）
共計	9106.—
遷移費	4956.—
防空設備費	/
疏散費	4150.—
救濟費	/
撫卹費	/

江西省重工业理事会关于报送机器厂、炼铁厂、硫酸厂及公务员役财产损失报告表致省建设厅的公函

（一九四四年五月二十九日）

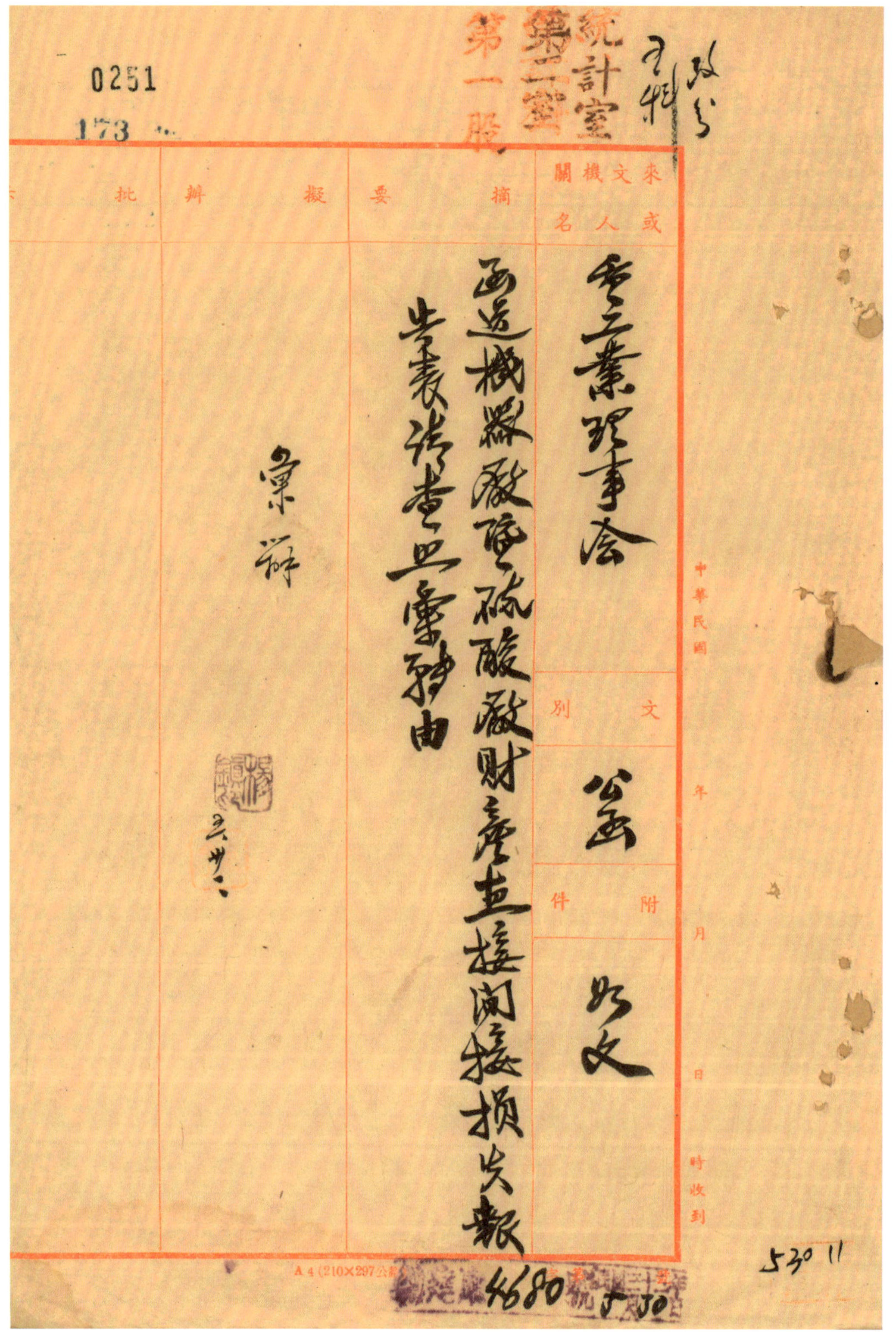

0251

173

統計室 第二室 第一股

來文機關或人名	重工業理事會
文別	公函
附件	如文
摘要	函送機器廠、煉鐵廠、硫酸廠財產直接、間接損失報告表請查照彙轉由
擬辦	彙辦
批	

0232

173

案准

貴廳本年三月卅一日(卅)建廳五字第二四二七號大函，以奉　江西省政府令催趕速查填抗戰公私財產損失報告表，爰印發照前頒表式詳填送廳，以憑彙轉，等由准此。自應照辦。惟查本會所屬車船廠是項報告表，業於本年三月十日以(卅)理字第二六八號函送在案。茲復接機器、煉鐵、硫酸三廠先後填送是項財產損失報告表到會，相應檢附原表，函請

查照，惠予彙轉。又接電工廠呈以創立未久，未受損失，請予免造，合併函明。

此致

資源委員會
江西省政府 合辦江西省重工業理事會

A4(210×297公厘)

(卅)理 0740

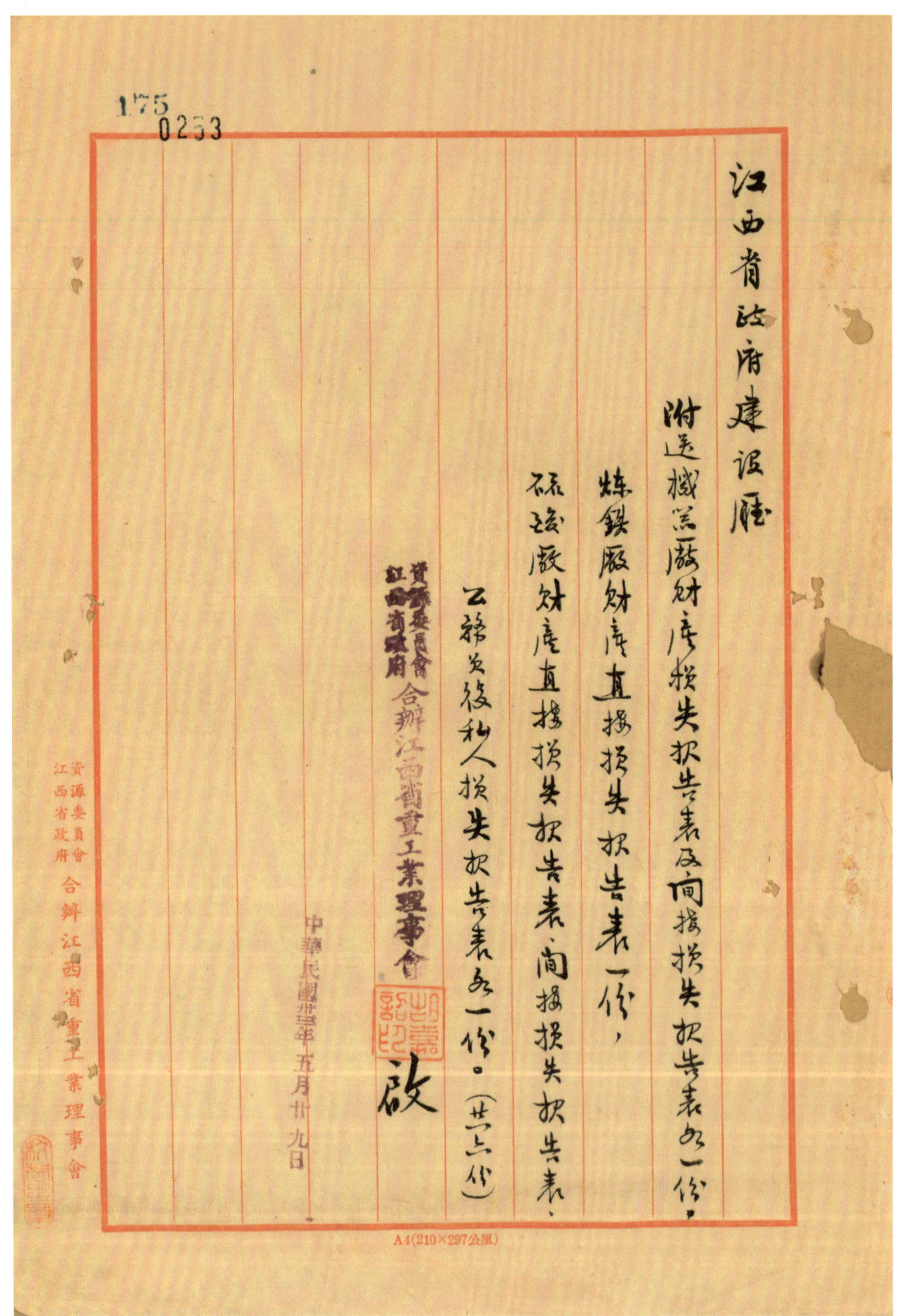

175
0253

江西省政府建設廳

附送機器廠財產損失報告表及間接損失報告表各一份，

煉鐵廠財產直接損失報告表一份，

硫酸廠財產直接損失報告表、間接損失報告表、

公務員役私人損失報告表各一份。（共六份）

資源委員會
江西省政府合辦江西省重工業理事會 啟

中華民國卅五年五月廿九日

資源委員會
江西省政府
合辦江西省重工業理事會

A4(210×297公厘)

江西車船廠
（机関名称）　財産直接損失報告表　（表式1）

資料時期[2]：26年7月7日至31年12月31日

填送日期：32年12月31日

損失分類	價值（單位：國幣元）
共計	4,700.00　現在價值約940,000.00
建築物	
机器	鍋爐弍只上海定製 4,700.00 29年時（現時估價約為940,000.00元）
現款	
圖書	
儀器	
文卷	
醫葯用品	
其他	

報告機関[4]

說明：1.各机関向上級机関報告該机関損失或上級机関彙报該机関及所屬机関損失時均用此表但彙报時應填「某某机関及所屬机関」等字例如各省市政府彙报該省市政府及所屬机関損失時應填寫「某某省政府或某市政府及所屬机関」等字

2.即表列損失資料之起訖月日例如二十年九月十八日至二十六年七月七日或二十六年七月七日至三十一年十二月三十一日

3.文卷損失之價值難以估計只須填寫毀損及遺失之卷宗數

4.報告或彙报机関應加盖机関印信

5.此處所謂損失包括毀損沒收或佔用等項其損失種類如有本表未列者概歸入「其他」一類

6.本表各類估值如不能根據登記之正確數字填入時可用估計數字填入

附（二）江西车船厂财产间接损失报告表（一九四三年十二月三十一日）

江西車船廠
（机関名稱）　財產間接損失報告表　（表式2）

資料時期2：26年7月7日至31年12月31日

填送日期：32年12月31日

損失分類	金額（單位：國幣元）	
共計	8,753.50	
遷移費		
防空設備費	5,000.00	
疏散費	3,753.50	三十一年七月間贛北時局吃緊時之疏散費
救濟費		
撫邺費		

報告機関4

說明：1.各机関對上級机関報告該机関財產間接損失及上級机関彙報所屬各机関財產間接損失時均用此表但彙報時應填「某某机関及所屬机関等字」

2.即表列資料之起訖月日例如二十年九月十八日至二十六年七月七日二十六年七月七日至三十一年十二月三十一日

3.為本机関或本机関及所屬机関支出者

4.報告或彙報机関應加蓋机関印信

0269

0270

191

附（三）江西炼铁厂财产直接损失报告表（一九四四年五月四日）

江西煉鐵廠財產直接損失報告表　　（表式1）

（機關名称）

資料時期：30年2月4日至　年　月　日

填送日期：33年5月4日

損失分類	價值（單位：國幣元）
共計	共計港幣$7225折合國幣3986.29
建築物	無
器具	風鋼鋼板（價如上數）　本廠於三十年二月托公路處駐港辦事處紀士寬君代買風鋼鋼板運至廣東沙魚涌時敵人突來未及搶回致遭損失。
現款	無
圖書	無
儀器	無
文卷	無
醫藥用品	無
其他	無

報告機關〃

說明　1.各機關向上級機關報告該机關損失或上級机關彙報該机關及所屬机關損失時均用此表但彙報時應填「某某机関及所屬机関」等字例如各省市政府彙報該省市政府及所屬机關損失時應填寫「某省政府或某市政府及所屬机關」等字

2.即表列損失資料之起訖月日例如三十年九月十八日至二十六年七月七日或二十六年七月七日至三十一年十二月三十一日

3.文卷損失之價值難以估計只須填寫毀損及遺失之卷宗數

4.報告或彙報机關應加蓋機關印信

5.此處所謂損失包括毀損沒收或佔用等項其損失種類如有本表未列者概歸入「其他」一類

6.本表各類價值如不能根據登記之正確數字填入時可用估計數字填入

附（四）江西硫酸厂财产直接损失报告表（一九四三年十二月二十九日）

江西硫酸廠財產[illegible]損失報告表　　（表式1）

資料時期：26年7月7日至31年12月31日

填送日期：32年12月29日

損失分類	價值（單位：國幣元）
共計	當時價值44,000.00元 照現市價約合4,400,000.00元
建築物	無
器具	無
現款	無
圖書	無
儀器	（包括五金器材）當時價值44,000.00元 照現市價約合4,400,000.00元
文卷	無
醫藥用品	無
其他	無

報告機關 江西硫酸廠

附（五）江西硫酸厂财产间接损失报告表（一九四三年十二月二十九日）

0271

192

江西硫酸廠財產間接損失報告表

（表式二）

資料時期：26年7月7日至31年12月31日

填送日期：32年12月29日

（單位：國幣元）

損失分類	金額
共計	13,000.00元
遷移費	無
防空設備費	9,000.00元
疏散費	4,000.00元
救濟費	無
撫卹費	無

報告機關：江西硫酸廠

附（六）江西车船厂公务员役私人财产损失报告表

江西車船廠（機關名稱） 公務員役私人財產損失報告表 （表式3）

資料時期：26年7月7日至31年12月31日

塡送日期 32年12月31日

損失分類	(1)江蘇與化淪陷時房屋及用具全部損失(2)廣東省會及江門淪陷時本人服務廣州商品檢驗局所有寄存廣州東山及江門白石鄉之衣服用物全部損失(3)汕頭淪陷時寄存岳父家財物損失(4)香港失陷時因眷屬住香港全部財產衣服等損失
共計	壹千四百玖拾四萬弍千壹百元
房屋	捌拾萬元（以現值估計）
器具	四百陸拾萬元（以現值估計）
現款	四萬弍千壹百元（損失港幣五千四百元以該地淪陷時市價共折合國幣約四萬弍千壹百元）
服着物	柒百伍拾萬元（以現值估計）內有祖傳各以三百六十粒巨珠串成蝴蝶一對战前已值五萬元其他衣服約共十餘箱
古物書籍	弍百萬元（以現值估計）
其他	

報告者：魏崇慶（印）

說明：1.各機關對上級機關報告該機關損失或上級機關彙報該機關及所屬機關損失時均用此表但彙報時應填「某某機關及所屬機關」字樣

2.即表列損失資料之起訖年月日例如二十年九月十八日至二十六年七月七日二十年七月七日至三十一年十二月三十一日

3.報告者應簽名蓋章如係彙報應加蓋機關印信

4.此處所謂損失包括毀損沒收或佔有等項其損失種類如有本表未列者概填入「其他」

5.本表各類價值如不能根據之正確數字填入時可用估計數字填入

0254

江西卑县厂　公务员役私人财产损失报告表　（表式3）
（机关名称）

资料时期27年10月20日至33年2月6日

填送日期33年2月6日

损失分类	房屋、器具、服着物、书籍、械料杂粮
共计	壹百0五万
房屋	四幢、价值六十万
器具	傢具、价值十万
现款	
服着物	价值十万
古物书籍	价值五万
其他	械料杂粮一部、价值贰十万

报告者3 曾超

说明：1.各机关对上级机关报告该机关损失或上级机关汇报该机关及所属机关损失时均用此表但汇报时应填「某某机关及所属机关」字样

2.即表列损失资料之起讫年月日例如二十年九月十八日至二十六年七月七日二十年七月七日至三十一年十二月三十一日

3.报告者应签名盖章如系汇报应加盖机关印信

4.此处所谓损失包括毁损没收或侵占等项其损失种类如有本表未列者概填入「其他」

5.本表各类价值如不能根据之正确数字填入时可用估计数字填入

0255

江西車船廠
（機關名稱）

公務員個私人財產損失報告表　（表式3）

資料時期：自32年9月1日至33年12月10日

填送日期　33年1月7日

損失分類	三十二年七月一日敵機空襲龍南將本人建房店一棟楼房一間内一切器俱全部被炸燒燬
共計	265萬
房屋	160萬元
器具	20萬元
現款	56萬元
服着物	27萬元（店内貨物等）
古物書藉	2萬元
其他	

報告者：李卿（印）

說明：1.各機關對上級機關報告該機關損失或上級機關彙報該機關及所屬機關損失時均用此表但彙報時應填「某々機關及所屬機關」字樣

2.即表列損失資料之起訖年月日例如二十年九月十八日至二十六年七月七日二十年七月七日至三十一年十二月三十一日

3.報告者應簽名盖章如係彙報應加盖機關印信

4.此處所謂損失包括毁損沒收或佔有等項其損失種類如有本表未列者概填入「其他」

5.本表各類價值如不能根據之正確數字填入時可用估計數字填入

江西車船廠公務員役私人財產損失報告表　　（表式3）

（机關名稱）資料時期：26年7月7日至31年12月31日

填送日期33年2月1日

損失分類	1.本人在南京淪陷已出時損失衣服弍箱 2.長樂縣淪陷時毀損房屋三幢妻女衣服三箱
共計	弍百弍拾陸萬伍千元
房屋	三幢 150,0000元
器具	房内器具 250000元
現款	伍千元（妻女逃難時途中遺失）
服着物	五箱 150000元
古物書籍	古物30件 180000元 書籍30000元
其他	田園没收家畜損失 150000元

報告者：林希超（印）

說明：1，各机關對上級机關報告該机關損失或上級机關彙報該机關及所屬机關損失時均用此表但彙報時應填「某某机關及所屬机關」等字

2，即表列損失資料之起訖年月日例如二十年九月十八日至二十六年七月七日二十年七月七日至三十八年十二月三十一日

3，報告者應簽名蓋章如係彙報應加蓋机關印信

4，此處所謂損失包括毀損沒收或估有等項其損失種類如有本表未列者概填入「其他」

5，本表各類價值如不能根據正確數字填入時可用估計數字填入

江西車輛廠 公務員役私人財產損失報告表　　（表式3）

（机關名稱）　資料時期：28年1月1日至33年2月1日

填送日期33年2月1日

損失分類	（1）敵寇侵佔安義縣時，將原村房屋全部被毀，敵人有磚牆房屋兩幢全部被燒毀。（2）南昌淪陷時敵人住宅兩所（西大街107號及中山路）又其傢具全部被佔，再因撤退时倉猝，衣服用具等全未搬出，以致損失（大陆银行上边）（沒收。）
共計	壹仟壹佰萬元
房屋	四幢計 1,000,000.00元
器具	傢具百餘件其他用器數百件 計 3,000,000.00元
現款	—— 空
服着物	各類衣着二十餘箱 1,000,000.00元
古物書籍	書籍千數冊，古畫二百餘幅，其他古玩數十件計 3,000,000元
其他	磁器約百餘件，又南昌火車站附近有果樹園壹所，面積約十五畝，全部被毀計損失三百萬元

報告者：熊□□

說明：1、各机關對於上級机關報告該机關損失或上級机關彙報該机關及所屬机關損失時均用此表但彙報時應填「某某机關及所屬机關」等字

2、即表列損失資料之起訖年月日例如二十年九月十八日至二十六年七月七日或二十六年七月七日至三十一年十二月三十一日

3、報告者應簽名蓋章如係彙報應加蓋机關印信

4、此處所謂損失包括毀損沒收或佔有等項其損失種類如有本表未列者概填入「其他」

5、本表各類價值如不能根據正確數字填入時可用估計數字填入

江西車船廠　公務員役私人財產損失報告表　（表式3）

（機關名稱）　資料時期：26年7月7日至31年12月31日

填送日期33年1月29日

損失分類	①二十七年十月三十一日在南昌寓所遭炸 ②二十九年八月四日吉安寓所遭炸被焚
共計	六十一萬三千元正
房屋	三十萬元（按現值估計）（係瓦頂磚牆住宅半幢）
器具	三萬元（按現值估計）
現款	三千元（按被炸被焚時）
服著物	二十五萬（按現值估計）
古物書籍	三萬元（〃　〃）
其他	

報告者　徐子康（印）

說明：1、各機關對上級機關報告該機關損失或上級機關彙報該機關及所屬機關損失時均用此表但彙報時應填「某某機關及所屬機關」等字

2、即表列損失資料之起訖年月日例如廿年九月十八日至廿六年七月七日或廿六年七月七日至卅一年十二月卅一日

3、報告者應簽名蓋章如係彙報應由主管機關負責

4、此表所謂損失包括財產損失及抗戰費用其財產損失如有未列者概填入「其他」

5、本表各類價值如不能根據原始記載數字填入時可用估計數字填入

江西車船廠（机關名稱）公務員役私人財產損失報告表 （表式3）

資料時期：28年[illegible]月26日至31年1月31日

填送日期33年1月31日

損失分類	南昌淪陷時損失房屋衣被傢具書籍等種
共計	六種共計叁萬貳千元（戰前價值）
房屋	門窗牆壁均被破壞無法估計價值
器具	全部傢具約值價值五千元以上（戰前價值）
現款	無
服著物	棉被二十餘床衣服十餘箱 估計500,000
古物書籍	中外文學及科學書籍約在二千冊以上 估計2,000
其他	各種木板約值五萬元以上（戰前價值）

報告者：丁文汪

說明：1. 本机關對上級机關報告該机關損失或上級机關彙報該机關及所屬机關損失時均用此表但彙報時應填「某某机關及所屬机關」等字

2. 即表列損失資料之起訖年月日係自二十年九月十八日至二十六年七月七日二十六年七月七日至三十一年十二月三十一日

3. 報告者應簽名蓋章如係彙報應加蓋机關印信

4. 此表所謂損失包括毀損沒收或佔有等項其損失種類如有本表未列者概填入「其他」

5. 本表各類價值如不能根據正確數字填入時可用估計數字填入

江西車輛廠　公務員役私人財產損失報告表　（表式3）
（機關名稱）

資料時期26年11月　日至33年2月3日

填送日期33年2月3日

損失分類	民廿六年十一月敵陷本縣（江蘇金壇）时所有房屋器具衣服书籍稻谷等物悉遭損失
共計	约六十五萬元
房屋	约三十萬元（一幢）
器具	约十二萬元（三百餘件）
現款	一萬元
服着物	约九萬元（二百餘件）
古物書籍	约三萬元（二箱）
其他	约十萬元（稻谷耕牛等）

報告者3

說明：1.各機關對上級機關報告該機關損失或上級機關彙報該機關及所屬機關損失時均用此表但彙報時應填「某某機關及所屬機關」字樣

2.即表列損失資料之起訖年月日例如二十年九月十八日至二十六年七月七日二十六年七月七日至三十一年十二月三十一日

3.報告者應簽名蓋章如係彙報應加蓋機關印信

4.此處所謂損失包括毀損沒收或佔有等項其損失種類如有本表未列者概填入「其他」

5.本表各類價值如不能根據之正確數字填入時可用估計數字填入

0261

江西[illegible]縣
（機關名稱）

公務員役私人財產損失報告表　　（表式9）

資料時期：30年2月5日至33年2月3日

填送日期33年2月3日

損失分類	分宜被炸時損失房屋兩棟傢俱數十件
共計	壹佰壹拾萬元
房屋	房屋兩棟按現值估計約柒拾萬元
器具	傢具數十件按現值估計約四十萬元
現款	無
服着物	無
書物書籍	無
其他	無

報告者：黄起徽

說明：1.各機關對上級機關報告該機關損失或上級機關彙報該機關及所屬機關損失時均用此表但彙報時應填「某某機關及所屬機關」字樣

2.即表列損失資料之起訖年月日例如二十年九月十八日至二十六年七月七日二[illegible]年七月七日至三十一年十二月三十一日

3.報告者應簽名蓋章如係彙報應加蓋機關印信

4.此處所謂損失包括毀損沒收或佔有等項其損失種類如有本表未列者概填入「其他」

5.本表各類價值如不能根據之正確數字填入時可用估計數字填入

江西車輛廠
（机關名稱）

公務員役私人財產損失報告表

（表式3）

資料時期 自26年10月10日至39年12月31日

填送日期 33年2月7日

損失分類	杭州寓所敌人登陆同年逃出上海时被敌毁损衣铺房二幢住宅房一幢器具二千余件、服着数百余件、书籍字帖三大箱、衣铺二号货物均被敌人毁损及没收
共計	约壹千肆百叁拾萬元正。
房屋	三间门面一楼一底前后三进衣铺一幢约现值八十万元，二间门面前后二进衣铺一幢现值约叁拾万元，五间门面前后二进二厢房住宅房屋一幢现值约八十万元
器具	二千余件现值约五十万元
現款	约二万元（铜元银币）
服着物	约数百余件现值约$180000.00
古物書籍	书籍字帖三大箱内计四千八百种按时估值$8000.00
其他	衣铺二号货物约计现值$1000000.00

件，现值约二万元

報告者3 張钊

說明：1.各机關對上級机關報告該机關損失或上級机關彙報該机關及所屬机關損失時均用此表但彙報時應填「某某机關及所屬机關」字樣

2.即表列損失資料之起訖年月日例如二十年九月十八日至二十六年七月七日二十六年七月七日至三十一年十二月三十一日

3.報告者應簽名蓋章如係彙報應加蓋机關印信

4.此處所謂損失包括毀損沒收或佔有等項其損失種類如有本表未列者概填入「其他」

5.本表各類價值如不能根據之正確數字填入時可用估計數字填入

江西車船廠（機關名稱）公務員役私人財產損失報告表　　（表式3）

資料時期：28年3月27日至33年1月31日

填送日期33年1月31日

損失分類	南昌廿八年淪陷損失房屋一棟，卅一年贛東淪陷撤退損失家具行李及日用品等
共計	壹佰另伍萬肆仟元正
房屋	南昌房屋損失一棟照現值價廿萬元，卅一年淪陷損失一部份十五萬元
器具	所有器具現值價貳拾萬元
現款	四仟元
服着物	現值價叁拾伍萬元
古物書籍	拾萬元
其他	伍萬元

報告者：趙坤

說明：1、各機關對于所屬機關損失，如該機關損失或上級機關彙報該機關及所屬機關損失時，用此表彙報時應填「××機關及所屬機關」等字

2、即表列損失資料之期間年月日例如二十年九月十八日至二十六年七月七日，二十六年七月七日至三十一年十二月三十一日

3、報告者應簽名蓋章，如係機關應加蓋機關印信

4、此處所謂損失包括毀損、沒收或佔有等項，其損失種類如有本表未列者概填入「其他」

5、本表各類價值如不能根據正確數字填入時，可用估計數字填入

江西車船廠公務員役私人財產損失報告表　　（表式3）

（機關名稱）

資料時期：26年7月7日至32年12月31日

填送日期33年1月31日

損失分類	敵陷南昌時，計燒燬房屋五幢，所有傢具及衣着書籍數件件同遭損失；敵炸吉安時又炸燬房屋一幢，郵寄成都衣着在漢口被敵沒有
共計	陸百伍拾伍萬元
房屋	五幢　約值1,200,000.00元
器具	約值800,000.00元　各種器具五百餘件
現款	無
服着物	約值2,600,000.00元　衣着計壹仟餘件
古物書籍	西書三百餘冊古書六百餘冊　1,500,000.00
其他	無线電器材三箱計二百餘磅　約值150,000.00元 稻田四餘畝又不能耕種　約計300,000.00元

報告者　羅会傑

說明：1、各機關對上級機關報告該機關損失或上級機關彙報該機關及所屬機關損失時均用此表並須於機關名稱處填「某某機關及所屬機關」等字

2、即表列損失資料之起訖年月日例如二十年九月十八日至二十六年七月七日二十六年七月七日至三十一年十二月三十一日

3、報告者應簽名蓋章如係機關報告應加蓋機關印信

4、此處所謂損失包括毀損沒收或佔有等項其損失種類如本表未列者概填入「其他」

5、本表各類價值如不能根據正確數字填入時可用估計數字填入

江西造船廠　公務員役個人財產損失報告表　（表式3）

（机關名稱）　資料時期：30年12月20日至33年2月3日

填送日期33年2月3日

損失分類	1.上海淪陷損失房屋一幢、衣服數十箱、書籍與日用品等 2.本人在三十一年從上海至泰和途次中被偽軍所劫
共計	柒拾陸萬伍仟元
房屋	上海淪陷房屋損失照現值價卅萬元、衣服、書籍、日用品等約十六萬元
器具	所有家俱現價約二十萬元
現款	伍仟元（從沪至泰和時在旅途被偽軍所劫）
服著物	沪淪陷時損失現價十五萬元 由沪赴泰和途次被偽軍劫去現價十萬元
古物書籍	伍萬元
其他	伍萬元　另加160,000

報告者：黃寶華

說明：1、各机關對上級机關報告該机關損失或上級机關彙報該机關及所屬机關損失時均用此表但彙報時應填「某某机關及所屬机關」等字

2、即表列損失資料之起訖年月日份（如二十年九月十八日至二十六年七月七日或二十六年七月七日至三十一年十二月三十一日）

3、報告者應蓋私章並加蓋机關印信

4、此表所謂損失包括毀損沒收或徵用等項其損失類別如有本表未列者請填入其他

5、本表各類價值如不能根據之正確數字填入時可用估計數字填入

江西車船廠 公務員役私人財產損失報告表 （表式3）

（機關名稱）

資料時期：28年3月27日至30年5月 日

填送日期33年2月1日

損失分類	住屋店屋各一幢衣箱器具均於南昌淪陷時損失
共計	損失之數值約190[illegible],000—餘元
房屋	住屋一幢約值價210,000—店屋一幢約值價180,000—
器具	房屋設備四圍傢具等約值價240,000—
現款	無
服著物	棉被八條約值價6,000—衣服五箱約值價170,000—
古物書籍	書籍古物等多不及細載約值價100,000—餘元
其他	田園土地五十餘畝約值價1020,000—餘元

報告者：陳啟平

說明：1、各機關對上級機關報告該機關損失或上級機關彙報該機關及所屬機關損失時均用此表但彙報時應填「某某機關及所屬機關」等字

2、即表列損失資料之起訖年月日例如二十年九月十八日至二十六年七月七日二十年七月七日至三十一年十二月三十一日

3、報告者應簽名蓋章如係彙報應加蓋機關印信

4、此表所謂損失包括轟炸損毀或征用等項其損失類別如本表未列者概填入「其他」

5、本表各類價值如不能根據當日價值數字填入時可用估計數字填入

附（七）江西硫酸厂公务员役私人财产损失报告表（一九四三年十二月二十九日）

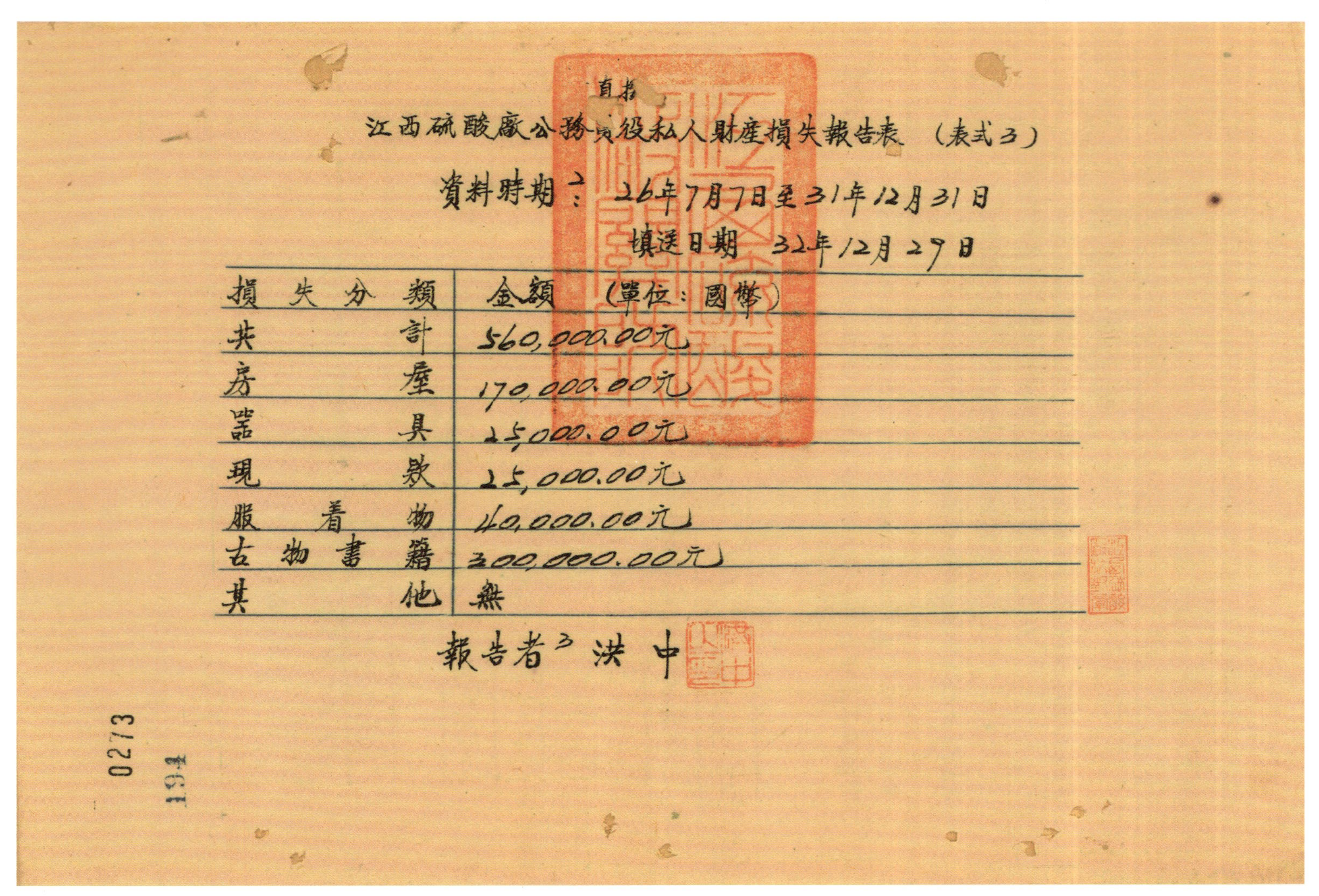

江西硫酸廠公務員役私人財產損失報告表 （表式3）

資料時期：26年7月7日至31年12月31日

填送日期 32年12月29日

損失分類	金額（單位：國幣）
共計	560,000.00元
房屋	170,000.00元
器具	25,000.00元
現款	25,000.00元
服着物	40,000.00元
古物書籍	300,000.00元
其他	無

報告者 3 洪中

江西省民生建筑公司财产直接损失汇报表（一九四五年六月）

江西省民生建筑公司财产直接损失汇报表

年份：民国34年
事件：日军机轰炸及日军进攻
地点：~~[illegible]~~泰和　填送日期　三十四年 6 月16日

分类	查报时之价值（国币元）
共计	~~23,260,985~~ 24,813,255
建筑物	11,831,583
器具	3,706,717
现款	
图书	
仪器	1,552,270
文卷	
医药用品	
其他	7,722,685

江西省政府资源委员会江西机器厂关于奉令填报该厂财产损失报告单及财产间接损失报告表致省政府的呈（一九四五年七月二十三日）

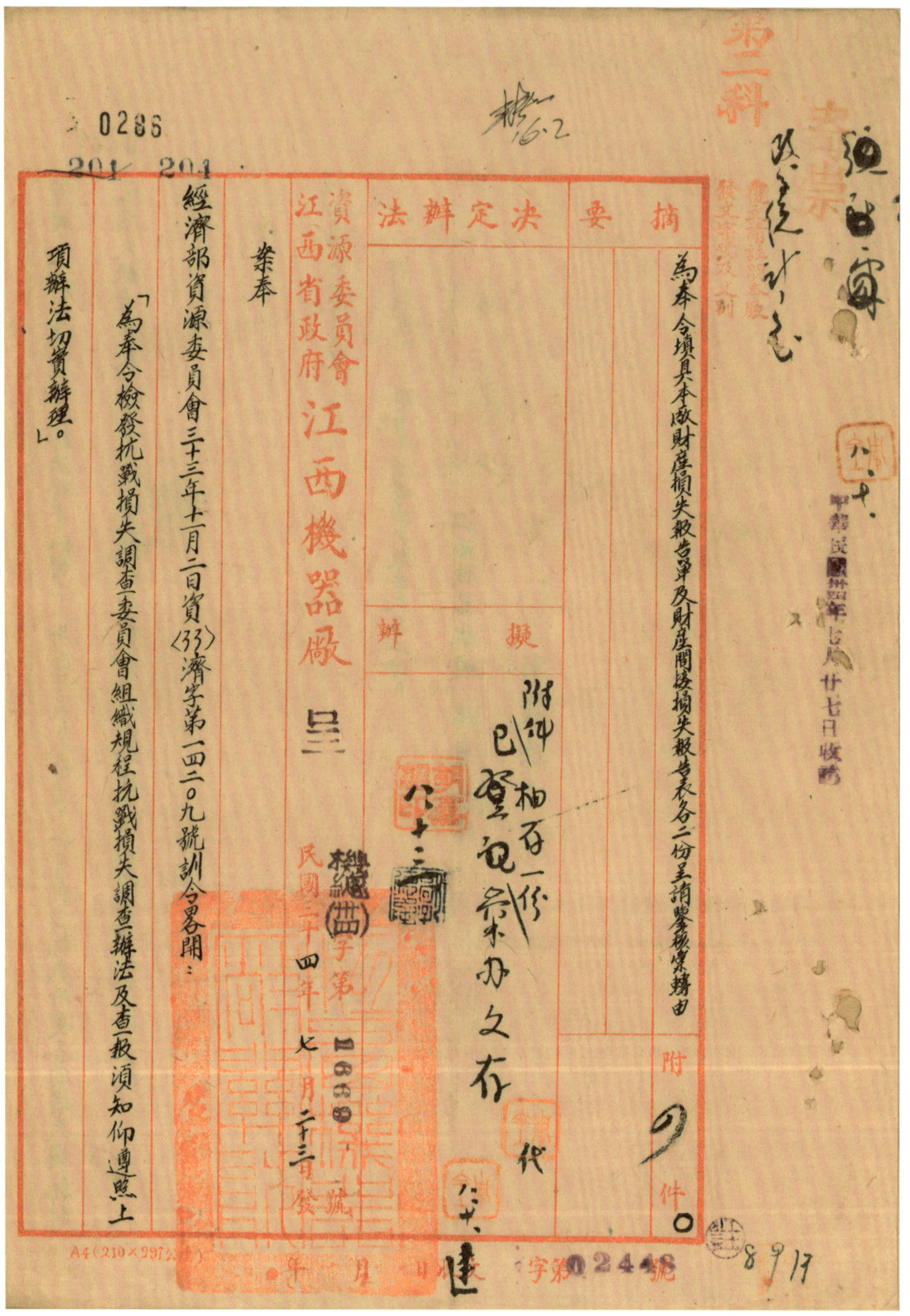

摘要：為奉令填具本廠財產損失報告單及財產間接損失報告表各二份呈請鑒核彙轉由

附件：四件

資源委員會江西省政府江西機器廠　呈

民國三十四年七月二十三日發

案奉

經濟部資源委員會三十三年十一月二日資(33)濟字第一四二〇九號訓令略開：

「為奉令檢發抗戰損失調查委員會組織規程抗戰損失調查辦法及查報須知仰遵照上項辦法切實辦理。」

0287

等因，奉此，兹遵照上项办法将本厂自三十一年五月底至三十四年六月底因抗战所受各项损失填就财产损失报告单及公营事业财产间接损失报告表，理合备文检同上项单表各二份呈请

鉴核并乞汇转。

谨呈

江西省政府主席曹

附财产损失报告单、间接损失报告表各二份。

江西机器厂经理曾华胜

副经理徐有沦代

附（一）财产损失报告单（一九四五年七月一日）

0289
206

財產損失報告單

填送日期：民國三十四年七月一日

損失年月日	事件	地點	損失項目	購置年月	單位	數量	價值（國幣元） 購置時價值	損失時價值	證件
三十四年一月底	敵軍向贛湘邊境侵入蓮花永新泰和一帶本厰奉令疏散	江西泰和	製成品		件	1560		592,800	
〃	〃	〃	原料		噸	35	35,000	1,050,000	
〃	〃	〃	機械及工具		件	870	13,200	406,200	
〃	〃	〃	運輸工具		部	2	540	10,000	
〃	〃	〃	其他					300,000	
	合計							2,359,000	

填報者：資源委員會 江西省政府 江西機器厰 經理曾華勝（代） 副經理徐有滄

附（二）公营事业财产间接损失报告表（一九四五年七月一日）

0288

205

公營事業財產間接損失報告表

工業部份

填送日期：民國三十四年七月壹日

分類		數（單位 國幣元）額
可能生產額減少		5,000,000
可獲純利額減少		6,000,000
費用之增加	拆遷費	4,000,000
	防空費	100,000
	救濟費	20,000
	撫卹費	20,000

報告者：資源委員會 江西省政府 江西機器廠　經理曹華勝代　副經理徐有海

江西省政府建设厅关于奉令颁发抗战损失追查办法、追查须知及应用表格并限期具报致建筑公司筹备处的训令（一九四五年十一月十五日）

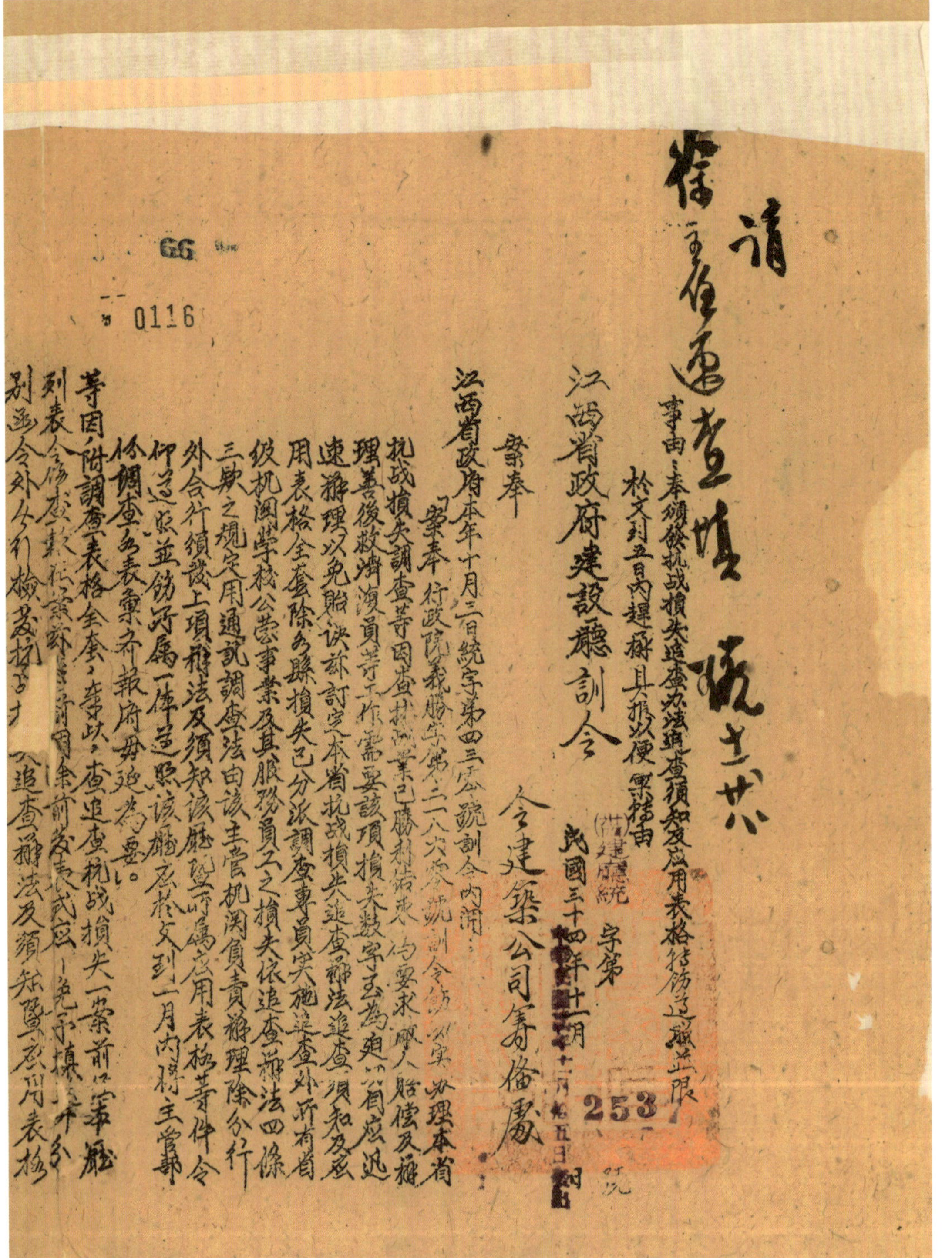

請存查遵查填報 十一、廿八

66

0116

事由：奉頒發抗戰損失追查辦法、追查須知及應用表格，特飭遵照並限於文到五日內趕辦具報，以便彙轉由

江西省政府建設廳訓令　（卅四）建府統字第　號

民國三十四年十一月十五日

253

令建築公司籌備處

案奉

江西省政府本年十月三十一日統字第四三〇〇號訓令內開：

「案奉行政院義勝字第二一八六〇號訓令飭以：『查辦理本省抗戰損失調查，業因抗戰業已勝利結束，為要求賠償及辦理善後救濟，須員等工作需要該項損失數字，至為迫切，自應迅速辦理，以免貽誤。茲訂定本省抗戰損失追查辦法、追查須知及應用表格全套，除分縣損失已分派調查專員實施追查外，所有省級機關學校公營事業及其服務員工之損失，依追查辦法四條三款之規定，用通訊調查法由該主管機關負責辦理，除分行外，合行頒發上項辦法及須知，該廳遵照並將所屬應用表格等件，仰遵照並飭所屬一體遵照，該廳應於文到一月內將主管部份調查各表彙齊報府，毋延為要。』」

等因，附調查表格全套。奉此，查追查抗戰損失一案，前經本廳列表令飭查報在案，茲奉前因，除前發表式應一律免予填報外，合行檢發抗戰損失追查辦法及須知暨應用表格

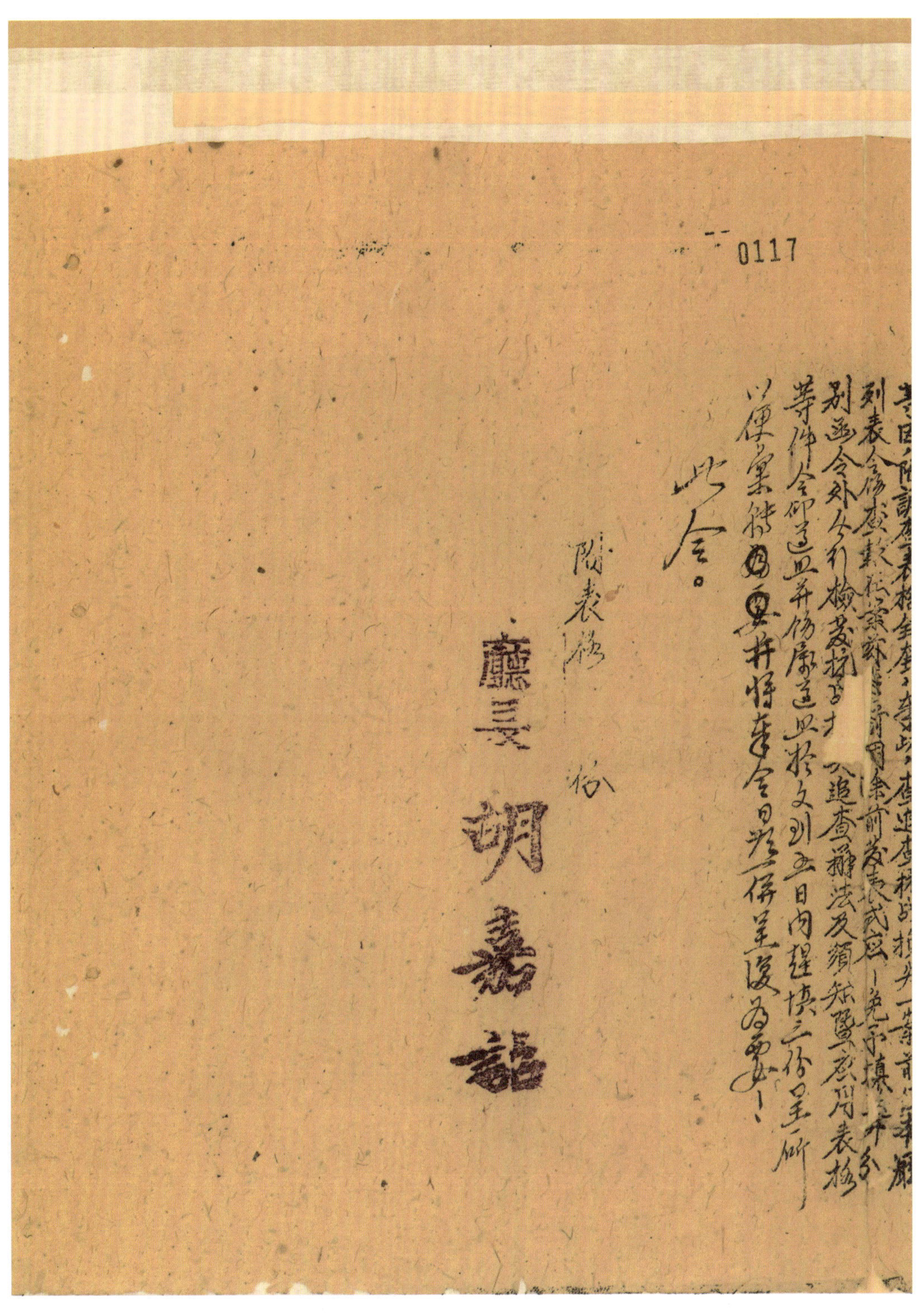

0117

奉因附該原表格全套，等由，查是項損失一案，前業經
列表令飭查報在案，茲准前由，除前發表式應一覽不能填報并分
別函令外，合行檢發損失調查辦法及須知暨原附表格
等件，令仰遵照，并飭屬遵照，於文到五日內詳填，一併呈廳，
以便彙轉為要，并將奉令日期一併呈復為要！

此令。

附表格　份

廳長　胡嘉詔

江西省民生建筑公司财产间接损失报告表（一九四五年十一月）

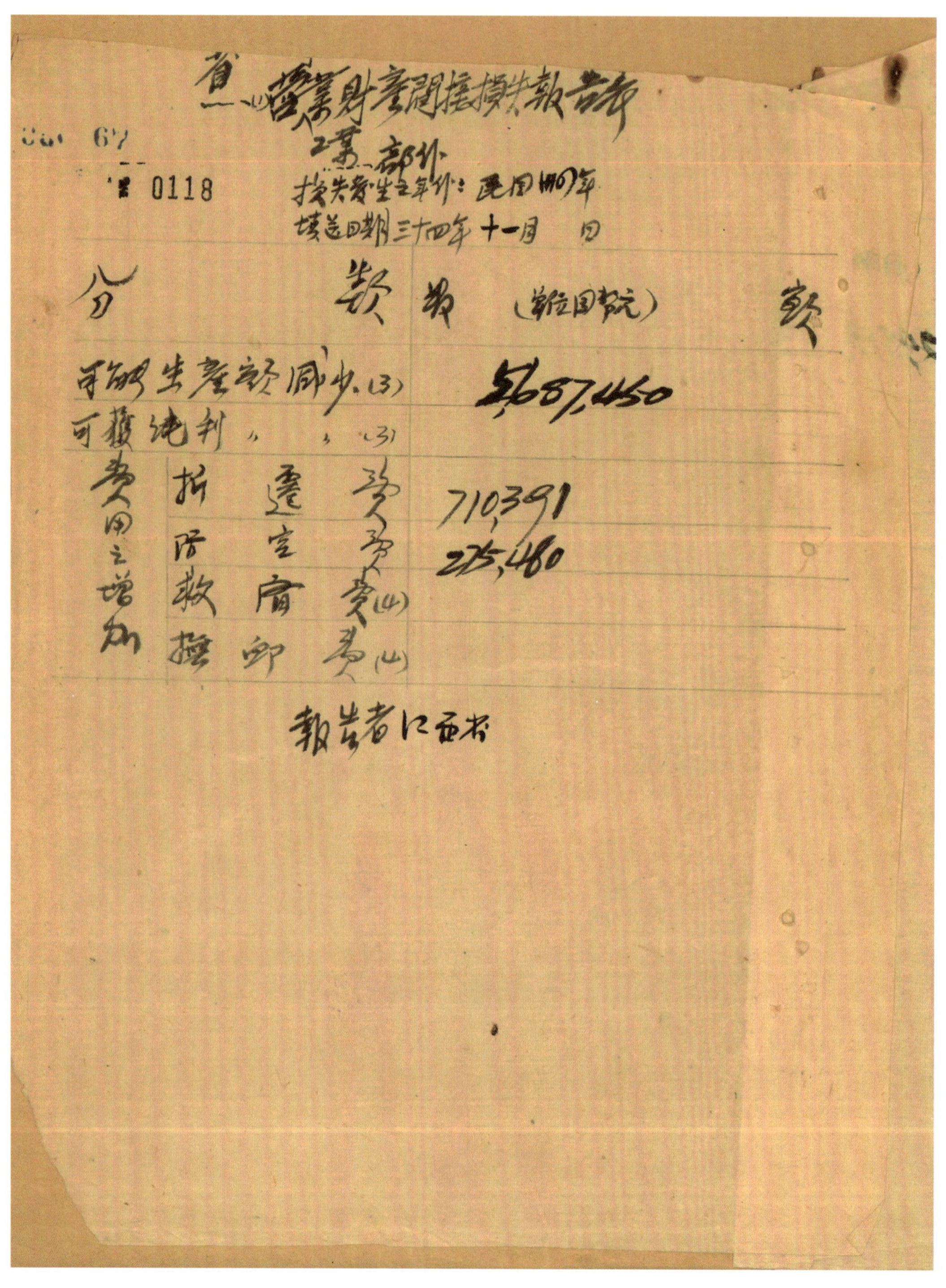

0118

省（三）营业财产间接损失报告表

工业部份

损失发生年份：民国卅四年

填送日期三十四年十一月 日

分类		数额（单位国币元）
可能生产额减少(3)		5,687,450
可获纯利 (3)		
费用之增加	拆迁费	710,391
	防空费	225,480
	救济费(4)	
	抚恤费(4)	

报告者江西省

0120

69

财产损失报告单

填送日期三十四年　月　日

损失年月日	事件	地点	损失项目	购置年月	单位	数量	查报时价值	证件
卅四年四月　日	轰炸	泰和竹村	第二工厂		栋	1	8,987,142	
〃	〃	〃	〃三〃		〃	1	2,844,441	
——	——	——	建筑物合计				11,831,583	
	日军进攻泰和		帆布椅		把	4	25,720	
〃			四方靠背椅		〃	2	[illegible]	
〃		〃	松木折椅		〃	74	157,547	
〃		〃	竹折椅		〃	3	9,650	
〃		〃	长背椅		〃	1	4,250	
〃		〃	撑漆樟木活动椅		〃	2	13,968	
〃		〃	撑漆樟木靠背椅		〃	21	12,650	
〃		〃	樟木靠背椅		〃	2	6,280	
〃		〃	半节矮竹椅		〃	2	1,894	
〃		〃	四方竹椅		个	1	784	
〃		〃	樟木折椅		把	1	2,620	
〃		〃	折椅		〃	6	12,000	
〃		〃	樟木靠背椅		〃	2	6,280	
〃		〃	竹靠椅		〃	2	1,568	
〃		〃	折脚茶几		〃	2	5,260	
〃		〃	四方茶几		〃	1	2,450	
〃		〃	半元茶几		个	5	14,080	
〃		〃	撑漆半元茶几		〃	1	2,860	
〃		〃	撑漆樟木茶几		〃	2	5,720	
〃		〃	樟木茶几		〃	1	3,660	
〃		〃	茶几		〃	1	1,465	
〃		〃	小茶几		〃	1	1,465	
〃		〃	樟木活靠椅		〃	2	6,280	
〃		〃	长方几		〃	4	5,060	
〃		〃	竹茶几		〃	2	2,800	
〃		〃	方凳子		〃	16	8,299	
〃		〃	油漆四方凳		〃	8	3,250	
〃		〃	杉木四方红凳		〃	3	1,297	
〃		〃	樟木小元凳		〃	10	5,260	
			圆凳		〃	48	9,600	
		止	椅子		〃	2	640	
			长条凳		条	6	1,800	
			长凳		〃	10	2,000	

0121			长背条凳	张	1	695	
			木工凳	条	24	5,235	
			矮凳	〃	1	320	
70			椅 工 〃	〃	4	1,438	
		20	楼梯 〃	〃	1	520	
			方 〃	〃	1	259	
			板 〃	张	12	9,780	
			公文橱	座	2	14,300	
			衣橱	〃	1	4,870	
			文卷 〃	〃	2	7,973	
			〃 〃	层	3	11,960	
			书架 〃	座	1	1,756	
			擦漆杉木衣橱	個	1	7,640	
			杉木矮架橱	〃	1	1,784	
			八斗公文橱	〃	1	7,849	
			双坐藤竹椅	套	1	750	
			杉木红漆衣橱	座	1	5,850	
			杉木衣橱	〃	1	3,685	
			杉木书橱	〃	1	4,860	
			公文长橱	〃	1	5,850	
			杉木公文五斗橱	〃	1	6,700	
			公文座橱	〃	1	4,985	
			碗橱	〃	1	3,560	
			二斗办公桌	张	2	9,560	
			三斗办公桌	〃	54	216,000	
			二斗〃〃	〃	33	99,000	
			独脚方桌	〃	8	18,590	
			方桌	〃	12	28,800	
			小方桌	〃	1	2,080	
			条 〃	〃	1	2,838	
			画桌面	张	1	1,960	
			大画桌面	〃	6	11,760	
			擦油樟木四脚元桌	〃	1	2,580	
			擦油〃〃三斗桌	〃	1	10,020	
			樟木活脚元桌	〃	1	2,850	
			红漆茶桌	〃	1	2,200	
			四方桌	〃	1	1,200	
			抖脚方桌	〃	1	1,500	
			办公桌	〃	3	6,874	
			杉木方饭桌	〃	2	2,400	
			七斗办公桌	〃	1	12,540	
			杉木小饭桌	〃	1	1,100	
			元桌	〃	5	6,000	552,465

3

0122

71

		大元案		张	1	1,400	
		木橱		个	1	4,560	
		杉木方案		张	1	1,400	
		六部层柜		张	1	8,760	
		八斗柜		〃	1	9,373	
		文卷柜		〃	3	15,460	
		画书板		座	2	12,880	
		柜台		〃	3	11,784	
		擦漆四脚元案		张	4	12,000	
		擦漆杉木五斗橱		〃	1	6,470	
		红漆杉木镶[illegible]柜		〃	1	6,970	
		杉木柜台		个	14	28,000	
		破铁柜		个	1	9,524	
		碗橱		〃	1	2,560	
		棕床		张	2	3,600	
		铺板		付	65	65,000	
		单人床		张	5	7,710	
		凳板		付	2	2,400	
		杉木镶铺板		付	2	2,600	
		桥板		张	7	5,000	
		工作案		座	1	1,800	
		米柜		个	1	2,715	
		菜案		付	1	600	
		两斗单人床		张	1	2,400	
		洗面架子		个	1	1,240	
		碗橱子		〃	1	3,600	
		木脚盆		〃	2	2,200	
		活动床		张	3	10,500	
		小黑板		〃	1	3,462	
		面洋盆		只	1	2,800	
		五尺大元木盆		个	1	2,300	
		隋元球盆		〃	1	2,200	
		洋铁火盆		只	3	1,500	
		铁火盆		〃	7	8,400	
		木面盆		个	4	800	
		课案		张	2	2,300	
		烘火盆		个	1	1,200	
		大脚盆		个	2	1,600	
		大木盆		个	10	6,000	
		洋瓷面盆		〃	2	4,600	291135
		洗面盆		〃	1	1,300	
		工程登记牌		块	1	4,287	
		痰盂		个	13	3,900	291185

4

0123

72

公告牌	块	1	1140
出席牌	〃	1	1521
小白皮箱	只	1	[illegible]50
小木箱	只	3	2,400
木箱	只	5	6636
文卷皮箱	〃	2	6480
值日牌	块	1	1,412
员工姓名牌	〃	1	2180
小格白粉牌	〃	1	2845
破铁箱	〃	15	4500
樟木箱	只	1	[illegible]480
洋油并	只	2	1200
小油缸	只	1	650
瓦缸	〃	5	4034
沙灌水缸	只	3	3,000
中号水缸	只	1	800
瓷缸	〃	2	1200
盆	个	1	732
大市秤	把	1	500
250斤大秤	〃	1	1200
盘秤	〃	2	600
市尺	根	1	120
大小秤砣	个	5	1,000
二百斤钓秤	支	1	450
米达尺	支	1	[illegible]00
汽灯	盏	3	15,000
火酒壶	把	4	400
油壶	〃	1	150
油桶	个	7	700
電灯	盏	13	10400
抽油器	把	1	[illegible] 150
坯灯	盏	3	150
茶油壶	个	5	750
灯架	个	5	150
洋灯盏	盏	2	400
磅秤	把	2	6,000
公秤	〃	1	1500
破火油并	〃	4	400
洋油并	只	4	200
灯盏	个	3	30
馬灯	盏	1	[illegible] 500
植物油灯	〃	2	100
掛灯	〃	1	150

86562

品名	单位	数量	金额
方吊灯	盏	1	467
铁灯盏	〃	4	40
洋油端	个	1	100
洋铁油壶	〃	1	150
电话机	部	1	35,000
铁量米桶	只	[illegible]	250
装水木桶	〃	7	7,000
稀饭桶	只	2	1,000
米桶	个	4	3,200
挑水桶	担	1	800
把斗桶	个	1	500
木盥桶	〃	3	3,600
樟木马桶	个	1	800
消防提水桶	个	2	[illegible]600
大机油铁桶	个	3	15,000
小提水桶	个	20	4,000
大平水桶	个	20	6,000
大平储水桶	〃	7	7,000
大平提水桶	〃	23	9,200
泥桶	个	3	600
瓷笔筒	〃	2	100
尿桶	〃	2	700
马桶	〃	62	12,400
水桶	〃	4	1,600
大木桶	〃	4	1,600
饭桶	〃	1	1,200
木〃	〃	5	2,000
小木桶	〃	8	2,400
二号水桶	〃	2	700
油印机	架	2	8,000
木盆架	个	1	1,648
红漆洗面架	〃	1	500
杉木面盆架	〃	5	1,000
松木书架	〃	2	6,000
杉木床架	张	2	7,500
小铁轮椅架	个	1	4,000
书架	〃	1	700
面盆架	〃	1	350
粗木箱	只	1	750
衣架	个	1	[illegible]00
老虎钳	把	4	5,000
火钳	〃	7	700
剪刀	〃	1	[illegible]

6

0125

		磁器茶壺	把	1	200	
		茶盂	个	18	360	
		撮箕	〃	5	350	
		米篩	把	2	500	
		籮簍	担	1	400	
		鐮刀	把	51	5,100	
		牙錯	〃	3	450	
		洋鍬	〃	2	300	
		鋤〃	〃	4	400	
		銅水壺	支	2	500	
		飯甑	个	7	2,100	
		頭号大鍋	口	23	23,000	
		小鍋	〃	2	1,600	
		鐵鍋鏟	把	34	3,400	
		鐵頂鍋	口	1	1,200	
		耳鍋	〃	2	1,600	
		吊鍋	〃	1	700	
		鍋蓋	个	5	500	
		吊耳座	〃	3	600	
		小鐵杓	〃	1	150	
		米籮	担	1	700	
		灯籠	付	1	1,200	
		鐵杓	个	3	300	
		菜刀	把	12	9,600	
		木瓢	个	2	20	
		燒水壺	把	3	600	
		飯碗	只	98	980	
		菜〃	只	6	300	
		菜缽	个	24	1,200	
		[illegible]羹	〃	18	180	
		飯杓	把	1	50	
		簸箕	个	1	150	
		扁担	根	6	120	
		土箕	担	19	3,800	
		木杓	个	4	~~[illegible]~~ 200	
		瓷茶壺	把	3	450	
		柴刀	〃	8	1600	
		篾刀	〃	2	1,000	
		鐵鉤	只	9	450	
		大小秤	把	2	600	
		竹籃	只	2	200	
		煤篩	个	1	500	
		切菜板	塊	1	50	67,660

7

0126

75

派盆	个	8	3,200	
瓦鉢	〃	2	200	
簽蓋	〃	2	700	
筆桌罩	〃	1	150	
脚踏車	輛	2	40,000	
大元鈡	只	1	8,000	
掛鈡	〃	1	4,500	
内胎	个	7	14,000	
外胎	〃	6	60,000	
民生鉄印	把	2	1,400	
総裁銅像	个	2	1,000	
大号党国旗	付	1	6,000	
街旗	面	1	2,700	
銅板	块	2	1,400	
装釘机	架	1	800	
年月日印	个	3	450	
打印台	个	5	1,000	
算盤	把	11	11,000	
硯池	付	10	1,000	
印泥	合	6	600	
海棉盒	个	1	120	
鉄筆	支	1	100	
叫人鈴	个	2	300	
小藤袋	条	20	4,000	
扇米風車	架	1	8,000	
人力車	輛	1	48,000	
電風扇	把	1	8,000	
工人工作衣	套	8	32,000	
雪佛蘭汽車前鋼板	块	2	24,000	624,370
旧工作褲	条	7	14,000	
小号党国旗	付	3	6000	
脚踏車内外胎	付	2	32,000	618,370
玻璃板	块	1	400	
鬧鈡	个	1	3600	635,370
洋瓦托	个	6510	32550	
大車輪板車	輛	1	8,000	
大輪膠皮車	〃	1	150000	615,370
木輪車床	部	1	1,500	
土車	〃	1	3,500	618,370
利手	只	3	6,0000	623,370
洋鍬	把	27	13,500	
鉄耙子	〃	4	800	573,670
洋鎬	〃	53	15,900	584,370

8

镭钵	套	1	200	
花锹	把	19	5700	
四齿铁耙	〃	3	1,500	
小铁锤	〃	2	400	
火钩	〃	9	900	
铁杓	個	5	500	
泥刀	把	2	100	
墩锤	〃	1	150	
2分铁板	块	1	2400	
石刀	块	1	150	
木马	条	2	280	
大小吊排绳	条	20	7,400	
木旗桿	根	14	2,800	
篾篙	根	100	1,000	
4P铁印头	个	1	1,200	
小印头	〃	1	800	
挖土铁杓	把	2	400	
板锹	〃	2	600	
元锹	〃	9	3600	
锄头	〃	34	28,000	
铁板钯	〃	8	2,400	
铁挽手	〃	2	300	
槁锁	个	1	240	
铁柄大锹	把	1	280	
手摇钻	全部	1	1,200	
12"钢锉	把	1	450	
10"扁锉	〃	1	520	
三角锉	〃	2	950	
铁链	把	1	960	
攀手	〃	2	840	
活攀手	〃	1	980	
禾攀手	〃	2	1,280	
镊摄	〃	1	350	
磨石钳	〃	1	260	
铁板	廿	2	9720	
镊紫板	块	2	1,200	
油布	〃	1	6,000	
樟木准器	个	1	284	
木质图記	个	1	250	
甘號章	〃	1	100	
洒水壶	把	1	250	
三耳瓦壶	〃	1	180	
锁头	〃	5	250	86920

9

一 0128

品名	单位	数量	金额
铁棍	根	4	800
平锹	把	4	2,000
火鎗	〃	1	240
炉钩	〃	3	150
炉针	根	1	100
炭锹	把	2	1,600
炉门铁	块	3	1,200
[illegible]洋瓦刀	把	4	1,200
瓦坐字模	个	14	1,400
压砖机	架	1	65,000
镳条片	片	3	150
提刀柄	根	1	125
瓦云盘	个	12	~~[illegible]~~ 1,900
方砖模	〃	2	1,320
泥汾	个	10	500
泥播	〃	20	1,000
泥弓	〃	20	1,200
拍砖板	块	2	240
标本砖模	个	3	1,800
砖模托板	块	102	5,010
阴坯砖模	个	40	2,000
木挑口	个	7	280
铁把手	把	1	150
断夹钩子	个	1	250
铜钎条	斤	34[illegible]	15,600
瓦棉衣	件	62	24,800
火叉	把	1	120
砲尉	根	3	300
引〃	〃	2	152
纤钩	个	1	50
大小镂	〃	2	300
大〃	〃	1	418
大砖模砖	〃	2	1,540
雨签帽	顶	3	300
弄盆	个	1	500
[illegible]英木尺	支	1	120
炉灶	个	1	1,200
大瓷茶壶	把	1	200
演讲台	台	1	2,500
双层木楼梯	付	2	12,000
板锄	把	20	10,000
土镖	把	25	5,000
方扒	〃	17	1700

166,615
166,197
166,610
16,835
168,337

10

0129

78

	品名	单位	数量	价值
	四指扒	把	20	6,000
	大鉄錘	〃	5	2,500
	小鉄錘	〃	58	11,600
	鉄泥杓	〃	4	200
	鉄泥鏟	〃	22	4,400
	鏟子	〃	1	200
	刨鉄	块	2	500
000	刨鉄蓋	〃	2	400
	鏟鉄	〃	2	300
	钉弓	根	2	200
	斧头	把	1	800
	鑿子	〃	1	800
	木鏟	〃	1	150
	鉗鉤	〃	1	250
	蓑衣	件	8	4800
	大蔴繩	根	2	200
	打孔机	架	1	400
	編号机	〃	1	6,000
	鋳模号件	箱	1	90,000
	瓦茶缸	口	1	800
	[illegible]	斤	3	[illegible]
	[illegible]	根	9	[illegible]
	[illegible]			
	樟木搭脚[illegible]	套	1	19,568
	鐵米斗	座	1	35,000
	錛木机	部	1	360,000
	砂輪	個	1	3,000
	總頁合計			3706717

448068
[illegible]968
共計
3706717

仪器

卅四年七月廿八日	四军直政	炘务	经纬仪	具	1	250,000
			水平仪	〃	1	260,000
			小平板仪侧板	块	8	~~3200~~ 12,000
			照准规	个	22	~~[illegible]~~ 44,000
			指南针	个	8	~~[illegible]~~ 6400
			定点具	付	7	~~5000~~ 3500
			垂球	[illegible]	3	~~3700~~ 600
			照尺	根	2	~~500~~ 6000
			花杆	支	6	~~[illegible]~~ 1200
			皮带尺	个	5	~~[illegible]~~ 5000
			求积器	付	5	~~[illegible]~~ 250,000
			有柄放大镜	面	2	6000
			绘图仪器	台	2	18,000
			大件仪器	付	2	~~24,000~~ 10,000
			三角规	具	7	~~[illegible]~~ 6300
			铜质分度规	〃	1	9000
			100公尺钢捲尺	卷	1	~~6000~~ 3000
			2M钢尺	〃	3	3600
			1M 〃	〃	1	~~800~~ 1800
			30M布捲尺	〃	23	23,000
			15M布捲尺	〃	1	3000
			英制三角尺	支	2	3000
			公制三角尺	〃	5	7500
			竹质四面缩尺	〃	8	1600
			30M胶面木缩尺	〃	1	600
			木质米达尺	〃	8	800 ~~[illegible]~~ ~~800~~
			明角丁字尺	〃	1	2000
			木质丁字尺	〃	8	~~[illegible]~~ 1200
			48吋木质丁字尺	〃	1	150
			3M木质丁字尺	〃	4	~~[illegible]~~ 520
			1M胶面尺	〃	1	600
			2M 〃	〃	1	1,000
			直线笔	支	9	~~3000~~ 2700
			木质弓形板	块	10	2000
			木质曲线板	〃	25	5000
			胶面曲线板	〃	25	12500
			18吋明胶三角板	〃	4	6000
			12〃 〃	〃	6	6000
			10〃 〃	〃	1	900
			8〃 〃	〃	19	16200
			7〃 〃	〃	9	6300
			6〃 〃	〃	3	1810
			明胶三角板	〃	1	500

0130

79

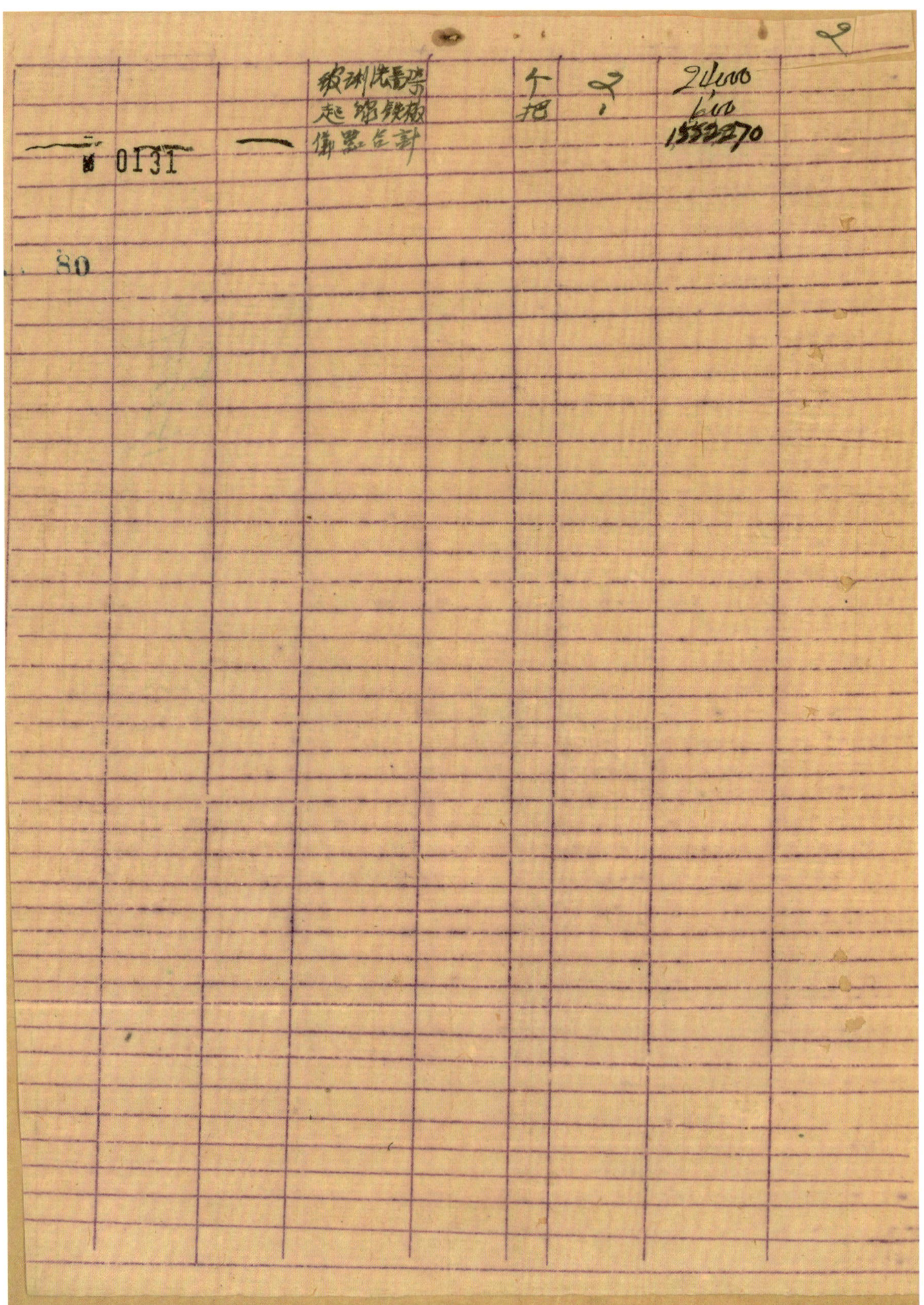

2

			玻璃洗面盆	个	2	24,000	
			起钉铁板	把	1	600	
— 0131		—	備點合計			1552270	

80

其他 材料 1

卅四年七月 [illegible]	日軍[illegible]	[illegible]	品名		單位	數量	金額
			小鉛絲		斤	3	1,500
			8分鋼筋		根	9	8,100
			4分 〃		〃	15	7,500
* 0132			4分小鋼圈		〃	24	4,800
			小鐵圈鐵皮		張	8	800
			4分水管		根	1	1,200
			5/8"洋釘		斤	58 6/16	23,200
84			3/4" 〃		〃	40	20,000
			1" 〃		〃	200	70,000
			1¼" 〃		〃	621 6/16	186,300
			1½" 〃		〃	37 8/16	11,100
			2" 〃		〃	106 12/16	31,800
			4"土鐵釘		斤	50 8/16	10,000
			3" 〃		〃	43	10,750
			1½"洋門搭		付	16	800
			2" 〃		〃	20	1,400
			大鐵搭		〃	65	1,950
			3"洋插銷		〃	320	1,011[illegible]
			2" 〃		〃	2	[illegible]200
			4"窗鈎		〃	335	14,137
			4½"窗鈎		〃	3	168
			6" 〃		〃	67	4,247
			8" 〃		〃	48	4,051
			1½" 〃		〃	201	6,030
			2" 〃		〃	199	5,240
			3" 〃		〃	6	360
			2½" 〃		〃	285	13,167
			4" 〃		〃	206	10,876
			8" 〃		〃	12	1,920
			10 〃		〃	3	600
			5"鉛絲篩		方	195	19,500
			白帆布		丈	2.49	29,880
			竹絲		斤	17	3,400
			舊棉花		〃	10	2,000
			珠套		个	3	13,500
			信卡片		块	18	120
			海底習浦		个	1	3,696
			舊扁鏟		把	5	500
			三角鏟		把	2	800
			斧頭		〃	4	1,200
			鑿子		个	3	300
			刨鐵		块	153	12,240
			鋼質模子		〃	32	2,816

其他　材

		00	铜方哈扉	块	24	1,440	
			抽屉锁	把	62	12,400	
	0133		白脂拉手	个	60	2,400	
			木弓钻	把	1	320	
			铜龙头	个	3	4,500	
			[illegible]				
82			脚踏[illegible]	部	1	4,620	
			白洋灰	桶	2	70,821	
			铜铁錾	只	97	1,940	
			移门拉手	〃	41	1,320	
			弹子门锁	把	24	69,460	
			钮螺丝	只	261	8,613	
			铁移门路	〃	8	1,600	
			黑铁搭	付	1	150	
			撬棒铁	个	18	2,376	
			铁[illegible]卡子	〃	4	440	
			大小挟板锁	〃	2	13,340	
			大铁板	块	2	19,917	
			皮带钉	个	10	792	
			铜板	斤	296	160,042	
			1″ 螺旋钻	付	32支	4,875	
			[illegible] 〃	〃	88支	9,345	
			[illegible] 〃	〃	24支	6,316	
			2″ 〃	〃	96支	31,845	
			4″ 尖钻	〃	366	125,420	
			4″ 德洋钻	〃	12	17,880	
			5″ 〃	〃	4	6,560	
			6″ 〃	〃	15	31,020	
			8″ 〃	〃	1	2,200	
			吊桥铁	只	1	230	
			[illegible] 弯头	〃	4	1,600	
			1″ 〃	〃	5	3,000	
			[illegible] 〃	〃	4	1,920	
			3″ 〃	〃	2	1,080	
			[illegible] 〃	〃	4	1,920	
			洋干漆	斤	4	14,800	
			[illegible] 三通	个	8	1,620	
			[illegible] 三通	〃	19	6,270	
			[illegible] 直节	〃	4	1,440	
			[illegible] 〃 〃	〃	2	600	
			1″ 〃	〃	16	3,840	
			[illegible] 〃	〃	15	2,700	
			蒸珠锁	只	8	10,640	673,612

基地　材　　　　　　　　　　　　　　　　　　　　　　　　　　3

品名	單位	數量	金額
銅掛鎖	只	6	4800
2"螺丝鈎	〃只	23	920
10"鉄螺丝	根	3	270
花鋁皮	磅	28	42,680
白〃〃	〃	10	12,000
水　管	節	1	2,954
長鉄水管	根	11	36,000
[illegible]搬手	个	1	950
[illegible]〃	〃	1	840
3寸三角鉄	把	1	180
[illegible]鎖头	个	1	297
[illegible]〃	〃	1	360
大　車	部	1	1,200
銅弓拉手	个	9	520
鉄丝碼丁	〃	7	400
汽車鉄架	〃	1	8,780
汽車鉄輪	〃	1	2,157
油　表	〃	1	1,100
濾淨器	〃	1	1,000
馬　達	〃	1	1,580
化油器	〃	1	485
分電盤	〃	1	351
舵　盤	〃	1	517
○ 頭號鍋	口	1	854
二號鍋	〃	1	845
美式彈簧鉸	付	12套	18,750
籐　花	斤	8斤	3,520
大　籐	根	1	300
銅鼓釘	只	98	1960
[illegible]布	块	17	1,445
花新綢	丈	120	12,000
丝光花綢	〃	6	28,800
麻布袋	只	14	6,380
螺丝鑽	把	2	1,112
排档牙齿輪	个	1	5,984
[illegible]丝	斤	7	1,734
[illegible]鋼条	根	6	916
銅[illegible]	个	1	745
生螺丝圈	只	392	7,860
彈子[illegible]	〃	23	1,780
鉄丝鋼	捲	10	3,500
4"鉄花斯	块	18	1,080
5"〃	〃	8	640

贵池　材　4

0135

84

			付铁花斯	块	39	1,170	
			铁　码	〃	61	6,100	
			铁　锤	个	3	9,000	
			铁　链	付	2	2,000	
	〃	〃	大压路滚	只	1	24,000	
	〃	〃	锈铁钉	斤	120	12,000	
	〃	〃	锈铁丝	捆	1	1,320	
	〃	〃	铁　轨	根	11	30,800	
	〃	〃	26"圆锯片	片	1	37,000	
	〃	〃	小压路滚	个	1	19,400	
	〃	〃	青　砖	块	16,285	130,280	
	〃	〃	泥　瓦	皮	39,150	78,300	
		〃	瓦　坏	〃	109,260	54,630	
卅四年　月　日日机轰炸		贵池	八分J也毛板	方	.91	5380	
	〃	〃	七分〃　〃	〃	11.54	56,546	
	〃	〃	四分毛板	〃	10.50	36,750	
	〃	〃	四分搴板	〃	1.10	3,850	
	〃	〃	烟板条	条	10.70	10,700	
	〃	〃	二四分雨淋板	方	16.00	89,600	
	〃	〃	六分毛板	方	40.00	260,000	
	〃	〃	二分毛板	方	134.00	268,000	
	〃	〃	七分毛板	〃	91.50	457,500	
	〃	〃	八分毛板	〃	2.30	13,800	
	〃	〃	三分毛板	〃	6.28	25,120	
	〃	〃	三分毛板	〃	32.35	97,050	
	〃	〃	七分对相光相	〃	204.70	1,432,900	
	〃	〃	二分半光板	〃	27.44	109,760	
	〃	〃	杉　木	丈	35.41	637,380	
	〃	〃	对相六分光板	方	4.97	32,305	
	〃	〃	二分光板	〃	42.83	119,924	4,601,065
	〃	〃	三镑七分光板	〃	61.00	427,000	
	〃	〃	四分企口光板	〃	10.00	48,020	[illegible]
	〃	〃	七分边搭光板	〃	4.00	28,000	
	〃	〃	三分光板	〃	3.95	15,800	
	〃	〃	四分边搭光板	〃	1.50	7,200	
	〃	〃	四分三镑光板	〃	2.50	12,500	[illegible]
			接下页				
			杨贯雷下幸				共计 6,047,[illegible]21

~~[illegible]~~材

	日机轰炸	焚毁	~~[illegible]~~	单位	数量	金额
	〃	〃	樟板	块	48	13,560
	0136		杉皮	〃	142	3,550
			毛竹	〃	540	31,050
			杉木	根	176根	33,264
85			〃〃	丈	18	324,000
			四分柳板	方	15	105,000
			二〃〃	〃	5.60	84,000
			〤分光缘板	〃	2.00	9,600
			二分樟板	〃	4.30	64,500
			二分松板	〃	33.00	429,000
			灰板条	根	42,000	151,200
			〤分对相光板	方	27.50	132,000
			8分〃相光板	〃	14.00	78,400
			边搭光板	〃	1.00	3,600
			乱压毛板	〃	22.00	75,240
			〃〃光板	〃	5.00	17,320
			付毛板	〃	5.00	35,000
			蚊砖	块	14,500	72,500
			洋瓦	皮	1,248	12,480
			其他合计			7,729,685

~~[illegible]民生建筑公司~~

受损失者 江西民生建筑公司

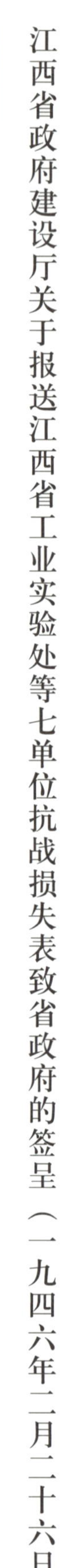

江西省政府建设厅关于报送江西省工业实验处等七单位抗战损失表致省政府的签呈（一九四六年二月二十六日）

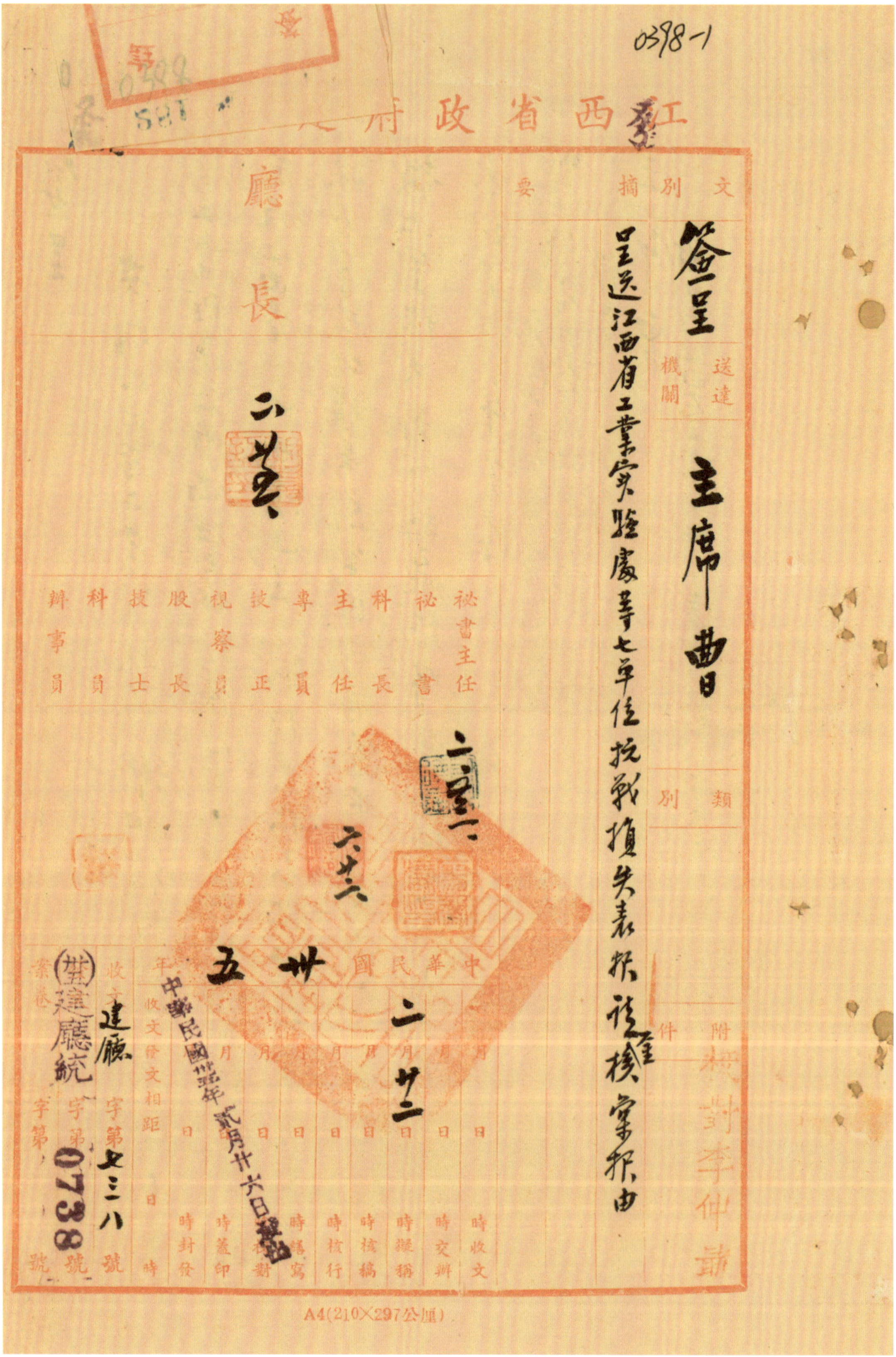

0398-1

江西省政府建設廳

文別：簽呈

送達機關：主席曹

摘要：呈送江西省工業實驗處等七單位抗戰損失表祈鑒核案由

廳長

秘書主任　秘書　科長　主任科員　專員　技正　視察員　股長　技士　技佐　辦事員

中華民國 卅五 年 二 月 二十二 日

收文 建廳 字第 七三八 號

案卷 建廳統 字第 0738 號

中華民國卅五年貳月廿六日發出

A4(210×297公厘)

0399

签呈

案准江西省工业实验处，泰和复兴纺织工厂暨本省重工业理事会所属江西炼铁厂、江西硫酸厂、江西机器厂、江西车船厂及江西电工厂，先后出呈抗战损失报表请核转等情，据此查该处等抗战损失数字，因動遭遲延，未及併入前案彙報，兹据出呈损失表报到厅，除将原表抽存一份外，理合检同原表列具清单呈请

鉴核汇报！

谨呈

主席曹

附呈：江西省工业实验处等单位抗战损失表报共四十六份清单一份

建设厅厅长胡〇〇

附：江西省经建机关抗战损失汇报清单

0400

283

此份存查。

江西省經建機關抗戰損失彙報清單

單位：元

機關名称	直接損失	間接損失	員工損失	損失總值
江西省工業實驗處	123,808,662.50	456,276.50	26,194,955	150,459,894
泰和復興紡織工廠	9,621,116.84	25,578,000		35,199,116.84
江西煉鐵廠	2,000,000	1,500,000		3,500,000
江西硫酸廠	11,500,000	21,000,000		32,500,000
江西機器廠	44,200,000	44,000,000		88,200,000
江西車船廠	1,800,000	27,000,000		28,800,000
江西電工廠	1,100,000	59,500,000		60,600,000

附註 1.本表所列各機關損失數字因呈報過遲前次未及彙列。

2.附表計七單位各二份共四十六張。

江西省政府资源委员会江西机器厂关于补呈一九四五年度战时机器及器材损失清册致省政府的呈（一九四六年十月五日）

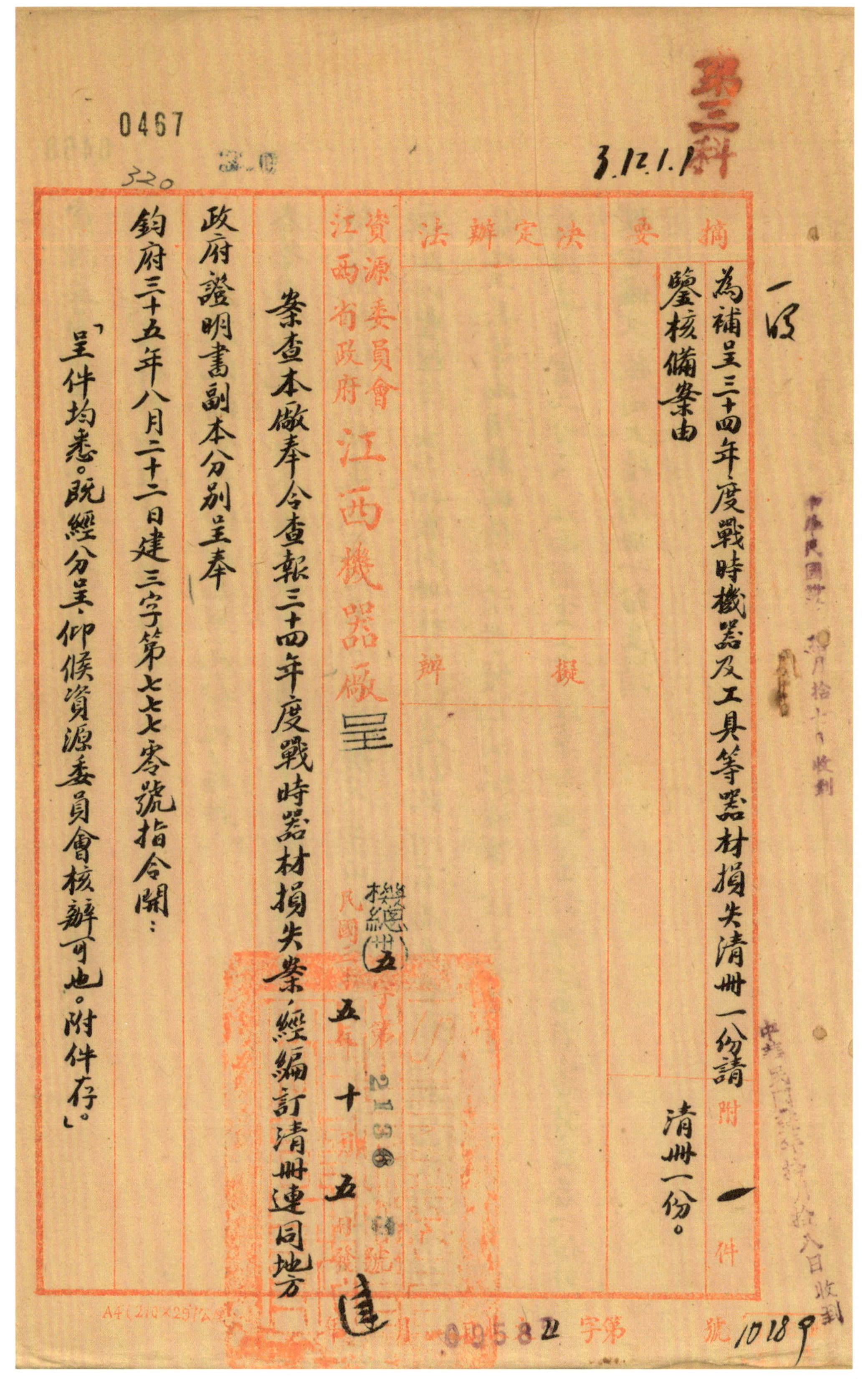

0467

3.12.1.1

第三科

摘要：為補呈三十四年度戰時機器及工具等器材損失清冊一份請鑒核備案由

附件：清冊一份。

資源委員會江西省政府江西機器廠呈

案查本廠奉令查報三十四年度戰時器材損失案，經編訂清冊連同地方政府證明書副本分別呈奉

鈞府三十五年八月二十二日建三字第七七七零號指令開：

「呈件均悉。既經分呈，仰候資源委員會核辦可也。附件存。」

機總卅五字第2183號

民國三十五年十月五日

0468

等因，继奉

资源委员会三十五年九月十三日资京（35）工字第四五一五号指令开：

「呈件均悉。准予备案，除呈

行政院备查外，仰即知照。此令。件存转。」

各等因，奉此，兹以本厂三十四年度因战事紧张，疏散存放兴国器材，依照本厂与

接收机关江西公路处议定之交接程序规定，业由该处派车代为运回沿市本

厂加以整理后，並已如数列册移交该处接收。所有尚未查报之机器及杂项设

备之工具等两项战时损失清册，经已补编竣事，除另文呈送

资源委员会二份及江西省重工业理事会与审计部江西省审计处各一份外，

理合备文，检同上项清册一份，呈请

0469

鑒核備案，仍乞
指令祇遵。再者，地方政府證明書，業已抄呈副本在卷，本文擬不另抄呈，合
併陳明！
謹呈
江西省政府
附呈三十四年度戰時器材損失清册（機器及設備暨雜項設備工具）一份

321

江西機器廠經理 曾華勝 代

附：江西机器厂一九四五年度战时器材损失清册

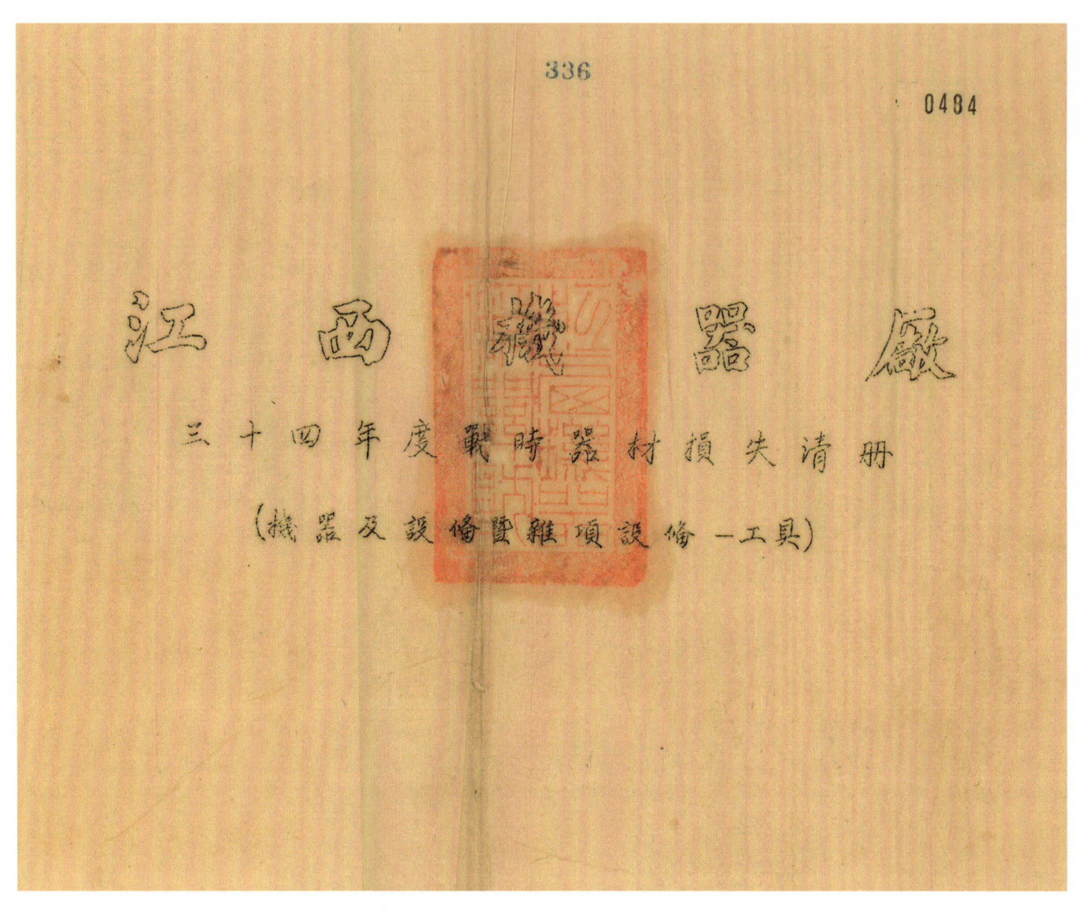
336

0484

江西機器廠

三十四年度戰時器材損失清册

（機器及設備暨雜項設備—工具）

335

0483

江西機器廠三十四年度戰時器材損失清冊

類別：機器及設備　　　　　　　　　　　　第 1 頁

名稱	形狀	數量	單位	單價	總價		機件提折舊金額		減去折舊之淨額		附註
煤氣引擎		1	部		5,000	00	689	51	4,310	49	該件非製造股（印）
柱形鑽床		1	〃		3,750	00	427	57	3,322	43	借與江西硫酸廠損失
大小生鐵炉橋		4	支		5	00		88	4	12	
鉚釘工具		1	套		249	00	24	94	224	06	
鐵燃架		8	只		400	00	40	00	360	00	
搖搖鑽		1	部		60	00	17	92	42	08	
手搖鑽		2	〃		1,200	00	166	50	1,033	50	
砂箱鑽鉤		1	付		2	00	1	17		83	
劃線尺		1	〃		160	08	24	01	136	07	
鐵砧橋		1	只		136	09	20	43	115	66	
夾刀座		1	〃		7	00	1	08	5	92	
滚筒		1	〃		1,500	00	225	00	1,275	00	該件非製造股（印）
風管彎頭		1	〃		35	23	5	38	29	85	
鐵木錢		3	〃		60	00	17	72	42	28	
木風箱		2	〃		22	38	2	80	19	58	
熟鐵砂箱卡		40	〃		130	00	18	22	111	78	
鋼砧		3	〃		685	71	109	50	576	21	
大刀架毛坯		1	〃		53	80	8	06	45	74	
過次頁					13,456	28	1,800	29	11,656	00	

經理（印）代　　副經理　　主辦會計人員（印）代　　主辦經理事務（印）　　覆核員（印）　　製表員（印）

334

0482

江西機器廠三十四年度戰時器材損失清冊

類別：機器及設備　　　　第2頁

名稱	形狀	數量	單位	單價	總價	攤提折舊金額	減去折舊淨額	附註
承前頁					11,456.28	1,800.28	11,656.00	
鐵末合		5	只		114.20	14.27	99.93	
地軸架		1	件		26.55	1.33	25.22	
抽水機		1	部		446.03	234.22	211.81	該件非製造股
各式木炭爐架		8	只		44.04	5.50	38.54	仝
木炭盤		4	〃		135.22	16.90	118.32	
劃線千斤頂		4	〃		189.46	14.22	175.24	
劃線卡		3	〃		415.21	31.14	384.07	
扳手		1	付		26.62	2.67	23.95	
發鉎架		6	只		587.09	58.72	528.37	
鐵砧木橋		1	〃		26.00	3.94	22.06	
鐵銼鐵		5¼	公斤		286.75	14.34	272.41	
樑鐵		800	〃		960.00	48.00	912.00	
	表中所列價格均係購置時原價。							
合計					16,713.46	2,245.54	14,467.92	

經理　代　　副經理　　主辦會計人員　代　　主辦經理事務人員　代　　覆核員　　製表員

江西機器廠三十四年度戰時器材損失清冊

類別：一類 機器設備—工具　　　　第 1 頁

名稱	形狀	數量	單位	單價	總價	已提折舊金額	減除折舊後淨額	附註
粗圓銼	6"	12	把	75.85	910.25		910.25	
細 〃 〃	〃	4	〃	84.00	336.00		336.00	
油光 〃	〃	2	〃	7.37	14.74		14.74	
細圓 〃	14"	2	〃	98.00	196.00		196.00	
〃 平 〃	12"	23	〃	33.39	768.00		768.00	
〃 〃 〃	14"	4	〃	27.00	108.00		108.00	
粗半圓 〃	12"	11	〃	79.41	873.46		873.46	
〃 〃 〃	14"	1	〃	27.01	27.01		27.01	
〃 方 〃	〃	3	〃	64.43	193.30		193.30	
〃 平 〃	8"	39	〃	43.22	1,685.60		1,685.60	
〃 〃 〃	10"	33	〃	26.13	862.40		862.40	
〃 方 〃	〃	28	〃	53.89	1,508.88		1,508.88	
〃 平 〃	12"	313	〃	104.92	32,839.56		32,839.56	
〃 三角 〃	〃	19	〃	48.21	915.93		915.93	
細方 〃	4"	2	〃	6.40	12.80		12.80	
粗圓 〃	10"	24	〃	56.25	1,350.00		1,350.00	
〃 〃 〃	6"	22	〃	36.54	803.90		803.90	
〃 〃 〃	8"	19	〃	48.41	919.75		919.75	
過次頁					44,325.56		44,325.56	

經理　　副經理　　主辦會計人員　　主辦經理事務員　　覆核員　　製表員

332

0480

江西機器廠三十四年度戰時器材損失清冊

類別：雜項設備－工具

第2頁

名稱	形狀	數量	單位	單價	總價	業經提折舊金額	減去折舊之淨額	附註
承前頁					44,325.56		44,325.56	
粗方銼	5"	3	把	8.00	24.00		24.00	
〃平〃	4"	30	〃	24.07	721.96		721.96	
〃〃〃	5"	1	〃	24.00	24.00		24.00	
〃半圓〃	5"	3	〃	8.00	24.00		24.00	
〃〃〃	6"	31	〃	35.45	1,098.96		1,098.96	
〃〃〃	8"	19	〃	48.41	919.75		919.75	
細平	8"	2	〃	12.80	25.60		25.60	
粗方	6"	14	〃	18.11	253.54		253.54	
〃〃〃	8"	5	〃	45.71	228.55		228.55	
〃三角〃	4"	1	〃	12.00	12.00		12.00	
〃〃〃	5"	2	〃	8.00	16.00		16.00	
〃〃〃	6"	22	〃	27.53	605.75		605.75	
〃〃〃	8"	14	〃	48.50	679.00		679.00	
白金〃		4	〃	2.46	9.86		9.86	
粗牙絲公	1/16"	1/3	付	3.00	2.00		2.00	
——〃——	3/16"	2/3	〃	450.00	300.00		300.00	
——〃——	3/8"	2/3	〃	492.86	328.57		328.57	
過次頁					49,599.10		49,599.10	

經理 代　副經理　主辦會計人員 代　主辦經理事務員 代　覆核員　製表員

331

0479

江西機器廠三十四年度戰時器材損失清冊

第 3 頁

類别：雜項設備—工具

名稱	形狀	數量	單位	單價	總價	攤提折舊金額	減去攤提後之淨額	附註
承前頁					49,599.10		49,599.10	
粗牙螺絲公	1/4"	4 2/3	付	507.00	2,366.00		2,366.00	
〃	5/16"	6	〃	500.00	3,000.00		3,000.00	
〃	1/2"	1	〃	2,100.00	2,100.00		2,100.00	
〃	5/8"	1/3	〃	76.71	25.57		25.57	
〃	3/4"	1	〃	18.90	18.90		18.90	
細牙螺絲公	5/32"	1	〃	60.00	60.00		60.00	
〃	3/16"	2	〃	70.00	140.00		140.00	
〃	3/8"	1	〃	38.84	38.84		38.84	
〃	7/16"	2/3	〃	80.00	53.33		53.33	
粗牙螺絲板	1/8"	1	〃	44.05	44.05		44.05	
〃	5/32"	2	〃	42.00	84.00		84.00	
〃	3/16"	3	〃	107.00	321.00		321.00	
〃	3/8"	3	〃	300.00	900.00		900.00	
〃	1/2"	2	〃	32.65	65.29		65.29	
〃	1/16"—3/8"	1	〃	50.00	50.00		50.00	
絞絲器	1/4"—3/4"	1	〃	1,300.00	1,300.00		1,300.00	
絲板架		1	〃	185.90	185.90		185.90	
過次頁					60,357.98		60,357.98	

經理 「代」　副經理　主辦會計人員 「代」　主辦經理事務員 「代」　覆核員　製表員

330

0478

江西機器廠三十四年度戰時器材損失清册

類別：一樣項設備—工具　　第4頁

名稱	形狀	數量	單位	單價	總價	攤提折舊金額	減去折舊後淨額	附註
承前頁					60,357.98		60,357.98	
管子鋼板	1/2"-1 1/4"	1/2	付	87.50	43.75		43.75	
鑽帽		10	只	649.18	6,491.82		6,491.82	
〃頭	3/32"	2	支	21.50	43.00		43.00	
〃〃	7/64"	3	〃	8.75	26.25		26.25	
〃〃	3/16"	3	〃	44.33	133.00		133.00	
〃〃	7/32"	6	〃	40.35	242.12		242.12	
〃〃	1/4"	10	〃	57.08	570.80		570.80	
〃〃	5/16"	1	〃	72.33	72.33		72.33	
〃〃	11/32"	3	〃	46.82	140.45		140.45	
〃〃	3/8"	4	〃	59.09	236.36		236.36	
〃〃	13/32"	1	〃	65.00	65.00		65.00	
〃〃	7/16"	6	〃	90.60	543.60		543.60	
〃〃	15/32"	5	〃	89.47	447.33		447.33	
〃〃	1/2"	2	〃	48.67	97.33		97.33	
〃〃	9/16"	1	〃	19.58	19.58		19.58	
〃〃	19/32"	2	〃	11.92	23.83		23.83	
〃〃	5/8"	2	〃	56.69	113.37		113.37	
過次頁					69,601.50		69,601.50	

經理（印）代　副經理　主辦會計人員（印）代　主辦經理事務員（印）代　覆核員（印）　製表員（印）

江西機器廠三十四年度戰時器材損失清冊

類別：樣項設備－工具　　第5頁

名稱	形狀	數量	單位	單價	總價	已提折舊金額	減去折舊之淨額	附註
承前頁					69,601.90		69,601.90	
鑽頭	21/32"	5	付	50.00	250.00		250.00	
〃 〃	23/32"	6	〃	.64	3.84		3.84	
〃 〃	27/32"	3	〃	1.12	3.36		3.36	
〃 〃	1"	1	〃	148.24	148.24		148.24	
套鑽	1/2"	2	〃	4.18	8.36		8.36	
〃 〃	5/8"	1	〃	4.80	4.80		4.80	
〃 〃	3/4"	1	〃	5.30	5.30		5.30	
手搖 〃		3	把	14.50	43.50		43.50	
扳 〃		2	〃	312.80	625.61		625.61	
活動扳手	6"	2	付	9.00	18.00		18.00	
——〃——	8"	1	〃	100.00	100.00		100.00	
——〃——	10"	4	〃	118.88	475.50		475.50	
——〃——	12"	2	〃	18.00	36.00		36.00	
絞手		1	〃	55.00	55.00		55.00	
双頭扳手	21"	8	〃	17.41	139.35		139.35	
——〃——	21-31"	10½	〃	24.00	252.00		252.00	
大單頭扳手		5	把	8.16	40.78		40.78	
過次頁					72,192.54		72,192.54	

經理（印）代　副經理　主辦會計人員（印）代　主辦經理事務員（印）代　覆核員（印）　製表員（印）

328

0476

江西機器廠三十四年度戰時器材損失清冊

類別：雜項設備—工具　　　　第6頁

名稱	形狀	數量	單位	單價	總價	攤提折舊金額	減去折舊之淨額	附註
承前頁					72,182.54		72,182.54	
雙頭扳手	1/4"–5/8"	15	付	59.70	895.46		895.46	
銑刀		8	把	21.07	168.54		168.54	
生鋼車刀		149	〃	24.80	3,695.00		3,695.00	
三角刮刀		8	〃	131.96	1,055.26		1,055.26	
刮木刀		1	〃	8.42	8.42		8.42	
白鋼車刀	1/2"	5	〃	1,440.00	7,200.00		7,200.00	
〃	3/4"	2	〃	820.00	1,640.00		1,640.00	
〃	3/8"	3	〃	43.75	131.25		131.25	
鋒鋼刀	〃	28	〃	75.85	2,123.67		2,123.67	
〃	1/2"	16	〃	296.75	4,748.00		4,748.00	
〃	5/8"	8	〃	443.75	3,550.00		3,550.00	
〃	3/4"	6	〃	370.51	2,223.08		2,223.08	
〃	1"	3	〃	1,800.00	5,400.00		5,400.00	
剪刀		10	〃	250.70	2,507.00		2,507.00	
鋸條	12"	2	打	1,310.00	2,620.00		2,620.00	
鯉魚鉗		28	把	37.93	1,062.07		1,062.07	
管子鉗	14"	2	〃	20.00	40.00		40.00	
過次頁					111,260.29		111,260.29	

經理（印）代　　副經理　　主辦會計人員（印）代　　主辦經理事務員（印）代　　複核員（印）　　製表員（印）

江西機器廠三十四年度戰時器材損失清冊

類別：雜項設備—工具　　　　第7頁

名稱	形狀	數量	單位	單價	總價	攤提折舊金額	減去折舊之淨額	附註
承前頁					111,260.29		111,260.29	
管子鉗	18"	3	把	17.51	52.53		52.53	
〃	24"	1	〃	109.44	109.44		109.44	
榔頭	2P	7	〃	8.00	56.00		56.00	
〃	8P	8	〃	200.12	1,600.92		1,600.92	
䃭鉄榔 〃		1	〃	54.74	54.74		54.74	
鏨口〃〃	1P	4	〃	66.35	265.41		265.41	
測徽規	25—50粍	1	〃	107.70	107.70		107.70	
萬能角尺		1	〃	405.00	405.00		405.00	
直角〃		2	〃	74.12	148.25		148.25	
水平〃		3	〃	551.25	1,653.76		1,653.76	
厚薄〃		5	〃	409.80	2,049.00		2,049.00	
卡〃		1	〃	9.60	9.60		9.60	
鋼皮〃	6"	33	〃	56.97	1,880.00		1,880.00	
〃〃〃	12"	1	〃	22.00	22.00		22.00	
量油〃		1	〃	280.00	280.00		280.00	
自來夾頭	8"	1	只	21.70	21.70		21.70	
〃	12"	2	〃	40.60	81.20		81.20	
過次頁					120,047.54		120,047.54	

經理（印）代　　副經理　　主辦會計人員（印）代　　主辦經理事務員（印）代　　覆核員（印）　　製表員（印）

326

0474

江西機器廠三十四年度戰時器材損失清冊

第 8 頁

類別：雜項設備—工具

名稱	形狀	數量	單位	單價	總價	攤提折舊金額	攤提後之淨額	附註
承前頁					120,047.54		120,047.54	
自來夾頭	6"	2	只	23.33	46.67		46.67	
鷄心〃〃		11	〃	661.78	7,279.60		7279.60	
方夾〃		6	〃	134.35	806.14		806.14	
油珍壺壓表		1	〃	80.00	80.00		80.00	
套管		4	付	617.50	2470.00		2470.00	
大鉗〃		1	合	12.60	12.60		12.60	
打鐵工具草模		1	套	207.00	207.00		207.00	
漏斗油盤		1	只	7.26	7.26		7.26	
油杓	1/2"	1	〃	2.80	2.80		2.80	
鏨子		108	把	1.50	163.58		163.58	
皮輪		2	只	25.90	51.80		51.80	
砂〃	5"	1	塊	3400.00	3,400.00		3400.00	
土砂〃	12"	1	〃	140.00	140.00		140.00	
小〃〃	6"	1	〃	10.00	10.00		10.00	
〃漆刷		1	把	.56	.56		.56	
漆〃	#1	1	〃	1.00	1.00		1.00	
〃〃	#2	3	〃	2.00	6.00		6.00	
過次頁					134,732.56		134,732.56	

經理（印）代　副經理　主辦會計人員（印）代　主辦經理事務員（印）代　覆核員（印）　製表員（印）

江西機器廠三十四年度戰時器材損失清冊

類別：一雜項設備一工具　　　　第 7 頁

名稱	形狀	數量	單位	單價	總價	攤提折舊金額	減去折舊之淨額	附註
承前頁					134,732.56		134,732.56	
生鐵砧		12	塊	2290.43	27,485.11		27,485.11	
鐵水罐		1	只	11.16	11.16		11.16	
眼鏡		1	付	4.25	4.25		4.25	
金鋼鑽		1	支	5.52	5.52		5.52	
挖刀擯		24	把	104.97	2519.27		2519.27	
牛皮圈碾		2	條	11.00	22.00		22.00	
橡皮管		2	根	1019.00	2038.00		2038.00	
冲灯		1	盞	35.20	35.20		35.20	
滾絲刀		1	把	134.53	134.53		134.53	
烙鐵		2	根	250.00	500.00		500.00	
夾崩		3	只	15.34	46.02		46.02	
扳鉤		1	〃	7.68	7.68		7.68	
扳火星塞筆		2	支	4.50	9.00		9.00	
螺絲起子		1	〃	13.15	13.15		13.15	
工具袋		2	只	132.70	265.39		265.39	
凡而起子		1	支	7.20	7.20		7.20	
三角夾鐵		2	塊	7.00	14.00		14.00	
過次頁					167,850.04		167,850.04	

經理　代　　副經理　　主辦會計人員　代　　主辦經理事務　代　覆核員　　製表員

324

0472

江西機器廠三十四年度戰時器材損失清冊

類別：雜項設備—工具　　第10頁

名稱	形狀	數量	單位	單價	總價	歷年提折舊金額	減除折舊之淨額	附註
承前頁					167,850.04		167,850.04	
活塞冲子		1	只	20.61	20.61		20.61	
角鐵		1	塊	116.31	116.31		116.31	
圓銅撬棍		2	根	12.80	25.60		25.60	
皮手套		1	双	58.50	58.50		58.50	
内卡		29	把	147.45	4,276.08		4,276.08	
外卡		27	〃	142.87	3,857.42		3,857.42	
吸鐵		1	塊	225.00	225.00		225.00	
鋸条	1"×12"	1	根	7.50	7.50		7.50	
〃 〃	2"×4"	2	支	11.51	23.02		23.02	
〃 〃	22"	1	〃	440.00	440.00		440.00	
〃 〃	2"×8"	1	〃	8.40	8.40		8.40	
〃 〃	3"×2"	1	〃	9.60	9.60		9.60	
〃 〃	2"×6"	1	〃	267.80	267.80		267.80	
三角油石		2	塊	260.00	520.00		520.00	
邊缸校圓器		1	付	71.94	71.94		71.94	
斧頭		2	把	450.00	900.00		900.00	
翻砂折鈎		7	〃	21.17	148.20		148.20	
過次頁					178,866.02		178,866.02	

經理　代　　副經理　　主辦會計人員　代　　主辦經理事務　代　　覆核員　　製表員

323

0471

江西機器廠三十四年度戰時器材損失清册

類別：雜項設備—工具　　第 11 頁

名稱	形狀	數量	單位	單價	總價	攤提折舊金額	減除折舊之淨額	附註
承前頁					178,866.02		178,866.02	
翻砂鏝刀		5	把	16.46	82.32		82.32	
剷床墊鐵		6	塊	5.95	35.72		35.72	
鋼字印		7	只	40.93	286.50		286.50	
手虎鉗		6	把	144.72	868.34		868.34	
排筆		10	支	40.00	400.00		400.00	
木鑿		7	把	17.45	122.16		122.16	
鐵棍		1	〃	123.73	123.73		123.73	
〃叉		1	〃	123.73	123.73		123.73	
〃鍬		1	〃	123.73	123.73		123.73	
小尖咀鉗		2	〃	164.62	329.24		329.24	
木尺	六呎	1	根	20.25	20.25		20.25	
煤鏟		6	把	687.29	4,123.73		4,123.73	
磨刀石		1	塊	265.00	265.00		265.00	
泥刀		2	把	240.00	480.00		480.00	
油杓	1/4 gl.	2	只	105.67	211.33		211.33	
膠木鉗		3	把	71.67	215.00		215.00	
煤鍬		1	〃	54.70	54.70		54.70	
過次頁					186,708.50		186,708.50	

經理　代　　副經理　　主辦會計人員　代　　主辦經理事務員　代　　覆核員　　製表員

0470

江西機器廠三十四年度戰時器材損失清册

類別：雜項設備—工具　　第12頁

名稱	形狀	數量	單位	單價	總價	攤提折舊金額	減去折舊之淨額	附註
承前頁					186,708.50		186,708.50	
砂輪	6″	1	塊	576.00	576.00		576.00	
榔頭	1½P	64	把	90.13	5,768.35		5,768.35	
〃〃	1P	8	〃	36.00	271.86		271.86	
機油壺		10	〃	8.25	82.50		82.50	
上面絲頭		2	套	253.03	506.05		506.05	
千斤頂		8	〃	154.80	1,238.88		1,238.88	
鋸架		7	把	111.11	777.78		777.78	
鯉魚鉗		2	〃	418.97	837.93		837.93	
打汽筒象皮管	5/16″	35	呎	57.14	2,000.00		2,000.00	
老虎鉗	4″	13	把	266.61	3,466.00		3,466.00	
〃	6″	1	〃	155.60	155.60		155.60	
木老虎鉗		5	〃	151.13	755.65		755.65	
合計					201,930.63		201,930.63	

經理　代　副經理　主辦會計人員　代　主辦經理事務員　代　覆核員　製表員

江西省第三区行政督察专员兼保安司令公署关于抗战期间新生纺织染厂损失请求扶助致省政府的呈（一九四六年十月十三日）

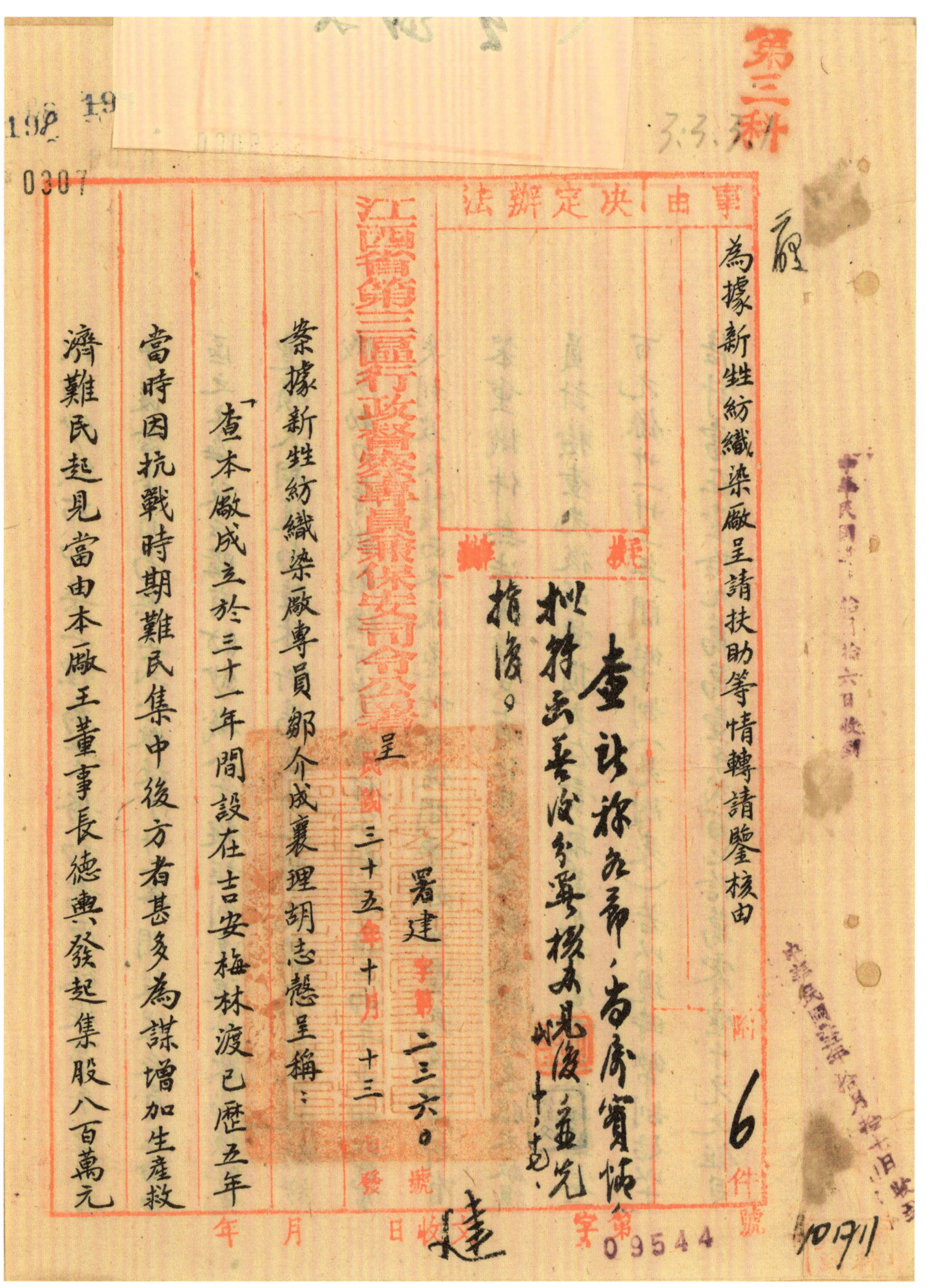

第三科

事由：為據新生紡織染廠呈請扶助等情轉請鑒核由

附件：6

擬辦：查該廠所稱各節，尚屬實情，擬特函善後分署核辦見復，並先指復。

江西省第三區行政督察專員兼保安司令公署 呈

民國三十五年十月十三日 署建字第二三六〇號

案據新生紡織染廠專員鄒介成、襄理胡志懿呈稱：

「查本廠成立於三十一年間，設在吉安梅林渡，已歷五年，當時因抗戰時期難民集中後方者甚多，為謀增加生產救濟難民起見，當由本廠王董事長德輿發起集股八百萬元

0308

以紡紗織布印染三種為業務初意原欲從事手工業着手復念本省尚無正式工廠故于卅二年間毅然派員在淪陷區之上海設法購有紡紗機八千錠詎到達溫州敵陷該地竟遭損失嗣復向桂林衡陽長沙一帶配購現有各種紡紗機及動力等機勉强可資應付不料卅二卅三兩年中湘北戰事失利波及贛西本廠遂於匆促間遷赴永豐先後兩次所有笨重機件無法搬移只有任其自然厥後勝利來臨本廠復員計檢查先後所受損失在壹萬萬九千壹百弍拾七萬零一百元係卅二卅三年間幣制（見附表）若以現時幣制姑以千倍計當在壹拾九萬萬壹千弍百七拾萬零壹千元之鉅目

前所以尚能開工維持業務者原屬舉債以資周轉徐將
来希望耳茲蒙聯總署整理江西工農業主任阿理生先生
来廠視察荷承鈞座同時蒞止昌勝榮幸惟本廠前所受
敵寇竄擾湘贛及温州紗錠等等損失除迭經填具損失
報告表向層峯報明有案外此次阿主任蒞廠時仍申前情茲復
填具上項損失報告原表呈請鈞座准予轉呈省府轉咨經濟
部俯念本廠為本省內地僅有之工廠准在接收敵偽財產機件
中撥給本廠全套紗機八千錠以示彌補而資扶助實為公便」
等情查該廠于抗戰時間賴董事長王德輿等慘澹經營得以成立兩
次受戰事影響損失慘重猶能舉債維持徐圖恢復不但該主持人等

0310

提倡生产热忱可嘉即数年来容纳后方失业难民为数不少对于地方生产救济两多裨益今该厂蒙受损失濒临绝境若不设法扶植势难免停工歇业或另行因地制宜迁徙别地则吉安地方生产及社会救济殊觉两受损失用敢据情呈请

钧座俯赐鉴核恳予转咨 经济部暨救济分署拨给机件补助钜款以维生产而利社会！

谨呈

江西省政府主席王

计检呈原附财产损失报告表式种各三份

江西省第三区行政督察专员兼保安司令李林

附（一）江西新生纺织染厂股份有限公司财产直接损失报告表（一九四六年十月十二日）

0312

201

江西新生紡織染廠股份有限公司財產直接損失報告表

（工業部份）

事件：（一）a. 敵人進攻

日期：（二）民國二十年至三十四年七月

地點：（三）A. 本廠 B. 吉安市 C. 吉安水東 D. 永嘉 E. 茶陵

填送日期三十五年十月十二日

分類	查報時之價值（國幣元）
廠房	a. C. 吉安市棧房 890,000元 B. 吉安水東棧房 540,000元
器具	a. A. 本廠 515,000元 C. 棧房 80,000元 B. 水東 65,000元
原料	a. E. 棉花五百担×40,000元=20,000,000元 又運鹽五次損失於萬安贛州永豐合計16.5石×40,000元=660,000元
機械及工具	a. D. 大型紡紗機一套計錠8,000枚×12,000元=96,000,000元 A. 616,000元
運輸工具	a. A. 2,113,000元
衣物	a. A. 587,100元
共計	総122,066,100元

備註

報告者 江西新生紡織染股份有限公司 襄理 胡志體 專員 鄒介成（印）

附（二）江西新生纺织染厂股份有限公司财产间接损失报告表（一九四六年十月十二日）

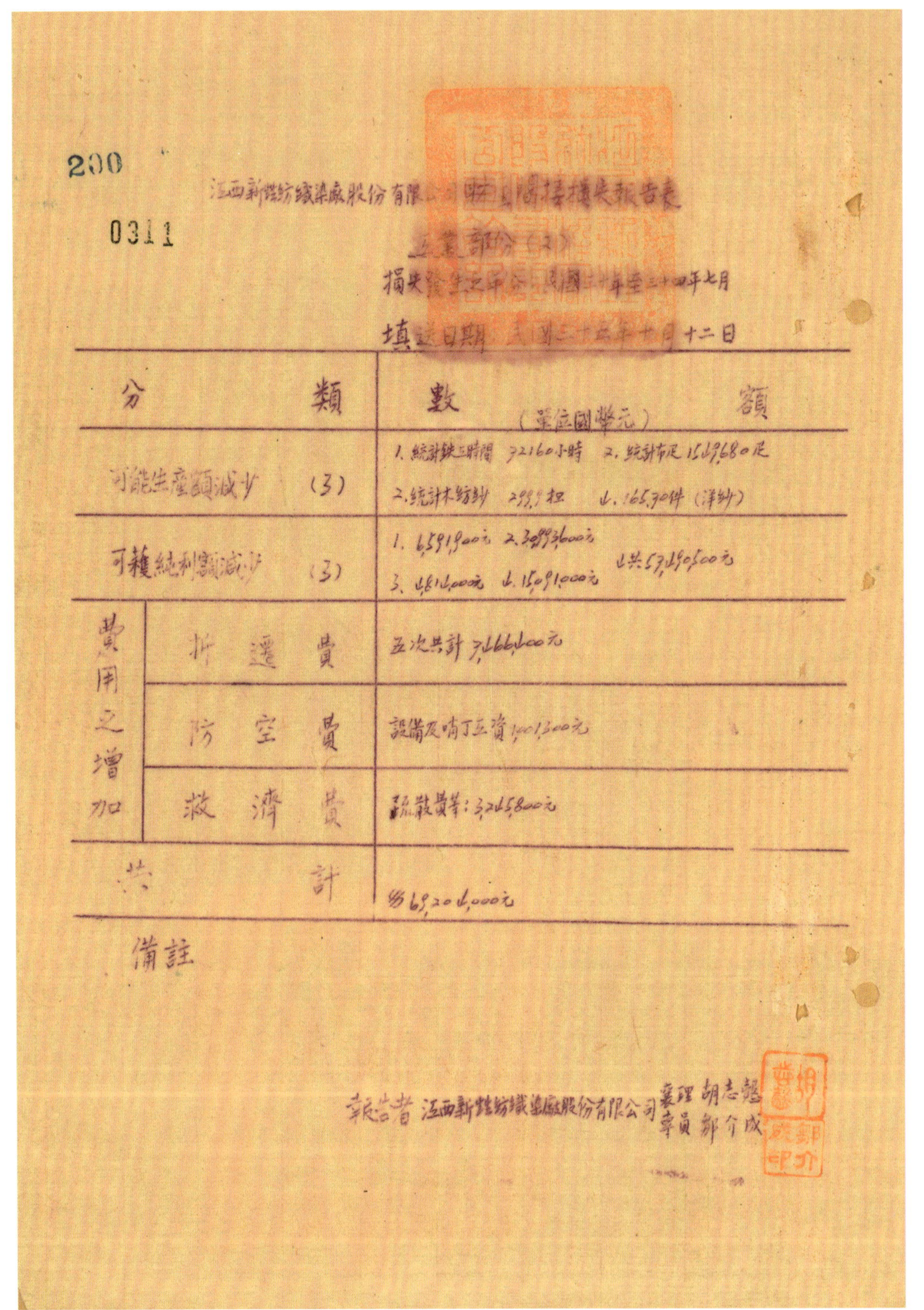

200

0311

江西新生紡織染廠股份有限公司財產間接損失報告表

工業部份（3）

損失發生之年份 民國[illegible]年至三十四年七月

填送日期 民國三十五年十月十二日

分類		數額（單位國幣元）
可能生產額減少（3）		1. 統計鉄工時間 72160小時 2. 統計布疋 1,649,680疋 3. 統計木紡紗 299.9担 4. 165.30件（洋紗）
可獲純利額減少（3）		1. 6,591,900元 2. 30,993,600元 3. 4,814,000元 4. 15,091,000元 共57,490,500元
費用之增加	拆遷費	五次共計 7,466,400元
	防空費	設備及哨丁工資 1,001,300元
	救濟費	疏散費等 3,245,800元
共計		共69,204,000元

備註

報告者 江西新生紡織染廠股份有限公司 襄理 胡志韶 專員 鄒介成

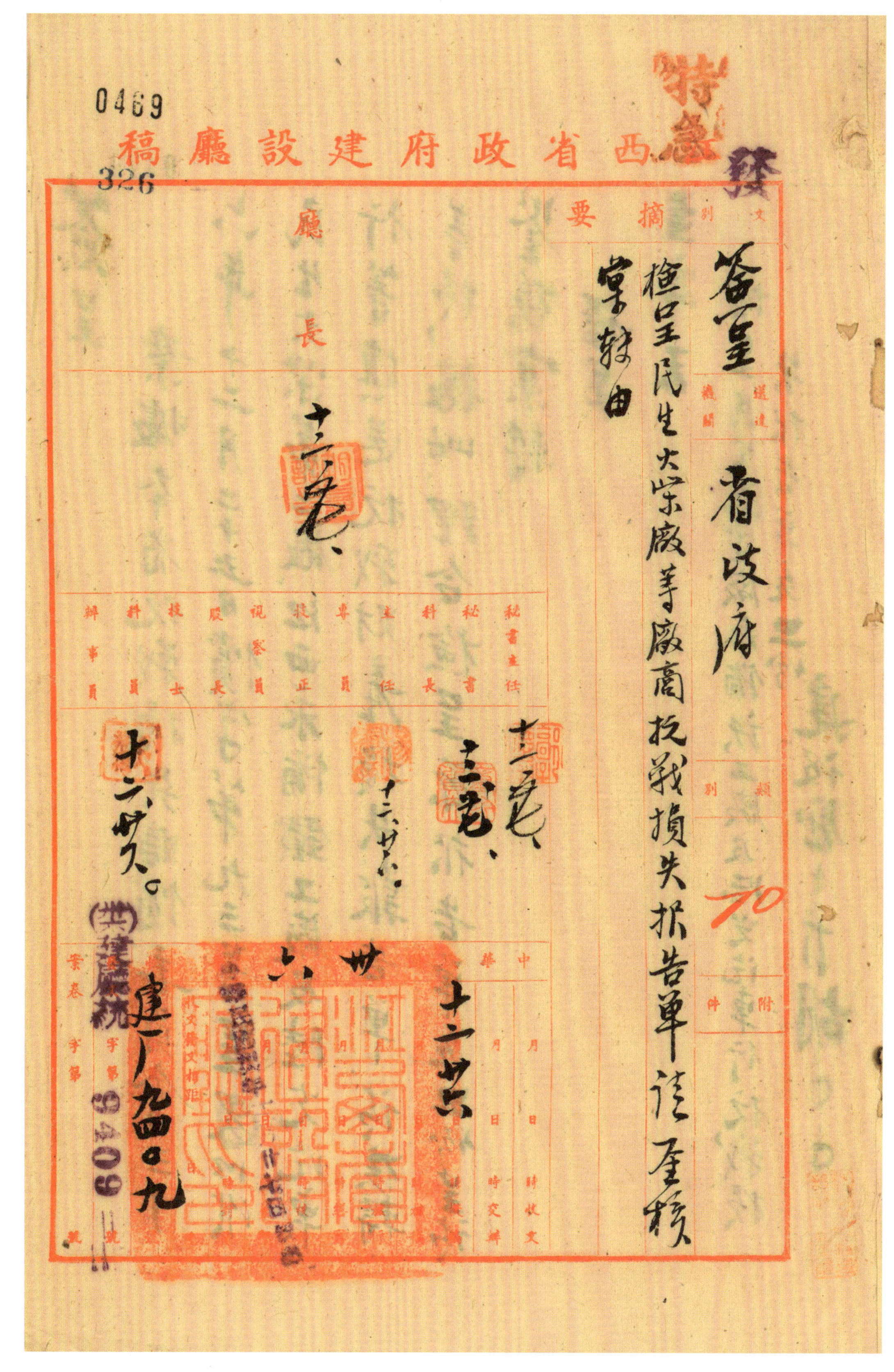
0469
江西省政府建設廳稿
326
特急
發
文别：簽呈
摘要：檢呈民生火柴廠等廠商抗戰損失報告單請鑒核案轉由
送達機關：省政府
附件：70
廳長 十二、廿七、
建廠統 建一九四〇九 9409
十二、廿八。
十二、廿六、
十二、廿七、
十二、廿六
卅六

江西省政府建设厅关于检送民生火柴厂等厂商抗战损失报告单致省政府的签呈（一九四七年十二月二十七日）

0470

簽呈

案據本省抗戰損失賠償委員會三十六年十二月二十五日償字第九三〇號呈以准民生大众第二廠、江西永備鐵工廠及陸光汽車行等填送抗戰財產損失報告單，請核轉等情，據此，理合檢呈原報告單各二份，呈請

鑒核案轉。

謹呈

主席王

附呈民生大众二廠、永備鐵工廠及陸光汽車行抗戰損失報告單各二份

建設廳廳長 胡○○

江西省民生火柴第二廠

財產損失報告單

填送日期民國36年6月8日

損失年月日	事件	地點	損失項目	購置年月	單位	數量	價值（國幣元）購置時價值	價值（國幣元）損失時價值	證件
34 1.5	日人攻陷	新淦	房屋建築						
			男職員宿舍		棟	1	5,623.40	2,811,700.-	
			工役宿舍		〃	1	725.20	362,600.-	
			第一工人宿舍		〃	1	5,570.-	2,785,000.-	
			工人宿舍管理員室		〃	1	1,446.-	723,000.-	
			職員膳廳		〃	1	4,450.-	2,225,000.-	
			工人宿舍廚房		〃	1	743.7	371,850.-	
			傳達室		〃	2	1,634.95	817,475.-	
			儲藏室		〃	1	8,027.12	4,013,600.-	
			會客廳		〃	1	8,465.88	4,232,940.-	
			辦公廳		〃	1	8,299.20	4,149,600.-	
			女職員宿舍		〃	3	22,000.-	11,000,000.-	
			工人宿舍		〃	1	14,663.-	7,331,500.-	
			工人膳廳及廚房		〃	3	26,860.-	13,430,000.-	
			梗枝部盒片部		〃	1	8,041.62	4,020,810.-	
			齊枝部		〃	2	526.47	263,235.-	
			動力部		〃	3	862.12	431,060.-	
			配合部		〃	1	6,891.77	3,445,885.-	
			配藥部		〃	3	2,281.13	1,140,565.-	
			烘梗部		間	4	2,397.72	1,198,860.-	
			涼梗部		〃	1	731.44	365,720.-	
			鐵工場		棟	3	42,500.-	21,250,000.-	
			裝盒部		〃	1	3,391.40	1,695,700.-	
			裝磷部		〃	1	6,900.19	3,450,095.-	
			烘磷部		間	1	1,644.61	822,305.-	
			舂藥部		〃	1	1,598.36	799,180.-	
			排梗部		〃	1	532.55	266,275.-	
			鋸木部		〃	1	3,659.16	1,829,580.-	
			切伐部		棟	1	17,770.95	8,885,475.-	
			破篾部		〃	1	77.19	38,595.-	
			過次頁				222,356.82	109,176,910.-	

名称	单位	数量		
承前页			223,356.82	1,051,769,100.-
木工部	栋	1	11,963.92	59,819,600.-
第一仓库	〃	1	4,666.16	23,330,800.-
第一仓库看守室	〃	1	230.44	1,150,000.-
第二仓库	〃	1	2210.-	11,050,000.-
第二仓库看守室	〃	1	371.90	1,859,500.-
第六仓库	〃	2	5,072.41	25,360,050.-
第五仓库	〃	1	9,547.92	47,739,600.-
第五仓库看守室	〃	2	3,730.44	18,650,000.-
第七仓库	〃	1	4,405.86	22,109,300.-
财物仓库	〃	1	14,000.-	70,000,000.-
俱乐部	〃	2	124,019.49	620,009,745.-
女厕所	〃	1	2,000.-	10,000,000.-
女宿舍码头	〃	1	2,000.-	10,000,000.-
洗衣间理发室	〃	1	610.-	3,050,000.-
男厕所	〃	1	1,290.-	6,450,000.-
女厕所	〃	1	430.-	2,150,000.-
合作社	〃	1	15,000.-	75,000,000.-
八角亭	〃	1	2,904.-	14,500,000.-
大光食堂	〃	1	10,500.-	62,500,000.-
农场小住室	〃	1	5,921.-	29,605,000.-
机器工具				
木炭引擎	部	1	6,400.-	64,000,000.-
制梗机	〃	2	860.-	8,600,000.-
制片机	〃	2	30,950.-	309,500,000.-
制条机	〃	1	400.-	4,000,000.-
切梗机	〃	2	4,065.69	40,656,900.-
齐梗机	〃	2	1,177.01	11,770,100.-
邦盘机	〃	3	9,000.-	90,000,000.-
排列机	〃	4	60,000.-	600,000,000.-
油台	〃	1	2000.-	20,000,000.-
大梗片机	〃	1	6,000.-	60,000,000.-
磨炼机	〃	1	2233.50	22,335,000.-
摇炼机	〃	1	800.-	8,000,000.-
牛头钳	把	1	.45	4,500.-
18寸管子钳	〃	1	115.-	1,150,000.-
8寸老虎钳	〃	3	63.-	630,000.-
8寸邦手	〃	1	1.40	14,000.-
11寸邦手	〃	3	2.10	61,000.-
过次页			575,318.51	3,486,847,795.-

品名	單位	數量	單價	金額
上承前頁			575318.51	3486847795.-
15寸扳手	把	1	3.50	35000.-
6寸合拿手	〃	3	11.85	118500.-
8寸搭拿手	〃	2	14.07	140700.-
12寸活拿手	〃	2	28.00	280000.-
18寸活拿手	〃	2	53.20	532000.-
鋼斬子	〃	10	5.94	59400.-
錁頭	〃	1	14.84	148400.-
鍋爐鐵夾	个	4	53.33	533300.-
生鐵台	〃	1	1072.-	10720000.-
鉆床	架	1	456.00	4560000.-
7寸老虎鉗	把	1	18.00	180000.-
木炭把	〃	15	83.65	836500.-
洋鐵鋸	〃	1	351.70	3517000.-
釘鎚	〃	8	24.93	249300.-
1P銅鉚鎚	〃	5	158.22	1582200.-
8P〃〃	〃	2	733.50	7335000.-
打鐵鉗	〃	1	.41	4000.-
3P銅鉚鎚	〃	1	270.00	2700000.-
燒鍋	〃	3	351.00	3510000.-
6寸老虎鉗	〃	2	560.00	5600000.-
台鉗	〃	1	4500.-	45000000.-
14寸扳手	〃	1	2.-	20000.-
設備用具				
小木船	隻	4	4437.20	22186000.-
鐵錨	〃	4	1690.85	8454250.-
打水机	架	1	1000.-	5000000.-
鐵櫃	只	3	4114.-	20570000.-
銅皮尺	支	1	2.80	14000.-
儀器	副	1	44.88	224400.-
銅絲墊	块	1	32.-	160000.-
藤箱	只	22	3372.-	16860000.-
木箱	〃	8	258.80	1294000.-
皮箱	〃	52	7087.50	35437500.-
帳簿箱	〃	10	850.77	4253850.-
手提皮包	個	3	588.00	2940000.-
皮背包	〃	1	6.50	32500.-
帆布書包	〃	1	18.00	90000.-
汽灯	盞	1	223.00	1115000.-
過次頁			608590.35	3695[illegible]55.-

品名	单位	数量	单价	金额
承前页			608,590.35	3,045,334,595.—
双刀木秤	把	7	247.—	1,235,000.—
手市秤秤	〃	6	69.—	345,000.—
铜盘秤秤	〃	5	157.20	786,000.—
大花剪	〃	1	28.—	140,000.—
真盘	〃	75	2,770.71	13,853,550.—
文具盘	個	30	21.—	105,000.—
打眼机	架	1	7.20	36,000.—
脚踏车	部	2	1,700.—	8,500,000.—
钟	隻	6	590.—	2,950,000.—
玻璃板	块	2	1,177.—	5,885,000.—
皮囊箱	只	4	240.—	1,200,000.—
大秤	把	2	210.—	1,050,000.—
樟木箱	只	6	365.—	1,825,000.—
黄铜茶桶	〃	1	725.—	3,625,000.—
被单褥	条	2	1,270.—	6,350,000.—
拉链皮包	個	1	120.—	600,000.—
工具箱	隻	1	52.92	264,600.—
[illegible]丹木箱	〃	1	122.41	612,050.—
花布桌围	块	1	285.—	1,425,000.—
风琴	架	1	1,500.—	7,500,000.—
磁茶盘	個	1	10.—	50,000.—
棉被	床	1	400.—	2,000,000.—
白竹布椅套	套	6	1,200.—	6,000,000.—
白竹布双人椅套	〃	1	400.—	2,000,000.—
茶[illegible]	〃	1	230.—	1,150,000.—
沙发椅套	〃	5	800.—	4,000,000.—
桌布	块	3	52.—	260,000.—
旧布	〃	8	416.—	2,080,000.—
锡茶壶	把	2	56.40	282,000.—
洋铁茶壶	隻	1	225.40	1,126,000.—
皮包	〃	1	150.—	750,000.—
提包	〃	1	260.—	1,300,000.—
磅秤	〃	1	15,000.—	75,000,000.—
玻璃扇钟	座	1	1,200.—	6,000,000.—
药台	隻	1	475.—	2,375,000.—
煤炉	〃	5	1,613.—	8,065,000.—
臙锅	〃	2	1,895.—	9,475,000.—
水桶	〃	1	1,418.18	7,090,900.—
过次页			648,533.77	3,895,605,695.—

0484—1

品名	單位	數量		
承前頁			648,533.77	3,895,605,695.-
銅鍋	隻	1	22.-	110,000.-
圓腊肠鍋	〃	2	896.-	4,480,000.-
磅秤	〃	1	1,219.80	6,099,000.-
廊板床	架	70	4,579.22	22,896,100.-
搖盤車	〃	10	583.85	2,919,250.-
涼板車	〃	1	248.76	1,243,800.-
全板風箱	只	1	11.-	55,000.-
方桌	張	7	1,415.-	7,075,000.-
扶手椅	把	1	203.-	1,015,000.-
靠背椅	〃	200	3,600.-	18,000,000.-
滿玻璃厨	頂	1	220.-	1,100,000.-
元圓椅	張	1	96.-	480,000.-
全面辦公桌	〃	1	680.-	3,400,000.-
長靠椅	〃	9	2,224.-	11,120,000.-
花架	個	4	150.-	760,000.-
扎字架	〃	1	60.-	300,000.-
双人沙發矮椅	張	2	900.-	4,500,000.-
双面沙發椅	〃	1	380.-	1,900,000.-
條桌	〃	20	440.-	2,200,000.-
書厨	頂	6	1,116.-	5,580,000.-
沙發矮背椅	張	3	1,350.-	6,750,000.-
乒乓桌	〃	1	180.-	900,000.-
杉木厨	頂	6	540.57	4,702,850.-
小方櫈	張	30	610.-	3,050,000.-
工具厨	頂	4	1,604.22	8,021,100.-
講桌	張	3	155.-	775,000.-
棋桌	〃	3	105.-	525,000.-
櫈	個	122	4,058.-	20,290,000.-
木厨	頂	4	1,440.-	7,200,000.-
板架	張	3	90.-	450,000.-
大玻璃厨	頂	1	300.-	1,500,000.-
小玻璃厨	〃	1	250.-	1,250,000.-
閱覽桌	張	1	220.-	1,100,000.-
小圓桌	〃	2	95.-	475,000.-
小圓櫈	〃	4	48.-	240,000.-
小木床	〃	1	160.-	800,000.-
課桌	〃	80	9,654.-	48,270,000.-
矮書厨	頂	1	180.-	900,000.-
过次頁			689,020.23	4,098,037,935.-

品名	单位		
承前页		689,020.03	
西式茶几	個	20.-	100,000.-
半圆茶几	〃	280.-	1,400,000.-
沙发摇椅	〃	2,100.-	10,500,000.-
西式一门公文厨	〃	248.-	1,240,000.-
新式床头櫃	〃	113.-	565,000.-
西式扶手椅	把	305.-	1,525,000.-
西式圆形方桌	張	280.-	1,400,000.-
長方桌	〃	165.-	825,000.-
鋼面西式扶手椅	〃	180.-	900,000.-
西式梳妆椅	〃	196.-	980,000.-
茶櫃	顶	232.-	1,160,000.-
大号木厨	〃	1695.-	8,475,000.-
二号木厨	〃	766.31	3,831,550.-
三炮台	〃	296.-	1,480,000.-
長櫈	張	1,074.21	5,371,050.-
鋪板	副	2,255.-	11,275,000.-
七層書厨	顶	150.-	750,000.-
圆头長桌	張	210.-	1,050,000.-
書架	個	17.-	85,000.-
衣架台	〃	669.50	3,347,500.-
堆货台	〃	704.87	3,524,350.-
架子床	張	1,019.66	5,098,300.-
美術圆茶几	個	60.-	300,000.-
美術四層茶几	〃	202.-	1,010,000.-
茶几	〃	249.16	1,245,800.-
銀盾架	〃	40.-	200,000.-
西式摇椅	張	317.80	1,588,000.-
木交椅	〃	1,779.61	8,898,050.-
沙发單人椅	〃	2,270.-	11,350,000.-
四斗櫃	〃	63.-	315,000.-
西長沙櫈	〃	46.80	234,000.-
西式摇椅	〃	48.-	240,000.-
独脚方桌	〃	40.60	203,000.-
西菜桌	〃	24.-	120,000.-
五斗櫃	〃	60.-	300,000.-
两斗書桌	〃	10.-	50,000.-
圆椅	〃	180.-	900,000.-
條桌	〃	16.-	80,000.-
过次页		707,463.83	4,190,254,995.-

承前頁			707,463.83	4,190,254,995.-
單斗櫥桌	張	4	57.-	285,000.-
白頭兩斗桌	〃	3	43.03	215,150.-
九斗辦公桌	〃	36	6,945.10	34,725,500.-
六斗辦公桌	〃	2	58.-	290,000.-
五斗辦公桌	〃	74	7,820.70	39,103,500.-
三斗辦公桌	〃	15	671.50	3,357,500.-
玻門書廚	頂	4	491.00	2,455,000.-
公文廚	〃	10	2,429.45	12,147,250.-
白身木廚	〃	8	396.81	1,984,050.-
椀架廚	〃	1	22.-	110,000.-
刀廚	〃	1	26.47	132,350.-
切梗架桌	張	1	53.22	266,100.-
木梯	〃	2	123.70	618,500.-
木高椅	〃	6	57.92	289,600.-
梗庄桌	〃	1	49.88	249,400.-
柴排桌	〃	1	58.43	292,150.-
盃庄桌	〃	1	56.95	284,750.-
登庄桌	〃	1	46.99	234,950.-
棱盃桌	〃	25	423.18	2,115,900.-
配藥桌	〃	1	34.90	174,500.-
大条桌	〃	28	542.30	2,711,500.-
打色桌	〃	5	401.65	2,008,250.-
日报箱	隻	1	175.45	877,250.-
月报箱	〃	1	122.40	612,000.-
白身木箱	〃	4	66.97	334,850.-
四腳樣梯	架	4	107.93	539,650.-
籐提籃	隻	4	9.50	47,500.-
医务室長椅	〃	2	640.-	3,200,000.-
圓桌面	張	2	300.-	1,500,000.-
半边茶几	〃	2	250.-	1,250,000.-
長洗面架	隻	8	3,134.-	15,670,000.-
工具木架	〃	1	850.-	4,250,000.-
儲藏廚	頂	1	400.-	2,000,000.-
沙發椅	套	2	3,290.-	16,450,000.-
米倉	個	3	11,541.66	57,708,300.-
油漆單人床	張	2	1,000.-	5,000,000.00
茶壺桌	個	1	53.80	269,100.-
抖务事廚	頂	1	180.-	900,000.-
过次頁			750,415.13	4,405,015,545.-

0487

品名	单位	数量	价值	价值
承前頁			750,415.13	4,405,015,585.-
沙发双人椅	張	2	670.-	3,350,000.-
檯子	項	1	25.30	126,500.-
損失原料	斤			
鋅養粉	斤	331	43,030.-	33,000,000.-
膠粉	〃	310	120,657.65	31,000,000.-
硫化鋅	〃	800	12,381.77	16,000,000.-
西煙	〃	47	21,154.12	4,500,000.-
硫磺	〃	1,736	45,368.12	26,790,600.-
松香	〃	5,135	73,080.-	5,400,000.-
福美林水	〃	9.25	9,250.-	250,000.-
獅鳥黄	刃	256	12,800.-	645,000.-
双黄狗	〃	17.5	5,365.65	700,000.-
德皇禄	〃	7	4,348.91	100,000.-
奔月蓝	〃	28	1,120.-	112,000.-
松木	斤	27,720	93,931.46	93,931,460.-
白菓木	〃	93,234	270,139.25	270,000,000.-
重纸	張	4,680	21,584.-	10,550,000.-
毛边纸	〃	5,070	8,939.96	10,140,000.-
红色纸	〃	1,520	1,256.-	608,000.-
損失半製品				
双狗黄	刃	3	825.46	82,546.-
氯酸鉀	斤	122	100,436.74	12,200,000.-
白腊	〃	213	117,487.10	18,000,000.-
硫磺華	〃	50	13,560.15	1,000,000.-
赤燐	〃	16	51,716.50	1,600,000.-
膠粉	〃	139	54,101.34	8,000,000.-
鋅養粉	〃	50	6,500.-	3,250,000.-
錳粉	〃	300	44,248.77	15,000,000.-
損失製成品				
新赣南火柴	箱	740	4,845,793.24	590,000,000.-
損失半製品				
包棕纸		6,846	6,130.88	30,654,100.-
原色纸	張	14,100	8,061.13	40,305,660.-
合唇	〃	1,160,000	329,639.46	64,819,730.-
合条	〃	930,000	109,184.68	54,592,340.-
合麻	〃	1,317,000	40,139.93	20,069,950.-
合麻棕	〃	814,000	20,924.65	10,460,325.-
捲纸	〃	828,000	13,228.10	66,140,500.-
过次頁			7,257,207.144	5,850,505,246.-

品名	單位	數量	金額	金額
承前頁			7,057,227.44	5,856,505,246.-
條紙	張	520,000	32,680.73	32,680,730.-
損失製成品材料				
白菓板	斤	11,400	216,854.74	11,400,000.-
合庄	張	2,490,000	74,078.65	24,900,000.-
合底	〃	2,012,000	64,486.27	20,120,000.-
合條	〃	2,560,000	306,775.02	25,600,000.-
黄重紙	〃	20088	1534,50.36	20,088,000.-
藍重紙	〃	177,457	87795.27	17,745,700.-
色標紙	〃	2164	1537.56	7,567,000.-
合標紙	〃	336115	1,605,876.48	66,335,000.-
色標	〃	515,506	17,474.22	51,550,600.-
合標	〃	3654.515	54,471.05	36,545,150.-
捲紙	〃	3,784,000	63,648.32	37,840,000.-
條紙	〃	2625224	53,254.60	53,254,600.-
白色紙	〃	8360	35.40	177,000.-
灰色紙	〃	86,200	7,043.81	35,015,050.-
損失物料				
牛膠	斤	133	1,363.22	1,363,000.-
依碱	〃	.5	7.09	35,450.-
明礬	〃	186	608.09	3,040,450.-
正粉	〃	88	1,245.82	6,229,100.-
粗紙	〃	70475	3,103.23	1561615.-
皮麻	〃	1004.875	12,246.55	6,123,375.-
木炭	〃	24,161	83,608.30	41,840,500.-
棉花	〃	1	3.80	15,000.-
柴油	〃	20.75	6,081.55	500,000.
油紙	張	401	1,583.37	5,961,850.-
白鋼紙	刀	44.55	4,386.04	438,604.-
鉄線	斤	3.625	58.-	290,000.-
3吋元釘	〃	5.625	128.41	640,050.-
5吋〃〃	〃	2.5	160	800,000.-
4吋〃〃	〃	33.25	88.97	444,850.-
土釘	〃	66.5625	1407.97	3,139,850.-
5介油鉄桶	隻	20	88,000.-	440,000,000.-
2.75寸元釘	斤	1.25	303.12	7,000.-
行架擋	根	8	50.26	251,300.-
大連輪	只	16	80.-	400,000.-
2寸單層皮帶	寸	2	7.50	37,500.-
過次頁			11,654,776.02	6,885,538,584.-

品名	单位	数量		
承前頁			11,654,776.02	6,857,538,580.-
杉木	分	2,147	36,987.80	184,939,000.-
水泥	斤	371	378.63	1,893,150.-
墨烟	〃	30	23.94	119,700.-
黄腊膏	〃	2.5	2,333.34	11,666,700.-
茅竹	根	6,958	111,544.09	557,720,450.-
硬木板	丈	1.23	652.82	3,264,100.-
杉木板	〃	66	10,707.41	53,537,050.-
槁木	井	100	3,100.-	15,500,000.-
硬木	根	24	45,600.-	228,000,000.-
消耗品				
鼎牌硬鉛筆	打	8	813.48	4,067,400.-
紅藍鉛筆	〃	3	551.18	2,755,900.-
軟鉛筆	〃	11	472.31	2,361,550.-
毛筆	枝	23	543.95	2,719,750.-
普通筆尖	箇	288	620.-	3,100,000.-
988鋼筆尖	〃	146	828.46	4,142,300.-
中等鋼筆桿	枝	35	140.22	701,100.-
華中双面複寫紙	合	2	240.-	1,200,000.-
高樂複寫紙	〃	2	5,400.-	27,000,000.-
利文腊紙	〃	2	282.-	1,410,000.-
風箏腊紙	〃	2	480.-	2,400,000.-
紅墨水	瓶	5	182.98	914,900.-
打印水	〃	7	188.26	941,300.-
國貨釘书釘	〃	7	250.26	1,251,300.-
國貨圖釘	〃	3	57.82	289,100.-
表達尺	支	2	4.-	20,000.-
十行簿	本	25	206.63	1,033,150.-
卷宗	個	20	135.81	679,050.-
票夾	〃	184	257.28	1,286,400.-
別針	合	3	1,671.77	8,358,850.-
橡皮揩	块	9	37.73	188,650.-
藍油墨	瓶	17	564.07	2,820,350.-
藍洋布	尺	17	381.16	1,905,800.-
青线布	〃	65	41.83	209,150.-
灰色布	〃	10.6	92.40	462,000.-
煤油	斤	3	9.-	45,000.-
萬金油	盒	43	267.45	1,337,250.-
八卦丹	包	50	162.50	812,500.-
過次頁			11,920,986.60	[illegible]

品名	單位	數量	金額	金額
承前頁			11,520,986.60	7,243,418,225
印花稅票	張		14,225.—	14,225.—
書畫紙	張	20	143.75	718,750.—
印泥	付	1	207.14	1,035,700.—
皮鞋帶	合	15	150.—	750,000.—
迴形針	個	3	426.92	2,134,600.—
電光筆夫	合	144	4,500.—	22,500,000.—
硃碟	条	4	400.—	2,000,000.—
三花纜	包	150	3,000.—	15,000,000.—
藍墨水	合	13	187.44	937,200.—
普通複寫紙	個	2	80.—	400,000.—
552筆夫	個	72	2,160.—	10,800,000.—
脩紗布	尺	80	380.—	1,900,000.—
球胆	只	1	900.—	4,500,000.—
長城蠟紙	筒	2	1,800.—	9,000,000.—
牛筋	尺	50	750.—	3,750,000.—
管理用具				
大鎖	把	1	35.—	175,000.—
銹鎖	〃	16	817.83	4,089,150.—
洋鎖	〃	55	2,630.24	13,151,200.—
三角鎚	〃	3	78.—	390,000.—
扁摩鎚	〃	2	250.—	1,250,000.—
剪刀	〃	6	58.09	290,450.—
裁紙刀	〃	4	11.20	56,000.—
洋刀	〃	5	198.61	993,050.—
美孚灯	盞	4	4.70	23,500.—
鋼大斧	把	5	70.85	354,250.—
大鉤	〃	20	457.71	2,288,550.—
鉄耙	只	21	4,567.50	22,837,500.—
斧头	把	1	31.28	156,400.—
尖鉗	〃	1	6.45	32,250.—
大炉	隻	4	39.94	199,700.—
炉珊	〃	5	86.16	430,800.—
大鉄鍋	〃	2	1,145.—	5,725,000.—
沙鍋	〃	4	301.77	1,508,850.—
保險鉛絲	斤	68	1,700.—	8,500,000.—
舊鋁条	块	9	44.—	220,000.—
汽灯架	只	2	24.31	121,550.—
洋鉄公文箱	個	2	302.—	1,510,000.—
过次頁			11,572,297.45	7,403,867,680.—

品名	单位	数量	金额	金额
承前页			11,372,257.49	7,403,867,680.-
警報机	架	1	171.25	856,250.-
手電筒	隻	4	68.96	344,800.-
錶鏈	把	10	225.-	1,125,000.-
菜刀	〃	1	320.-	1,600,000.-
銅摇鈴	個	2	8.14	40,700.-
打更鑼	面	1	50.-	250,000.-
大銅鎖	把	1	100.-	500,000.-
銅鎖	〃	32	1,290.58	6,452,900.-
銅面盆	只	5	666.-	3,330,000.-
大飯桶	個	1	115.-	575,000.-
裝水桶	〃	8	1,056.-	5,280,000.-
茶壺桶	〃	1	11.-	55,000.-
小飯桶	〃	14	224.-	1,120,000.-
太平水桶	〃	48	661.27	3,306,350.-
錫撑桶	〃	1	155.-	775,000.-
帳[illegible]踏板	〃	2	127.-	635,000.-
墨漆板	塊	3	76.50	382,500.-
箱架子	〃	30	954.-	4,725,000.-
黑板架	個	1	49.28	246,400.-
節目板	塊	2	50.-	250,000.-
面盆架	只	15	171.12	855,600.-
茶桶架	〃	6	450.-	2,250,000.-
花鉢架	〃	14	240.-	1,200,000.-
大盆架	〃	12	891.39	4,456,950.-
音樂書架	〃	1	83.20	416,000.-
壁報架	個	2	124.88	624,400.-
缸蓋	隻	6	53.61	268,050.-
木盒	〃	1	52.67	263,350.-
意見箱	〃	1	109.75	548,750.-
洗臉盆	〃	11	844.17	4,220,750.-
報夾	付	7	128.4	642,000.-
木貨車	輛	1	129.8	649,000.-
条竹枕	只	6	70.6	353,000.-
竹方椅	把	34	79.03	395,150.-
竹[illegible]桶	個	1	300.-	1,500,000.-
竹轎子	〃	1	200.-	1,000,000.-
太師椅	把	2	200.-	1,000,000.-
籐椅	〃	3	1,504.66	1,523,300.-
过次页			11,386,019.19	7,467,431,080.-

品名	單位	數量		
			11,986,219.19	7,467,431,080.-
藤茶几	隻	1	3.-	15,000.-
磁茶盤	〃	4	106.67	533,350.-
茶碗	〃	13	135.20	270,400.-
茶壺	把	6	606.32	600,000.-
茶把碗	隻	29	278.15	278,150.-
茶盅	〃	10	97.95	195,900.-
茶缸	〃	2	11.41	570,500.-
菜碗	〃	36	241.91	484,380.-
飯碗	〃	60	270.-	540,000.-
痰盂	〃	28	801.60	1,400,000.-
磁印色缸	〃	1	1.80	18,00.-
水缸	〃	11	616.94	616,940.-
青花大研缸	〃	1	11.54	115,400.-
白脂花盆	〃	4	280.-	280,000.-
碟子	〃	16	8.35	167,000.-
磁头子	〃	4	40.-	40,000.-
花瓶	〃	2	750.-	750,000.-
釘書机	架	8	303.06	606,100.-
鉛筆机	〃	1	95.-	190,000.-
號碼机	只	2	48.67	194,550.-
橡皮明印	〃	3	61.-	122,000.-
印泥	盒	76	4,477.09	895,418.-
打印台	〃	63	1,188.49	450,000.-
磁水盂	隻	1	8.-	16,000.-
海棉缸	〃	2	34.33	68,660.-
筆筒	〃	1	.50	10,000.-
銅筆架	〃	3	21.45	64,350.-
呼人鈴	〃	37	474.20	1,896,800.-
硯池	付	42	778.15	3,112,600.-
墨盒	〃	2	7.20	36,000.-
吸水器	個	2	2.00	10,000.-
木達尺	枚	1	3.20	16,000.-
銅板	塊	1	220.-	1,100,000.-
棕架床	套	4	580.-	2,900,000.-
舊棉被	床	1	400.-	400,000.-
舊棉絮	〃	2	229.20	229,200.-
棉門簾	個	3	715.-	715,000.-
草地席	床	9	4,220.-	844,000.-
			12,004,366.57	7,488,202,800.-

承前页			12,004,366.57	7,488,202,800.—
沙包袋	個	240	43.20	216,000.—
脚踏車内外胎	套	4	1,500.—	7,500,000.—
指北針	〃	1	100.—	500,000.—
平測儀	〃	1	320.—	1,600,000.—
銅盤秤	把	1	70.—	350,000.—
寒暑表	個	1	3.—	15,000.—
8寸圓式鏡	面	1	45.—	225,000.—
損失製造器具				
盒虎刀	把	15	1,037.57	10,375,700.—
大盒虎刀	〃	1	346.85	3,468,500.—
裁紙刀	〃	1	53.50	535,000.—
大梗虎刀	〃	3	459.—	4,590,000.—
11寸長梗虎刀	〃	16	1,496.—	14,960,000.—
盒迅刀	〃	6	39.31	393,100.—
盒梗迅刀	〃	15	166.98	1,669,800.—
三角刀	〃	63	4,506.59	45,065,900.—
劍踏迅刀	〃	5	233.14	2,331,400.—
切紙刀	〃	18	7,041.01	70,410,100.—
大切紙刀	〃	2	114.—	1,140,000.—
三角切紙刀	〃	2	90.25	902,500.—
裁头刀	〃	1	102.—	1,020,000.—
砍柴刀	〃	1	14.37	143,700.—
大剪刀	〃	1	3.34	33,400.—
6寸羅紋刀	〃	1	180.—	1,800,000.—
1分鑿子	〃	3	1.50	15,000.—
2分〃〃	〃	1	3.06	30,600.—
4分〃〃	〃	5	15.58	155,800.—
5分〃〃	〃	3	8.81	88,100.—
6分〃〃	〃	3	4.31	43,100.—
7分〃〃	〃	2	3.—	30,000.—
8分〃〃	〃	1	3.16	31,600.—
15分〃〃	〃	2	7.20	72,000.—
3分短鑽	〃	3	54.—	540,000.—
長柄羅絲鑽	〃	2	6.54	65,400.—
小錘	〃	3	4.50	45,000.—
錘子	〃	9	33.26	332,600.—
牛头鋸	〃	1	3.40	34,000.—
手截鋸	〃	2	7.60	76,000.—
过次页			12,022,547.84	7,659,743,700.—

品名	单位	数量		金额
承前页			12,022,547.54	7,655,743,700.-
钢锯条	把	5	80.30	803,000.-
34吋圆锯板	〃	1	8,550.-	85,500,000.-
5吋圆锉	〃	3	.60	6,000.-
8吋 〃 〃	〃	2	60.-	600,000.-
8.5吋 〃 〃	〃	1	2.75	55,000.-
10吋 〃 〃	〃	5	7.55	75,500.-
10.5吋 〃 〃	〃	3	13.00	130,000.-
12.5吋 〃 〃	〃	3	19.50	195,000.-
14吋 〃 〃	〃	4	38.03	380,300.-
6吋扁锉	〃	2	4.60	46,000.-
8吋 〃 〃	〃	15	311.13	3,111,300.-
10吋 〃 〃	〃	10	525.79	5,257,900.-
12吋 〃 〃	〃	6	78.14	781,400.-
14吋 〃 〃	〃	14	485.55	4,855,500.-
7吋斩锯锉	〃	131	370.86	3,708,600.-
8吋方锉	〃	4	27.17	271,700.-
10吋 〃 〃	〃	3	6.00	60,000.-
12吋 〃 〃	〃	18	535.44	5,354,400.-
15吋 〃 〃	〃	25	1,526.42	15,264,200.-
4吋三角刀	〃	7	17.59	175,900.-
5吋 〃 〃	〃	13	300.57	3,005,700.-
13吋 〃 〃	〃	2	7.00	70,000.-
10吋木锉	〃	3	215.60	2,156,000.-
10吋双头方锉	〃	4	1.40	14,000.-
10吋方头锉	〃	41	14.35	143,500.-
梗 锤	個	1	2,787.86	27,878,600.-
擅梗灶	〃	1	121.03	1,210,300.-
蒸木灶	〃	1	655.-	6,550,000.-
染纸灶	〃	1	41.78	417,800.-
打铁炉	〃	1	18.09	180,900.-
锄头	〃	6	64.73	647,300.-
梓板	根	1490	895,200.-	8,952,000,000.-
木贡头隻	〃	300	651.91	6,519,100.-
地脚	〃	11	2,403.23	24,032,300.-
引擎座	座	1	915.63	9,156,300.-
炉座	個	1	11.53	115,300.-
泥盘	隻	2	4.67	46,700.-
烧盘	〃	504	14,114.35	141,143,500.-
过次页			12,950,744.09	8,904,787,700.-

承前頁				1,292,744.25	8,904,787,700.-
盒盤	隻	172		58.48	584,800.-
瓢刷	把	301		776.57	7,765,700.-
糊刷	〃	10		108.-	1,080,000.-
竹簍	個	70		1,330.-	13,300,000.-
沙鍋	只	3		240.-	2,400,000.-
塔架	個	1		1.50	15,000.-
規尺	把	1		1.50	15,000.-
洋鏟	〃	1		20.00	200,000.-
烟筒	〃	5		513.47	5,134,700.-
刀石	塊	2		153.75	1,537,500.-
鉄桶	個	1		1,200.-	2,400,000.-
簸箕	只	5		625.-	625,000.-
斧梗板	塊	10		83.15	415,750.-
長攪	条	2		26.05	130,460.-
裝合部擂缽	只	1		375.56	1,897,600.-
生鐵皮條筒	個	26		777.-	3,885,000.-
皮帶筒	〃	1		1,303.79	1,303,790.-
鉛筒	〃	15		5,750.-	5,750,000.-
橡膠筒	〃	10		2,000.-	2,000,000.-
剪刀	把	1		50.-	50,000.-
磺桶	個	3		7,176.-	717,600.-
糊盒	〃	345		3,000.-	300,000.-
窗竹簾	〃	20		1,100.-	110,000.-
8寸沙輪	〃	1		4,000.-	400,000.-
砂輪机	架	1		15,000.-	15,000,000.-
橡膠灶	個	1		1,647.33	1,647,330.-
戰事采購損失					
同記木行				5,000.-	50,000,000.-
金双 金双兴				10,000.-	100,000,000.-
協 兴				36,593.30	365,933,000.-
建 業木				45,307.30	453,073,000.-
戰 滕 合				13,655.-	136,550,000.-
猿 盖 部				5,000.-	50,000,000.-
抹 贈 组				1,000.-	10,000,000.-
舟 事 处				2,000.-	20,000,000.-
赣縣電廠				600.-	6,000,000.-
林玉田				160.-	1,600,000.-
戰事損失合計					
過次頁				1,316,839.98	10,657,223,180.-

0495

承前頁		13,118,139.48	10,657,223,180.-
王母渡分號		2,154.78	2,154,780.-
崇義分處		88,835.50	888,355,000.-
大庾分處		236,600.50	236,600,500.-
信丰分處		237,058.17	237,058,570.-
雩都分處		91,260.40	91,260,400.-
江利民		5,000.-	5,000,000.-
胡盛叔		4,363.20	4,363,200.-
設備用具		3,792.40	3,792,400.-
硬片厰部份			
合片	張 4,646,500	557,580.-	2,787,900,000.-
合條	〃 2,963,600	118,544.-	592,720,000.-
合厰	〃 3,708,500	50,492.60	252,463,000.-
合計		$13,894,756.58	$14,290,306,180.-

0497

直接機関學校團体或事業受損者名稱 江西省民生火柴第二厰 印信 填報者姓名 余行魯 服務處所與所任職務 江西省工業協会理事長 與所損失者之関係 經理 通信地址 南昌江西省工業協会 蓋章

附（二）江西永备铁工厂财产损失报告单（一九四七年十二月十五日）

江西永備铁工廠

財產損失報告單

填送日期民國卅六年十二月十五日

損失年月日	事件	地點	損失項目	購置年月	單位	數量	價值（國幣元）購置時价值	價值（國幣元）損失時价值	證件
34年1月5日	日人轰炸	樟树	材料						
			剑牌钢		斤	10.375	30.37	303,700.	
			工″		″	3624.3125	17,783.06	177,830,600.	
			铁板		″	658	258,827.—	2,588,27,700.	
			钢″		块	6	1,369.12	13,691,200.	
			什焊铝		斤	9387.625	127,878.82	12,787,982.	
			螺丝帽		″	209.5375	4,781.16	47,781,100.	
			弹子		只	2	700.	7,000,000.	
			皮带扣		条	8	460.75	4,607,000.	
			废铁		斤	812.75	248,976.72	24,897,672.	
			青铅		″	1	38.—	380,000.	
			扁铁		″	1.875	1.16	11,600.	
			废铜		″	977.25	4,840.18	48,401,800.	
			″生铁		″	175.25	1,175.59	11,755,900.	
			铁砣钢		″	30.5	10,546.80	105,468,000.	
			停头		只	1	288.—	2,880,000.	
			焊钉		斤	[illegible]	40,338.30	403,383,000.	
			白铁湾头		只	1	200.	2,000,000.	
			三角铁		斤	346.875	25,265.56	252,655,600.	
			什铁		″	58.5	1,872.	18,720,000.	
			生铁皮带盘		只	2	3,100.	31,000,000.	
			″″风″		″	1	2,350.	23,500,000.	
			地轴		根	1	120.	1,200,000.	
			铁管		″	1	240.	2,400,000.	
			5厘铁板		块	10	5,040.00	50,400,000.	
			熟铁齿搞		斤	5	1,200.	12,000,000.	
			牙齿方铁		根	2	1,400.	14,000,000.	
			黄铜板		斤	16.25	8,775.	87,750,000.	
			炉栅		根	4	820.	8,200,000.	
			1.5水管		″	24	17,280.	172,800,000.	
			過次頁				552,706.74	65,785,2474.	

品名	單位	數量	金額	金額
承前頁			652,706.74	6,578,524,714.–
物料				
藍煤	斤	11,425	20,445.15	20,445,150.
机油	〃	8	778.95	778,950.
牛〃	〃	31,375	5,705.60	5,705,600.
麻〃	〃	10	98.50	98,500.
木炭	〃	122	448.02	224,010.
肥皂	块	136	346.771	1,733,855.
食盐	斤	2	92.–	46,000.
花制材料				
白鋼絲	两	46	544.11	544,110.
剑脾鋼	斤	27.125	74.99	74,990.
什洋元	〃	207.36875	2,670.131	1,335,065.50.
螺丝帽	〃	38.8125	986.79	986,790.
鉚洋釘	〃	9.375	152.76	1,527,600.
拿掂木	〃	10	2.–	20,000.
吃風	块	20	100.–	1,000,000.
来必林	只	14	2,006.66	20,066,600.
铜凌丝	付	3	122.40	612,000.
焊锡	斤	1	69.52	695,200.
土鋼	〃	254.125	1,340.08	6,700,400.
楠木板	块	1	470.	2,350,000.
鋁絲	斤	6.1875	154.30	1,543,000.
皮带盤	〃	64	1,024.–	10,240,000.
鋼凌絲	〃	6.25	125.–	1,250,000.
皮带扣	条	21	1,308.12	13,081,200.
鉛白鉄	斤	27	184.85	1,848,500.
鋼板	块	8	57.05	570,500.
铜条	条	2	11.–	110,000.
廢生鉄	斤	7,740	12,880.660	64,403,300.
砂水管	呎	625/20	140.62	1,406,200.
土竹	斤	10	1,098.412	1,098,420.
红追紙	衬	.72	489.42	2,447,100.
鉄路鋼	斤	245.1875	8,354.68	41,773,400.
松木板	块	3	23.57	235,700.
煤鉄〃	时	168	6,006.72	30,033,600.
梅花螺絲	个	6	36.–	360,000.
扁鉄	斤	130.25	5,556.43	27,782,150.
毛口鋼凌絲	〃	50	1,500.–	15,000,000.
過次頁			$ 772,210.07	1,079,778,909.

0472

352

品名	单位	数量	金额	金额
承前页			77,221,007	1,079,778,905.
油盘铁	斤	106	2,544.—	12,720,000.
毛胚燥炉铁	"	144	3,456.—	17,280,000.
" " 皮带盘	"	216	4,984.—	24,920,000.
1.5吋水管	根	5	360.—	3,600,000.
铁板	斤	125.125	9,047.1	45,235,500.
2吋水管	根	1	900.—	4,500,000.
木螺丝钉	只	60	449.2	4,492,000.
电线	根	1	200.—	2,000,000.
毛胚莲蓬头	斤	2.5	60.—	300,000.
" " 方铁箱	个	40	2,160.	15,800,000.
" " 校片机	斤	2047	28,983.—	194,465,000.
" " 盒片机	"	900	17,100.—	85,500,000.
4吋胶皮带	尺	32.8	18,150.	9,000,000.
2吋 " "	"	53	4,860.	4,860,000.
四皮线	斤	8.75	143.12	1,431,200.
3"皮带铁	条	26	1,053.46	10,534,600.
2" " "	"	12	75.66	756,600.
套 钱	斤	2.125	208.1	208,100.
风钢	"	176.75	18,225.80	18,225,800.
洋油箱	只	32/11	750.—	7,500,000.
4"洋钉	斤	0.625	126.—	126,000.
6" " "	"	1	320.	320,000.
毛胚壳口	"	8	152.—	1,520,000.
18"铅丝	"	3.9375	708.75	3,543,750.
2"洋钉	"	1	150.—	750,000.
白铁	张	1/3	450.—	2,250,000.
2"杉板	方	1 4/5	2,880.	2,880,000.
白克螺丝	只	147	165.37	1,653,700.
4"单牛皮带	寸	445	3,402.98	17,014,900.
柴油桶	斤	1959	1,576.24	7,881,200.
樟木	根	1.5	205.—	205,000.
2"单牛皮带	呎	6.1	1,025.	5,121,000.
细铁丝	斤	.75	300.	300,000.
3/8丝帽	只	523	3,126.02	15,630,100.
铸钢	斤	63	6,300.	6,300,000.
1/2丝帽	只	102	699.83	6,998,300.
帽钉	两	14	570.25	5,702,500.
2"黄铜管	根	1	150.	750,000.
过次页			909,404.99	1,493,427,159.

承前頁			$1,009,212.03	1,596,768,709
白口铁铸品	斤	396	19,800.	19,800,000.
2寸洋钉	"	5	1,200.	600,000.
弹子盘	只	1	4,000.	4,000,000.
1/8钢珠	粒	10	50.	500,000.
5/8 "	"	12	120.	600,000.
硬铅	两	100	10,000.	5,000,000.
锋刀钢	磅	5	99.	99,000.
3½呎牛皮带	呎	54 7/12	16,400.	16,400,000.
黄油杯	只	4	16,000.	8,000,000.
洋铅皮	斤	20.5	2,050.	2,050,000.
未完工程				
车床铁床	付	3	16,063.39	80,316,950.
铸铁	只	524	20,285.77	20,285,770.
剪板压机	部	1	33,580.90	33,580,900.
大" "	"	1	36,577.44	36,577,440.
小" "	"	1	68,304.11	68,304,110.
刨头	"	5	73,704.52	73,704,520.
席板车	辆	48	18,501.59	18,501,590.
剪盖压机	部	3	86,889.64	86,889,640.
铁锛	手	2	14,126.41	14,126,410.
各项机件	部	全部	65,000,000	321,000,000.
机器工具				
四尺木头引擎	部	1	98,000.	98,000,000.
正刨盖机	"	1	36,000.	36,000,000.
6呎车床	"	2	92,000.	92,000,000.
斜刨盖机	"	1	27,030.	27,030,000.
2寸牛头刨床	"	1	84,000.	84,000,000.
大型钻床	"	1	50,000.	50,000,000.
小" "	"	1	25,000.	25,000,000.
新式铣	"	1	69,042.81	69,042,810.
8尺车机	"	1	58,000.	58,000,000.
鼓风机	"	1	16,000.	16,000,000.
4呎车床	"	1	26,100.	26,100,000.
铁龙门刨	"	1	162,000.	160,000,000.
钻床	"	1	30,000.	30,000,000.
手摇钻	把	2	2,000.	2,000,000.
铁床板	付	1	500.	500,000.
18吋虎子钳	把	1	100.	1,000,000.
過次頁			$2,873,167.91	3,182,939,149.

338

0475

品名	单位	数量	价值	金额
承前頁			509,402.59	1,493,427,159
康铜	斤	146.75	726.82	7,268,200.
铜纱包线	磅	2.5	2000.	1,000,000.
圆铜	块	1	250.	250,000.
炉子头炭斗	斤	220	15,092.	1,509,200.
炉栅	〃	176	3,528.	17,640,000.
1.5洋钉	〃	5.3125	328.13	1,540,600.
2寸 〃 〃	〃	4.125	1,010.63	1,010,630.
5分洋螺丝	盒	1	288.0	288,000.
1寸 〃 〃	个	395	1,712.07	1,712,070.
生铜	斤	1.3125	420.	420,000.
2寸木螺丝	〃	72	467.50	2,337,500.
汽车弹簧	根	1	800.	400,000.
6分弯接	只	4	600.	600,000.
6分活头	〃	1	200.	500,000.
2寸扁铁	斤	86	7,310.	3,655,000.
1寸毛板	方	4.5	6,000.	6,000,000.
6分 〃 〃	〃	3	2,250.	2,250,000.
1.5分 〃 〃	〃	2.23	6,352.—	3,176,000.
剑牌钢	磅	30	10,500.	5,250,000.
4寸土铁	斤	3	255.—	1,275,000.
3寸 〃 〃	〃	2	180.	300,000.
7/32黑钢丝	〃	3.875	1,400.	700,000.
三角铜钉	〃	5	500.	2,500,000.
三角铁	〃	5.5	665.63	3,328,150.
8分洋钉	〃	5	1,300.	650,000.
黄铜	〃	64.1875	3,210.	1,505,000.
铜补套件	〃	13	2,860.	2,860,000.
船样五金	两	47	11.72	117,200.
1/2三角铁	斤	109	7,670.	767,000.
1/2洋头板	〃	18.75	1,258.75	1,258,750.
铁毛脏油台	〃	83	5,395.—	269,750.
〃 〃安全盒	〃	6	390.	390,000.
〃 〃扇板弹簧	〃	25	1,625.—	8,125,000.
铸铜皮铁	〃	11.5	1,380.	1,380,000.
7分毛板	方	2	1,600.	1,600,000.
4分 〃 〃	〃	1	500.	1,000,000.
4分光 〃	〃	1	650.	325,000.
白果木板	〃	3.5	5,600.	560,000.
過次頁			1,00921,203	1,556,768,709.

承前頁			2,873,147.81	3,180,935,149
6吋叠子钳	把	1	50.	500,000.
小板手	〃	2	120.	1,200,000.
螺丝攻	〃	3	46.	460,000.
四节英尺	〃	1	250.	2,500,000.
绘图仪器	付	2	3,000.	30,000,000.
1/2铆錘	个	2	300.	3,000,000.
2P 〃 〃	〃	3	350.	3,500,000.
1/2 〃 〃	〃	1	200.	2,000,000.
1P 〃 〃	〃	1	250.	2,500,000.
6P 〃 〃	〃	1	400.	4,000,000.
18P 〃 〃	〃	1	400.	4,000,000.
5"单头破拿	把	2	100.	1,000,000.
2-3英〃 〃	〃	1	200.	2,000,000.
5-6〃 〃	〃	2	200.	2,000,000.
1-6〃 〃	〃	1	120.	1,200,000.
钢皮尺	〃	3	120.	1,200,000.
斜尺	〃	1	60.	600,000.
洋鑚	〃	1	600.	6,000,000.
4"台虎钳	部	7	7,000.	35,000,000.
〃钳床	〃	2	400.	4,000,000.
〃手拿皮	把	1	300.	3,000,000.
螺丝板	付	1	100.	1,000,000.
漆柴	个	1	100.	1,000,000.
曲尺	把	3	300.	1,500,000.
铁板手尺	〃	1	500.	5,000,000.
10吋活拿	〃	1	500.	5,000,000.
12吋〃 〃	〃	1	500.	5,000,000.
10吋破〃	〃	2	300.	3,000,000.
7吋老虎钳	部	1	1,000.	10,000,000.
洋鋸樑	把	1	101.26	1,012,600.
镕铁炉	只	1	600.	6,000,000.
7/8圆錘	付	1	100.	1,000,000.
铁钳	把	5	270.	2,700,000.
16P铆錘	〃	1	1,178.77	11,787,700.
2吋圆〃	付	1	868.14	8,681,400.
1/2 〃 〃	〃	1	121.86	1,218,600.
3/4 〃 〃	〃	1	561.60	5,616,000.
1/2断口铆	个	1	100.	1,000,000.
過次頁			2,884,738.56	3,335,315,149.

承前页			$2,894,738.54	3,335,345,449
1P斩口钳	个	4	400.—	4,000,000.
板　镘	"	1	100.—	1,000,000.
钢一字平锉	"	2	196.72	1,967,200.
1½圆锥	付	1	765.59	7,655,900.
1寸 " "	"	1	731.41	7,314,100.
⅝寸 " "	"	1	100.—	1,000,000.
⅜ " "	"	1	100.—	1,000,000.
1P直口钳	个	2	102.—	1,020,000.
1P圆头	"	2	120.—	1,200,000.
10P " "	"	1	130.—	1,300,000.
20P " "	"	1	2,681.82	2,681,820.
大元钳	"	1	186.40	1,864,000.
刨　盘	"	1	403.66	4,036,600.
制造器具				
三角锉	把	1	175.00	875,000.
钢　刀	"	1	180.—	120,000.
6寸方锉	"	4	294.—	1,470,000.
12寸圆 "	"	2	600.—	3,000,000.
" 半 "	"	15	3,096.—	15,480,000.
8寸 " "	"	2	400.—	2,000,000.
12寸三角 "	"	1	266.—	1,330,000.
8寸 " "	"	1	176.—	880,000.
10寸平 "	"	4	772.58	3,862,900.
14寸 " "	"	5	1,610.—	8,010,000.
8寸 " "	"	6	612.74	3,063,700.
10寸平 "	"	3	400.—	2,000,000.
10寸三角锉	"	4	1,120.—	5,600,000.
12寸平 "	"	8	1,599.07	7,995,350.
10寸方 "	"	7	758.39	3,791,950.
6寸平 "	"	8	534.—	2,670,000.
14寸半圆 "	"	1	126.—	630,000.
6寸三角 "	"	3	162.—	810,000.
" 半圆 "	"	2	108.—	540,000.
" 圆 "	"	3	258.—	1,290,000.
5寸三角 "	"	6	270.—	1,350,000.
4寸平 "	"	5	212.—	1,060,000.
10寸 " "	"	1	27.—	135,000.
12寸方 "	"	3	66.50	332,500.
过次页			$2,914,477.42	3,462,807,849.

品名	单位	数量	金额	金额
承前頁			$2,914,477.42	3,462,807,849
8寸圆锉	把	3	540.	2,700,000.
10寸半圆〃	〃	3	270.	1,350,000.
〃圆〃	〃	1	27.—	135,000.
2分螺丝钻	〃	1	15.—	75,000.
2.5分〃〃	〃	2	38.—	190,000.
3.25分〃〃	〃	1	24.—	120,000.
3.75分〃〃	〃	1	28.—	140,000.
4分螺丝钻	〃	1	30.	150,000.
5分〃〃	〃	1	37.—	185,000.
5.5分〃〃	〃	2	82.—	410,000.
3.5分〃〃	〃	1	52.—	260,000.
火俥石机	架	1	1,350.	6,750,000.
8寸平锉	把	4	91.80	459,000.
4寸油石	块	1	360.	1,800,000.
8寸〃〃	〃	1	720.	3,600,000.
12寸火俥石	〃	1	1,700.	8,500,000.
钢锯条	条	332	2,595.80	12,979,000.
原頁大砂纸	块	500	1,000.—	5,000,000.
2.5寸剪刀	把	1	25.—	125,000.
8寸〃〃	〃	1	80.	400,000.
1寸钢钻	〃	1	55.—	275,000.
地轴	根	5	4,407.71	44,077,100.
車刀	把	8	2,353.52	11,767,600.
砥石	块	1	280.	1,400,000.
5寸三角锉	把	1	55.—	275,000.
2分钻头	个	1	105.—	525,000.
1.5分〃〃	〃	1	52.50	262,500.
1分〃〃	〃	2	70.	350,000.
铁杓把	把	1	88.50	442,500.
圆规	个	2	5.10	51,000.
10寸变头锉	把	2	.70	140,000.
翻砂箱	个	22	35.197	3,519,700.
直规	〃	1	25.5	127,500.
1寸卡钳	把	1	84.29	842,900.
烙铁	〃	2	2.62	26,200.
1/8丝公	只	2	5.05	25,000.
三角锉	把	1	304.—	1,520,000.
6.5分丝公	根	1	49.—	246,000.
过次頁			$2,931,857.48	3,574,218,849

品名	单位	数量		
承前頁			253,657.48	357,421,884.9
火車石	块	1	30.	300,000.
油 〃	〃	1	600.	3,000,000.
鋼机义	把	1	2.23	11,150.
螺絲架	架	1	12.75	127,500.
生鉄鍋	个	2	2,208.85	11,044,250.
鋼鏨子	把	2	1.19	119,000.
打鉄風箱	只	3	895.—	4,475,000.
打鉄鉗	把	5	15.58	155,800.
銅剪	〃	1	7.43	74,300.
鉗工工作台	张	2	1,380.—	5,900,000.
絲公	只	3	540.—	2,700,000.
鑽鈸	只	7	340.	1,700,000.
〃 弓	〃	2	800.	4,000,000.
銼刀	把	2	575.—	2,875,000.
吋角三角板	付	1	120.	600,000.
卯鉚头	只	1	144.—	720,000.
木模足机	部	1	2,200.	11,000,000.
小盒吃机	〃	1	1,300.	6,500,000.
鉄墩	只	1	1,040.	5,200,000.
大剪刀	把	1	3.33	166,500.
洋鏨	〃	1	56.—	280,000.
大噴水壺	〃	1	27.—	135,000.
市秤	〃	1	7.—	35,000.
鋼盤 〃	〃	1	25.30	126,500.
皮刀	〃	1	150.—	750,000.
白鋼車刀	〃	1	700.	3,500,000.
峰 〃 〃	〃	1	450.	2,250,000.
内外卡鉗	〃	6	359.04	1,795,200.
鑽頭	个	1	192.94	964,700.
车鑪	〃	1	27.57	137,850.
圓衡	〃	1	55.38	276,900.
大轴	根	2	2,314.77	11,573,850.
白金	支	2	710.	3,550,000.
24吋皮带盤	只	1	2,880.	14,400,000.
什鍬刀	把	1	379.67	1,898,350.
打鉄炉	只	1	2,188.79	10,943,950.
肘木鋸	把	1	130.	650,000.
鋼鏨子	〃	2	56.20	281,000.
過次頁			2,954,783.50	370,730,844.99

品名	单位	数量	单价	总值
承前頁			$2,954,783.50	3,702,328,499
板鑽头	把	5	266.69	1,333,450.
六角底模	付	1	211.64	2,116,400.
煤鍬	把	1	60.50	302,500.
衝头	把	1	41.85	209,250.
鍛鐵炉	只	1	2,696.09	26,960,900.
竹节串刀	把	20	279.50	1,397,500.
3/8鑽头	个	1	157.64	788,200.
1/2 " "	"	1	157.64	788,200.
四 条	根	1	44.16	220,900.
2/8鏨子	把	1	114.30	571,500.
3/8 " "	"	1	114.30	571,500.
4/8 " "	"	1	114.30	571,500.
5/8 " "	"	1	114.30	571,500.
6/8 " "	"	1	114.30	571,500.
7/8 " "	"	1	114.30	571,500.
8/8 " "	"	1	114.28	571,400
1/2梅花鑽头	根	1	285.23	1,427,150.
1/2圆衝	把	1	18.59	92,950.
10吋砂輪	块	1	6,000.	3,000,000.
皮老虎	只	1	1,500.	7,500,000.
4吋滴油石	块	1	80.	400,000.
4.5吋 " "	"	1	80.	400,000.
4吋四 " "	"	1	80.	400,000.
机油壺	把	5	500.	2,500,000.
鯉魚鉗	"	1	2,000.	300,000.
12吋砂輪	个	1	15,600.	7,800,000.
5/8麻花鑽	支	1	240.	1,200,000.
1/2 " "	"	1	160.	800,000.
9/16 " "	"	1	180.	900,000.
17/32 " "	"	1	160.	800,000.
3/8 " "	"	1	120.	600,000.
5/16 " "	"	1	100.	500,000.
合計			$2,986,603.11	3,769,066,299.

直接机関学校或事業負損者名稱：江西永倫鐵工厰 印信

填報者姓名：余行魯 服务處所与所任职务：江西省工業協会理事長 与受損失者之关係：经理 通信地址：南昌市江西省工業協会 蓋章

附（三）陆光汽车行财产损失报告单（一九四七年十二月十五日）

陆光汽车行

财产损失报告单

填送日期民国36年12月15日

损失年月日	事件	地点	损失项目	购置年月	单位	数量	价值（国币元） 购置时价值	损失时价值	证件
34.1.5	日人入寇	赣州	车库		栋	6	35,804.23	107,126,900.-	
			用具				16,625.-	80,625,000.-	
			植物机油		[illegible]	25壶	18,361.95	5,808,585.-	
			电油		〃	3	3,300.-	3,300,000.-	
			磨凡而胶		只	1	80.-	800,000.-	
			白金锉刀		把	1	120.-	1,200,000.-	
			喇叭		只	150	414.-	5,000,000.-	
			克拉克弹子盘		〃	1	5,000.-	50,000,000.-	
			小摇钻		把	1	1,200.-	6,000,000.-	
			小车钢圈		只	3	2,200.-	11,000,000.-	
			钢锯		把	1	1,500.-	3,000,000.-	
			钢片		支	5	300.-	3,000,000.-	
			钢板		块	1	1500.-	5,000,000.-	
			雪软木塞		只	12	240.-	2,400,000.-	
			路码表线		根	1	500.-	5,000,000.-	
			直型小泡		只	2	200.-	400,000.-	
			福特油管		根	1	80.-	800,000.-	
			刹车皮土登		只	2	200.-	400,000.-	
			福特油邦浦		〃	1	150.-	3,000,000.-	
			仪器板灯泡座		付	1	200.-	2,000,000.-	
			羊角皮司		只	2	160.-	3,200,000.-	
			皮土登啃子		付	1	1600.-	1,600,000.-	
			福特皮碗		只	2	200.-	2,000,000.-	
			827号卡车		部	1	175,800.40	200,000,000.-	
			九面排子节				15,530.-	15,530,000.-	
			套筒搬手节				4,940.-	4,940,000.-	
			合计				#287,775.58	#511,670,485.-	

直接机关学校团体或事业受损者名称 江西陆光汽车行　印信　填报者姓名 余行鲁　服务处所与所任职务 江西省工业协会理事长　与受损失者之关系 经理　通信地址 南昌江西省工业协会　盖章

0481

（三）交通

浙赣铁路联合公司理事会关于报送一九四〇年二月历次被炸路产损失统计报告表致江西省政府的快邮代电（一九四〇年四月二日）

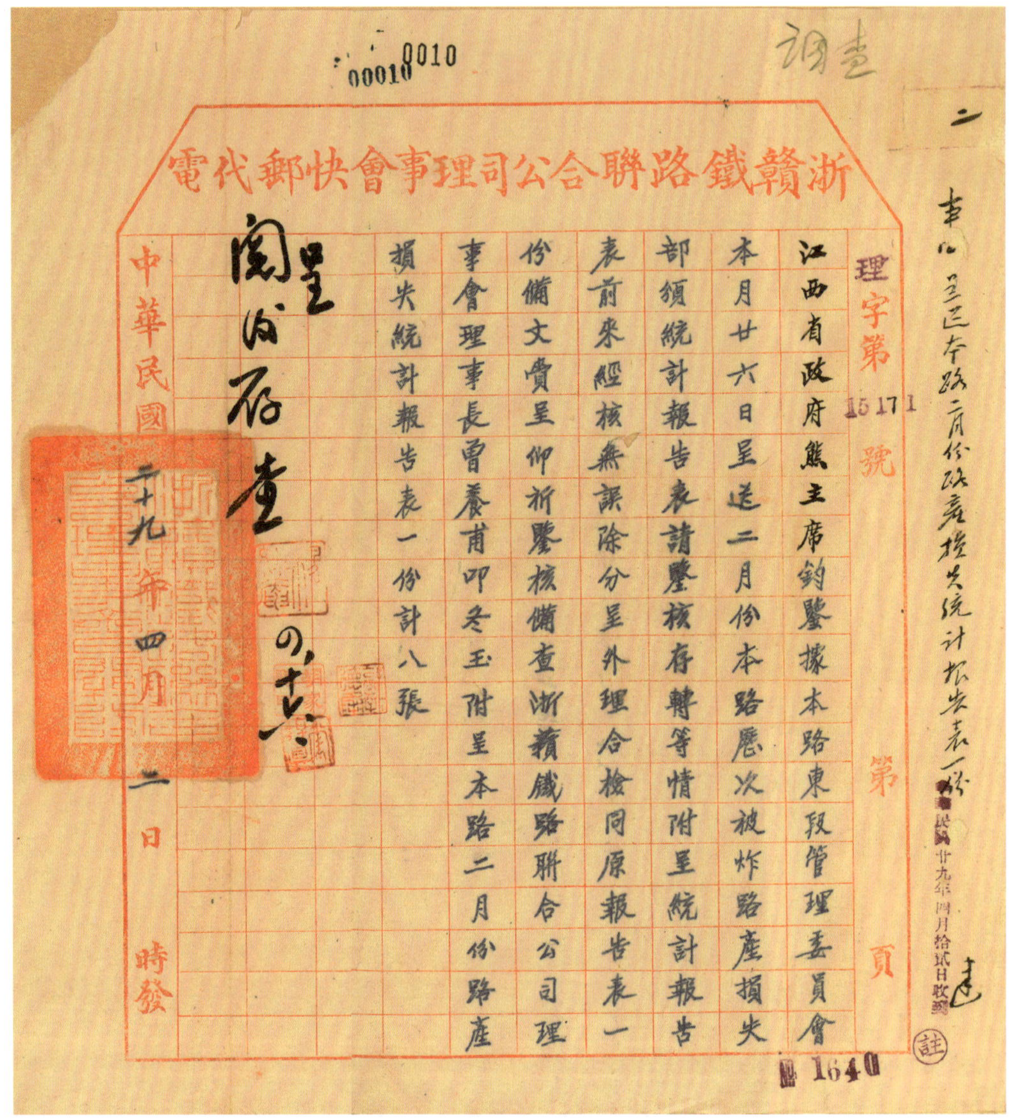

浙贛鐵路聯合公司理事會快郵代電

理字第15171號

江西省政府熊主席鈞鑒：據本路東段管理委員會本月廿六日呈送二月份本路歷次被炸路產損失部頒統計報告表請鑒核存轉等情，附呈統計報告表前來。經核無誤，除分呈外，理合檢同原報告表一份備文賫呈，仰祈鑒核備查。浙贛鐵路聯合公司理事會理事長曾養甫叩冬玉。附呈本路二月份路產損失統計報告表一份計八張。

中華民國二十九年四月二日　時發

鐵路戰時路產損失統計報告表

二月七日敵機轟炸諸暨街縣兩站損失

路產類別 \ 損失情形		敵機轟炸		炮火損失		自動破壞		失陷		原有		附註
		數量	估價(元)	數量	估價(元)	數量	估價(元)	數量	估價(元)	數量	估價(元)	
車輛	機車(輛)											
	客車(輛)	6	250.00									
	貨車(輛)	6	1.624.60									
	其他車輛(輛)	4	78.62									
路綫設備	路基(公尺)	70	2000.00									
	軌道(公尺)											
	橋樑涵洞(座)											
	隧道(座)											
	輪渡(隻)											
電信設備	路蘐機(部)											
	電報機(部)											
	電話機(部)											
	電綫綫路(公尺)	50	100.00									
車站設備	房屋(間)	7	1000.00									
	水塔(座)											
	轉盤(座)											
	號誌軌閘(付)											
	其他	30	不詳									办公用具
廠房機件材料 機廠	房屋(間)											
	機件(件)											
	材料(件)											
車房	房屋(間)											
	機件(件)											
	材料(件)											
工務段廠	房屋(間)											
	材料(件)											
	工具(件)											
材料庫	房屋(間)											
	材料(件)											
	設備品(件)											
辦公室	房屋(間)											
	設備品(件)											
其他												

填報機關 浙贛鐵路東段管理委員會　填報者　　填報日期　年　月　日

說明：(1)各種路產每經損害無論輕重即作一次計算。

(2)各種路產無論損失輕重凡已受損害者應以各該單位計算數量如機車一部路基十公尺電綫綫路五十公尺號誌五付等。

(3)路產損害輕重應以估價計算之。

(4)已淪入敵人手中之路產填入失陷欄

(5)原有數量及估價應根據二十六年六月底之數字再加新增之路產。

(6)軌道一項之損失估價應包括鋼軌石渣及枕木一併計算之。

(7)本表自二十八年七月起每遇敵機進攻或遭敵機轟炸一次即查報一次其二十八年六月底以前迭次所受損失限於文到一個月內分次追查補報。

一月八日 敵機轟炸衔縣 玉山西站損失

鐵路戰時路產損失統計報告表

路產類別		損失情形	敵機轟炸		炮火損失		自動破壞		失陷		原有		附註
			數量	估價(元)	數量	估價(元)	數量	估價(元)	數量	估價(元)	數量	估價(元)	
車輛		機車(輛)											
		客車(輛)											
		貨車(輛)											
		其他車輛(輛)											
路綫設備		路基(公尺)											
		軌道(公尺)	12	33160									
		橋樑涵洞(座)											
		隧道(座)											
		輪渡(隻)											
電信設備		路截機(部)											
		電報機(部)											
		電話機(部)											
		電綫綫路(公尺)											
車站設備		房屋(間)	16	138000									
		水塔(座)											
		轉盤(座)											
		號誌軌閘(付)											
		其他	100	不詳									办公用具
廠房機件材料	機廠	房屋(間)	6	1500.00									
		機件(件)		700.00									
		材料(件)	1	60.00									
	車房	房屋(間)	6	54.00									
		機件(件)											
		材料(件)											
	工務段廠	房屋(間)	1	46.70									
		材料(件)		986.38									
		工具(件)											
	材料庫	房屋(間)											
		材料(件)											
		設備品(件)											
	办公室	房屋(間)											
		設備品(件)											
其他				932.00									

填報機關 浙贛鐵路東段管理委員會 填報者 填報日期 年 月 日

說明：(1)各種路產每經損害無論輕重即作一次計算。

(2)各種路產無論損失輕重凡已受損害者應以各該單位計算數量如機車一部路基十公尺電綫綫路五十公尺號誌五付等。

(3)路產損害輕重應以估價計算之。

(4)已淪入敵人手中之路產填入失陷欄

(5)原有數量及估價應根據二十六年六月底之數字再加新增之路產。

(6)軌道一項之損失估價應包括鋼軌石渣及枕木一併計祘之。

(7)本表自二十八年七月起每遇敵機進攻或遭敵機轟炸一次即查報一次其二十八年六月底以前迭次所受損失限於文到一個月內分次追查補報。

0012

00012

鐵路戰時路產損失統計報告表 二月九日敵機轟炸金華站損失

路產類別	損失情形	敵機轟炸 數量	敵機轟炸 估價(元)	炮火損失 數量	炮火損失 估價(元)	自動破壞 數量	自動破壞 估價(元)	失陷 數量	失陷 估價(元)	原有 數量	原有 估價(元)	附註
車輛	機車(輛)	3	119.00									
	客車(輛)	4	7808.70									
	貨車(輛)	7	2138.40									
	其他車輛(輛)											
路綫設備	路基(公尺)											
	軌道(公尺)	125.97	1647.80									
	橋樑涵洞(座)											
	隧道(座)											
	輪渡(隻)											
電信設備	路籤機(部)											
	電報機(部)											
	電話機(部)											
	電綫綫路(公尺)	1250	2500.00									
車站設備	房屋(間)	3	1005.00									
	水塔(座)											
	轉盤(座)											
	號誌軌閘(付)											
	其他	20	不詳									
廠房機件材料	機廠 房屋(間)											
	機廠 機件(件)											
	機廠 材料(件)											
	車房 房屋(間)	2	465.00									
	車房 機件(件)											
	車房 材料(件)											
	工務段廠 房屋(間)	1	30.00									
	工務段廠 材料(件)											
	工務段廠 工具(件)											
	材料庫 房屋(間)											
	材料庫 材料(件)											
	材料庫 設備品(件)											
	辦公室 房屋(間)											
	辦公室 設備品(件)											
其他												

填報機關 浙贛鐵路東段管理委員會　填報者　　　填報日期　年　月　日

說明：(1)各種路產每經損害無論輕重即作一次計算。

(2)各種路產無論損失輕重凡已受損害者應以各該單位計算數量如機車一部路基十公尺電綫綫路五十公尺號誌五付等。

(3)路產損害輕重應以估價計算之。

(4)已淪入敵人手中之路產填入失陷欄

(5)原有數量及估價應根據二十六年六月底之數字再加新增之路產。

(6)軌道一項之損失估價應包括鋼軌石渣及枕木一併計標之。

(7)本表自二十八年七月起每遇敵機進攻或遭敵機轟炸一次即查報一次其二十八年六月底以前迭次所受損失限於文到一個月内分次追查補報。

鐵路戰時路產損失統計報告表 二月廿一日敵機轟炸諸暨站損失

路產類別		敵機轟炸 數量	敵機轟炸 估價(元)	炮火損失 數量	炮火損失 估價(元)	自動破壞 數量	自動破壞 估價(元)	失陷 數量	失陷 估價(元)	原有 數量	原有 估價(元)	附註
車輛	機車(輛)	1	50.60									
	客車(輛)	2	25.90									
	貨車(輛)	2	139.60									
	其他車輛(輛)	1	216.10									
路綫設備	路基(公尺)											
	軌道(公尺)											
	橋樑涵洞(座)											
	隧道(座)											
	輪渡(隻)											
電信設備	路籤機(部)											
	電報機(部)											
	電話機(部)											
	電綫綫路(公尺)	825	1650.00									
車站設備	房屋(間)											
	水塔(座)											
	轉盤(座)											
	號誌軌閘(付)											
	其他	2	不詳									
廠房機件材料	機廠 房屋(間)											
	機廠 機件(件)											
	機廠 材料(件)											
	車房 房屋(間)											
	車房 機件(件)											
	車房 材料(件)											
	工務段廠 房屋(間)											
	工務段廠 材料(件)											
	工務段廠 工具(件)											
	材料庫 房屋(間)											
	材料庫 材料(件)											
	材料庫 設備品(件)											
	辦公室 房屋(間)											
	辦公室 設備品(件)											
其他												

填報機關 浙贛鐵路東段管理委員會 填報者 填報日期 年 月 日

說明：(1)各種路產每經損害無論輕重即作一次計算。

(2)各種路產無論損失輕重凡已受損害者應以各該單位計算數量如機車一部路基十公尺電綫綫路五十公尺號誌五付等。

(3)路產損害輕重應以估價計算之。

(4)已淪入敵人手中之路產填入失陷欄

(5)原有數量及估價應根據二十六年六月底之數字再加新增之路產。

(6)軌道一項之損失估價應包括鋼軌石渣及枕木一併計算之。

(7)本表自二十八年七月起每遇敵機進攻或遭敵機轟炸一次即查報一次其二十八年六月底以前逐次所受損失限於文到一個月內分次追查補報。

鐵路戰時路產損失統計報告表 二月廿二日敵機轟炸義烏站損失

路產類別 \ 損失情形		敵機轟炸		炮火損失		自動破壞		失陷		原有		附註
		數量	估價(元)	數量	估價(元)	數量	估價(元)	數量	估價(元)	數量	估價(元)	
車輛	機車(輛)	1	26.00									
	客車(輛)	4	1640.90									
	貨車(輛)											
	其他車輛(輛)											
路綫設備	路基(公尺)											
	軌道(公尺)											
	橋樑涵洞(座)											
	隧道(座)											
	輪渡(隻)											
電信設備	路截機(部)											
	電報機(部)											
	電話機(部)											
	電綫綫路(公尺)	350	700.00									
車站設備	房屋(間)	5	750.00									
	水塔(座)											
	轉盤(座)											
	號誌軌閘(付)											
	其他											
廠房機件材料 機廠	房屋(間)											
	機件(件)											
	材料(件)											
車房	房屋(間)											
	機件(件)											
	材料(件)											
工務段廠	房屋(間)	2	250.00									
	材料(件)											
	工具(件)											
材料庫	房屋(間)											
	材料(件)											
	設備品(件)											
办公室	房屋(間)											
	設備品(件)											
其他												

填報機關 浙贛鐵路東段管理委員會 填報者 填報日期 年 月 日

說明：(1)各種路產每經損害無論輕重即作一次計算。

(2)各種路產無論損失輕重凡已受損害者應以各該單位計算數量如機車一部路基十公尺電綫綫路五十公尺號誌五付等。

(3)路產損害輕重應以估價計算之。

(4)已淪入敵人手中之路產填入失陷欄

(5)原有數量及估價應根據二十六年六月底之數字再加新增之路產。

(6)軌道一項之損失估價應包括鋼軌石渣及枕木一併計祘之。

(7)本表自二十八年七月起每遇敵機進攻或遭敵機轟炸一次即查報一次其二十八年六月底以前迭次所受損失限於文到一個月內分次追查補報。

00015

0015

鐵路戰時路產損失統計報告表

二月廿三日敵機轟炸諸暨站損失

路產類別 \ 損失情形			敵機轟炸 數量	敵機轟炸 估價(元)	炮火損失 數量	炮火損失 估價(元)	自動破壞 數量	自動破壞 估價(元)	失陷 數量	失陷 估價(元)	原有 數量	原有 估價(元)	附註
車輛		機車(輛)											
		客車(輛)											
		貨車(輛)											
		其他車輛(輛)											
路綫設備		路基(公尺)											
		軌道(公尺)											
		橋樑涵洞(座)											
		隧道(座)											
		輪渡(隻)											
電信設備		路截機(部)											
		電報機(部)											
		電話機(部)											
		電綫綫路(公尺)	50	10000									
車站設備		房屋(間)											
		水塔(座)											
		轉盤(座)											
		號誌軌閘(付)											
		其他											
廠房機件材料	機廠	房屋(間)											
		機件(件)											
		材料(件)											
	車房	房屋(間)											
		機件(件)											
		材料(件)											
	工務段廠	房屋(間)											
		材料(件)											
		工具(件)											
	材料庫	房屋(間)											
		材料(件)											
		設備品(件)											
	辦公室	房屋(間)											
		設備品(件)											
其他													

填報機關 浙贛鐵路東段管理委員會　填報者　　填報日期　年　月　日

說明：(1)各種路產每經損害無論輕重即作一次計算。

(2)各種路產無論損失輕重凡已受損害者應以各該單位計算數量如機車一部路基十公尺電綫綫路五十公尺號誌五付等。

(3)路產損害輕重應以估價計算之。

(4)已淪入敵人手中之路產填入失陷欄

(5)原有數量及估價應根據二十六年六月底之數字再加新增之路產。

(6)軌道一項之損失估價應包括鋼軌石渣及枕木一併計算之。

(7)本表自二十八年七月起每遇敵機進攻或遭敵機轟炸一次即查報一次其二十八年六月底以前迭次所受損失限於文到一個月內分次追查補報。

0016

鐵路戰時路產損失統計報告表　二月廿四日敵機轟炸外陳站損失

路產類別	損失情形	敵機轟炸 數量	敵機轟炸 估價(元)	炮火損失 數量	炮火損失 估價(元)	自動破壞 數量	自動破壞 估價(元)	失陷 數量	失陷 估價(元)	原有 數量	原有 估價(元)	附註
車輛	機車(輛)											
	客車(輛)											
	貨車(輛)											
	其他車輛(輛)											
路綫設備	路基(公尺)											
	軌道(公尺)	20	500.00									
	橋樑涵洞(座)											
	隧道(座)											
	輪渡(隻)											
電信設備	路籤機(部)											
	電報機(部)											
	電話機(部)											
	電綫綫路(公尺)	400	800.00									
車站設備	房屋(間)											
	水塔(座)											
	轉盤(座)											
	號誌軌閘(付)											
	其他											
廠房機件材料	機廠 房屋(間)											
	機廠 機件(件)											
	機廠 材料(件)											
	車房 房屋(間)											
	車房 機件(件)											
	車房 材料(件)											
	工務段廠 房屋(間)											
	工務段廠 材料(件)											
	工務段廠 工具(件)											
	材料庫 房屋(間)											
	材料庫 材料(件)											
	材料庫 設備品(件)											
	办公室 房屋(間)											
	办公室 設備品(件)											
其他												

填報機關　浙贛鐵路東段管理委員會　填報者　　　填報日期　　年　　月　　日

說明：(1)各種路產每經損害無論輕重即作一次計算。

(2)各種路產無論損失輕重凡已受損害者應以各該單位計算數量如機車一部路基十公尺電綫綫路五十公尺號誌五付等。

(3)路產損害輕重應以估價計算之。

(4)已淪入敵人手中之路產填入失陷欄

(5)原有數量及估價應根據二十六年六月底之數字再加新增之路產。

(6)軌道一項之損失估價應包括鋼軌石渣及枕木一併計算之。

(7)本表自二十八年七月起每遇敵機進攻或遭敵機轟炸一次即查報一次其二十八年六月底以前迭次所受損失限於文到一個月内分次追查補報。

鐵路戰時路產損失統計報告表

二月廿五日 敵機轟炸諸暨貴溪鷹潭三站損失

路產類別		損失情形	敵機轟炸 數量	敵機轟炸 估價(元)	炮火損失 數量	炮火損失 估價(元)	自動破壞 數量	自動破壞 估價(元)	失陷 數量	失陷 估價(元)	原有 數量	原有 估價(元)	附註
車輛		機車(輛)											
		客車(輛)	2	1322.40									
		貨車(輛)	4	1319.00									
		其他車輛(輛)											
路綫設備		路基(公尺)	143	350.00									
		軌道(公尺)	331	1740.00									
		橋樑涵洞(座)											
		隧道(座)											
		輪渡(隻)											
電信設備		路截機(部)											
		電報機(部)											
		電話機(部)											
		電綫綫路(公尺)	1400	2800.00									
車站設備		房屋（内倉庫一座）(間)	2	5010.00									
		水塔(座)											
		轉盤(座)											
		號誌軌閘(付)	1	940.00									
		其他		262.00									
廠房機件材料	機廠	房屋(間)											
		機件(件)											
		材料(件)											
	車房	房屋(間)	1	6.00									
		機件(件)											
		材料(件)											
	工務段廠	房屋(間)											
		材料(件)											
		工具(件)											
	材料庫	房屋(間)											
		材料(件)	40公斤	32.00									
		設備品(件)											
	办公室	房屋(間)											
		設備品(件)											
其他													

填報機關 浙贛鐵路東段管理委員會　填報者　填報日期　年　月　日

說明：(1) 各種路產每經損害無論輕重即作一次計算。

(2) 各種路產無論損失輕重凡已受損害者應以各該單位計算數量如機車一部路基十公尺電綫綫路五十公尺號誌五付等。

(3) 路產損害輕重應以估價計算之。

(4) 已淪入敵人手中之路產填入失陷欄

(5) 原有數量及估價應根據二十六年六月底之數字再加新增之路產。

(6) 軌道一項之損失估價應包括鋼軌石渣及枕木一併計算之。

(7) 本表自二十八年七月起每遇敵機進攻或遭敵機轟炸一次即查報一次其二十八年六月底以前迭次所受損失限於文到一個月内分次追查補報。

江西公路处关于报送该处在港购进汽车器材因被敌沦陷致遭损失致省政府的呈（一九四一年三月四日）

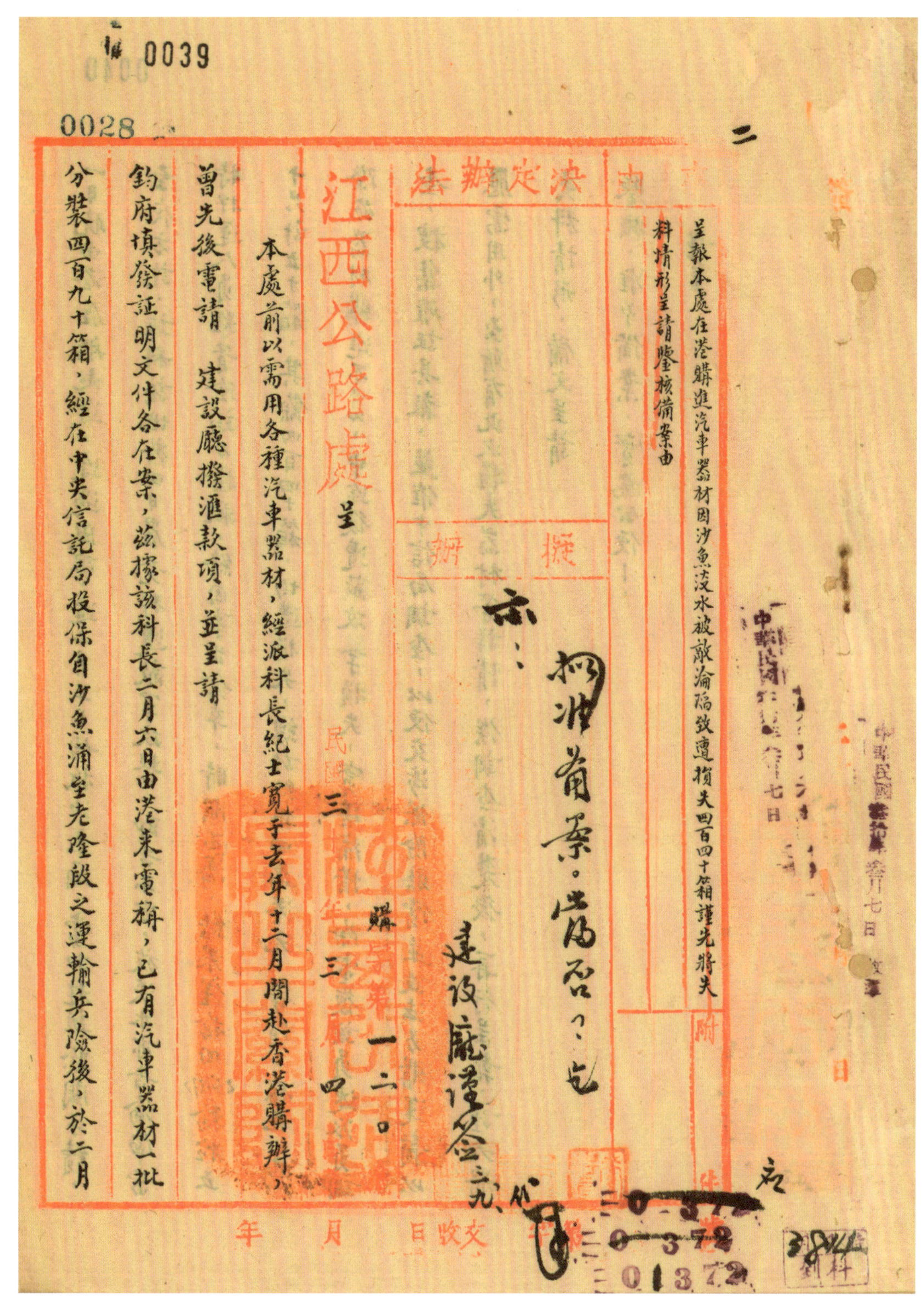

由：呈報本處在港購進汽車器材因沙魚涌被敵淪陷致遭損失四百四十箱謹先將失料情形呈請鑒核備案由

江西公路處 呈 民國三十年三月四日 贛字第一二〇號

本處前以需用各種汽車器材，經派科長紀士寬于去年十二月間赴香港購辦，曾先後電請建設廳撥匯款項，並呈請鈞府填發證明文件各在案。茲據該科長二月六日由港來電稱，已有汽車器材一批分裝四百九十箱，經在中央信託局投保自沙魚涌至老隆段之運輸兵險後，於二月

建設廳謹簽

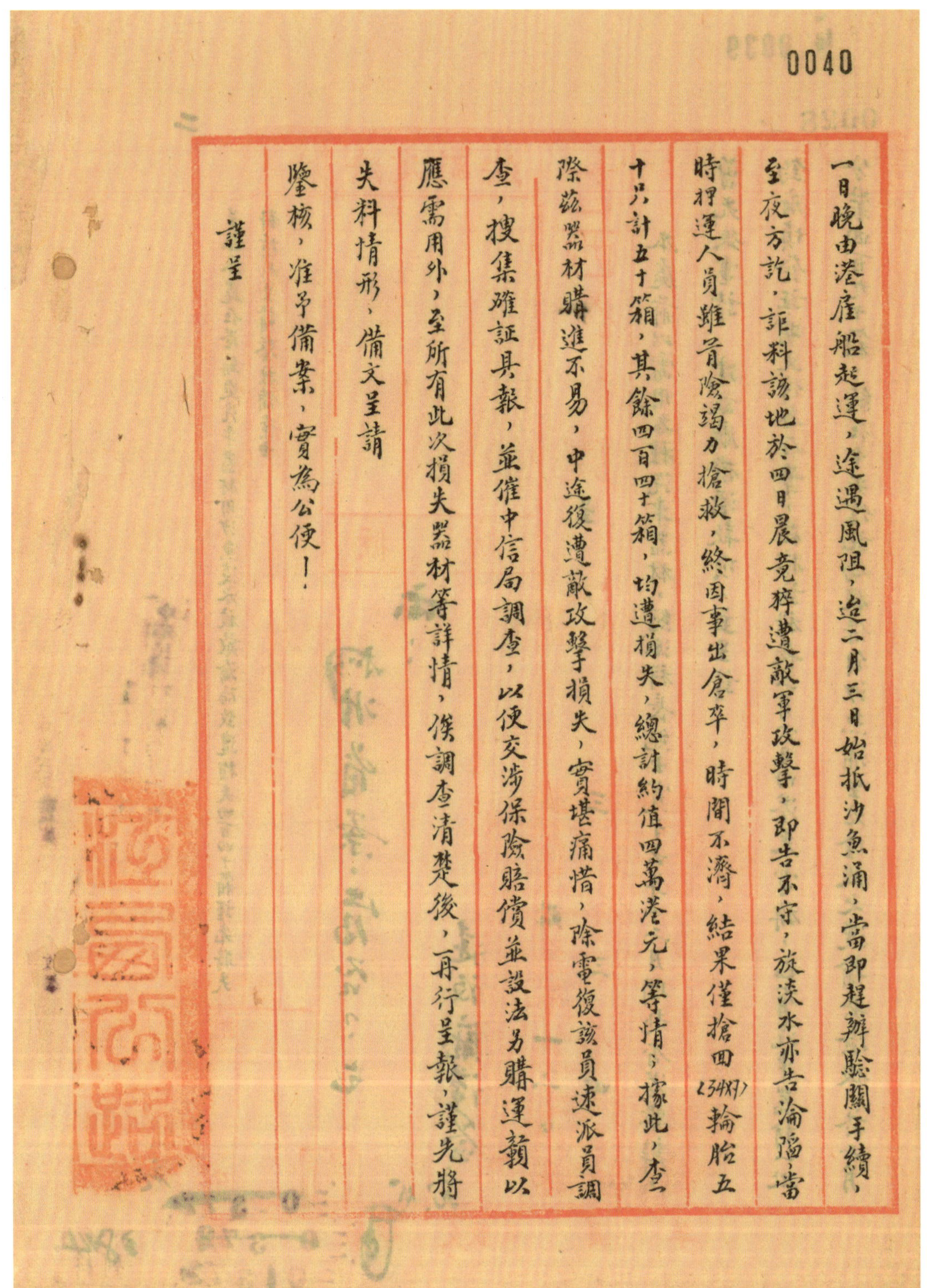

0040

一日晚由港雇船起運，途遇風阻，迨二月三日始抵沙魚涌，當即趕辦驗關手續，至夜方訖，詎料該地於四日晨竟猝遭敵軍攻擊，即告不守，旋淡水亦告淪陷，當時押運人員雖冒險竭力搶救，終因事出倉卒，時間不濟，結果僅搶回（34X7）輪胎五十只計五十箱，其餘四百四十箱，均遭損失，總計約值四萬港元，等情；據此，查際茲器材購進不易，中途復遭敵攻擊損失，實堪痛惜，除電復該員速派員調查，搜集確証具報，並催中信局調查，以便交涉保險賠償並設法另購運贛以應需用外，至所有此次損失器材等詳情，俟調查清楚後，再行呈報，謹先將失料情形，備文呈請

鑒核，准予備案，實為公便！

謹呈

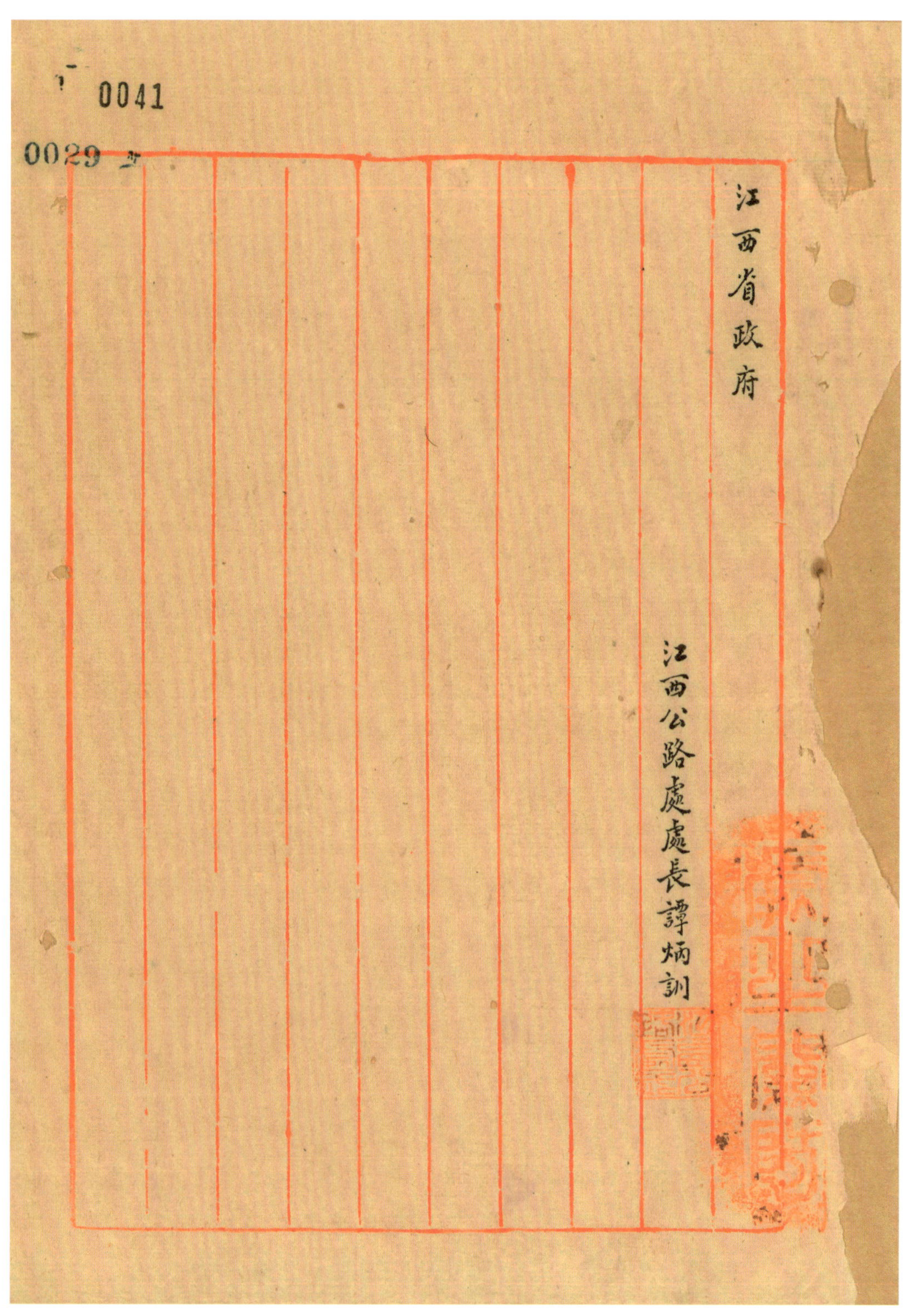
0041

0029

江西省政府

江西公路處處長譚炳訓

浙赣铁路联合公司理事会关于报送浙东事变期内路产损失统计报告表致江西省政府的代电

（一九四一年七月二十八日）

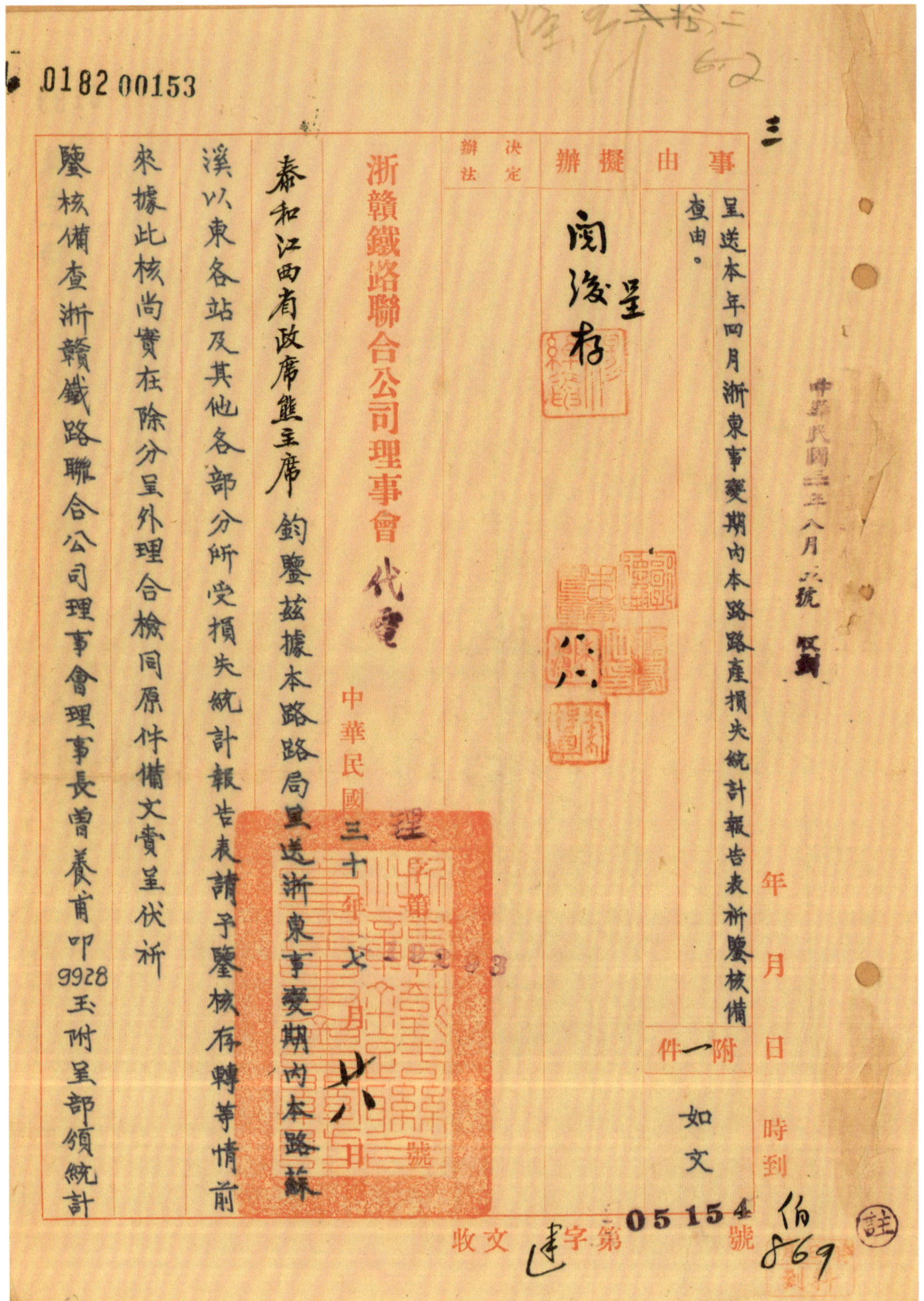

0182 00153

事由：呈送本年四月浙東事變期内本路路産損失統計報告表祈鑒核備查由。

擬辦：閱後呈存

附件：一 如文

浙赣鐵路聯合公司理事會代電

泰和江西省政府熊主席鈞鑒：茲據本路路局呈送浙東事變期内本路蘇溪以東各站及其他各部分所受損失統計報告表，請予鑒核存轉等情前來，據此核尚實在，除分呈外，理合檢同原件備文賫呈，伏祈鑒核備查。浙赣鐵路聯合公司理事會理事長曾養甫叩9928玉。附呈部頒統計

中華民國三十年七月廿八日

收文 字第05154號

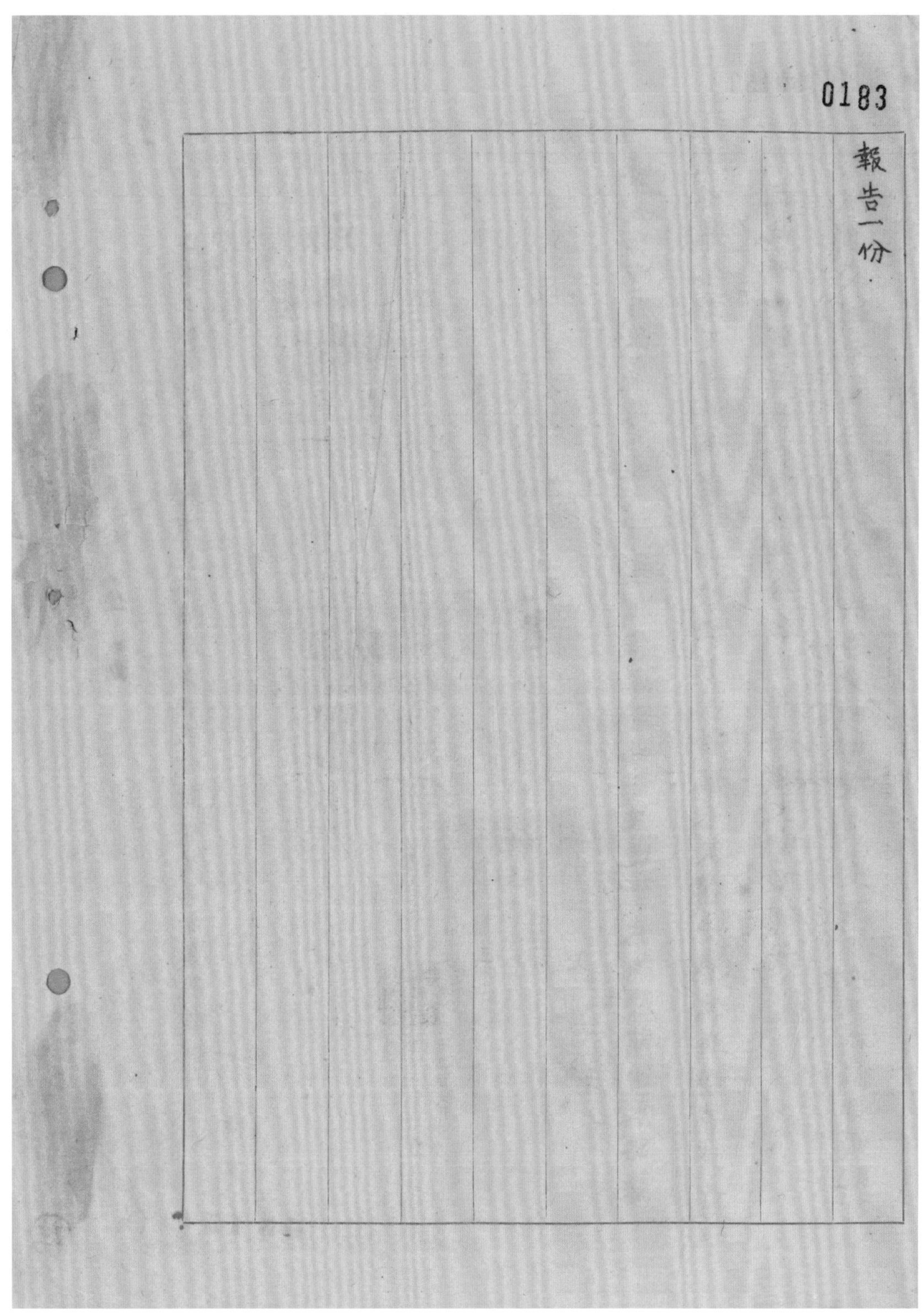
0183
報告一份

附：浙赣铁路战时路产损失统计报告表（一九四一年六月三十日）

浙赣铁路战时路产损失统计报告表 ~~月 日发机构~~ 三十年四月浙东事变

路产类别	损失情形	敌机轰炸 数量	敌机轰炸 估价（元）	炮火损失 数量	炮火损失 估价（元）	自动破坏 数量	自动破坏 估价（元）	失陷 数量	失陷 估价（元）	原有 数量	原有 估价（元）	附注
车辆	机车（辆）							1	200000.00			
	客车 〃							11	590300.00			
	货车 〃							15	4300.00			
	其他车辆 〃							1	4000.00			
路线设备	路基（公尺）											
	轨道 〃					9.400	940000.00					
	桥梁涵洞（座）					3	2000000.00					
	隧道 〃											
	轮渡（只）											
电信设备	路线机（部）											
	电报机 〃							1	360.00			
	电话机 〃											
	电线线路（公尺）							89800	179600.00			
车站设备	房屋（间）							10	1000.00			
	水塔（座）					水塔一7 水管100M	10000.00					
	转盘 〃											
	号志轨闸（付）					35#7 63#9	80000.00					
	其他							935				
厂房机件材料 机厂	房屋（间）					2	2000.00	8	4000.00			
	机件（件）											
	材料 〃											
车务	房屋（间）								3296.00			
	机件（件）								12023.00			
	材料 〃											
工务段厂	房屋（间）							4	2000.00			
	材料（件）							10	10188.00			
	工具 〃							4	727.00			
材料库	房屋（间）											
	材料（件）											
	设备品 〃											
办公室	房屋（间）											
	设备品（件）											
其他									382.00			

填报机关 浙赣铁路~~局线管理委员会~~　　填报日期 30年6月30日

浙赣铁路联合公司理事会关于补报浙东事变期内路产损失统计报告表致江西省政府的代电

（一九四二年五月五日）

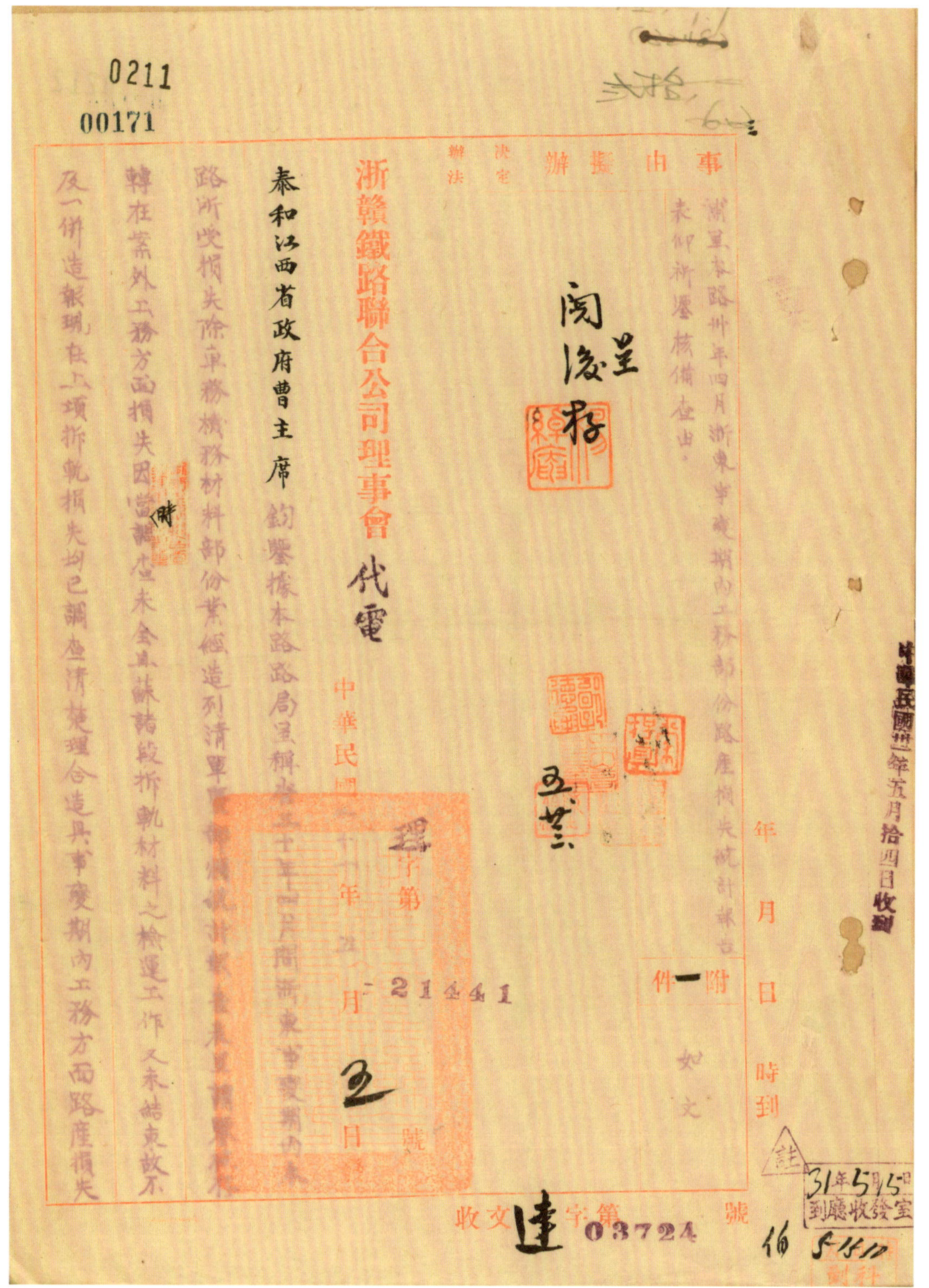

0211

00171

事由：謹呈本路卅年四月浙東事變期內工務部份路產損失統計報告表仰祈鑒核備查由。

擬辦：閱後呈存

附件：一件 如文

中華民國卅一年五月拾四日收到

31年5月15日 到廳收發室

浙贛鐵路聯合公司理事會代電

泰和江西省政府曹主席鈞鑒：據本路路局呈稱：查三十年四月間浙東事變期內本路浙段所受損失，除車務機務材料部份業經造列清單[illegible]轉在案外，工務方面損失因當時調查未全，且蕭諸段拆軌材料之搶運工作又未結束，故不及一併造報。現在上項拆軌損失均已調查清楚，理合造具事變期內工務方面路產損失

中華民國卅一年五月五日 □字第21441號

收文 達字第03724號

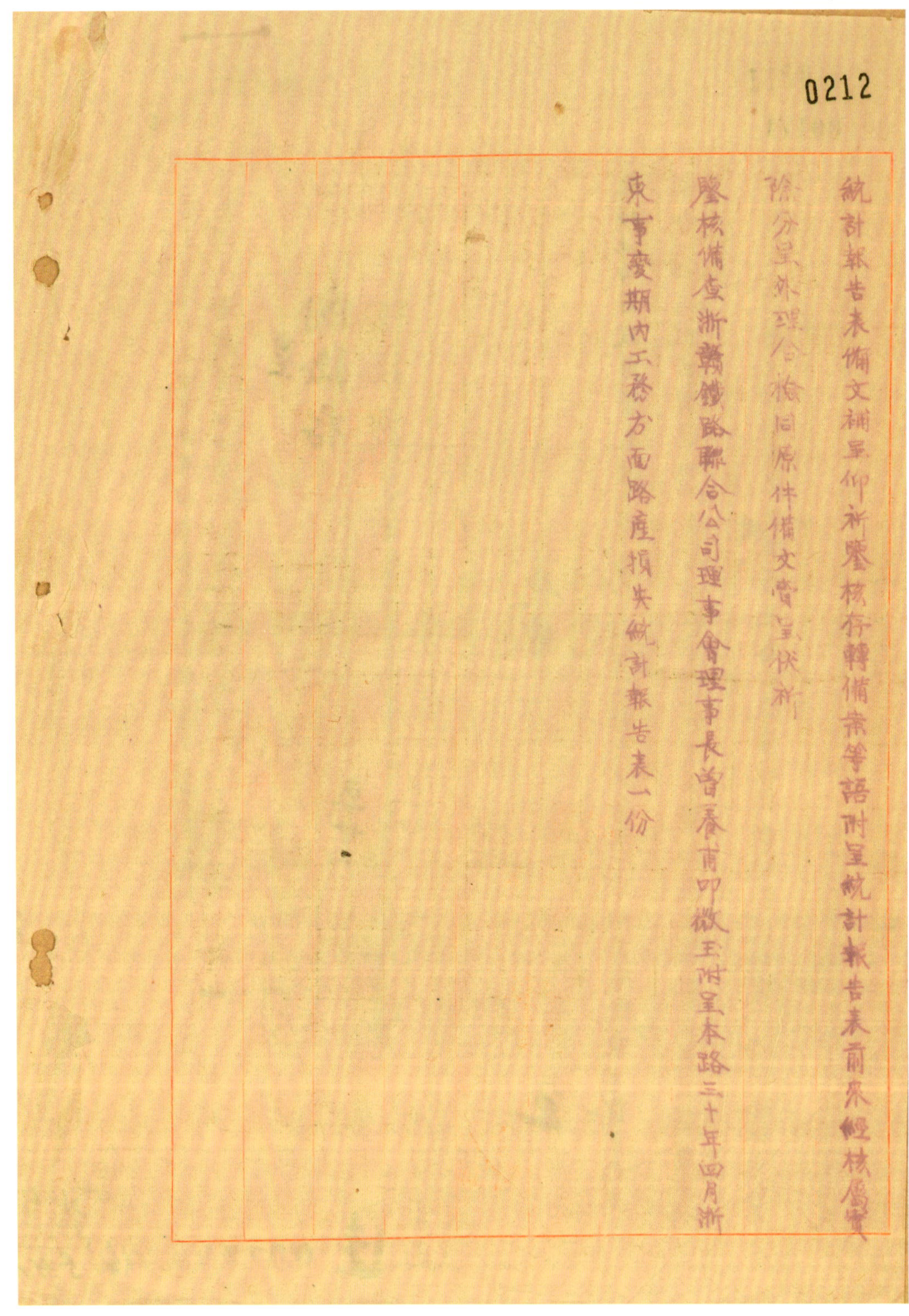

0212

統計報告表備文補呈仰祈鑒核存轉備案等語附呈統計報告表前來經核屬實

除分呈外理合檢同原件備文賫呈伏祈

鑒核備查浙贛鐵路聯合公司理事會理事長曾養甫叩微玉附呈本路三十年四月浙

東事變期內工務方面路産損失統計報告表一份

浙贛鐵路戰時路產損失統計報告表

月 日敵機轟炸

補報三十年四月十六日敵犯浙東本路諸蘇段拆軌損失

路產類別 \ 損失情形		敵機轟炸		火災損失		自動破壞		失陷		原有		附註
		數量	估價(元)	數量	估價(元)	數量	估價(元)	數量	估價(元)	數量	估價(元)	
車輛	機車(輛)											
	客車 〃											
	貨車 〃											
	其他車輛 〃											
路綫設備	路基(公尺)											
	軌道 〃											
	橋樑涵洞(座)											
	隧道 〃						20000.00					
	輪渡(隻)											
電信設備	路簽機(部)											
	電報機 〃											
	電話機 〃											
	電綫綫路(公尺)											
車站設備	房屋(間)											
	水塔(座)								6,000.00			
	煤臺 〃											
	號誌軌閘(付)											
	其他											
廠務機件材料	機廠 房屋(間)											
	機廠 機件(件)											
	機廠 材料 〃											
	車房 房屋(間)											
	車房 機件(件)											
	車房 材料 〃											
	工務段廠 房屋(間)								89,675.00			
	工務段廠 材料(件)		$3022.40						$116,791.45			
	工務段廠 工具 〃											
	材料庫 房屋(間)											
	材料庫 材料(件)											
	材料庫 設備品 〃											
	辦公室 房屋(間)											
	辦公室 設備品(件)											
其他												

填報機關 浙贛鐵路局　　　　填報日期　年　月　日

附：浙赣铁路战时路产损失统计报告表（补报一九四一年四月十六日敌犯浙东本路诸苏段拆轨损失）

江西公路处关于报送该处在惠通桥山顶遭敌袭击损失油料、车辆及员警等死伤详情致省政府的呈（一九四二年八月十二日）

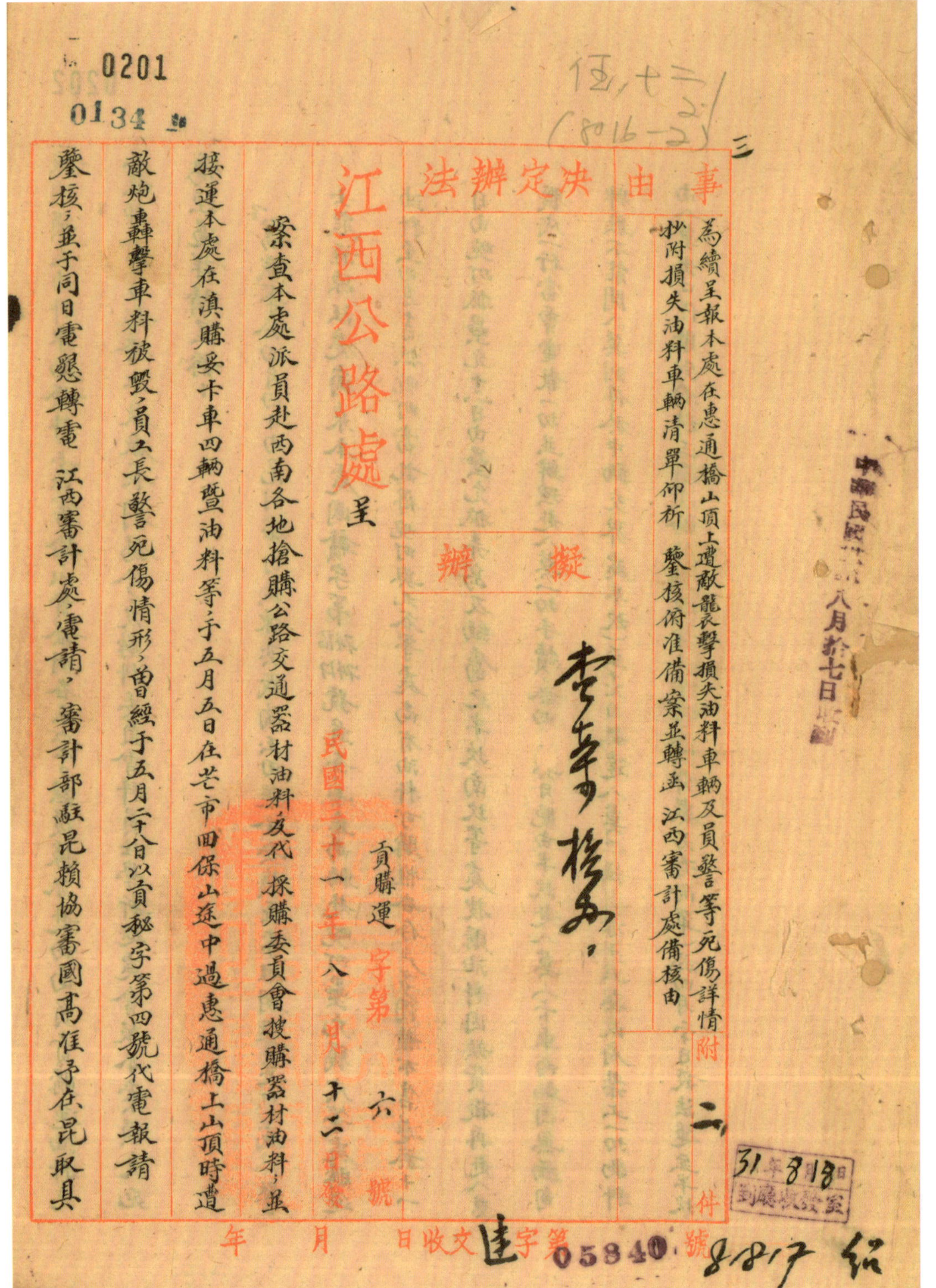

0201

0134

事由：為續呈報本處在惠通橋山頂上遭敵襲擊損失油料車輛及員警等死傷詳情抄附損失油料車輛清單仰祈鑒核俯准備案並轉函江西審計處備核由

附 二 件

決定辦法

擬辦

江西公路處 呈 貢購運字第 六 號

民國三十一年八月十二日發

案查本處派員赴西南各地搶購公路交通器材油料，及代採購委員會搜購器材油料，並接運本處在滇購妥卡車四輛暨油料等，于五月五日在芒市回保山途中過惠通橋上山頂時遭敵炮轟擊，車料被毀，員工長警死傷情形，曾經于五月二十日以貢秘字第四號代電報請鑒核，並于同日電懇轉電江西審計處，電請審計部駐昆賴協審國高准予在昆取具

年 月 日收文 建字第 05840 號

該項損失油料車輛證件，予以審驗，以資證明各在案。茲復據派赴西南負責購運油料之工程師兼雩都修車廠廠長劉錫珍，及購料委員會科員任學新返處會報本案損失死傷經過詳情呈稱：

「竊職等於四月四日由昆明帶司機陳奕茂、陶玉田、張全安、機匠李維朝、警長揚盛林、警士熊滙源、汪慶崗乘本處國贛字第7416、7417號道奇卡車兩輛赴畹町、壘允、臘戌等處購運油料，至四月十日抵畹町，當詢得畹町與九谷等處尚有油料可購，惟各存戶多囤積不售，遂於十一日由畹町抵壘允，十二日由壘允抵弄島及緬屬之半坎、南坎等處搜購油料，因缺貨擬再赴八莫、臘戌一行，當曾電報一切，並辦理赴八莫一切手續，於四月十六日晚由半坎赴八莫，（卡車兩輛因無緬甸牌照不能開八莫，則停於中緬交界處半坎）至十七日抵達八莫，但油料亦少，且英政府禁止一切物料由八莫出口，僅購到材料三箱及輪胎鋼板等共重噸餘（詳數另有附單）於四月二十日設法運至半坎，

於四月二十一日曾電處報告並準備赴畹町四月二十二日及二十三日兩日由曇允至遮勒將本處英專員世鶴
前購之機油黑油黃油共貳拾弍大桶及材料兩箱（另有附單）點收裝車運至畹町又赴九谷購到汽機
黑黃油叁拾伍大桶（另有附單）四月二十五日在畹町及九谷等處又覓到機黑油等甚多曾電處報告
至四月二十五日搭他人車由畹赴臘戍至時因適值疏散物資無法採購遂於四月二十七日返抵畹町並
赴九谷洽購機黑油至二十八日擬電處報告惟電局因軍電擁擠不收官電與商電嗣託中緬運輸
局李專員超編設法覓無綫電台代發亦未成於四月二十九日即在九谷廉價購到機油黑油肆拾弍
大桶（另有附單）本月又運往芒市汽機黑黃油共肆拾弍大桶暫借芒市中西旅社院中角落處空
地存放四月三十日由芒市開車壹輛（另壹輛抛錨在芒市修理）赴畹町裝汽黑油拾伍桶材料五箱
輪胎拾只鋼板拾伍片裝車後當夜返芒市至次晨抵達五月一日由芒市帶車二輛赴畹町因途中
車輛擁擠至次日（五月二日）午抵畹町遂裝機黑油二車計肆拾弍桶於下午返芒市因車擁擠至

0204

次日（五月三日）上午抵芒市因二車超過載重量甚多恐生危險遂卸下黑油六桶又裝上汽油弍桶準備開行旋聞臘戍已失守情形緊張當即將車開往龍陵由學新押運錫珍留芒市看守油料至夜十二時二車抵達龍陵當將油卸於龍陵市以東公路旁堆存（在中印公路起點處附近距市内約二公里）當夜擬將車弍輛開返芒市搶運油料惟當時路上行車秩序紊亂來往車輛擁擠不堪致將本處車弍輛擠住前進後退均不得一夜未得開出龍陵雖心急如焚亦無法通過至五月四日上午始得擠開至龍陵城外但對面及身後之車輛愈來愈多因雙方均想搶開愈搶開愈擠牢確無法再繼續前開爾時風聲驟形緊張據聞畹町又失陷遮放亦自動破壞放火駐芒市之暫編第四團正由芒市向後撤退中並即將自動破壞焚燒油料物資芒市頓成死市錫珍亦無法再在芒市停留遂隻身率警士汪慶崗於本日搭最後撤退之暫編第四團軍車返龍陵至十時到達因情形愈緊張當局已强迫市民疏散撤退並發放疏散證維持公路交通之交通警

備兵已奉命祇准車輛後撤不准再開老市遂祇得設法將擠往之二千車由龍陵城西門外掉轉車頭擠開往原存油處因途中車輛前後擁擠不通直至下午一時始開抵存油處將油叁拾捌桶裝車運出龍陵惟在本處車以前以後之車輛極多不下數千輛啣尾相接不但行車速度無法加快即想慢開亦不可得搶開更不可能只得隨行隨止晝夜隨開未敢稍停至五月五日晨七時左右始抵惠通橋過橋後即係上山路盤旋上駛至山頂上最高之公路時已十二時左右公里牌約係七四〇公里左右爾時學新押之〤〣〧號車在前由司機陳奕茂駕駛車上有司機陶玉田機匠李維朝警士熊滙源汪慶尚錫珍押之〤〣〦號車在後行由司機張金安駕駛車上有警長揚威林二車相距數百步中間有其他車輛十餘輛阻隔正行間忽砲聲振耳砲彈連續由惠通橋西岸山上射擊而來在〤〣〧號車前之車有數輛被砲擊毀死傷狼藉前後各車輛之人多下車躲避砲彈在〤〣〧〤〣〦號二車之間尚有入緬之參謀團中將參謀（忘記姓名）帶隨從數人下車查看情形並指揮一切當此危急之時前邊之車有冒彈搶開者本

處之〤〡〨號車遂亦跟隨衝開（係上坡路開頭擋排）忽身前之車被砲彈擊中毀破煙塵瀰漫看不見路〤〡〨號車亦被擊中後部車忽開不動學新與司機陳奕茂急下車查看見車已陷於左邊水溝中車前尚有被毀之車及大石阻路於砲彈紛飛中學新尚不忍將車遺棄仍擬設法將車由溝中倒出再重向前開忽彈落身旁轟然一聲學新與司機陳奕茂及身後之警士汪慶崗俱昏迷倒地既學新醒後左耳已完全振聾混身泥漿臉左邊與左眉際及左手破皮之處甚多血與泥漿混流（事後檢查制服被彈片擊破十餘處）時敵砲射擊愈烈〤〡〨號車已中彈被毀無法可救無奈忍痛於彈雨煙霧中隻身而出車及油與各員工警之行李等均已完全損失（當在危險地時曾遇中央信託局畹町車場場長何學海「前本處南城車場場長」亦由危險地冒彈而出可資證明）行數里始得登他人之車而歸途中遇司機陶玉田左腿下部受傷血流如注及警士熊滙源右眼皮破掉一塊血流滿臉據云於砲彈紛飛煙塵瀰漫之時見汪慶崗與陳奕茂均

中彈倒地混身泥血生死不明因砲彈如雨無法挽救又李維朝腰部受重傷幸已逃出火網等語學新遂帶該二人赴保山探詢消息如何再定行止至下午抵保山本日（五月五日）該處適被敵機數十架慘炸屍横遍地並聞敵人已過惠通橋距保山僅三十餘公里保山已緊張萬分無法再返惠通橋只得連夜後退至五月七日抵下關八日抵禄豐九日抵昆電處報告經過情形

當五月五日午十二時左右敵人在怒江惠通橋西岸山上向東岸山上之公路上車輛發砲時錫珍所押之1416號車因前後均有車輛阻擋且各車之司機多逃走雖想將車開動冒砲彈衝行亦不可得且砲彈愈來愈急繼以機槍掃射1416號車及前後之車均中彈不但不能再看守此車即想沿公路上行走亦不可得當此千鈞一髮之際遂急率警長楊盛林司機張金安向公路左邊之山上而奔山勢陡峭當攀援而上時身後曾落數彈幸未被擊中既翻過山頂忽失足跌倒由山上滾落至山脚被跌甚重忍痛覓路轉至公路上距被毁之車處約數公里見憲兵等已由惠通橋頭退至此處集

合錫珍於喘息之下因痛車輛與油料之損失及不明各員工警之生死衷心悲痛憤不欲生遂又冒死於彈雨中返至本處之二十卡車處查看情形見二十卡車均被擊毁無法開動車上之機黑油等亦被砲彈將桶擊破油流滿地警士汪慶崗混身是血頭部被彈擊破左眼突出已死於卅號車旁慘不忍睹正悲痛中砲聲與機槍聲忽然劇烈聞敵人已渡江竄至東岸錫珍恐被敵俘遂急由小路退入山中此時僅楊盛林尚在身旁已與司機張金安失却聯絡後覓路至公路上距毁車處約十餘公里覓得軍車搭乘而返途中至永平時警長楊盛林忽患霍亂幸請得中醫針刮治療始脱危險至下關時遇方飛岳君（前係本處司機）云陳奕茂傷腿甚重現在董村醫院當赴該院見陳奕茂傷勢極重且該院無藥醫治性命危在旦夕因傷重不能乘大汽車返昆楊警長病亦未愈遂留楊在下關照看陳奕茂錫珍即連夜返昆於五月十二日抵昆當請張守業君（前本處司機）押1180號小車赴下關接陳楊二人（因學新返昆後傷愈又患赤痢甚重不能行動）至

610209

五月十六日將該二人接回當將司機陳奕茂抬入雲大附設醫院治療據醫云來昆已遲非將腿鋸去不能保全性命正準備鋸腿中

統計此次本處在滇緬路上共損失汽機黑黄油玖拾玖大桶材料等五箱輪胎拾隻鋼板拾伍片卡車7116、7117號兩輛又傷亡警士汪慶崗一名重傷司機陳奕茂機匠李維朝二名輕傷司機陶玉田警士熊滙源及學新三人患病者司機張金安警長楊盛林二名竊職等忠心服務晝夜奔波始終未敢稍懈本想圓滿而歸詎料事與願違此次在滇緬路上之芒市及惠通橋東岸所受之損失及傷亡確屬事出意外故職等雖竭盡最大之努力亦未能挽救衷心悲痛莫可言狀除員工警損失之行李衣物及傷病醫藥費另案呈報外理合據實瀝陳伏祈鑒核」

等情，附呈損失油料車輛清單一份前來，經核該廠長等對此次損失車料于搶運之際，確已盡最大之努力，委因事變倉卒，出于人力不可抵抗之意外遭遇，以致無法挽救。茲除已將該項損失油料車輛之發票收據，留昆送請　賴協審國高就近查明予以審驗，俟發還時再將審驗證明結果及損失所值另行呈報。又死傷員警暨員工等損失行李等部份另案辦理外，理合先將本案損失經過詳情，抄附損失油料車輛數目清單兩份，備文呈請鑒核俯准備案，並轉請　江西審計處備核，實爲公便。

謹呈

江西省政府

附呈損失油料車輛數目清單兩份

江西公路處處長譚炳訓

副處長過守正

附：在芒市及惠通桥东岸损失油料车辆数目清单

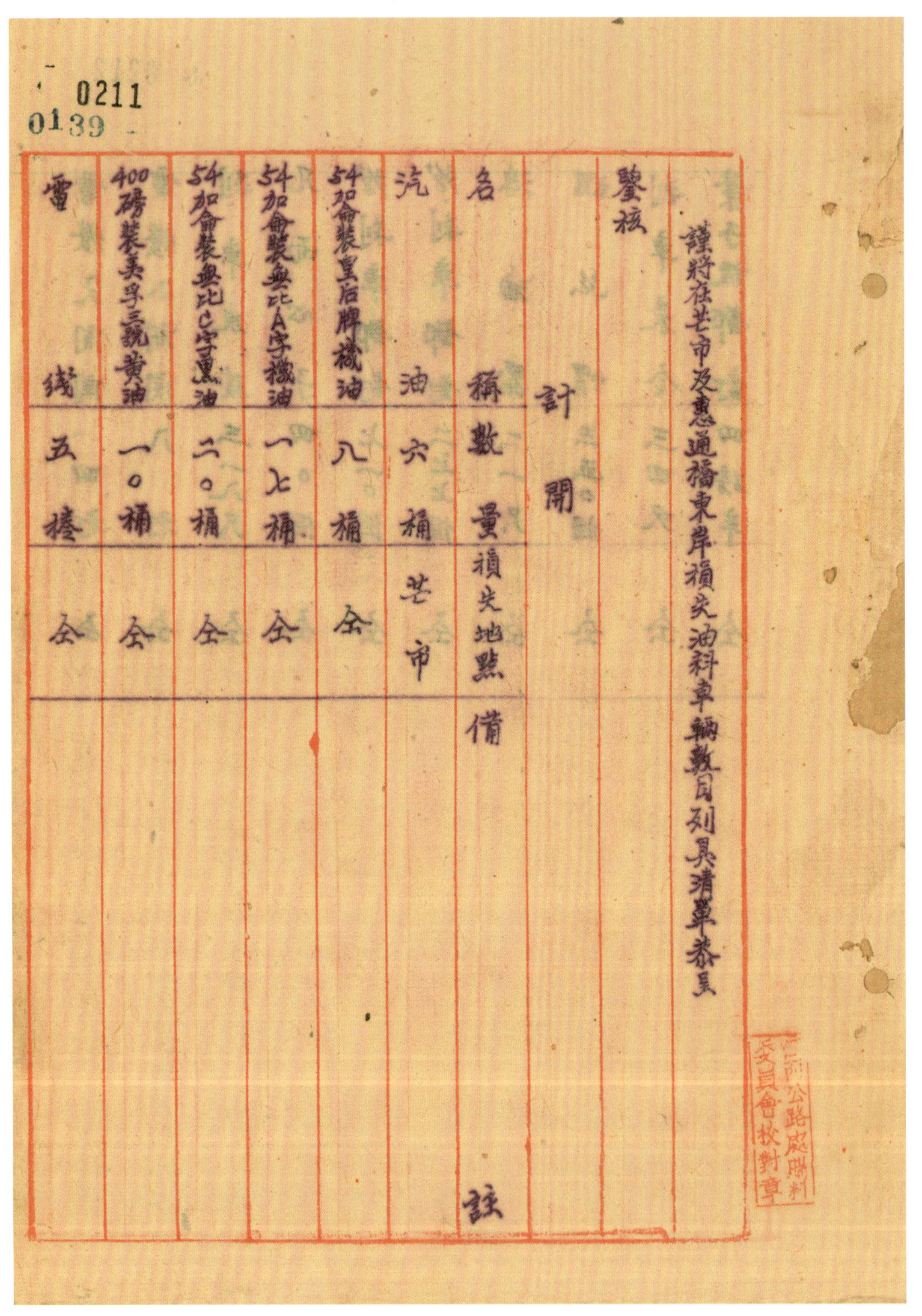
0211
0139

謹將在芒市及惠通橋東岸損失油料車輛數目列具清單恭呈
鑒核

計開

名稱	數量	損失地點	備註
汽油	六桶	芒市	
54加侖裝皇后牌機油	八桶	仝	
54加侖裝奧比A字機油	一七桶	仝	
54加侖裝奧比C字黑油	二〇桶	仝	
400磅裝美孚三號黄油	一〇桶	仝	
電线	五捲	仝	

0212

電燈大開關	一四打	仝
電燈小開關	八打	仝
剎車皮碗	三一八只	仝
凡而心子	四〇個	仝
3/8剎車鉚釘	七一〇個	仝
3/8剎車鉚釘	二七七個	仝
浮油器	二一只	仝
螺絲帽	三五〇個	仝
剎車來令	三四呎	仝
葉子板鉚釘	四磅半	仝

華益承印

剎車帮浦接頭	二四個	仝
汽那接頭	一一個	仝
花線	一八三呎	仝
10" 細平銼	四〇把	仝
6" 細三角銼	三〇把	仝
10" 粗平銼	四〇把	仝
6" 粗三角銼	三〇把	仝
2" 木螺絲	一〇〇合	仝
3/8" 鉚釘	二〇〇磅	仝
福特硬鑞	一〇〇磅	仝

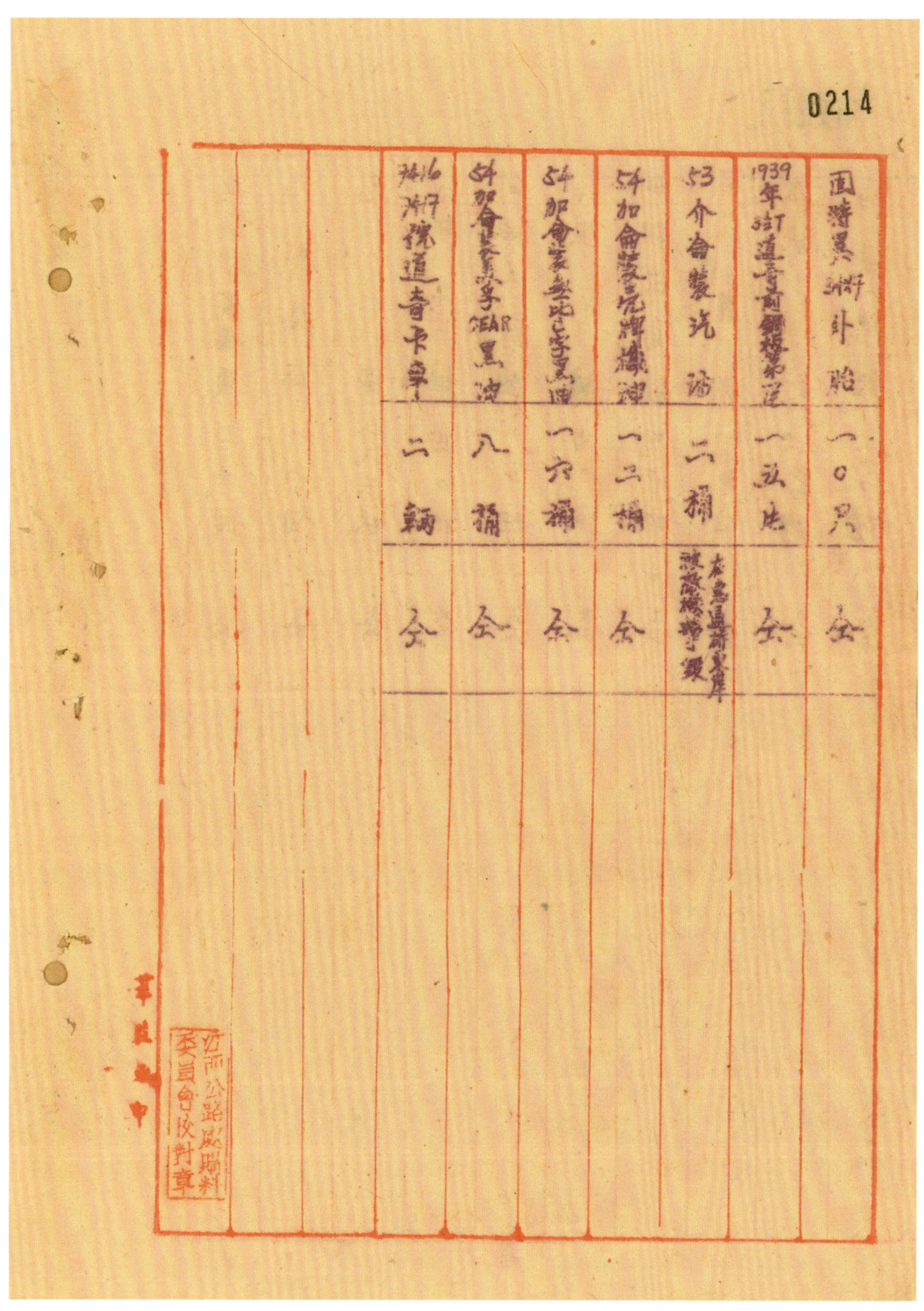

0214

固特異34吋外胎	一〇只	仝
1939年式道奇副鋼板彈簧	一五片	仝
53介侖裝汽油	二桶	本處遇前岸庫被敵機炸毀
54加侖裝殼牌機油	一二桶	仝
54加侖裝[illegible]比孚黑油	一六桶	仝
54加侖裝美孚GEAR黑油	八桶	仝
3416噸號道奇卡車	二輛	仝

西南公路處購料委員會校對章

江西公路处关于该处自七七事变至一九四二年底止抗战损失致省建设厅的代电（一九四三年五月二十九日）

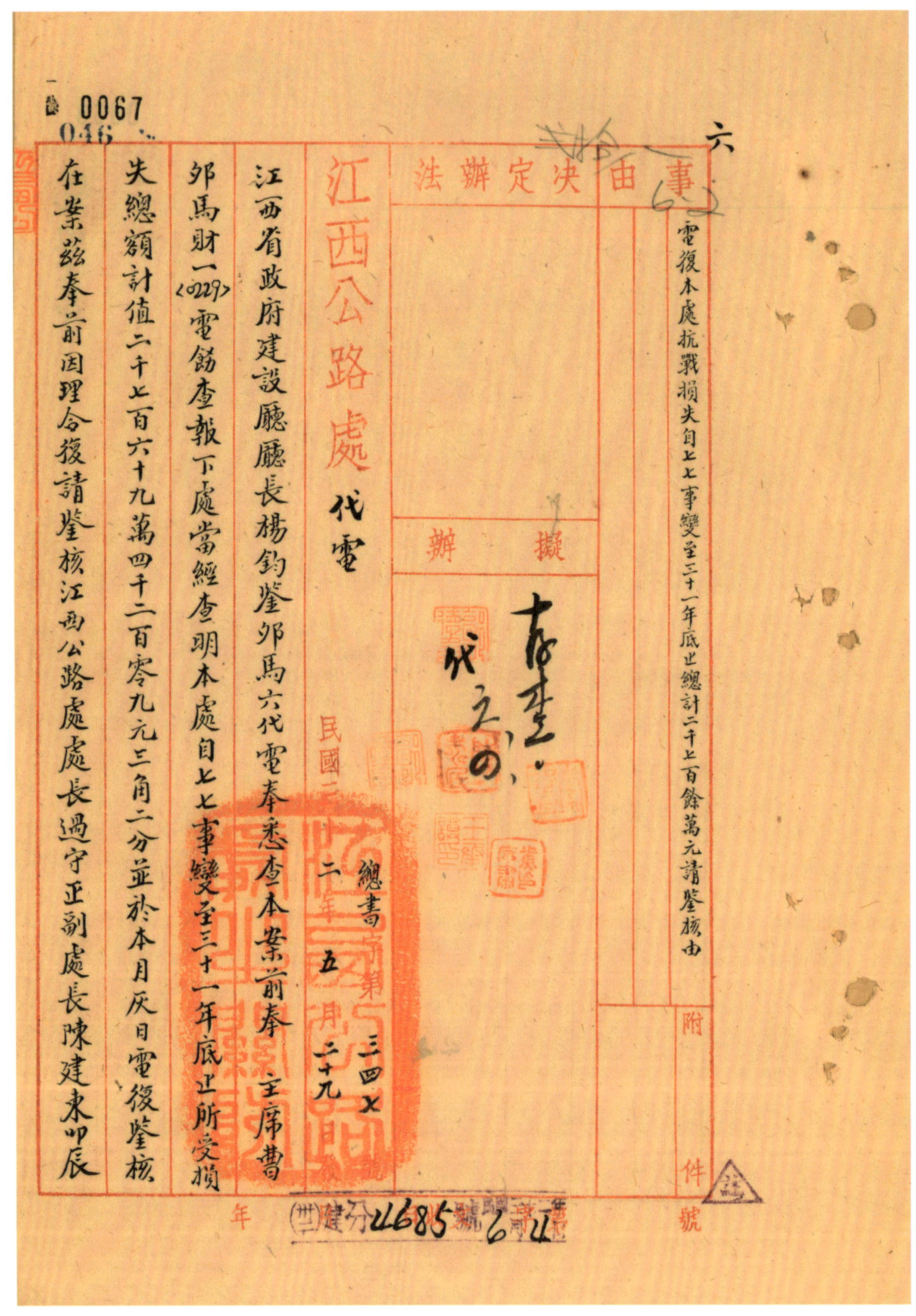

0067

046

六

事由：電復本處抗戰損失自七七事變至三十一年底止總計二千七百餘萬元請鑒核由

决定辦法

擬辦

存查

附件　號

江西公路處代電

江西省政府建設廳廳長楊鈞鑒：卯馬六代電奉悉。查本案前奉主席曹卯馬財一（0229）電飭查報下處，當經查明本處自七七事變至三十一年底止所受損失總額計值二千七百六十九萬四千二百零九元三角二分，並於本月灰日電復鑒核在案。茲奉前因，理合復請鑒核。江西公路處處長過守正、副處長陳建東卯辰

民國三十二年五月二十九　總書　三四文

（卅）建分2685號　6/2

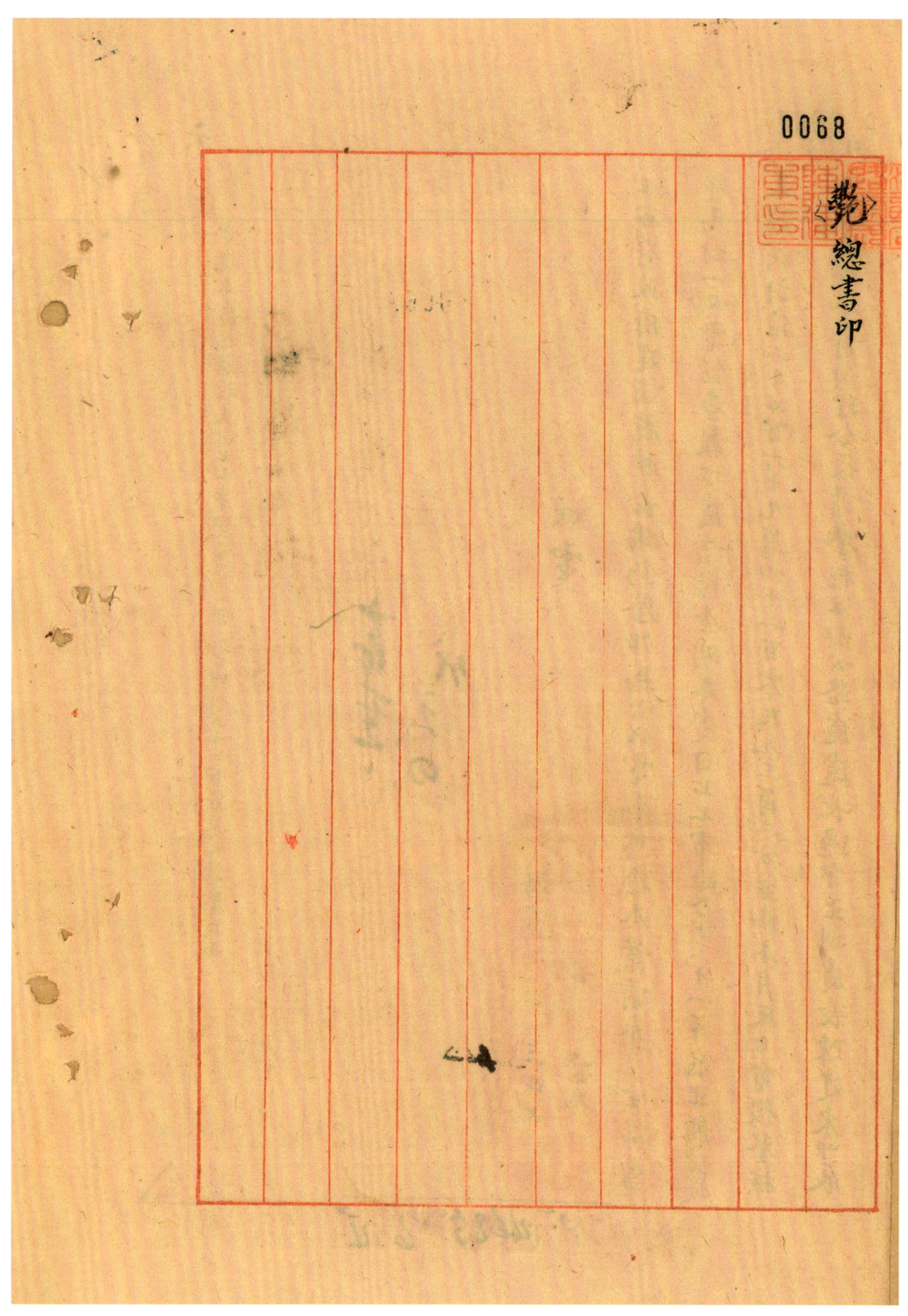
0068
〈艷〉總書印

江西公路处关于遵令填送该处抗战损失报告表致省建设厅的呈（一九四四年四月十一日）

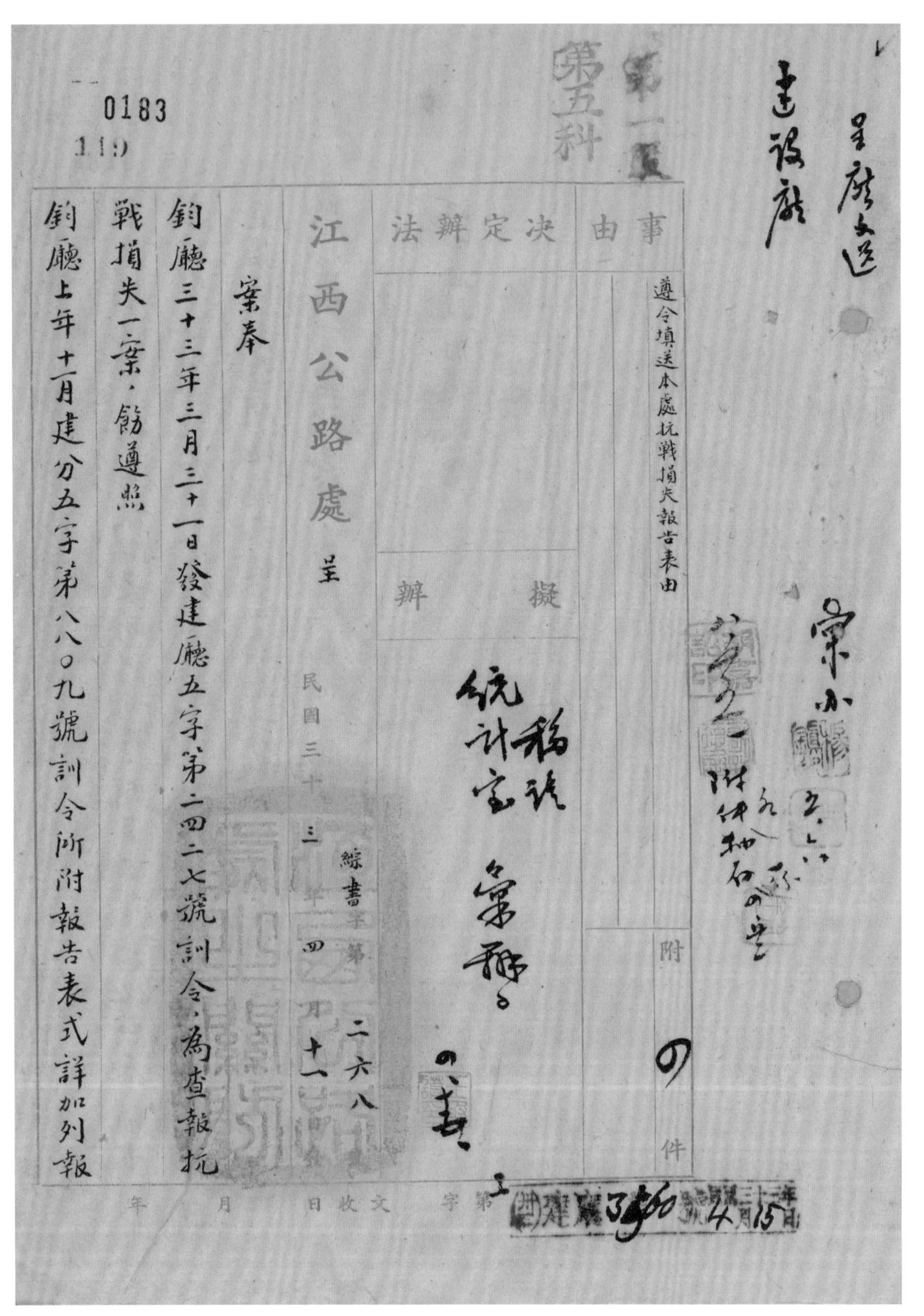

事由：遵令填送本處抗戰損失報告表由

決定辦法

擬辦

江西公路處 呈

民國三十三年四月十一日 綜書字第二六八

案奉

鈞廳三十三年三月三十一日發建廳五字第二四二七號訓令，為查報抗戰損失一案，飭遵照

鈞廳上年十月建分五字第八八〇九號訓令所附報告表式詳加列報

附 件

0184

以憑彙轉。等因；自應遵辦。惟查本處所受損失多係油料器材車輛輪胎等，與前案附表所列項目，稍有不符，兹依照奉頒表式將内容項目畧加變更填具自抗戰開始以來至上年底止本處直接損失暨間接損失報告表各二份，理合備文呈送，伏乞鑒核，俯賜彙轉。實爲公便！

謹呈

江西省政府建設廳

計附呈江西公路處財產直接損失暨間接損失報告表各二份

江西公路處處長過守正

附（一）江西公路处财产直接损失报告表（一九四三年十二月十五日）

江西公路处财产直接损失报告表

資料時期 26年7月7日至32年12月31日	
填送日期 32年12月15日	
損失分類	價值（單位：國幣元）
共計	26,261,839.81
建築物	22,313,383.55
材料工具	887,547.95
傢具什物	8,548.30
油類燃料	475,347.18
車輛	53,371.13
輪胎	123,877.25
機務消耗	2,417,728.45
報告機關 江西公路處	

3,966,920.26

附（二）江西公路处财产间接损失报告表（一九四三年十二月十五日）

0185

120

江西公路處間接損失報告表

資料時期　26年7月7日至32年12月31日

填送日期32年12月15日

損失分類	金額　（單位：國幣元）
共　計	1,432,369.51
遷移費	435,541.09
防空設備費	46,882.28
撫卹費	51,105.77
救濟費	31,409.09
公路軍事工程隊經費	849,431.28

報告機關　江西公路處

（四）农业

赣县县政府关于报送战时农业损失报告表致江西省政府的呈（一九三九年六月十九日收）

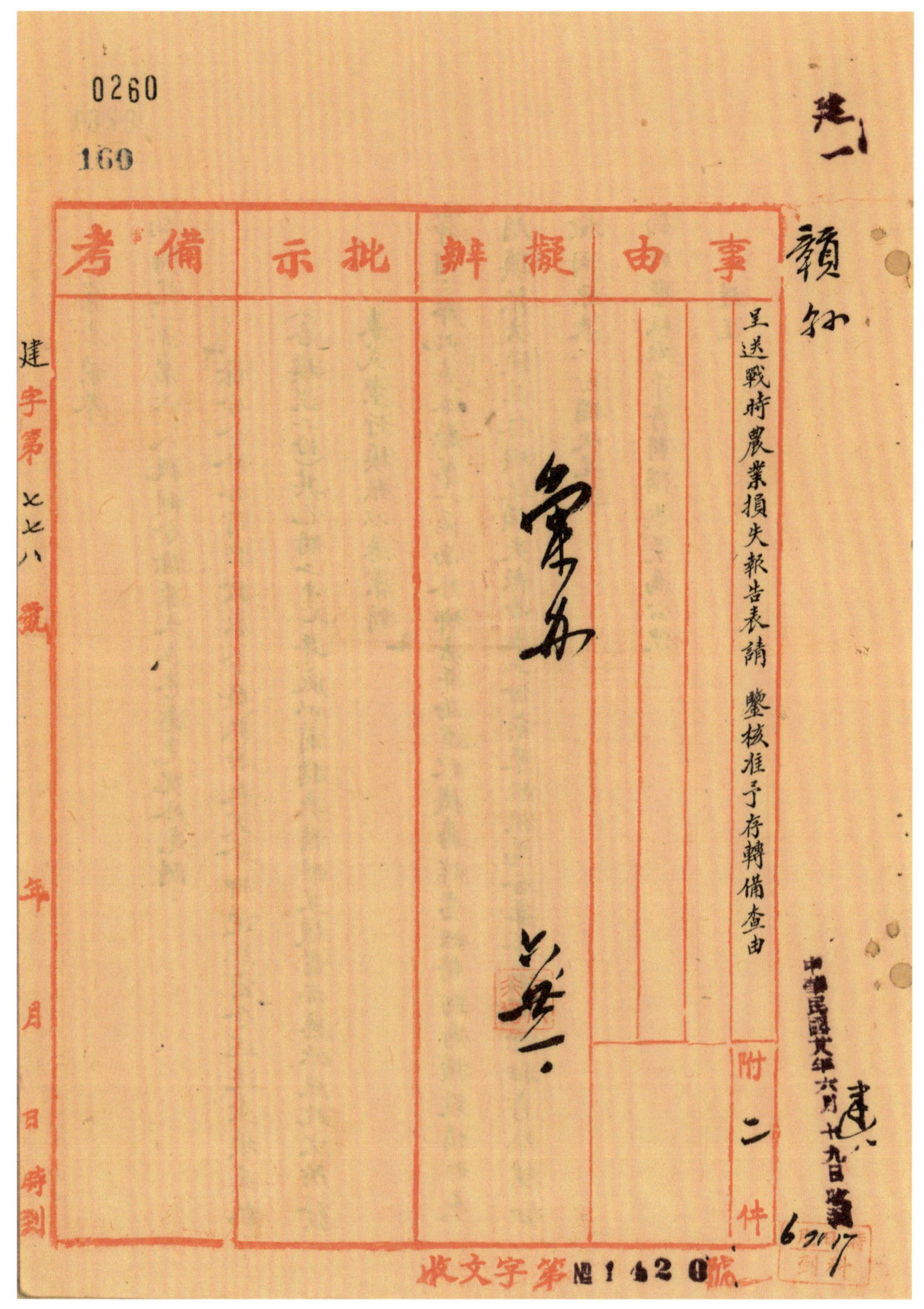
0260

160

建一

赣縣

事由	擬辦	批示	備考
呈送戰時農業損失報告表請鑒核准予存轉備查由	業存		

附二件

中華民國廿八年六月十九日

建字第七七八號 年 月 日 時到

收文字第№ 1 4 2 0號

案查前奉

鈞府建一字第六一八號訓令：除原文在卷邀免冗外尾開：

「除分令外合行抄發原令暨報告表式令仰遵照前令迅速查填具報（各填送二份）其已將二十七年底以前損失情形呈復者亦應依照此次所發表式重行填報以憑彙轉」

等因。奉此查本縣第一區南外鄉去年兩遭敵機轟炸當經轉飭將損毀情形查明填報去後茲據填送損失報告表三份前來經核尚合奉令前因除抽存外理合檢同原表二份備文呈送

鈞府鑒核准予存轉備查是為公便

謹呈

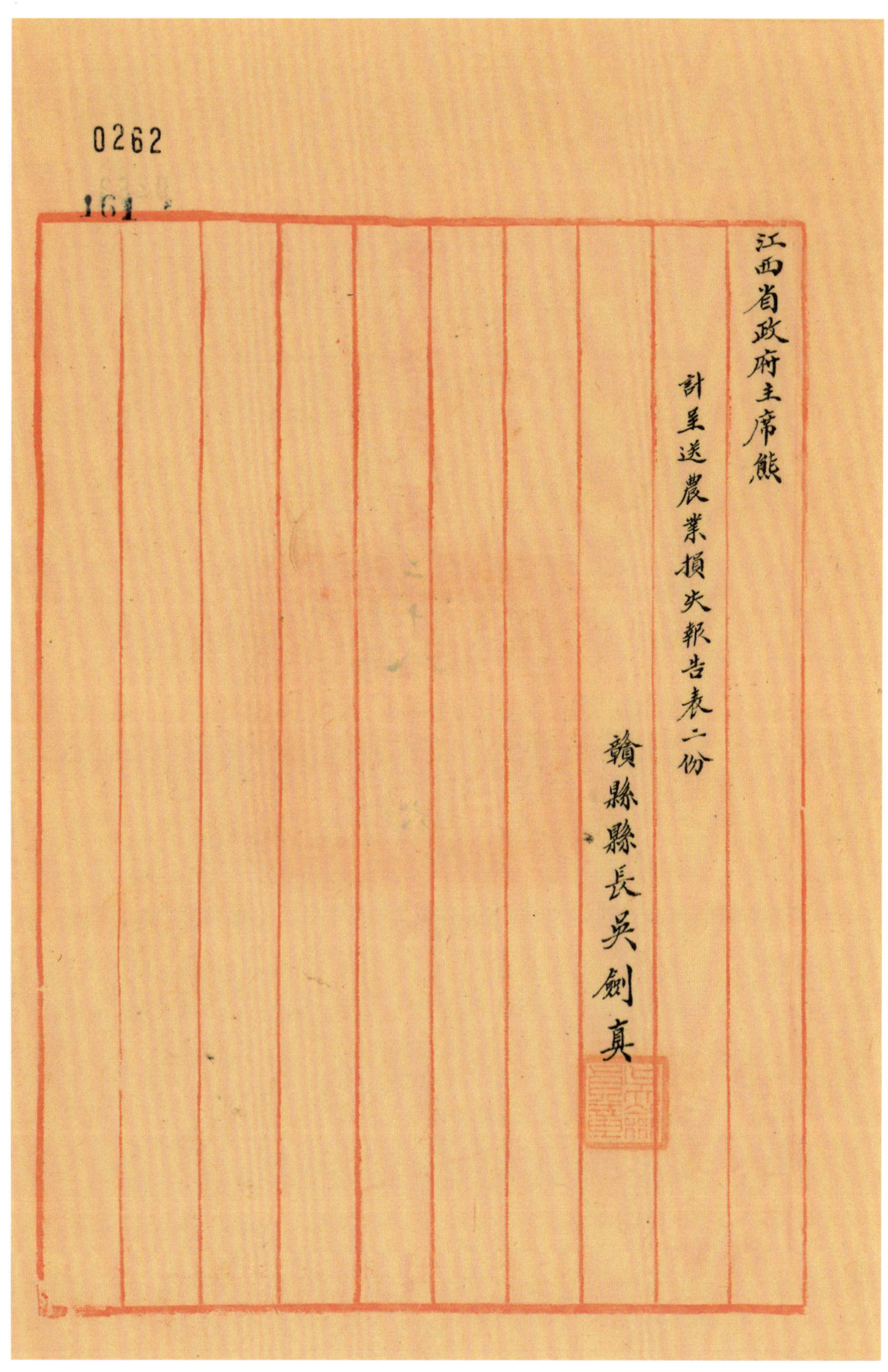

0262

161

江西省政府主席熊

計呈送農業損失報告表二份

贛縣縣長吴劍真

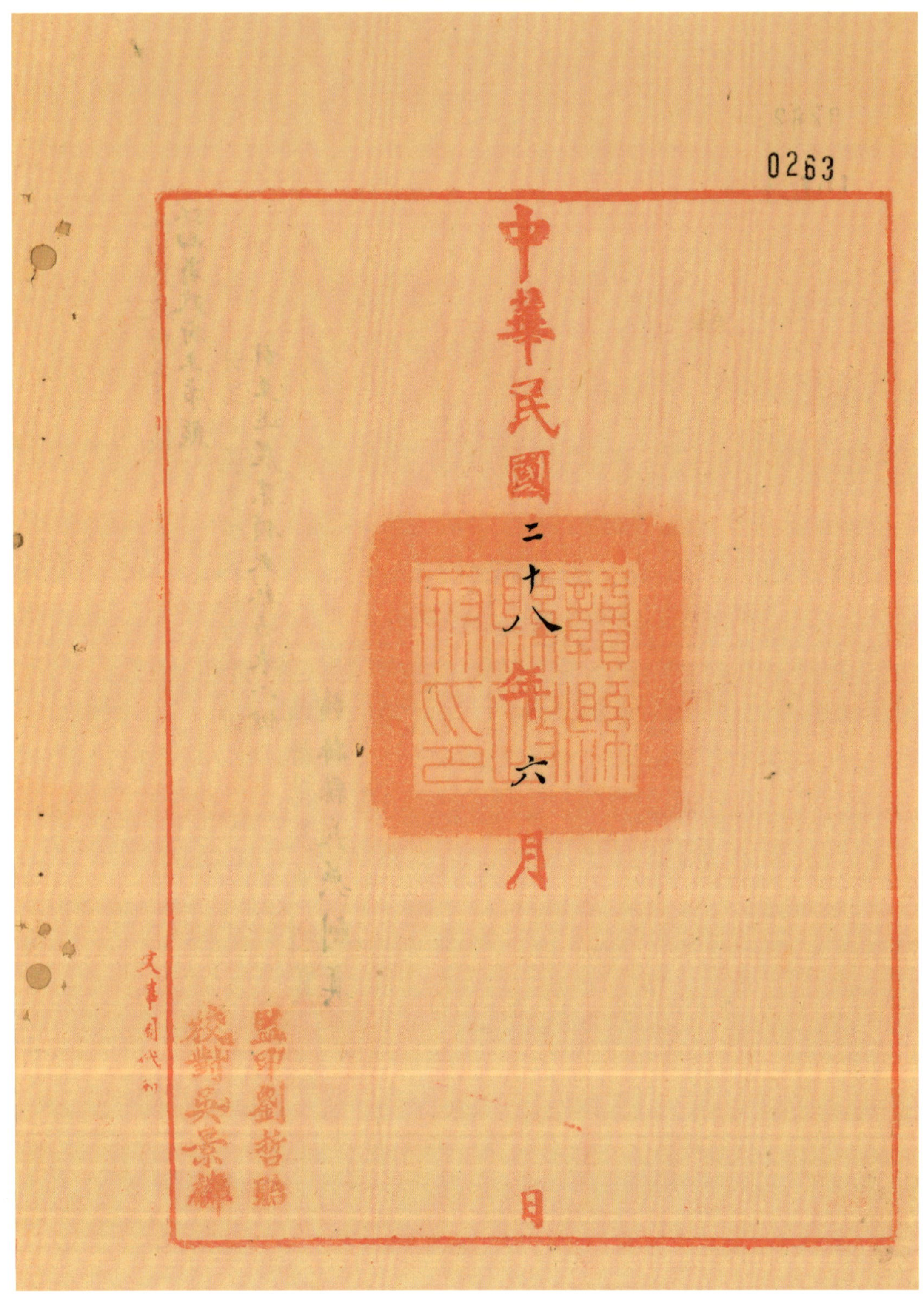
0263

中華民國二十八年六月 日

監印劉哲驄
校對吴景禕
文書司代行

0265 0264

戰時農業損失報告表

162

江西省贛縣第一區南外鄉鄉公所　第一頁共計二頁

農村人口			人數＼原因		空襲	空襲	空襲	合計	人數＼原因		空襲	空襲	空襲	合計	附註
原有	男		死亡	男	廖金仔	林始生		2	受傷	男	刘利錚	陳水生	陳長生	3	統計：死亡男女6名，受傷男女9名
	女			女	黄薛氏	廖氏		2		女	黄觀氏	吴氏	陳氏	3	
	童			童	廖毛毛	龍易標		2		童	楊國遠	張發吉生	郭優仔	3	

姓名	類別＼量值＼原因	空襲 數量	空襲 價值	空襲 數量	空襲 價值	空襲 數量	空襲 價值	空襲 數量	空襲 價值	合計 數量	合計 價值	附註
廖鳥橋	房屋	3間	200元	周新元1間	30元	宋九逵1間	100元	李增錄1間	50元	6間	380元	房屋63間，價值1880元
陸傳燕	房屋	10間	120元	刘学模10間	220元	廖乃山1間	120元	黄易標1間	10元	24間	470元	家具37件，價值235元
張廣通	房屋	3間	80元	鍾勤湖7間	250元	張永灝1間	40元	刘惠春1間	10元	12間	380元	雜物36件，價值190元
陳尤氏	房屋	2間	40元	陳發標3間	160元	邹福泉1間	100元	陳從倫6間	150元	15間	450元	穀35担，價值104元
劉利雍	房屋	2間	40元	黄啓帝1間	60元	張發楷1間	40元	陳從祥2間	60元	6間	200元	米15担，價值105元
家具財物	家具	刘学模13件	70元	楊瑞生14件	100元	鍾勤湖4件	50元	[illegible]6件	15元	37件	235元	
	雜物	刘学模7件	30元	楊瑞生11件	80元	鍾勤湖6件	50元	陳從倫12件	30元	36件	190元	
	其他											
存糧	穀	陳崇菖8担	24元	陳恩[illegible]27担	80元					35担	104元	
	米	吴生順15担	105元							15担	105元	
	麥											

填報機關南外鄉鄉公所　填報者鄉長溫學梁　填報日期民國二十八年六月三日

0267 0266

戰時農業損失報告表

江西省贛縣第一區南外鄉公所 第二頁共計二頁

農村人口			原因／人數		空襲	空襲	空襲	合計	原因／人數		空襲	空襲	空襲	合計
原有	男		死亡	男					受傷	男	陳恩高			1
	女			女						女				
	童			童						童	李星姑			1

姓名	類別	空襲 數量	空襲 價值	空襲 數量	空襲 價值	空襲 數量	空襲 價值	空襲 數量	空襲 價值	合計 數量	合計 價值
陸土生	房屋	1間	60元	間	元	間	元	間	元	1間	60元
陸泰生	房屋	7間	120元	間	元	間	元	間	元	7間	120元
陳恩峰	房屋	2間	40元	間	元	間	元	間	元	2間	40元
和記	房屋	3間	50元	間	元	間	元	間	元	3間	50元
	房屋	間	元	間	元	間	元	間	元	間	元
家具財物	家具	陳裕祥 48件	100元	陸泰生 17件	30元	吉聲本 24件	50元	件	元	89件	180元
	雜物	陸土生 27件	60元	陸泰生 34件	50元	件	元	件	元	61件	110元
	其他	件	元	件	元	件	元	件	元	件	元
存糧	穀										
	米										
	麥										

附註：
統計 受傷男女2名
房屋13間 價值270元
家具89件 價值180元
雜物61件 價值110元

填報機關南外鄉　填報者鄉長温學渠　填報日期民國二十九年六月三日

江西省农业院附设永修高级农林科职业学校关于报送该校抗战以来财产间接损失报告表暨财产损失报告表致省农业院的呈（一九四〇年七月二十三日）

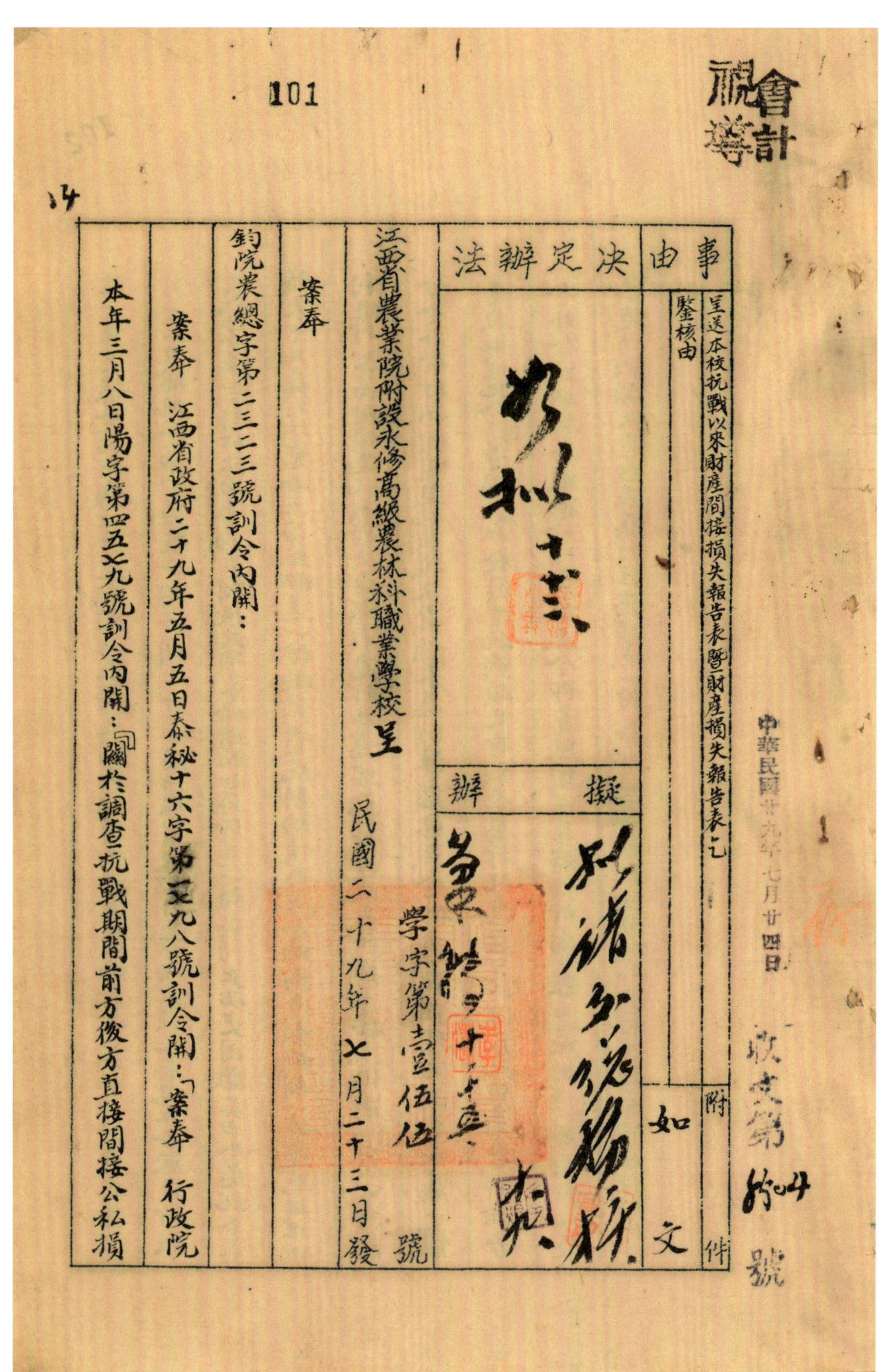

會計視導

101

事由：呈送本校抗戰以來財產間接損失報告表暨財產損失報告表乞鑒核由

決定辦法

擬辦

附件：如文

中華民國廿九年七月廿四日 收文第　號

江西省農業院附設永修高級農林科職業學校呈

學字第壹伍伍號

民國二十九年七月二十三日發

案奉

鈞院農總字第二三二三號訓令內開：

案奉　江西省政府二十九年五月五日泰秘十六字第一七九八號訓令開：「案奉　行政院本年三月八日陽字第四五七九號訓令內開：『關於調查抗戰期間前方後方直接間接公私損

102

失一案迭據各省市縣政府造報到院並轉送國民政府主計處彙編在案，茲准主計處本年二月二十一日渝統字第四二四號公函略開：「查各處所報資料尚有遺漏訛誤之處，現在各縣市所報表格不多，令飭修正尚易為力，嗣後此項表格增加，如再行逐一轉飭修正，必更困難。茲由本處就各處報表中凡應行注意各点另紙抄送一份，擬請貴院斟酌情形通令所屬造報機關一体遵照辦理，以利進行」等由，附填造抗戰損失查報表應行注意要点一份過院。查所擬各要点俱屬切實可行，除分令外，合行抄發填造抗戰損失查報表應行注意要点，令仰遵照辦理，並轉飭所屬一體遵照辦理。此令」等因，計抄發填造抗戰損失查報表應行注意要点一份。奉此，自應遵辦，除分令外，合行抄發奉頒應行注意要点，令仰遵照辦理，并轉飭所屬一體遵照辦理」等因，計抄發填造抗戰損失查報表應行注意要点一份。奉此，自應遵辦，除分令外，合行抄發奉頒原件，令仰遵照辦理。

103

等因計抄發填造抗戰損失查報表應行注意要點一份奉此自應遵辦查本校自抗戰以來始由

永修桃崗山遷至金谿縣屬滸灣繼由滸灣遷至泰和屬楓山輾轉遷徙所受損失極鉅茲將財

產損失報告表及財產損失報告表分别填就理合隨文呈送

鈞院鑒核

謹呈

江西省農業院院長蕭

附呈財産財間接損失報告表及財產損失報告表各一份

校務主任周熙彬

附：江西省农业院附设永修高级农林科职业学校财产间接损失报告表及财产损失报告表（一九四〇年七月）

江西省农业院附設永修高級農林科職學校财產間接損失報告表

年份：二十八年

填送日期 二十九年七月　日

分類	
共計	
遷移費	700.00元
防空設備費	80.00元
疏散費	
救濟費	
撫卹費	

江西省農業院附設永修高級農林科職業學校校務主任周熙彬

收文第8504號

104

财产损失报告表

事件：九江南昌失陷
日期：二十八年三月
地点：永修桃园山，九江沙河

105　　填送日期二十九年七月　日

损失项目	单位	数量	价值（元）
房屋　办公室及教室	栋	1	15000.00
〃〃　寝室	〃	3	4500.00
〃〃　膳堂	〃	1	1700.00
〃〃　畜舍	〃	2	2500.00
〃〃　农具室	〃	1	960.00
〃〃　农产制造室	〃	1	2000.00
〃〃　气象台	座	1	1000.00
〃〃　厕所	栋	2	1200.00
田亩	亩	210	6000.00

受损失者：江西省农业院附设永修高级农林科职业学校
代报者：校务主任周熙彬

收文第8504号

江西省垦务处关于查报抗战以来该处公私财产损失等致省建设厅的呈（一九四三年十二月二十三日）

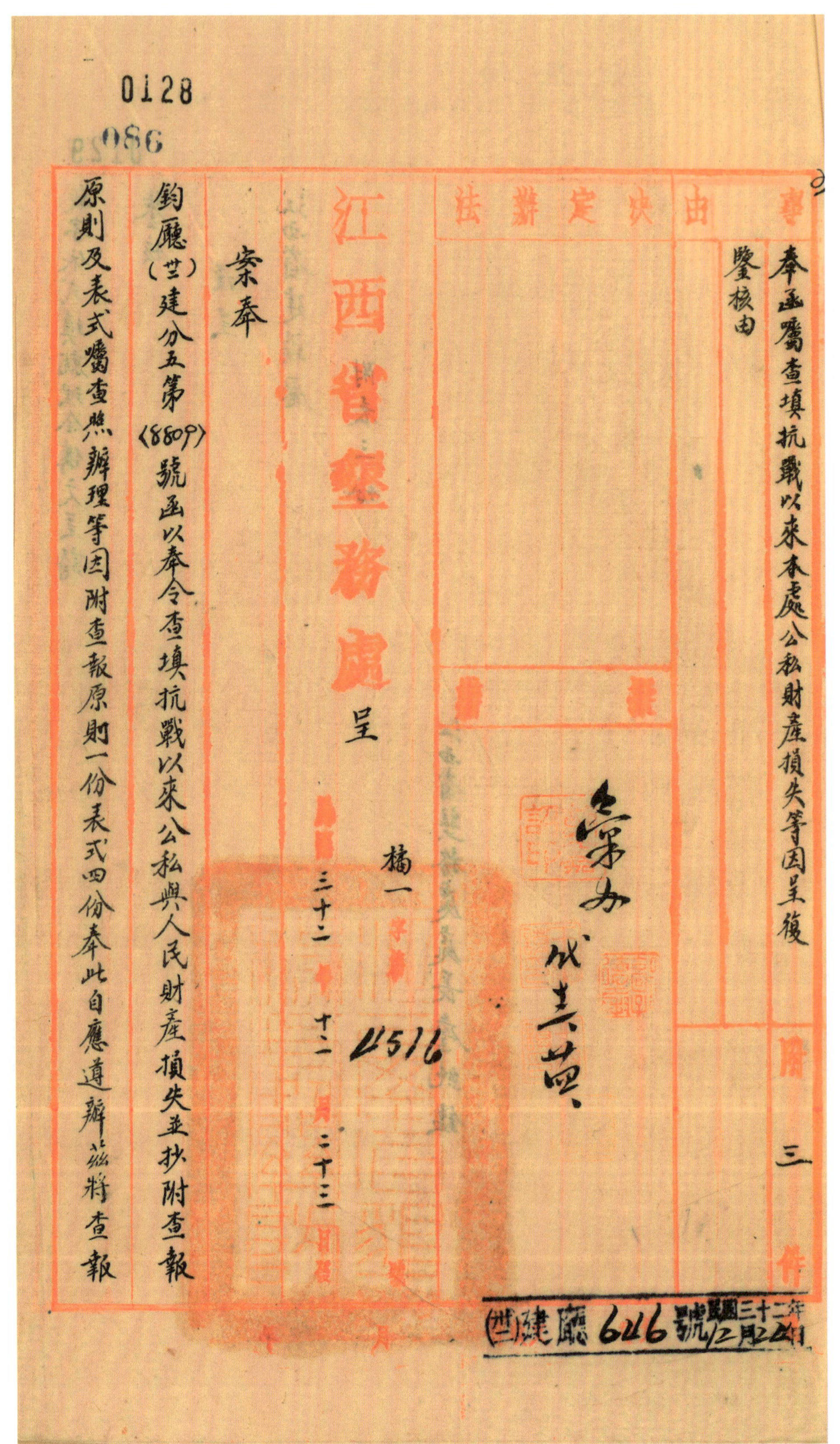

0128

086

事由：奉函嘱查填抗战以来本处公私财产损失等因呈复鉴核由

附件：三

案奉

钧厅（卅）建分五第（8809）号函以奉令查填抗战以来公私与人民财产损失并抄附查报原则及表式嘱查照办理等因附查报原则一份表式四份奉此自应遵办兹将查报

江西省垦务处呈

稿一

三十二年十二月二十三日

4516

（卅）建厅 626 号 民国三十二年12月24日

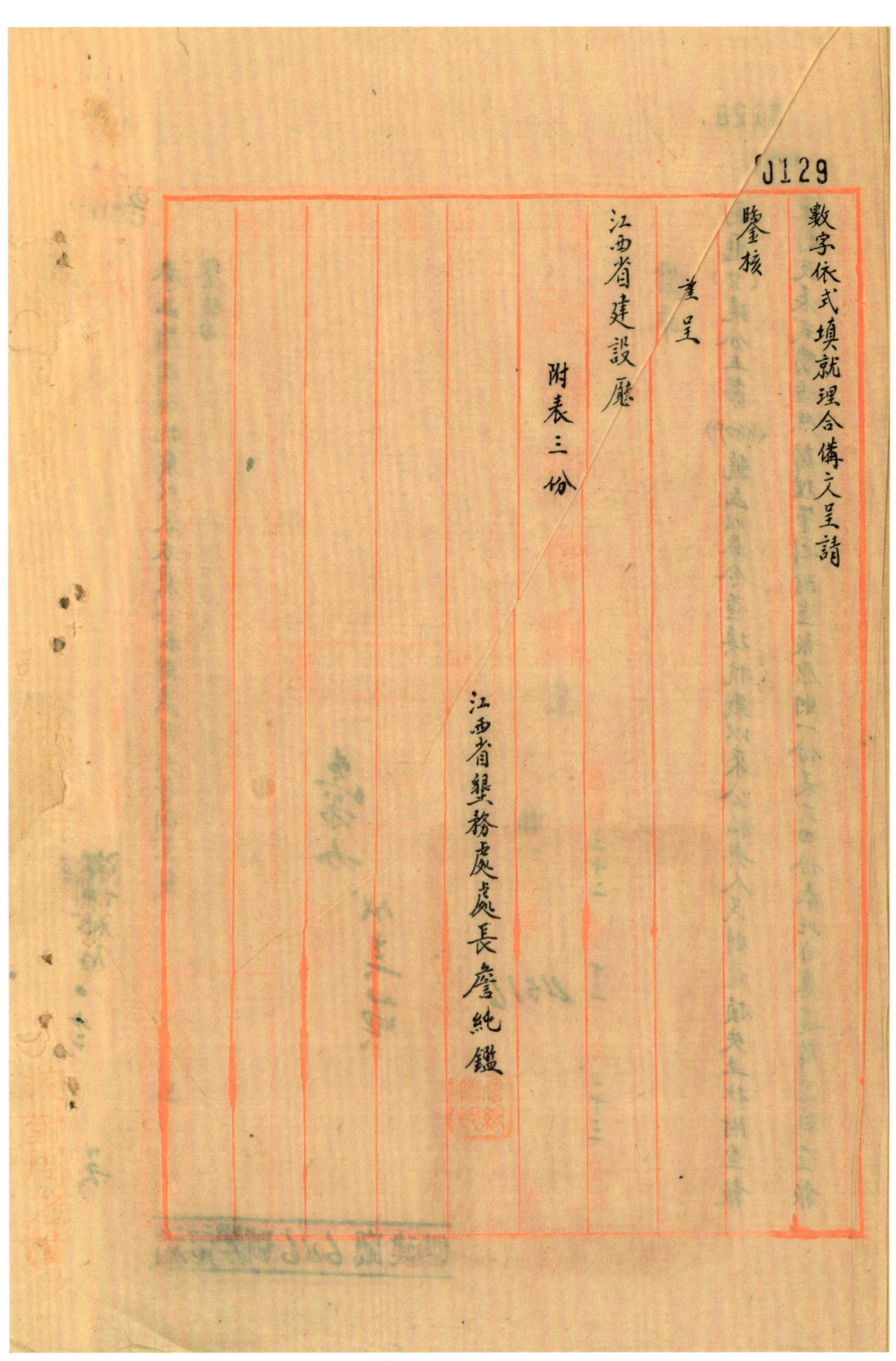
0129

數字依式填就理合備文呈請

鑒核

謹呈

江西省建設廳

附表三份

江西省墾務處處長詹純鑑

附（一）江西省垦务处及所属机关财产直接损失报告表（一九四三年十月三十一日）

087
0130

江西省墾務處及所屬機關財產直接損失報告表

資料時期 二十六年七月七日至三十一年十二月三十一日

填送日期 三十二年十月三十一日

損失分類	價值（單位：國幣元）
共計	一六、六六六元
建築物	
器具	辦公用具損失約估值一一、六六六元
現金	五、〇〇〇元
圖書	
文卷	一六〇卷

江西省墾務處公務員役私人財產損失報告表

資料時期　二十六年七月七日至三十二年十二月三十一日

填送日期　三十二年十月三十一日

損失分類	金額（單位：國幣元）
共計	三、八九〇、八〇〇元
房屋	大小共計二十五棟估值二、二六〇、八〇〇元
器具	木器傢具磁器鋼鉄錫器件數難計共約估值四二七、〇〇〇元
現款	共計二八〇、〇〇〇元
服着物	衣被等物件數難計共約估值四五〇、〇〇〇元
古物書籍	中英文書籍及古玩件數難計共約估值一四八〇、〇〇〇元

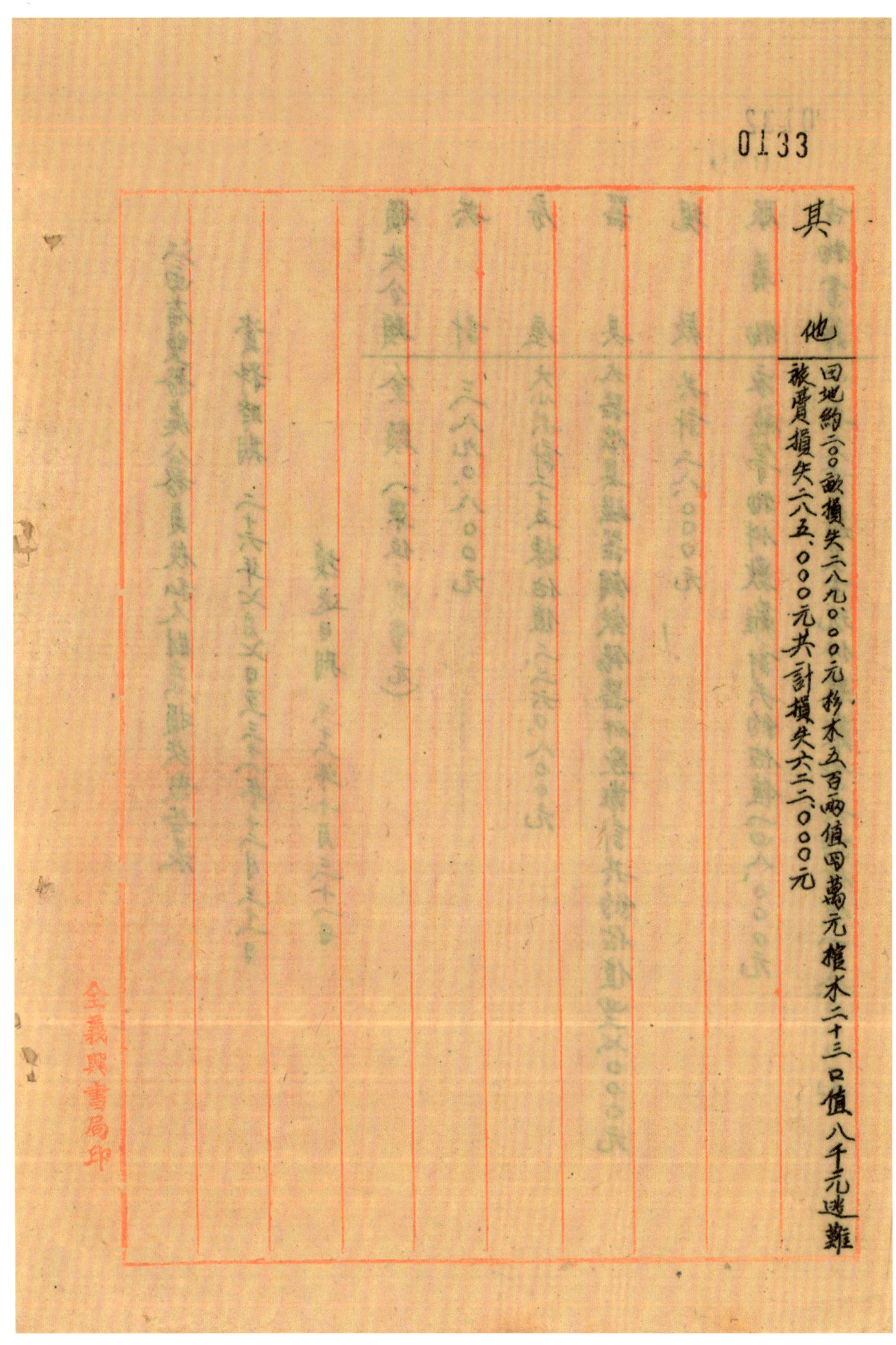

0133

其他　田地約二〇〇畝損失二八九、〇〇〇元杉木五百兩值四萬元樅木二十三口值八千元逃難旅費損失二八五、〇〇〇元共計損失六二二、〇〇〇元

江西省垦务处关于遵令查填抗战损失报告表致省建设厅的呈（一九四四年五月十日）

0226

153

統計室

事由：為遵令查填抗戰損失報告表祈彙轉由

附件

擬辦

決定辦法

江西省墾務處呈

民國三十三年五月十日

墾總字第 號

彙存 2.十二.

鈞廳本年五月四日（卅三）建廳統字三七九〇號指令本處同年四月二十三日呈一件為遵令呈復關於查報抗戰損失一案已先後填報在案祈核由內開：

案奉

殖一 2007

建廳 4384

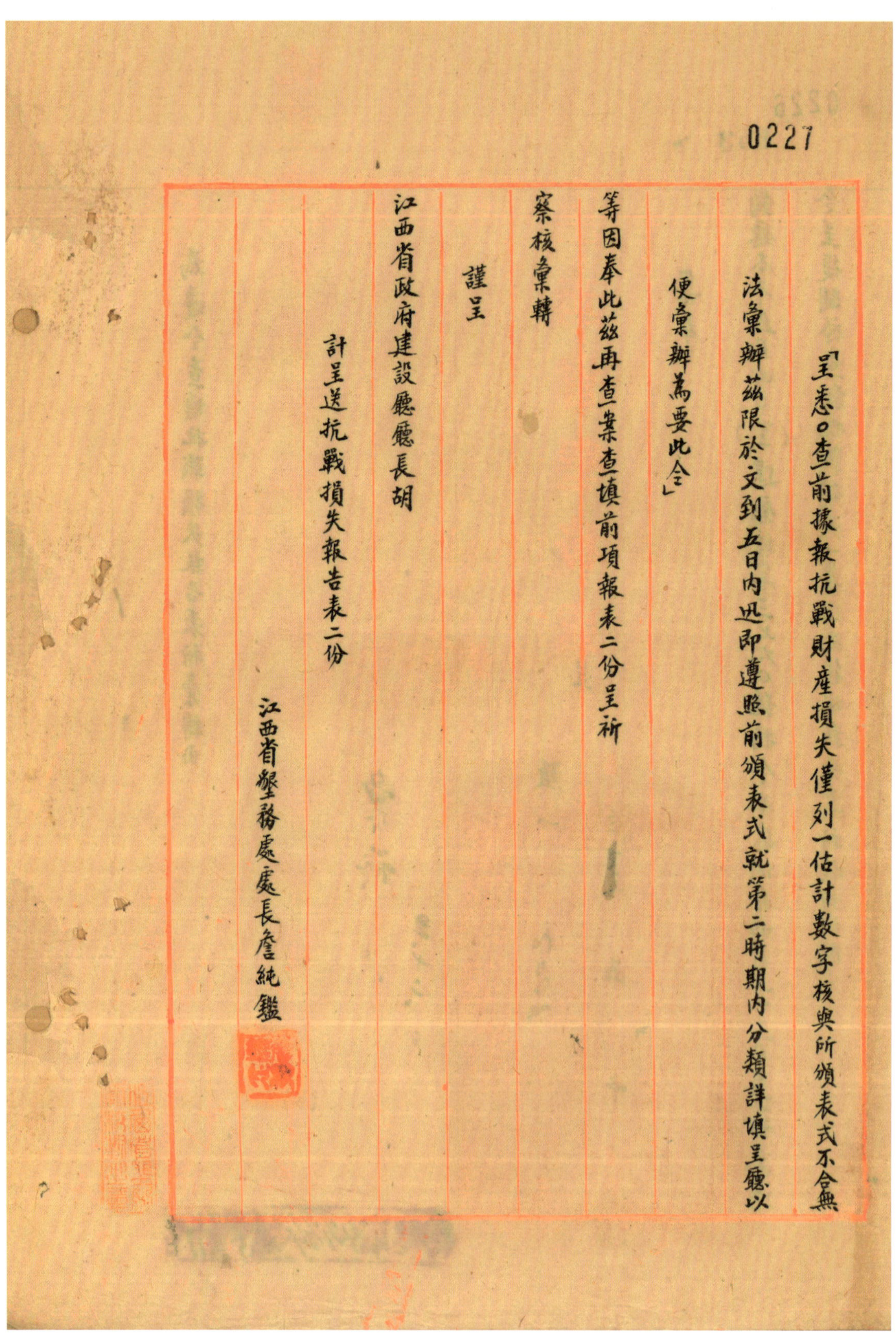

0227

「呈悉。查前據報抗戰財産損失僅列一估計數字，核與所頒表式不合，無法彙辦。茲限於文到五日內迅即遵照前頒表式，就第二時期內分類詳填呈廳，以便彙辦爲要。此令」

等因。奉此，茲再查案查填前項報表二份，呈祈

察核彙轉。

謹呈

江西省政府建設廳廳長胡

計呈送抗戰損失報告表二份

江西省墾務處處長詹純鑑

附（一）江西省垦务处财产直接损失报告表（一九四三年十月三十一日）

江西省墾務處財產直接損失報告表　　（表式1）
（機關名稱）

資料時期：26年7月7日至31年12月31日

填送日期：32年10月31日

損失分類	價值（單位：國幣元）
共計	16,666元
建築物	
器具	11,666元
現款	5,000元
圖書	
儀器	
文卷	160（卷）
醫藥用品	
其他	

報告機關：江西省墾務處

說明 1. 各機關向上級機關報告該機關損失或上級機關彙報該機關及所屬機關損失時均用此表但彙報時應填「某某機關及所屬機關」等字例如各省市政府彙報該省市政府及所屬機關損失時應填寫「某省政府或某市政府及所屬機關」等字
2. 即表列損失資料之起訖月日例如三十年九月十八日至二十六年七月七日或二十六年七月七日至三十一年十二月三十一日
3. 文卷損失之價值難以估計只須填寫毀損及遺失之卷宗數
4. 報告或彙報機關應加蓋機關印信
5. 此處所謂損失包括毀損沒收或佔用等項其損失種類如有本表未列者概歸入「其他」一類
6. 本表各類價值如不能根據登記之正確數字填入時可用估計數字填入

0228

0229

154

附（二）江西省垦务处及所属机关财产间接损失报告表（一九四三年十月三十一日）

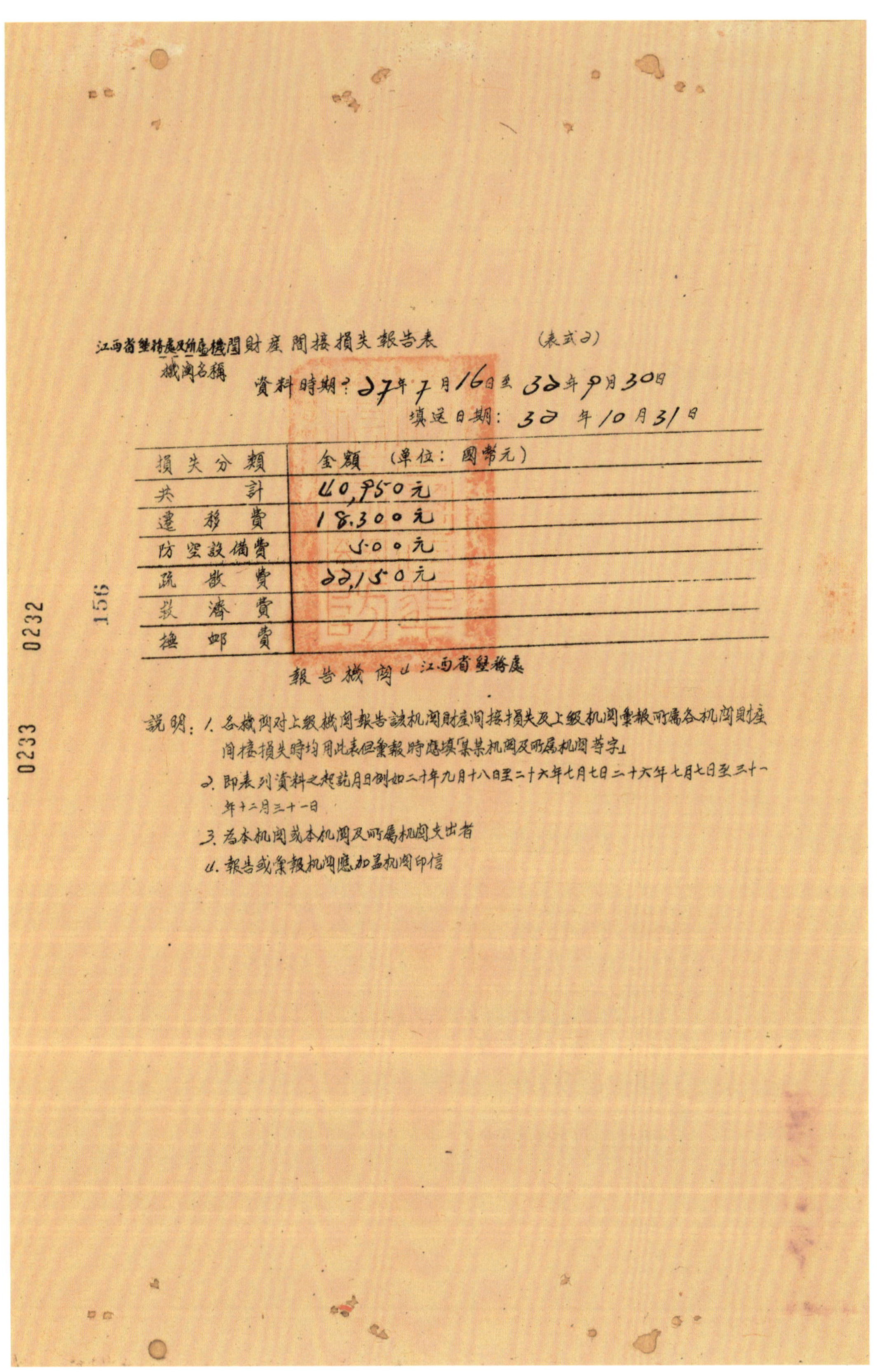

江西省墾務處及所屬機關財產間接損失報告表　　　　（表式2）

機關名稱

資料時期：27年7月16日至32年9月30日

填送日期：32年10月31日

損失分類	金額（單位：國幣元）
共計	40,950元
遷移費	18,300元
防空設備費	500元
疏散費	22,150元
救濟費	
撫卹費	

報告機關：江西省墾務處

說明：1. 各機關对上級機關報告該机関財産间接損失及上級机関彙報所屬各机関財産间接損失時均用此表但彙報時應填「某某机関及所屬机関等字」

2. 即表列資料之起訖月日例如二十年九月十八日至二十六年七月七日二十六年七月七日至三十一年十二月三十一日

3. 為本机関或本机関及所屬机関支出者

4. 報告或彙報机関應加蓋机関印信

156

0232

0233

附（三）江西省垦务处公务员役私人财产损失报告表（一九四三年十月三十一日）

江西省墾務處公務員役私人財產損失報告表　　（表式3）
（機關名稱）

資料時期：26年7月7日至31年10月31日

填送日期　32年10月31日

損失分類	
共計	3,890,800元
房屋	2,260,800元
器具	427,000元
現款	28,000元
服著物	405,000元
古物書籍	148,000元
其他	622,000元

報告者：江西省墾務處

說明：1. 各机關对上級机關報告該机關損失或上級机關彙報該机關及所屬机關損失時均用此表但彙報時應填「某某机關及所屬机關」等字

2. 即表列損失資料之起訖月日例如二十年九月十八日至二十六年七月七日二十六年七月七日至三十一年十二月三十一日

3. 報告者應簽名蓋章如係彙報机關應加蓋机關印信

4. 此表所謂損失包括毀損沒收或佔用等項其損失种類如有本表未列者概歸入「其他」

5. 本表各類價值如不能根據登記之正確數字填入時可用估計數字填入

江西省农业院乳牛场关于遵电填送抗战损失调查表致省农业院的呈（一九四五年九月一日）

遵電填送抗戰損失調查表三份乞鑒核轉報由

呈

寧乳卅四九一

案奉

鈞院本年八月廿三日農統字第三八八三號代電略開：以全面抗戰業已勝利結束，損失調查關係本院今後事業發展甚鉅，合行抄發抗戰損失調查表三份，仰迅遵照填報呈轉等因，附發調查

041

表叁份奉此遵即依照填送前來備文賫呈

鈞院鑒核轉報！

謹呈

江西省農業院院長蕭

附呈抗戰損失調查表三份

主任胡　江

附(一)江西省农业院乳牛场财产损失汇告表(一九四五年)

乳牛場(1)營事業財産損失彙告表(表式6)

(農業部份)(2)

事件:(3)泰和淪陷

日期:(4)三十四年

地點:(5)泰和

044

塡送日期三十四年　月　日

分類			單位	數量	查報時之價值(國幣元)
共計			—	—	~~47?,000~~ ~~497,000.00~~ 537,000.00
房屋			棟		
器具			件		
現款			元		
産品	農産品	谷	市担		
		麥	市担	3	12,000.00
		植物油	市担		
		雜糧	市担	5	5,000.00
	林産品	木	株		
		竹	株		
	水産品(6)				
	畜産品(6)				
工具	農具		件	40	80,000.00
	漁具		件		
牲畜	豬		頭	10	60,000.00
	牛		頭	3	300,000.00
	鷄鴨		頭		
	其他		頭		
運輸工具(手車)			輛		40,000.00
衣物			件		
其他					40,000.00

調查專員(簽蓋)　縣長(7)(簽蓋)　鄉鎮長或事業團體主持人(簽蓋)

說明:1.如爲省營應於營字前塡「省」字,市營塡市字,縣營塡「縣」字,民營塡「民」字,並於其前塡明該省市縣名稱。
2.包括農林漁牧等業。
3.卽發生損失之事件,如日機轟炸日軍進攻等。
4.卽事件發生之日期,如某年月日或某年月日至某年月日。
5.卽事件發生之地點,如某市縣某鄉鎮某村等。
6.水産品如魚,畜産品如豬鬃皮革,按照當地生産情形及有無是項損失酌塡。
7.如爲省營應改爲省主管官署長官簽蓋。調查專員簽蓋從缺。

乳牛场財產直接損失彙報表（表式5）

學校名稱

年份：(1) 民國三十四年

事件：(2) 泰和淪陷

地點：(3) 045 泰和

填送日期三十四年　月　日

分　類	查報時之價值（國幣元）
共計	~~1,0??,???~~ ~~497,000.00~~ 537,000.00
建築物	
器具	40,000.00
現款	
圖書	
儀器	
醫藥用品	
其他	497,000.00

附財產損失報告單　張

教育廳長或縣長(4)（簽蓋）　　報告者校長或鄉鎮長（簽蓋）

調查專員（簽蓋）

說明：1.即損失發生之年份。

2.即發生損失之事件，如日機轟炸日軍進攻等。

3.即事件發生之地點，包括某市某縣某鄉鎮某村等。

4.省立學校及私立中學由教育廳長簽蓋，調查專員簽蓋從缺，縣立學校及私立小學由縣長簽蓋。

省營事業財產直接損失彙報表

（農業部份）

事件：日軍進攻

日期：28年3月及34年7月

地點：南昌蓮塘及泰和排田村兩處

填送日期34年8月31日

分類			單位	數量	價值
共計					1,737,000元
房屋			棟	2	400000元
器具			件	120	800,000元
現款			元		
產品	農產品	谷	市担		
		麥	〃	3	12,000元
		油菜子	〃	4	40000元
		雜粮	〃	5	5000元
	林產品	木	株		
		竹	〃		
	水產品		担		
	畜產品				
	農具		件	40	80,000元
	漁具		〃		
		豬	頭	10	60000元
		牛	〃	3（荷蘭種）	300,000元
		馬	〃		
		其他	〃		
運輸工具（手車）			輛	1（木板車）	40,000元
其他					

縣長（簽蓋）　首長（簽蓋）　附財產損失報告表　張

報告者江西省農業院乳牛場胡江

說明：

1. 包含農林、漁、牧等業。
2. 須由填報機關長官簽名蓋章，加蓋機關印信。

049

江西省農業院乳牛場財產直接損失彙報表

填送名稱

事件：日軍進攻
日期：28年3月至34年7月
地點：蓮塘、泰和　填送日期34年8月31日

分類	價值
共計	1,200,000
建築物	400,000
器具	880,000
現款	
圖書	
儀器	
文卷	
醫藥用品	
其他	

縣長（簽蓋）　機關首長　簽蓋　附財產損失報告單　張
報告者　胡江

說明：1.試驗研究機關如農業試驗場、工業試驗所之類及公立醫院均包含在內，其損失項目如與本表未列者，概填入其他一項。
2.號之損失之事件：如日機轟炸、日軍進攻等。
3.事件發生之日期：如某年某月某日或某年某月某日至某年某月某日。
4.事件發生之地點：如某市某縣某鄉某鎮某村。
5.文卷損失之價值如難以估計，可只填入毀損及遺失之卷宗數。
6.應由報告機關長官署名蓋章及機關印信。

附（三）江西省农业院乳牛场财产间接损失报告表（一九四五年八月三十一日）

050

江西省农业院乳牛场财产间接损失报告表
（机关名称）

填送日期34年8月31日

分类	数额（单位：国币元）
共计	900,000
迁移费	400,000
防空设备费	100,000
疏散费	400,000
救济费	
抚恤费	

附表 张

报告者胡江

说明：

1 指本机关支出者。

2 应由报告机关长官署名并加盖机关印信。

江西省农业院种猪场关于遵屯填送抗战损失调查表致省农业院的呈（一九四五年九月三日）

事由：遵电填送抗战损失调查表三份乞鉴核转报由

附件：3

江西省农业院种猪场 呈

案奉

钧院本年八月廿三日农统字第三八八三号代电略开：以「全面抗战业已胜利结束，损失调查关系本院今后事业发展甚钜，合行抄发抗战损失调查表三份，仰速遵照填报呈转」等因，附发调查表三份。

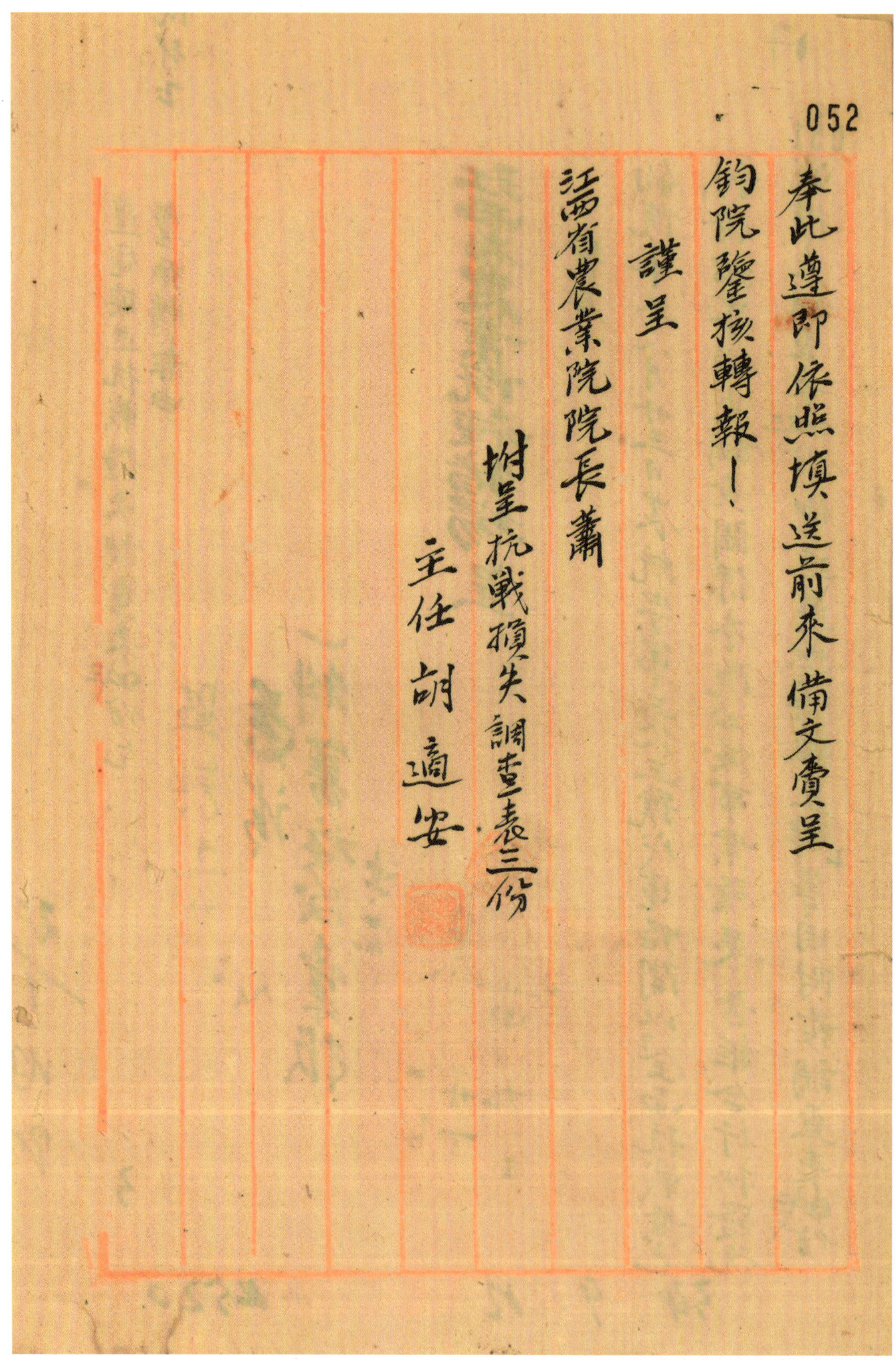
052

奉此，遵即依照填送前来，备文赍呈

钧院鉴核转报！

谨呈

江西省农业院院长萧

计呈抗战损失调查表三份

主任 胡适安

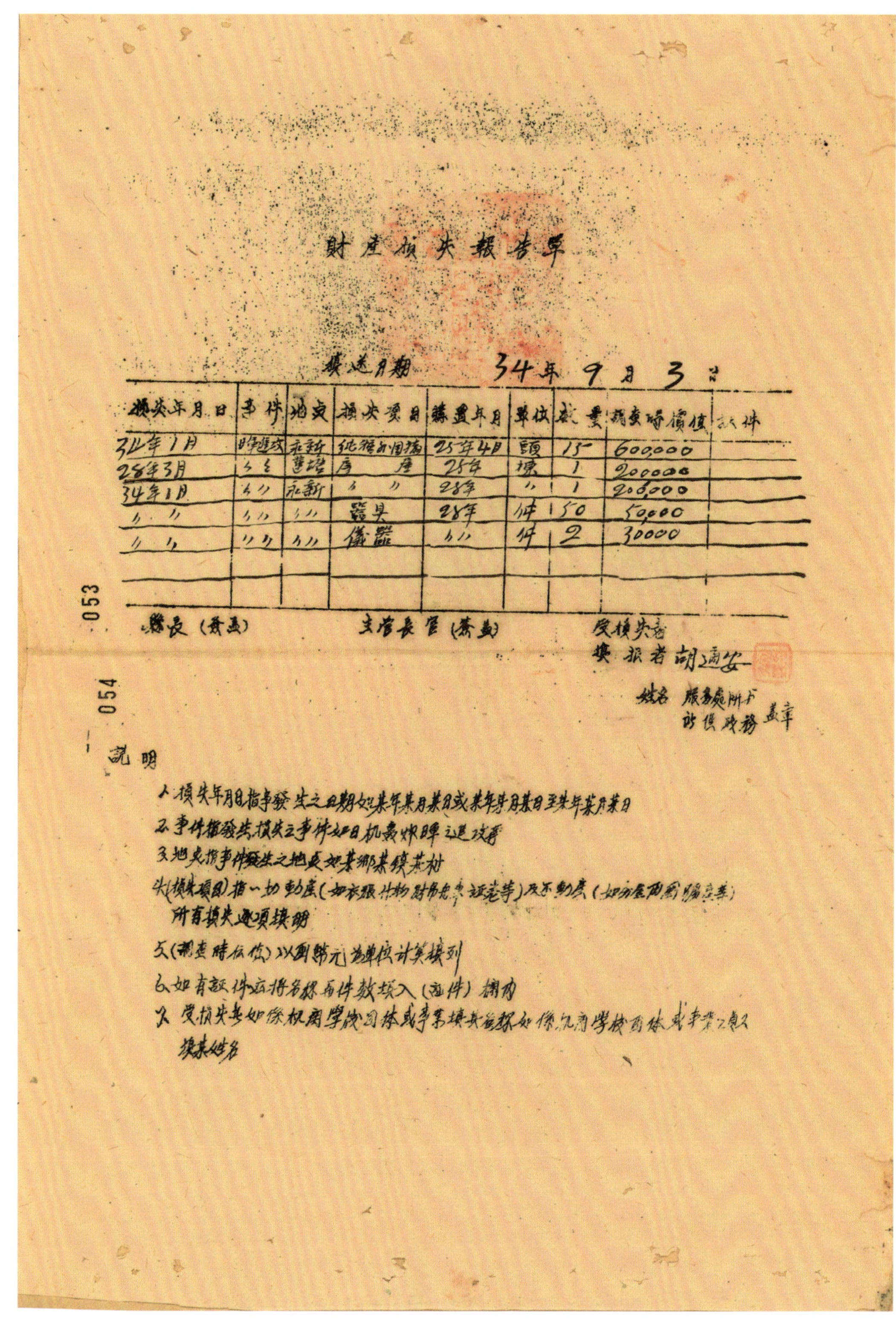

財產損失報告單

填送日期　34年9月3日

損失年月日	事件	地點	損失項目	購置年月	單位	數量	購置時價值	證件
31年7月	日寇進攻	永新	純種仔猪	25年4月	頭	15	600,000	
28年3月	〃〃	蓮塘	房屋	25年	棟	1	200000	
34年1月	〃〃	永新	〃〃	28年	〃	1	200,000	
〃〃	〃〃	〃〃	器具	28年	件	50	50,000	
〃〃	〃〃	〃〃	儀器	〃〃	件	2	30000	

053

縣長（簽蓋）　　主管長官（簽蓋）　　受損失者
填報者　胡適安

姓名　服務處所與所任職務　蓋章

054

說明

1. 損失年月日指事件發生之日期，如某年某月某日或某年某月某日至某年某月某日
2. 事件指發生損失之事件，如日機轟炸、日軍之進攻等
3. 地點指事件發生之地點，如某鄉某鎮某村
4. （損失項目）指一切動產（如衣服、什物、財帛、舟車、證券等）及不動產（如房屋、田園、礦產等）所有損失逐項填明
5. （購置時價值）以國幣元為單位計算填列
6. 如有證件應將名稱與件數填入（證件）欄內
7. 受損失者如係機關學校團體或事業填其名稱，如係個人學校團體或事業之負責人填其姓名

附（一）江西省农业院种猪场财产损失报告单（一九四五年九月三日）

附（二）江西省农业院种猪场财产直接损失汇报表（一九四五年九月三日）

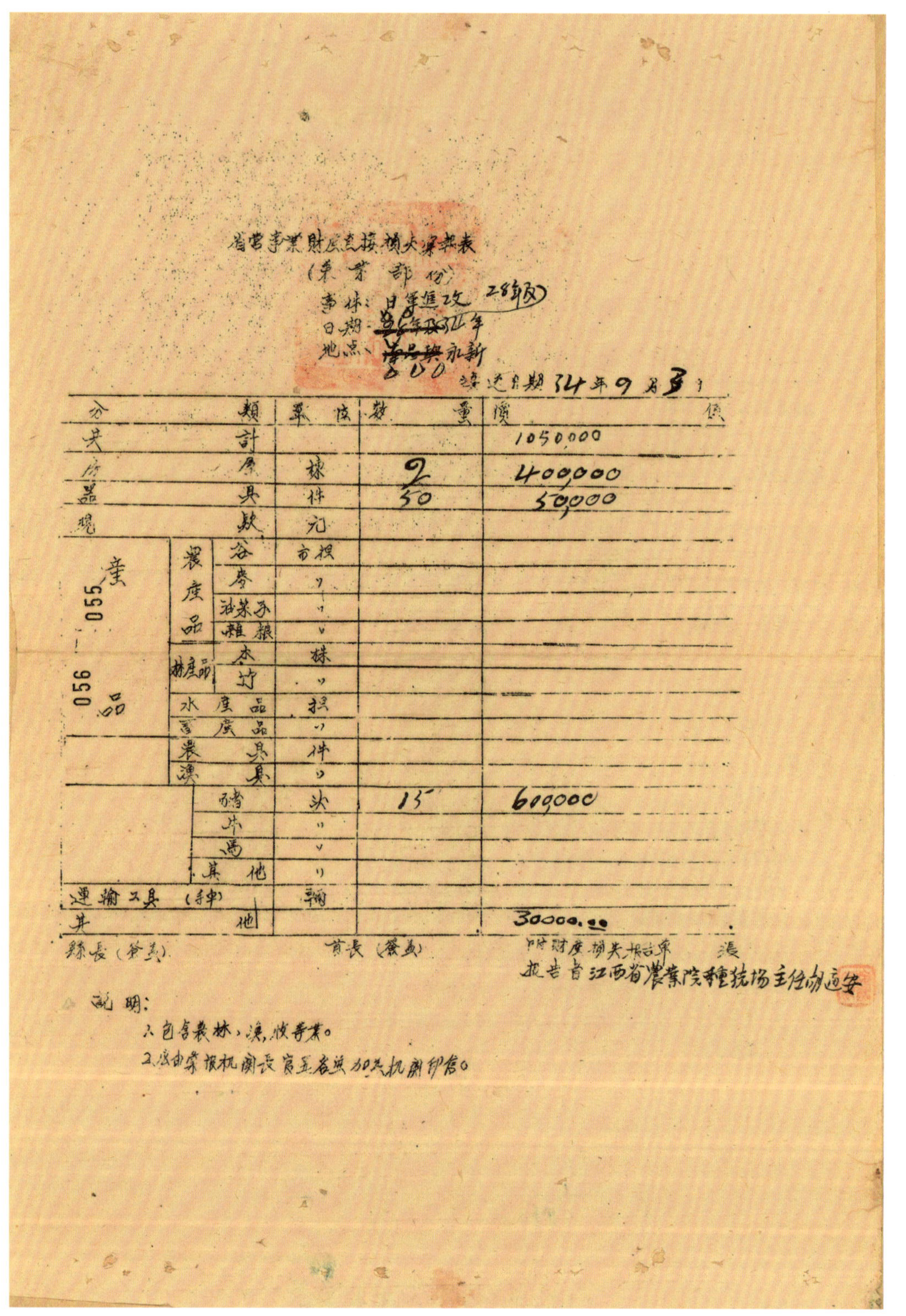

省营事业财产直接损失汇报表

（农业部份）

事件：日军进攻

日期：~~28年及~~34年

地点：~~吉安~~永新

填送日期34年9月3日

分类			单位	数量	价值
共计					1050,000
房屋			栋	2	400,000
器具			件	50	50,000
现款			元		
产品	农产品	谷	市担		
		麦	〃		
		油菜子	〃		
		杂粮	〃		
	林产品	木	株		
		竹	〃		
	水产品		担		
	畜产品		〃		
	农具		件		
	渔具		〃		
		猪	头	15	600000
		牛	〃		
		马	〃		
		其他	〃		
运输工具（手车）			辆		
其他					30000.00

县长（签盖） 首长（签盖） 附财产损失报告单 张

报告者江西省农业院种猪场主任胡适安

说明：

1.包含农林、渔、牧等业。

2.应由填报机关长官签盖并加盖机关印信。

057

江西省農業院種豬場財產直接損失彙報表
（機關名稱）

事件：日軍進攻（28號）
日期：~~□□□□~~34年
地點：~~□□~~、永新　填送日期34年9月3日

分類	價值
共計	480,000
建築物	400,000
器具	50,000
現款	
圖書	
儀器	30,000
文卷	
醫藥用品	
其他	

機長（簽蓋）　機關首長　簽蓋　附財產損失報告單　張
報告者　胡適安

說明

1.試驗研究機關如農業試驗場、工業試驗所之類及公立醫院均包含在内，其損失項目如與本表未列者，概填入"其他"一項。

2.發生損失之事件：如日機轟炸、日軍進攻等。

3.事件發生之日期：如某年某月某日或某年某月某日至某年某月某日。

4.事件發生之地點：如某市某縣某鄉某鎮某村。

5.文卷損失之價值，除以估計外，須填入毀損及遺失之卷宗數。

6.應由填報機關長官署名並加蓋機關印信。

附（三）江西省农业院种猪场财产间接损失报告表（一九四五年九月三日）

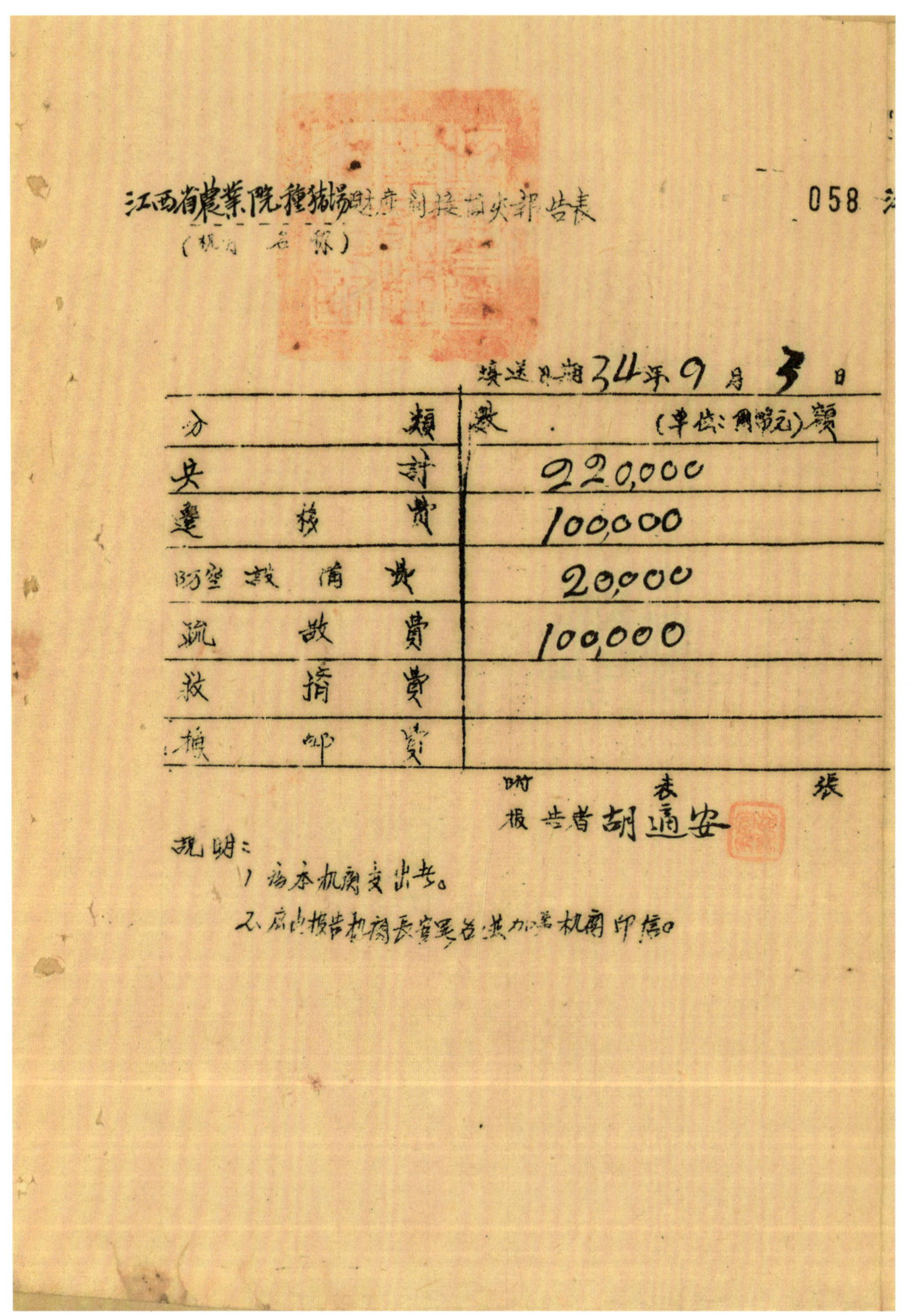

江西省農業院種猪場財產間接損失報告表　　058

（機關名稱）

填送日期34年9月3日

分類	數額（單位：國幣元）
共計	220,000
遷移費	100,000
防空設備費	20,000
疏散費	100,000
救濟費	
撫卹費	

附表　張

報告者 胡適安

說明：

1.本機關支出者。

2.應由報告機關長官署名並加蓋機關印信。

袁

059

种猪场财産簡接損失報告表（表式17）
（機關學校名稱）

損失發生之年份：民國 34 年

塡送日期三十四年 九 月 三 日

分類	數額（單位：國幣元）
共計	220,000
遷移費	100,000
防空設備費	20,000
疏散費	100,000
救濟費(1)	
撫卹費(1)	

報告者(2) 胡適安

說明：1.爲本機關支出者。

2.應由報告機關長官署名並加蓋機關印信縣級機關學校並加由調查專員簽蓋。

江西省第五行政区农业推广处关于遵令报送抗战损失调查表致省农业院的呈（一九四五年九月五日）

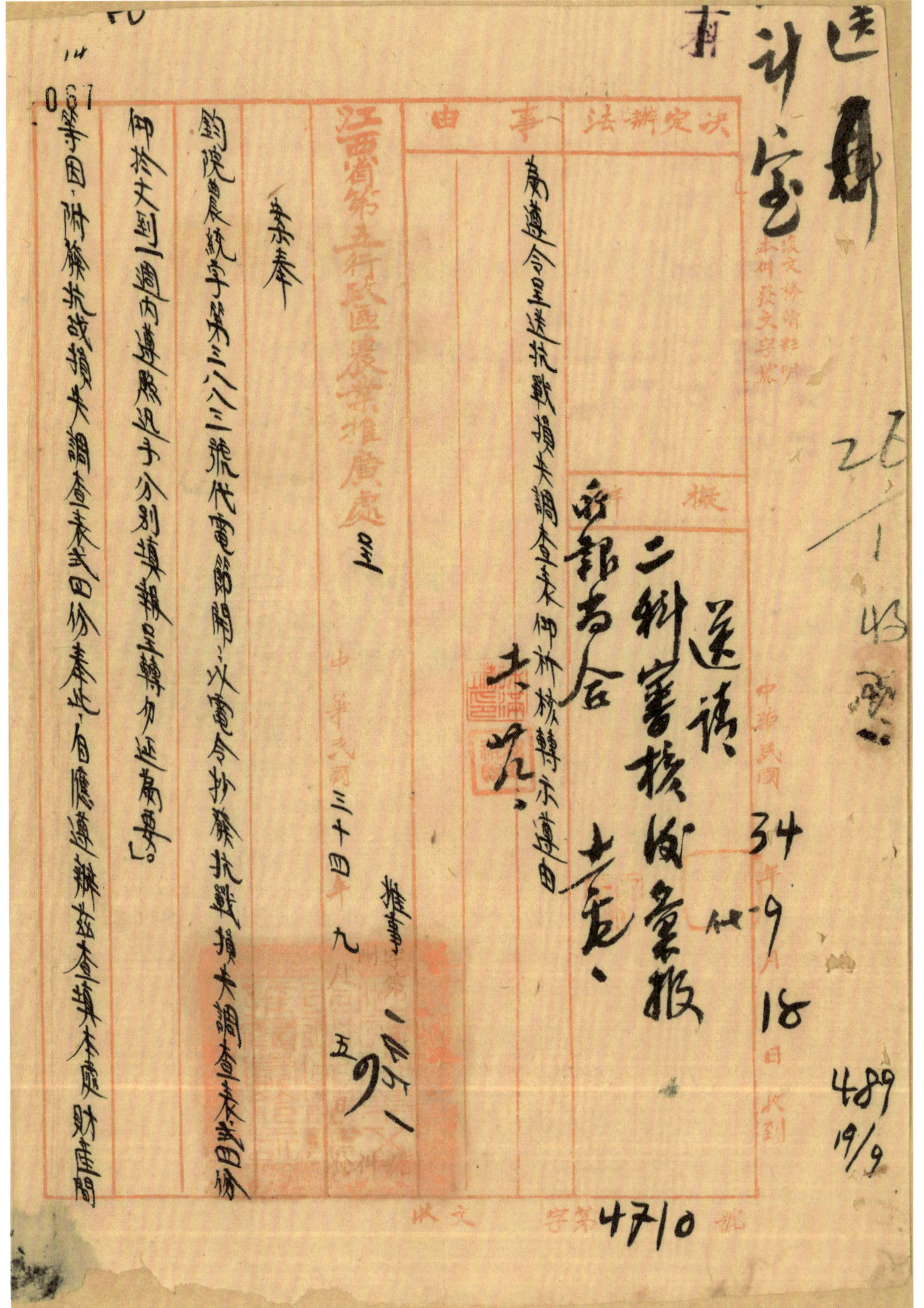

068

接損失報告表三份，理合備文呈請

鈞長俯賜核轉！

謹呈

江西省農業院院長蕭

附呈送本處財產間接損失報告表四份

江西省第五分區農業推廣處主任胡麟新

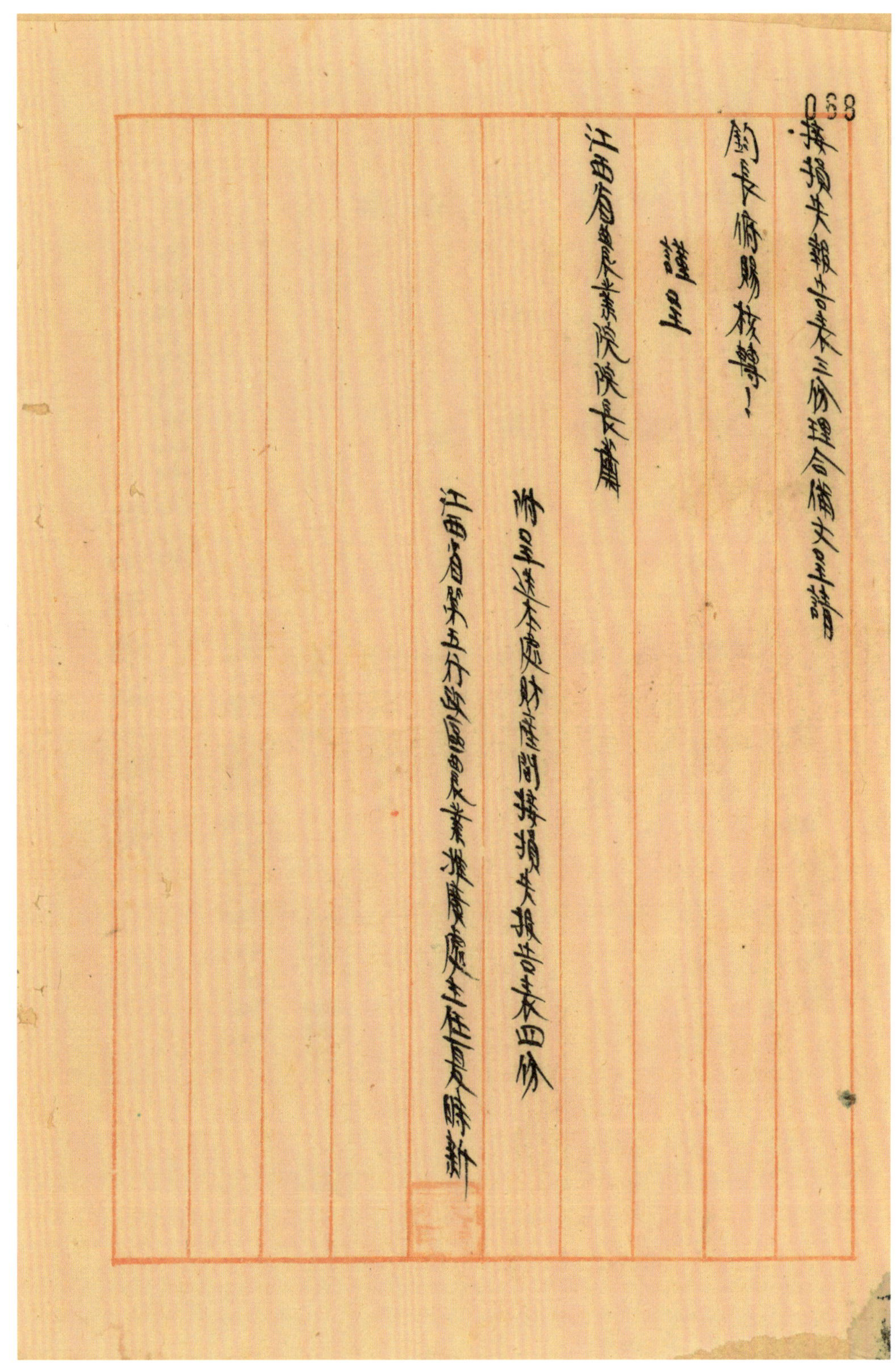

附：江西省第五行政区农业推广处财产间接损失报告表（一九四五年九月五日）

財產間接損失報告表

江西省第五行政區農業推廣處

填送日期 中華民國三十四年九月五日

分類	數額（單位：國幣元）
共計	59000
遷移費	9700
防空設備費	9300
疏散費	8000
救濟費	12000
撫卹費	20000

報告者 兼處長 賀時新

說明：1. 為本機關支出者。
2. 應由報告機關長官署名並加蓋機關印信

069

江西省农业院园艺试验场关于遵令报送抗战损失调查表致省农业院的呈（一九四五年九月八日）

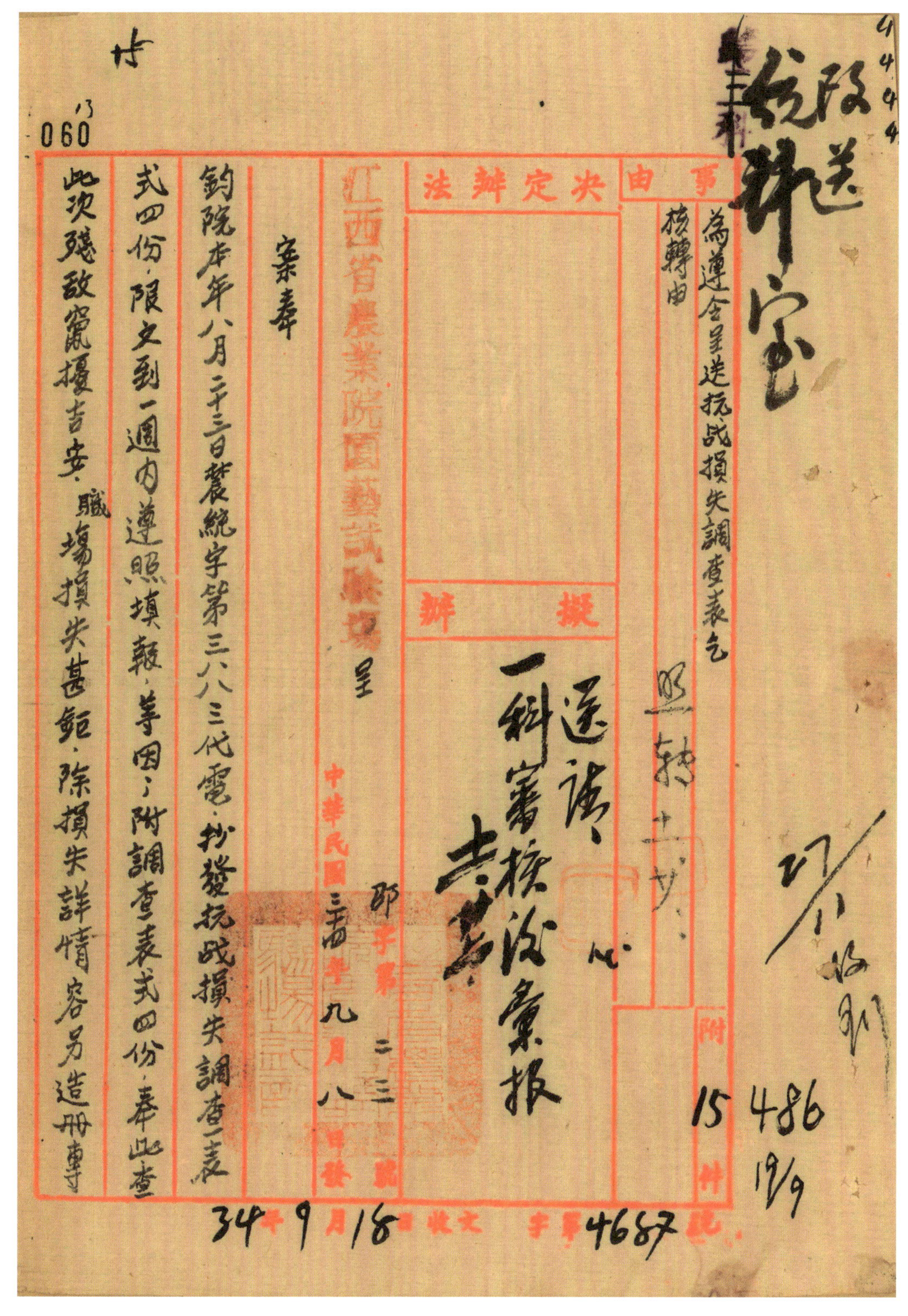

江西省農業院園藝試驗場　呈　卯字第二三號

中華民國三十四年九月八日發

事由：為遵令呈送抗戰損失調查表乞核轉由

決定辦法：

擬辦：送請一科審核後彙報

附件：

案奉

鈞院本年八月二十三日農統字第三八三代電，抄發抗戰損失調查表式四份，限文到一週內遵照填報，等因；附調查表式四份。奉此查此次殘敵竄擾吉安，職場損失甚鉅，除損失詳情容另造冊專

34年9月18日收文　字第4687號

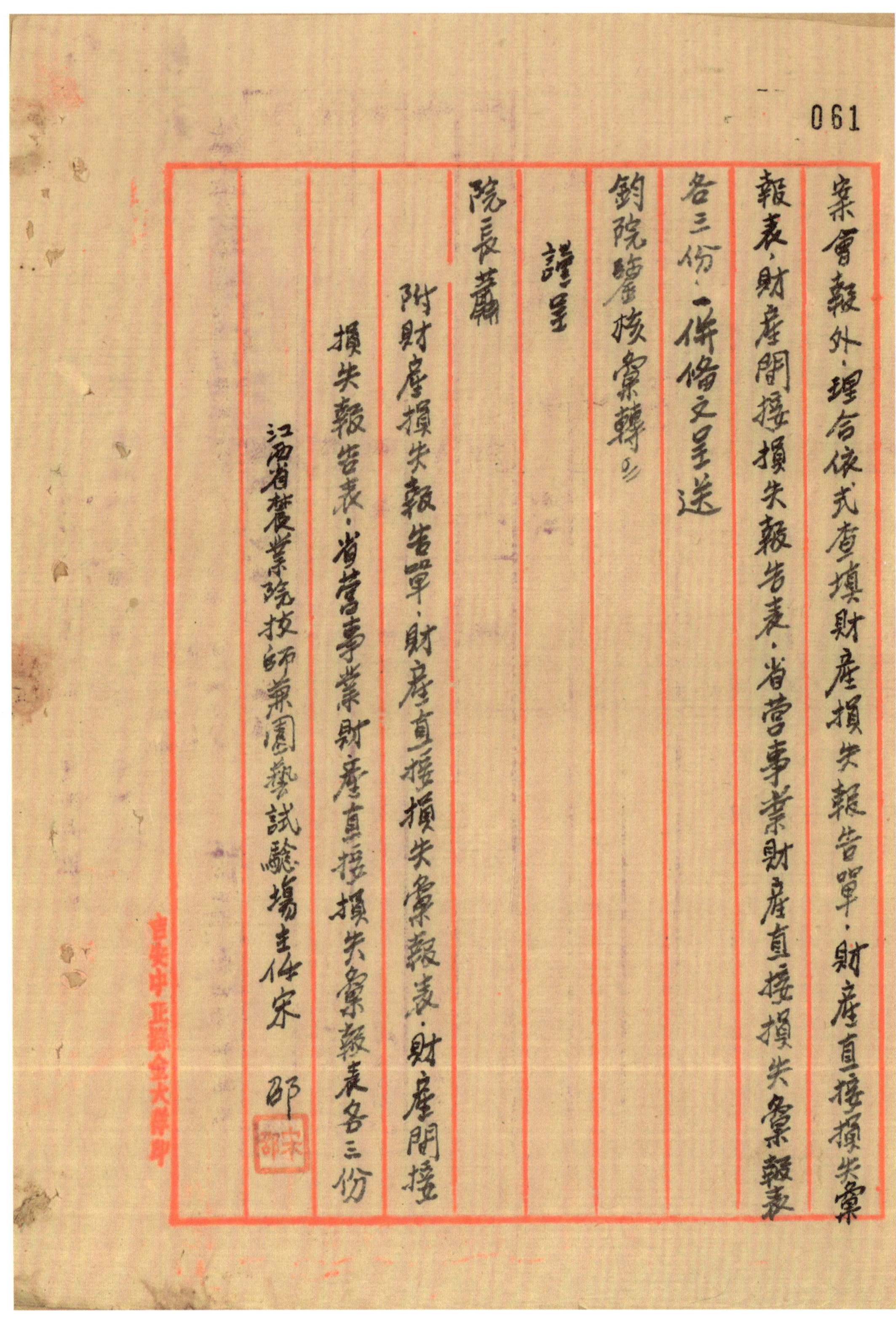
061

案會報外，理合依式查填財產損失報告單、財產直接損失彙報表、財產間接損失報告表、省營事業財產直接損失彙報表各三份，併備文呈送

鈞院鑒核彙轉為

謹呈

院長蕭

附財產損失報告單、財產直接損失彙報表、財產間接損失報告表、省營事業財產直接損失彙報表各三份

江西省農業院技師兼園藝試驗場主任宋邵

附（一）江西省农业院园艺试验场财产损失报告单（一九四五年九月八日）

江西省农业院园艺试验场财产损失报告单

填送日期　卅四年九月8日　第一页

损失年月日	事件	地点	损失项目	购置年月	单位	数量	价值（国币元）	证件
34年7月24日	敌寇窜扰	吉安市东山	铁耙	[illegible]	张	7	7000元	
〃	〃	吉安东门外	[illegible]	〃	[illegible]	6	600元	
〃	〃	〃	大锄[illegible]	〃	[illegible]	5	750元	
〃	〃	〃	小锄[illegible]	〃	〃	3	300元	
〃	〃	〃	[illegible]	〃	把	4	400元	
〃	〃	〃	[illegible]	〃	〃	3	5600元	
〃	〃	〃	[illegible]	〃	[illegible]	2	250元	
〃	〃	〃	[illegible]	〃	〃	1	80元	
〃	〃	〃	[illegible]	〃	[illegible]	1	400元	
〃	〃	〃	[illegible]	〃	把	2	500元	
〃	〃	〃	[illegible]	〃	〃	1	300元	
〃	〃	〃	[illegible]	[illegible]	〃	2	80元	
〃	〃	〃	[illegible]	[illegible]	只	1	450元	
〃	〃	吉安青原山	[illegible]	〃	头	1	25,000元	
〃	〃	吉安东门外	[illegible]	〃	把	5	3,000元	
〃	〃	〃	[illegible]	〃	[illegible]	1	1,000元	
〃	〃	〃	[illegible]	〃	[illegible]	1	800元	
〃	〃	〃	[illegible]	〃	〃	1	[illegible]	
〃	〃	〃	[illegible]	32年1月	面	7	[illegible]	
〃	〃	〃	[illegible]	〃	把	1	[illegible]	
〃	〃	〃	[illegible]	〃	[illegible]	5	[illegible]	[illegible]
〃	〃	〃	[illegible]	[illegible]	[illegible]	1	[illegible]	
〃	〃	〃	[illegible]	〃	张	6	10,000元	
〃	〃	〃	[illegible]	〃	〃	1	1,500元	
〃	〃	〃	[illegible]	〃	〃	3	1,800元	
〃	〃	〃	[illegible]	〃	〃	1	1,500元	
〃	〃	〃	[illegible]	〃	把	18	18000元	
〃	〃	〃	[illegible]	〃	〃	2	[illegible]	
〃	〃	〃	[illegible]	〃	〃	2	400元	
〃	〃	〃	[illegible]	〃	〃	2	600元	
〃	〃	〃	[illegible]	〃	个	3	4000元	
〃	〃	〃	[illegible]	〃	[illegible]	2	2000元	
〃	〃	〃	[illegible]	〃	付	6	2200元	
〃	〃	〃	[illegible]	〃	[illegible]	2	1,200元	
〃	〃	〃	衣柜	〃	[illegible]	1	800元	
〃	〃	〃	洗脸架	〃	〃	2	600元	
〃	〃	〃	大脚盆	〃	〃	1	500元	
〃	〃	〃	[illegible]	〃	〃	1	400元	
〃	〃	[illegible]	[illegible]	〃	[illegible]	1	40,000元	
〃	〃	吉安东门外	[illegible]	〃	[illegible]	3	240元	
〃	〃	〃	[illegible]	33年2月	[illegible]	5	250元	
〃	〃	〃	[illegible]	〃	[illegible]	1	300元	
〃	〃	〃	[illegible]	〃	〃	1	100元	
〃	〃	〃	[illegible]	〃	把	1	450元	
〃	〃	〃	[illegible]	〃	[illegible]	1	350元	
〃	〃	〃	[illegible]	〃	[illegible]	4	46元	
〃	〃	〃	茶杯	〃	〃	2	300元	

第二页

34年7月22日	敌人窜扰	吉安黄泥冲	[illegible]	33年4月	只	1	60元	
〃	〃	〃	[illegible]刀	〃	〃	1	160元	
〃	〃	〃	面帐子	〃	顶	1	200元	
〃	〃	〃	[illegible]	〃	〃	1	250元	
〃	〃	〃	大衣柜	〃	〃	1	800元	
〃	〃	〃	[illegible]	〃	把	〃	150元	
〃	〃	〃	小衣[illegible]	〃	套	1	240元	
〃	〃	〃	新式[illegible]	32年8月	個	1	300元	
〃	〃	〃	自鸣[illegible]	32年1月	把	1	300元	以上家具损失
〃	〃	〃	[illegible]	32年8月	册	1	380元	
〃	〃	〃	铜火炉	〃	個	1	1,000元	
〃	〃	〃	三角板	〃	〃	1	50元	
〃	〃	〃	[illegible]	〃	〃	5	2,000元	
〃	〃	〃	[illegible]	〃	〃	4	500元	以上[illegible]
〃	〃	〃	[illegible]		[illegible]	1	5,000元	
〃	〃	〃	[illegible]	〃	〃	1	12,000元	
〃	〃	〃	工人[illegible]	〃		1	15,000元	以上[illegible]
〃	〃	[illegible]	[illegible]	32年3月	市斤	163	1,630元	
〃	〃	吉安黄泥冲	[illegible]	33年1月	石	77	15,400元	
〃	〃	〃	〃	〃	[illegible]	63	3,150元	以上米谷损失
〃	〃	[illegible]	[illegible]	34年4月	[illegible]	87	[illegible]元	[illegible]
〃	〃	吉安黄泥冲	[illegible]	27年11月	[illegible]	[illegible]	1,000元	
〃	〃	〃	[illegible]	〃	〃	7	2,000元	
〃	〃	〃	[illegible]	〃	〃	24	2,900元	
〃	〃	〃	[illegible]	〃	〃	32	9,600元	
〃	〃	〃	[illegible]	〃	〃	26	5,200元	
〃	〃	〃	[illegible]	34年4月	〃	12	800元	以上[illegible]损失

主管长官：　　　　查报者：

附（二）江西省农业院园艺试验场财产直接损失汇报表（一九四五年九月八日）

江西省農業院園藝試驗場財產直接損失彙報表

事件：敌人竄擾

日期：34年7月24日

地点：吉安東門外

填送日期：34年9月8日

分類	價值
共計	290,050元
建築物	75,000元（房屋損壞）
器具	114,580元（傢具）
現款	/
圖書	380元
儀器	3,550元
文卷	/
醫藥用品	/
其他	96,540元（包括農具、母本果樹、果苗、菜種、花種、木草本花卉等）

機關首長：［印］

附財產損失報告單　張

查報者：［印］

064

附（三二）江西省农业院园艺试验场财产间接损失报告表（一九四五年九月八日）

065

江西省農業院園藝試驗場財產間接損失報告表

填送日期：34年9月8日

（單位：國幣元）　頁

分類	數額
共計	12,000元
遷移費	
防空設備費	
疏散費	12,000元（此項疏散費係省農業院所發，由本場墊付者不在內）
救濟費	
撫卹費	

主管長官：

附表

查報者：張

附（四）省营事业财产直接损失汇报表（一九四五年九月八日）

省營事業財產直接損失彙報表

（農業部份）

事件：敵機轟炸
日期：32年7月24日
地點：[illegible]

填報機關：江西省農業院園藝試驗場　　填送日期：34年9月8日

分類			單位	數量	價值
共計					290050元
房屋			棟	3	75000元
器具			件	92	114580元
現款			元	無	
產品	農產品	穀	市擔		
		麥	〃		
		蔬菜子	〃		
		雜糧	〃		
		試驗[illegible]	[illegible]	163	1630元
		[illegible]草本花卉	盆	77	15400元
		[illegible]木本花卉	株	63	3150元
		菜種	[illegible]	87	8700元
		[illegible]木[illegible]	株	116	22700元
		果苗	〃	16	800元
	林產品	木	〃		
		竹	〃		
	水產品		擔		
	畜產品				
	農具		件	99	19160元
	漁具		〃		
家畜		豬	頭		
		牛	〃	1	25000元
		馬	〃		
		其他	〃		
運輸工具（手車）			輛		
其他（電報圖書儀器）				13	3930元

首長（簽蓋）　　填報者　　附國產損失報告單二張

066

江西省第三行政区农业推广处关于遵令填送抗战损失调查表致省农业院的代电（一九四五年九月八日）

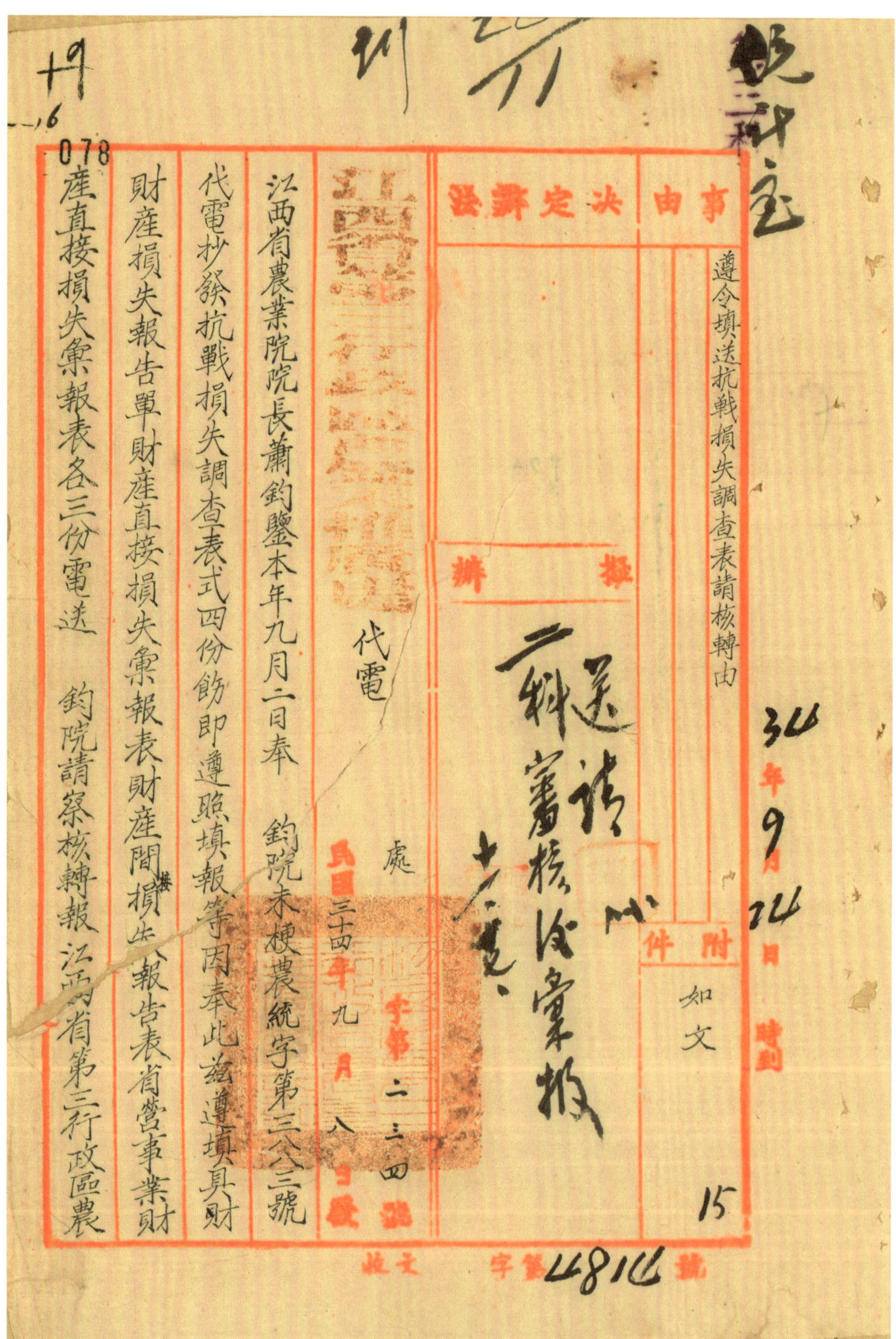

事由：遵令填送抗戰損失調查表請核轉由

附件：如文

代電

江西省農業院院長蕭鈞鑒：本年九月二日奉鈞院未梗農統字第三八三號代電抄發抗戰損失調查表式四份，飭即遵照填報等因，奉此，茲遵填具財產損失報告單、財產直接損失彙報表、財產間接損失報告表、省營事業財產直接損失彙報表各三份，電送鈞院，請察核轉報。江西省第三行政區農

民國三十四年九月八日發

業推廣處主任涂成大申齊叩附送抗戰損失調查表四種計壹拾伍份

附（一）江西省第三行政区农业推广处财产直接损失汇报表（一九四五年九月八日）

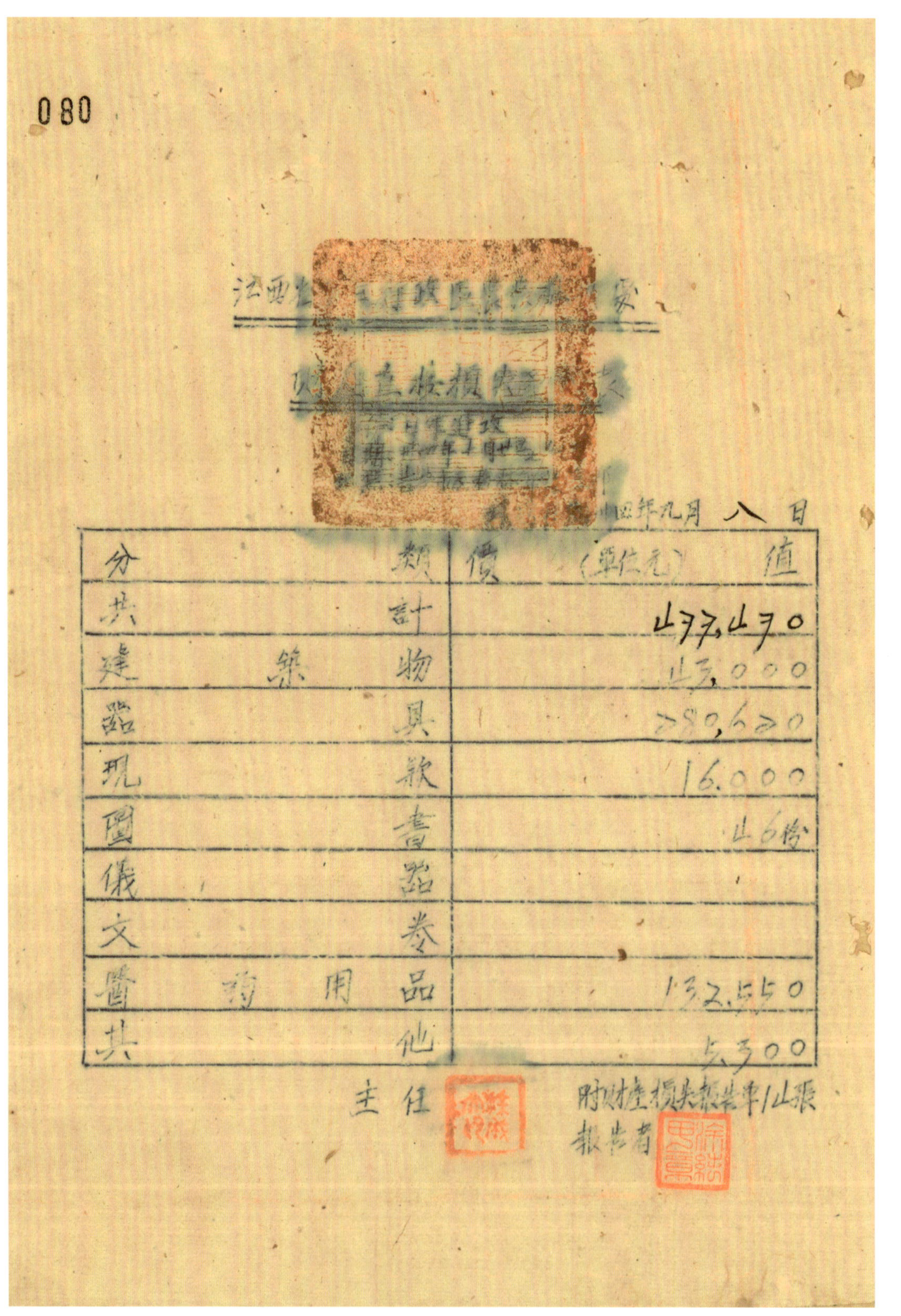
080

江西省第三行政区农业推广处

财产直接损失汇报表

卅四年九月 八 日

分类	价值（单位元）
共计	477,470
建筑物	45,000
器具	280,620
现款	16,000
图书	46修
仪器	
文卷	
医药用品	132,550
其他	5,300

主任 [印]

附财产损失报告单14张

报告者 [印]

附（二）江西省第三行政区农业推广处财产间接损失报告表（一九四五年九月八日）

031

081

江西省第三行政区农业推广處

財產間接損失報告表

填送日期卅四年九月 八 日

分類	數額（單位元）
共計	116,690
遷移費	116,690
防空設備費	
疏散費	
救濟費	
撫邮費	

附表 張

報告者

附（三）省营事业财产直接损失汇报表（一九四五年九月八日）

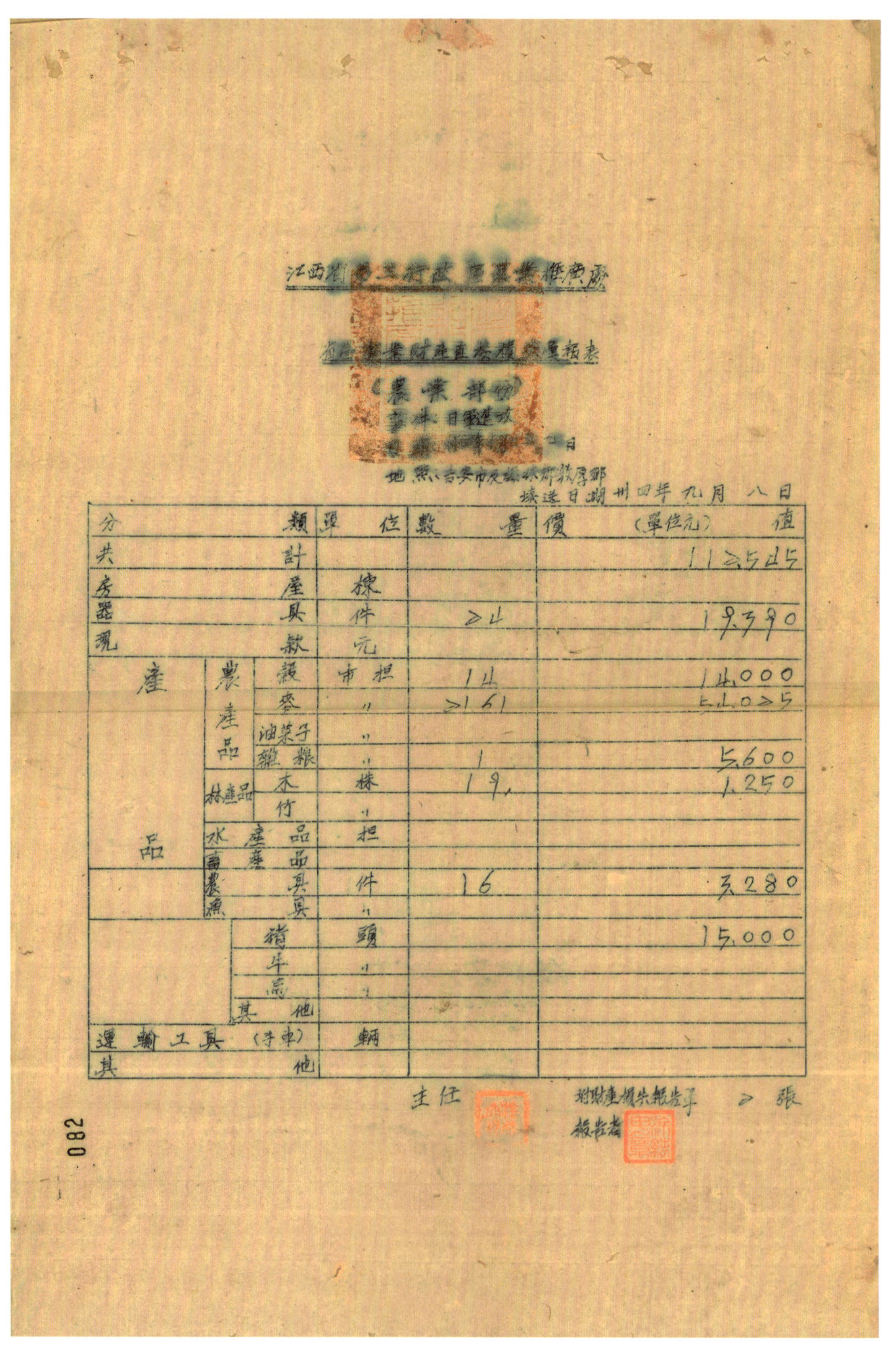

江西省立農村改進事業推廣處

省營事業財產直接損失彙報表

（農業部份）

事件：日軍進攻

日期：[illegible]日

地點：吉安市及縣林埠敦厚鄉

填送日期 卅四年九月八日

分類			單位	數量	價值（單位元）
共計					112545
房屋			棟		
器具			件	24	19,390
現款			元		
產品	農產品	穀	市担	14	14,000
		麥	〃	2161	64,025
		油菜子	〃		
		雜糧	〃	1	5,600
	林產品	木	株	19	1,250
		竹	〃		
	水產品		担		
	畜產品				
	農具		件	16	3,280
	漁具		〃		
		豬	頭		15,000
		牛	〃		
		禽	〃		
		其他			
運輸工具（手車）			輛		
其他					

主任 [seal]

附財產損失報告單 2 張

報告者 [seal]

082

附（四）江西省第三行政区农业推广处财产损失报告单（一九四五年九月八日）

江西省第三行政區農業推廣處

財產損失報告單

填送日期三十四年九月八日　　1

損失年月日	事件	地點	損失項目	購置年月	單位	數量	調查時價值	證件
卅四年七月廿九日	日軍進攻	吉安	處名長牌		塊	1	800	
〃	〃	〃	處名短牌		〃	1	500	
〃	〃	〃	各縣作物站牌		〃	4	1,600	
〃	〃	〃	方桌		張	1	1,200	
〃	〃	〃	白木二斗桌		〃	3	2,400	
〃	〃	〃	黑椅子		把	4	4,000	
〃	〃	〃	籐馬椅子		〃	1	1,000	
〃	〃	〃	羅漢椅子		〃	4	4,000	
〃	〃	〃	黃椅子		〃	3	2,700	
〃	〃	〃	小圓凳		個	2	800	
〃	〃	〃	白木方凳		〃	13	3,900	
〃	〃	〃	黑色架床		張	1	3,000	
〃	〃	〃	棕床		〃	3	3,600	
〃	〃	〃	竹床		〃	4	1,600	
〃	〃	〃	白木長凳		条	23	2,300	
〃	〃	〃	鋪板		副	11	5,500	
〃	〃	〃	黑板		塊	2	2,000	
〃	〃	〃	公文架		個	2	800	
〃	〃	〃	木箱架		〃	4	1,200	
〃	〃	〃	洗臉架		〃	8	2,400	

主管長官

受損失者第三農業推廣處

填報者

江西省[illegible]

財[illegible]損失報[illegible]單

填送日期 三十四年九月八日 2

損失年月日	事件	地點	損失項目	購置年月	單位	數量	調查時價值	證件
卅四年七月廿九日	日軍進攻	吉安	大小圓表框		個	30	2400	
〃	〃	〃	舊[illegible]脚踏車		輛	1	1.600	
〃	〃	〃	方鎖		把	1	60	
〃	〃	〃	大小水桶		隻	3	600	
〃	〃	〃	大水桶		〃	1	500	
〃	〃	〃	木脚盆		個	1	80	
〃	〃	〃	木盆		個	1	120	
〃	〃	〃	木水桶		隻	2	400	
〃	〃	〃	木水缸架		個	1	300	
〃	〃	〃	小水桶		隻	1	140	
〃	〃	〃	木臉盆		個	1	80	
〃	〃	〃	木尿桶		隻	2	400	
〃	〃	〃	洋鐵灯		盞	4	400	
〃	〃	〃	燈盞		個	1	20	
〃	〃	〃	火盆		個	1	250	
〃	〃	〃	糞杓		個	1	170	
〃	〃	〃	土箕		隻	4	240	
〃	〃	〃	竹菜罩		個	1	300	
〃	〃	〃	斗笠		〃	5	400	
〃	〃	〃	碗櫥		項	1	1.000	

084

主管長官　　受損失者 第三農業推廣處 項敬者

江西省[illegible]事業機關

財產損失報告單

填送日期 三十四年九月八日　　3

損失年月日	事件	地點	損失項目	購置年月	單位	數量	調查時價值	證件
卅四年七月廿九日	日軍進攻	吉安	飯鍋		個	1	350	
〃	〃	〃	鍋盖		〃	1	320	
〃	〃	〃	托盤		〃	1	400	
〃	〃	〃	六瓦缸		口	1	450	
〃	〃	〃	水缸		口	1	800	
〃	〃	〃	溫水小缸		〃	1	300	
〃	〃	〃	瓦缸		〃	1	600	
〃	〃	〃	鉄球		個	1	250	
〃	〃	〃	鉄炉桶		〃	1	200	
卅四年七月廿七日	〃	吉安梅林鄉石子上	大鉄鍋		口	1	3000	
〃	〃	〃	小鉄鍋		〃	3	4500	
〃	〃	〃	大小鉄[illegible]鑊		〃	4	2800	
〃	〃	〃	鉄鏟		把	1	40	
〃	〃	〃	菜刀		〃	3	480	
〃	〃	〃	柴刀		〃	1	180	
〃	〃	〃	火鉗		〃	1	120	
〃	〃	〃	小党國旗		副	1	650	
〃	〃	〃	油印機		架	2	2000	
〃	〃	〃	小尖刀		把	1	100	
〃	〃	〃	茶壺		〃	2	180	

主管長官　　　　受損失者 第三農業推廣處
填報者

江西省第三行政区农业推广处

财产损失报告单

填送日期 三十四年九月八日　　山

损失年月日	事件	地点	损失项目	购置年月	单位	数量	调查时价值	证件
卅四年七月廿九日	日军进攻	吉安	瓦钵		个	2	100	
〃	〃	〃	痰盂		〃	2	260	
卅四年七月廿七日	〃	吉安梅林乡匡子上	算盘		把	1	300	
〃	〃	〃	瓷印泥盒		个	2	600	
〃	〃	〃	洋铁印泥盒		〃	1	400	
〃	〃	〃	铜墨盒		〃	1	300	
〃	〃	〃	水盂		〃	1	90	
〃	〃	〃	砚台		副	4	480	
〃	〃	〃	事务员章		颗	1	30	
〃	〃	〃	[illegible]章		〃	1	60	
〃	〃	〃	快件章		〃	1	30	
〃	〃	〃	挂号章		〃	1	30	
〃	〃	〃	开送章		〃	1	30	
〃	〃	〃	第页章		〃	1	30	
〃	〃	〃	空白章		〃	1	30	
卅四年七月廿九日	〃	吉安	洋铁壶		把	1	300	
〃	〃	〃	方锁		〃	1	60	
〃	〃	〃	大水缸	卅四年一月	口	1	800	
〃	〃	〃	澡盆	卅四年二月	〃	2	800	
〃	〃	〃	大锅盖	卅四年三月	个	2	600	

086

主管长官

受损失者 第三区农业推广处

填报者

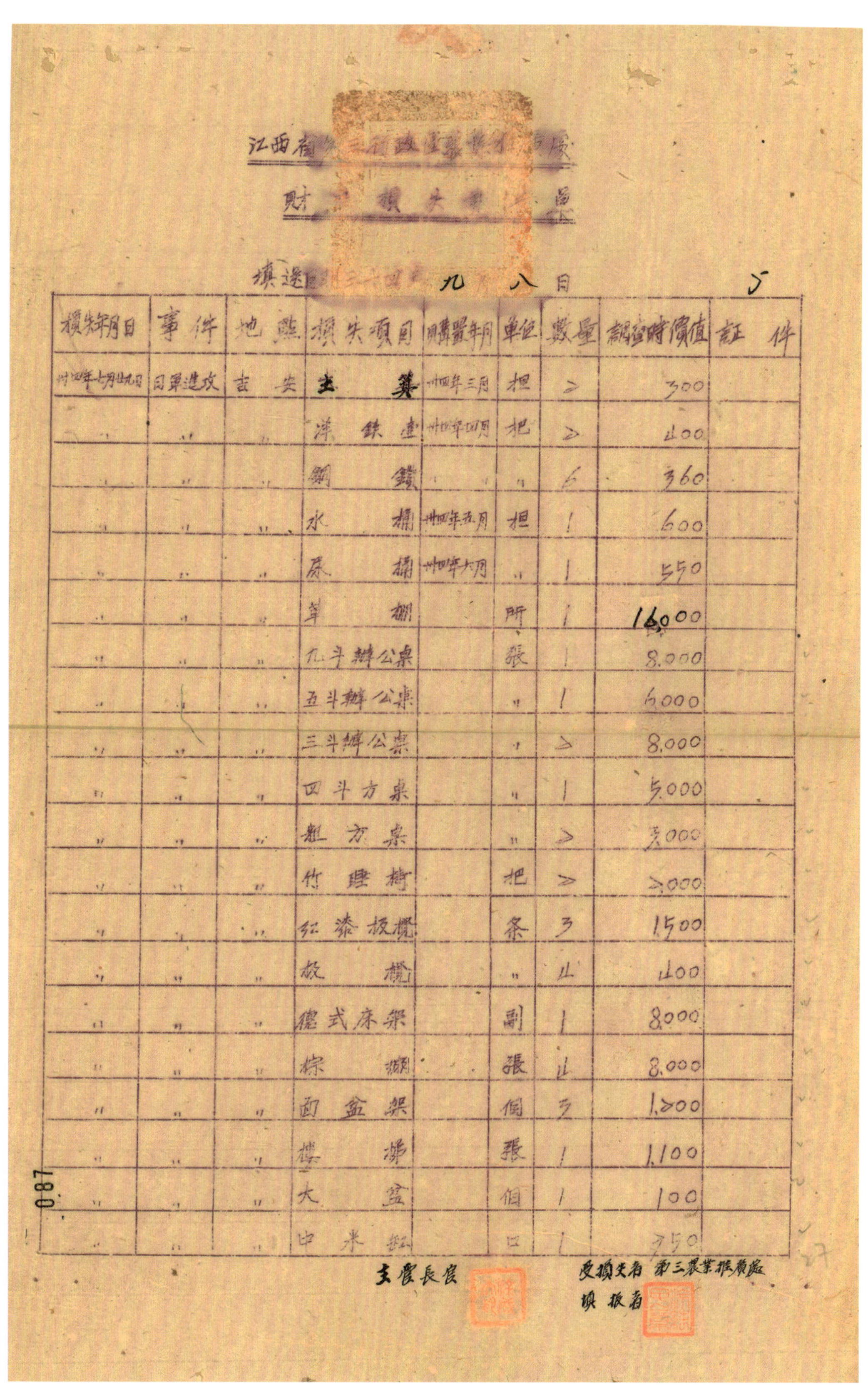

江西省第三行政區農業推廣處

財產損失報告單

填送日期三十四年九月八日　　5

損失年月日	事件	地點	損失項目	購置年月	單位	數量	試查時價值	証件
卅四年七月廿九日	日軍進攻	吉安	土箕	卅四年三月	担	2	300	
〃	〃	〃	洋鉄鏟	卅四年四月	把	2	400	
〃	〃	〃	鋼鍬	〃	〃	6	360	
〃	〃	〃	水桶	卅四年五月	担	1	600	
〃	〃	〃	尿桶	卅四年六月	〃	1	550	
〃	〃	〃	草棚		所	1	16,000	
〃	〃	〃	九斗辦公桌		張	1	8,000	
〃	〃	〃	五斗辦公桌		〃	1	6,000	
〃	〃	〃	三斗辦公桌		〃	2	8,000	
〃	〃	〃	四斗方桌		〃	1	5,000	
〃	〃	〃	粗方桌		〃	2	3,000	
〃	〃	〃	竹靠椅		把	2	2,000	
〃	〃	〃	紅漆板櫈		条	3	1,500	
〃	〃	〃	散櫈		〃	4	400	
〃	〃	〃	德式床架		副	1	8,000	
〃	〃	〃	棕棚		張	4	8,000	
〃	〃	〃	面盆架		個	3	1,200	
〃	〃	〃	樓梯		張	1	1,100	
〃	〃	〃	大盆		個	1	100	
〃	〃	〃	中米缸		口	1	250	

087

主管長官　　受損失者　第三農業推廣處

填報者

27

江西省[illegible]三行政區農業[illegible]

財產損失報告單

填送[illegible]九[illegible]八[illegible]日　　66

損失年月日	事件	地點	損失項目	購置年月	單位	數量	調查時價值	證件
卅四年七月廿九日	日軍進攻	吉安	小糖缸		口	1	240	
卅四年七月廿七日	〃	吉安樟林村石[illegible]	牛四鍋(係小鐵鍋)		〃	1	400	
〃	〃	〃	熟鉄鍋		〃	1	600	
〃	〃	〃	頂鍋		〃	1	300	
〃	〃	〃	洋鉄盤秤		把	1	200	
〃	〃	〃	打印台		個	1	170	
〃	〃	〃	算盤		把	1	600	
〃	〃	〃	中条盤		個	1	400	
卅四年七月廿九日	〃	吉安	丁字頂門棍		根	2	100	
〃	〃	〃	窗木棍		〃	10	100	
〃	〃	〃	活動木屋		座	1	15,000	
〃	〃	〃	水井上抽水橋架		〃	1	2,000	
〃	〃	〃	柴灶 煤灶 [illegible]灶		〃	各1	3,000	
〃	〃	〃	内竹籬		丈	40	12,000	
卅四年七月廿七日	〃	吉安樟林鄉石子上	藤袋		個	45	13,500	
卅四年七月廿九日	〃	吉安	白課桌		張	1	600	
卅四年七月廿七日	〃	吉安樟林鄉石子上	重曹		gm	8500	1,700	
〃	〃	〃	醋酸鉛		〃	36500	3,650	
〃	〃	〃	次沒食子酸鉍		〃	14000	2,800	
〃	〃	〃	次硝酸鉍		〃	4000	1,600	

088

主管長官　　　　受損失者 第三農業[illegible]

填報者 [illegible]

江西省第三行政區農業推廣處

財產損失報告單

填送日期 [illegible] 九 [illegible] 八 日　　　　7

損失年月日	事件	地點	損失項目	購置年月	單位	數量	調查時價值	證件
卅四年七月廿七日	日軍進攻	吉安縣梅林鄉左手上	昇汞		Gm.	50.00	2.000	
〃	〃	〃	水楊酸		〃	45.00	900	
〃	〃	〃	碘化鉀		〃	45.00	1.500	
〃	〃	〃	硫黄粉		〃	290.00	1.450	
〃	〃	〃	醋酸鉀		〃	400.00	4.000	
〃	〃	〃	硫酸銅		〃	350.00	3.500	
〃	〃	〃	煅製鐵		〃	590.00	1.200	
〃	〃	〃	抱水諾魯拉兒		c.c.	250.0	2.000	
〃	〃	〃	大黄末		Gm.	260.00	1.500	
〃	〃	〃	茴香末		〃	120.00	1.200	
〃	〃	〃	龍胆末		〃	400.00	4.000	
〃	〃	〃	溴化鉀		〃	160.00	3.200	
〃	〃	〃	甘草末		〃	120.00	500	
〃	〃	〃	硝酸鋁		〃	240.00	2.400	
〃	〃	〃	食鹽		〃	500.00	500	
〃	〃	〃	鋅養粉		〃	580.00	3.500	
〃	〃	〃	支那耐		c.c.	10.00	400	
〃	〃	〃	石灰水		〃	250.00	500	
〃	〃	〃	松節油		〃	30.00	1.200	
〃	〃	〃	双氧水		〃	120.00	1.200	

主管長官 [印]　　　　受損失者 第三農業推廣處

填報者 [印]

江西省第三行政區農業推廣處

財產損失報告單

填送日期三十四年九月八日　　8

損失年月日	事件	地點	損失項目	購置年月	單位	數量	調查時價值	證件
卅四年七月廿七日	日軍進攻	吉安縣林部石子上	炭酸鈉		gm.	550.00	2,100	
〃	〃	〃	硫酸銅液		cc	200.00	200	
〃	〃	〃	波爾多合劑		〃	10.00	300	
〃	〃	〃	過錳酸鉀液		〃	200.00	200	
〃	〃	〃	毛地方酒		〃	300.00	2,100	
〃	〃	〃	茴香酊		〃	60.00	600	
〃	〃	〃	吐根末		gm.	50.00	250	
〃	〃	〃	澱粉		〃	180.00	400	
〃	〃	〃	人工鹽		〃	820.00	2,000	
〃	〃	〃	炭酸鎂		〃	680.00	1,200	
〃	〃	〃	單寧酸		〃	100.00	1,000	
〃	〃	〃	水楊酸鈉		〃	255.00	1,000	
〃	〃	〃	硫酸鋅		〃	150.00	1,500	
〃	〃	〃	龍腦酒		cc	150.00	1,500	
〃	〃	〃	橄欖油		〃	20.00	1,000	
〃	〃	〃	生薑末		gm.	220.00	200	
〃	〃	〃	雄黃		〃	20.00	400	
〃	〃	〃	薄荷汁		〃	300.00	1,200	
〃	〃	〃	糖漿		cc	10.00	400	
〃	〃	〃	蓖麻油		〃	10.00	400	

090

主管長官　　受損失者 第三農業推廣處

填報者

江西省第三行政區農業推廣處

財產損失報告單

填送日期三十四年九月八日　9

損失年月日	事件	地點	損失項目	購置年月	單位	數量	調查時價值	證件
卅四年七月廿七日	日軍進攻	吉安縣[illegible]石牙上	苦味酒		c.c.	215.00	2,000	
〃	〃	〃	大茴香末		gm.	20000	2,000	
〃	〃	〃	過氯化汞		〃	100.00	3,000	
〃	〃	〃	乳糖		〃	250.00	2,500	
〃	〃	〃	骨粉末		〃	270.00	1,000	
〃	〃	〃	糖化素		〃	150.00	3,000	
〃	〃	〃	標本玻片		片	42	1,600	
〃	〃	〃	軟膏刀		把	2	200	
〃	〃	〃	軟膏研缽		只	6	1,200	
〃	〃	〃	鳥刷		把	1	100	
〃	〃	〃	木質灌藥器		只	1	200	
〃	〃	〃	藥箱		〃	1	2,000	
〃	〃	〃	燒瓶鐵架		個	1	800	
〃	〃	〃	大小量杯		〃	3	2,000	
〃	〃	〃	大小漏斗		〃	4	2,000	
〃	〃	〃	乳缽		〃	1	400	
〃	〃	〃	消毒器		套	3	6,000	
〃	〃	〃	小橡皮管		尺	2	400	
〃	〃	〃	體溫計		支	2	4,000	
〃	〃	〃	燒杯		只	1	500	

190

主管長官

受損失者第三農業推廣處
填報者

江西省第三行政區農業推廣處

財產損失報告單

填送日期三十四年九月八日　　10

損失年月日	事件	地點	損失項目	購置年月	單位	數量	調查時價值	備考
卅四年七月廿七日	日軍進攻	吉安梅林鄉石子上	軟膏洋鐵瓶		只	1	200	
"	"	"	研藥碗		"	3	100	
"	"	"	灌腸器		副	1	2000	
"	"	"	子宮洗滌器		個	1	2500	
"	"	"	玻璃試管		支	4	400	
"	"	"	煎劑器		套	1	500	
"	"	"	毛剪		把	1	200	
"	"	"	大小瓷缸		只	9	400	
"	"	"	手術衣		件	4	16,000	
"	"	"	大扁平玻璃試驗器		個	1	300	
"	"	"	外科刀		把	2	800	
"	"	"	洋磁藥盤		只	6	4,800	
"	"	"	血清空玻璃瓶		"	53	5,300	
卅四年七月廿九日	"	吉安	空白農家田場經營調查表		本	1		
"	"	"	農家財產清查賬		本	83		
"	"	"	農家現金收支賬		"	8		
"	"	"	已用調查表及底稿		本	1		
"	"	"	鋼板框		塊	1	400	
"	"	"	硯池		"	3	210	
"	"	"	農報		册	17		

主管長官 [印]　　受損失者 第三農業推廣處

填報者 [印]

092

江西省第三行政區農業推廣處

財產損失報告單

填送日期三十四年九月八日　　11

損失年月日	事件	地點	損失項目	購置年月	單位	數量	調查時價值	證件
卅四年七月廿九日	日軍進攻	吉安	推廣劇報		份	14		
〃	〃	〃	農場經營推廣牌		塊	1	800	
〃	〃	〃	五斗辦公桌		張	1	5,000	
〃	〃	〃	黑漆椅子		把	1	800	
〃	〃	〃	鋪板		副	7	2,800	
〃	〃	〃	板櫈		条	14	1,400	
〃	〃	〃	物價報表		張	1		
〃	〃	〃	茶壺		隻	1	180	
〃	〃	〃	算盤		把	1	300	
〃	〃	〃	油壺		把	1	50	
〃	〃	〃	油瓶		〃	1	110	
〃	〃	〃	鉄灯		個	2	100	
〃	〃	〃	火盆		〃	1	150	
〃	〃	〃	冲壺		把	1	250	
〃	〃	〃	火鉗		〃	2	180	
〃	〃	〃	大木桶		個	1	300	
〃	〃	〃	小水桶		〃	2	400	
〃	〃	〃	木盆		個	1	160	
〃	〃	〃	三角牌		塊	7	420	
〃	〃	〃	砧板		〃	1	90	

093

主管長官

受損失者　第三農業推廣處

填報者

江西省第三行政區農業推廣處

財產損失報告單

填送日期三十四年九月八日　　　　12

損失年月日	事件	地點	損失項目	購置年月	單位	數量	調查時價值	證件
卅四年七月廿九日	日寇進攻	吉安	鋤頭		把	1	310	
〃	〃	〃	柴刀		〃	1	250	
〃	〃	〃	脚盆		口	1	300	
〃	〃	〃	飯籃		隻	1	50	
〃	〃	〃	托盤		個	1	200	
[illegible]	〃	吉安[illegible]鄉	大鐵鍋		口	1	2,000	
〃	〃	〃	菜刀		把	1	150	
〃	〃	〃	鍋鏟		〃	1	50	
〃	〃	〃	菜碗		隻	5	400	
〃	〃	〃	飯碗		〃	5	200	
〃	〃	〃	調羹		個	6	60	
〃	〃	〃	鋪板		副	2	1,000	
〃	〃	〃	小木椅		把	6	1,800	
〃	〃	〃	方木凳		個	2	400	
〃	〃	〃	小銅鎖		把	8	400	
〃	〃	〃	大鐵鎖		〃	2	240	
〃	〃	〃	麻袋		個	28	8,400	
〃	〃	〃	小紙刀		把	1	120	
〃	〃	〃	農報		份	1		
〃	〃	〃	江西地圖		〃	1	350	
			現款		元		5,000	

主管長官　　　　受損失者　第三農業推廣處

　　　　　　　　填報者

094

財產損失報告單

填送日期三十四年九月八日　　　　13

損失年月日	事件	地點	損失項目	購置年月	單位	數量	調查時價值	證件
卅四年七月廿七日	日軍進攻	吉安梅林鄉石子上	棉絮		床	2	11,000	
〃	〃	〃	被單		〃	2	10,000	
〃	〃	〃	毯子		〃	1	3,000	
〃	〃	〃	廠呢製服		套	2	12,000	
〃	〃	〃	派力士製服		〃	1	7,500	
〃	〃	〃	標準布襯衣		件	3	3,900	
〃	〃	〃	呢大衣		〃	1	2,000	
〃	〃	〃	搪瓷臉盆		個	1	2,600	
〃	〃	〃	頭繩褂褲		件	2	5,600	
〃	〃	〃	皮鞋		双	1	1,500	
〃	〃	〃	蚊帳		頂	1	3,000	
〃	〃	〃	皮箱		隻	1	2,800	
〃	〃	〃	老花眼鏡		副	1	1,500	
〃	〃	〃	手錶		個	1	2,000	
〃	〃	〃	現款		元		11,000	
〃	〃	〃	毛巾		条	2	600	
〃	〃	〃	襪子		双	4	1,200	
〃	〃	〃	套鞋		双	1	3,000	
〃	〃	〃	大銅墨盒		個	1	600	
〃	〃	〃	銅煙袋		枝	1	1,100	

主管長官

受損失者　龔獨清
填報者
服務處所　第三農業推廣處
職務　[illegible]員
姓名　龔獨清

財產損失報告單

填送日期 三十四年九月八日　　14

損失年月日	事件	地點	損失項目	購置年月	單位	數量	損失時價值	證件
卅四年七月廿七日	日軍進攻	吉安[illegible]	鐵鍋		口	1	2000	
〃	〃	〃	錫鑽		個	1	600	
〃	〃	〃	銅壺		把	1	500	
〃	〃	〃	菜刀		把	1	260	
〃	〃	〃	柴刀		把	1	300	
〃	〃	〃	竹床		張	1	400	
〃	〃	〃	澡盆		口	1	300	
〃	〃	〃	洋鐵米桶		隻	1	1200	
〃	〃	〃	洋鐵箱		〃	1	800	
〃	〃	〃	湯匙		個	3	400	
〃	〃	〃	飯碗		〃	10	500	
〃	〃	〃	白米		担	1	3000	
〃	〃	〃	茶油		斤	5	1500	
〃	〃	〃	食鹽		〃	4	800	

主管長官

受損失者 龔獨清
填報者
服務處所 第三農業推廣處
職別 [illegible]員
姓名 龔獨清

江西省第三行政區農業推廣處

財產損失報告單

填送日期三十四年9月8日　　(1)

損失年月日	事件	地點	損失項目	購置年月	單位	數量	調查時價值	證件
卅四年七月廿七日	日軍進攻	吉安值林鄉石子上	茶鋤頭		把	3	870	
〃	〃	〃	四齒耙		〃	2	600	
〃	〃	〃	八齒耙		〃	1	400	
〃	〃	〃	鐮刀		〃	2	140	
〃	〃	〃	[illegible]花刀		〃	3	240	
〃	〃	〃	斧頭		〃	1	300	
〃	〃	〃	鐵梳		根	2	260	
〃	〃	〃	小鋸子		把	1	450	
〃	〃	〃	錘子		個	1	320	
〃	〃	〃	牛嘴子		〃	1	270	
卅四年七月廿九日	〃	吉安	林具架		〃	1	1,000	
〃	〃	〃	尿桶		隻	5	600	
〃	〃	〃	標本夾		副	1	400	
〃	〃	〃	糞杓		把	1	160	
〃	〃	〃	圓盤		個	3	660	
卅四年七月廿七日	〃	吉安值林鄉石子上	蓑衣		件	6	6,000	
卅四年七月廿九日	〃	吉安	柚樹		株	4	200	
〃	〃	〃	梨樹		〃	6	600	
〃	〃	〃	桃樹		〃	2	200	
〃	〃	〃	油桐		〃	2	100	

主管長官　　　受損失者第三農業推廣處
填報者

097

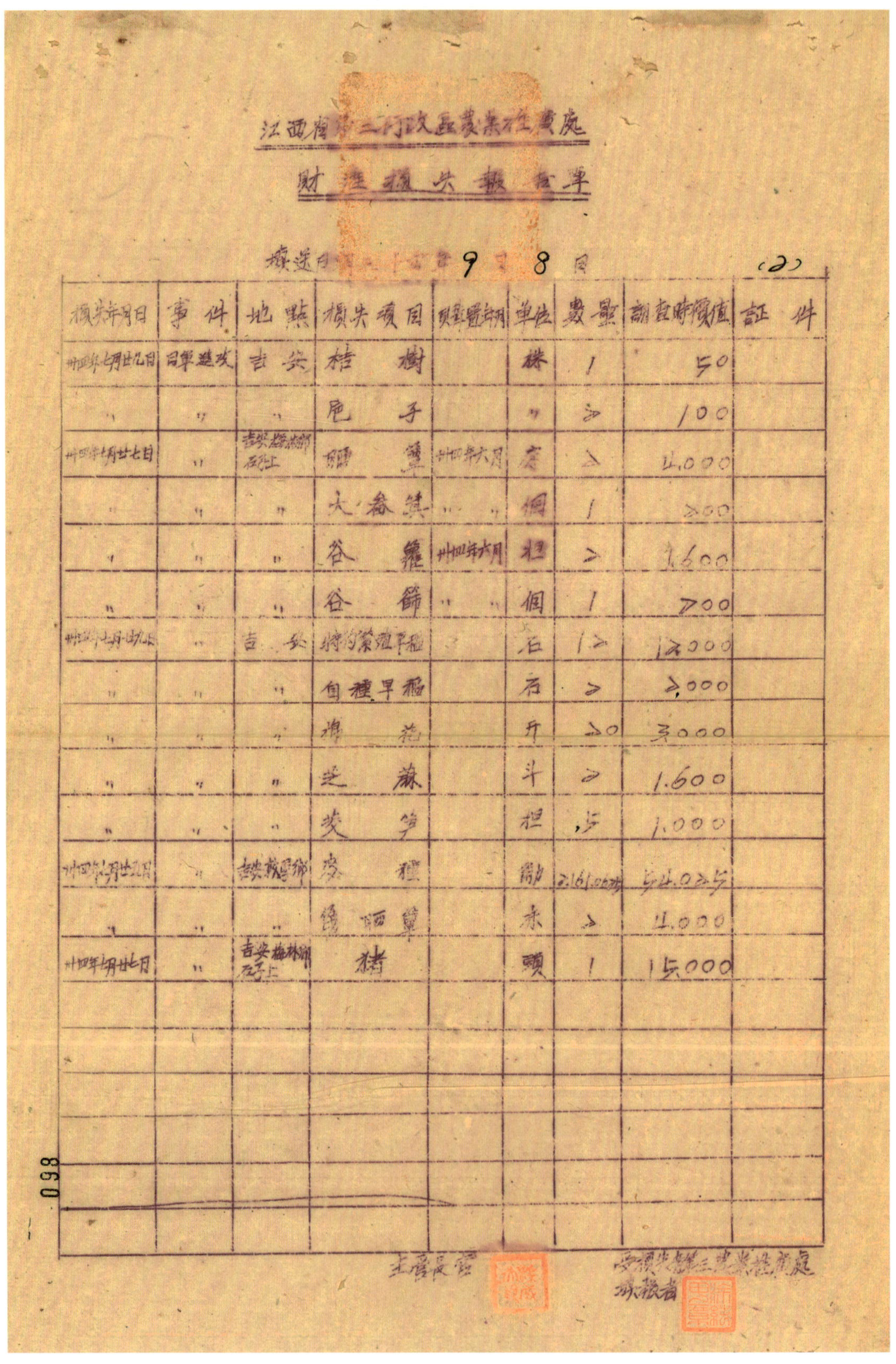

江西省第三行政區農業推廣處

財產損失報告單

填送日期三十四年9月8日 (2)

損失年月日	事件	地點	損失項目	購置年月	單位	數量	調查時價值	證件
卅四年七月廿九日	日軍進攻	吉安	桔樹		株	1	50	
〃	〃	〃	[illegible]子		〃	2	100	
卅四年七月廿七日	〃	吉安梅林鄉石子上	蠶簟	卅四年六月	床	2	4.000	
〃	〃	〃	大蠶箕	〃 〃	個	1	200	
〃	〃	〃	谷籮	卅四年六月	担	2	1.600	
〃	〃	〃	谷篩	〃 〃	個	1	200	
卅四年七月廿九日	〃	吉安	特約繁殖早稻		石	12	12.000	
〃	〃	〃	自種早稻		石	2	2.000	
〃	〃	〃	棉花		斤	20	3.000	
〃	〃	〃	芝麻		斗	2	1.600	
〃	〃	〃	茭笋		担	5	1.000	
卅四年七月廿五日	〃	吉安[illegible]鄉	麥種		畝	2.161.00	54.025	
〃	〃	〃	[illegible]		束	2	4.000	
卅四年七月廿七日	〃	吉安梅林鄉石子上	豬		頭	1	15.000	

098

主管長官 [印]

受損失者第三農業推廣處

填報者 [印]

江西省农业院附设吉安中心苗圃关于遵令填报抗战损失调查表致省农业院的代电（一九四五年九月十日）

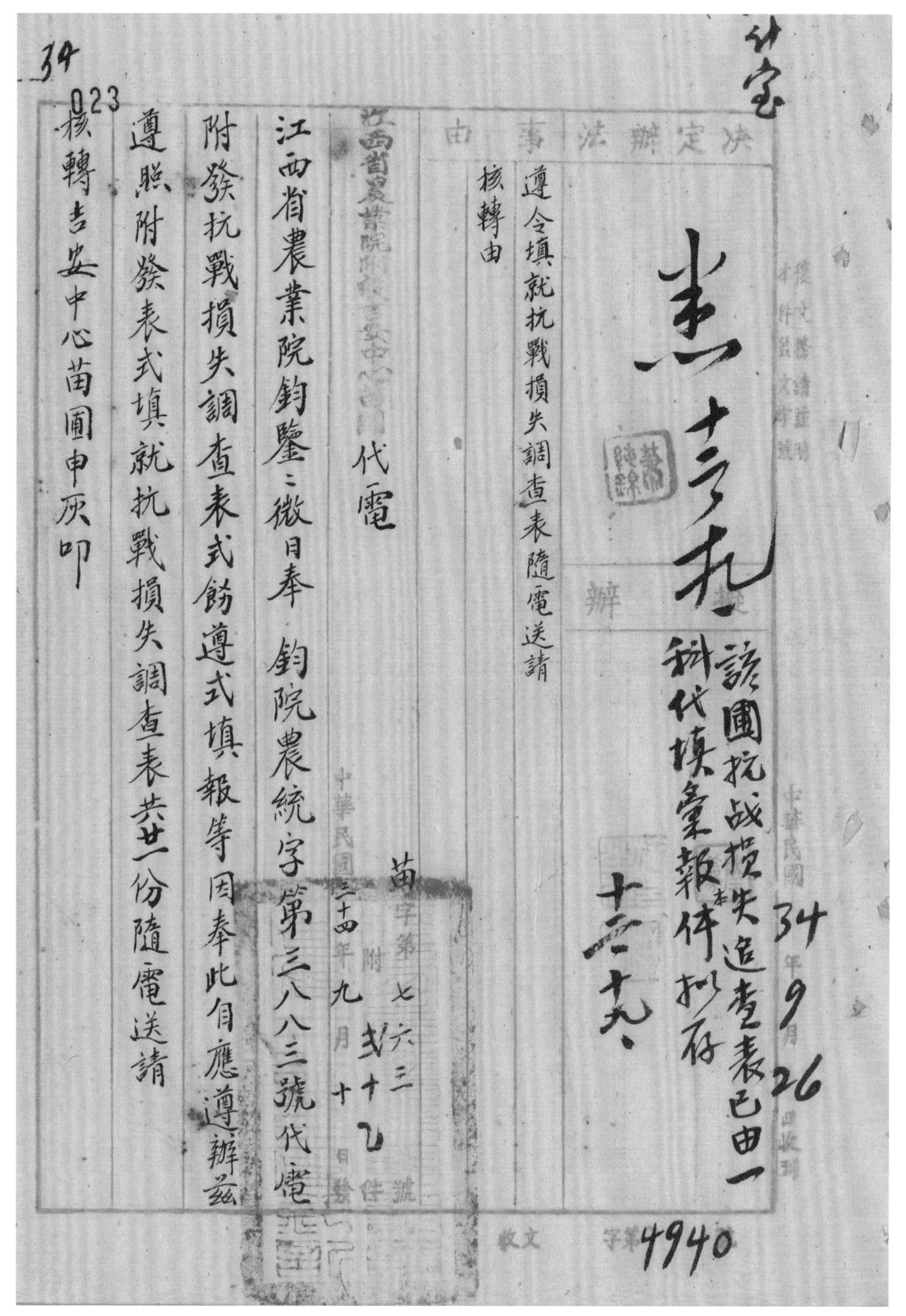

決定辦法

事由：遵令填就抗戰損失調查表隨電送請核轉由

悉 十三 九

該圃抗战損失追查表已由一科代填彙報件抄存 十三 十九

34 9 26

江西省農業院附設吉安中心苗圃代電

江西省農業院鈞鑒：徵日奉鈞院農統字第三八八三號代電附發抗戰損失調查表式飭遵式填報等因奉此自應遵辦茲遵照附發表式填就抗戰損失調查表共廿一份隨電送請核轉

吉安中心苗圃申灰叩

苗字第七六三號

中華民國三十四年九月十日

附件 弍十乙

收文 字第4940號

附（一）江西省农业院附设吉安中心苗圃财产直接损失汇报表（一九四五年九月九日）

024

江西省農業院吉安中心苗圃財產直接損失彙報表

事件：敵人竄擾

日期：34年7月27日至34年八月2日

地点：吉安青原山

填送日期34年9月9日

分類	價值
共計	2,680.00元
建築物	
器具	
現款	
圖書	2,680.00元
儀器	
文卷	5件
醫藥用品	
其他	

机関首長

附財產損失報告單 張

報告者

附（二）江西省农业院附设吉安中心苗圃财产间接损失报告表（一九四五年九月九日）

江西省農業院吉安中心苗圃財產間接損失報告表

填送日期34年9月9日

分類	數額（單位：國幣元）
共計	63,100.00元
遷移費	—
防空設備費	1,500.00元
疏散費	61,600.00元
救濟費	—
撫卹費	—

025

報告者羅光彩

附（三）江西省农业院附设吉安中心苗圃财产直接损失汇报表（一九四五年九月九日）

江西省農業院吉安中心苗財產直損失彙報表

（農業部份）

事件：敵人竄擾

日期：三十四年七月廿七日至同年八月二日

地点：吉安青原山

填送日期34年9月9日

分類			單位	數量	價值
共計					116,320.00元
房屋			棟		
器具			件	150	70,070.00元
現款			元		
產品	農業品	谷	市担		
		麥	〃		
		油菜子	〃		
		雜粮	〃		
	林產品	苗木	株	15000	30,000.00元
		竹	〃		
	水產品		担		
	畜產品				
	農具		件	80	16,250.00元
	漁具		〃		
		豬	頭		
		牛	〃		
		馬	〃		
		其他	〃		
運輸工具（手車）			輛		
其他					

首長（印）　　附財產損失報告單　張

報告者（印）

026

財產損失報告單

填送日期：34年9月9日

損失年月日	事件	地点	損失項目	購置年月	單位	數量	調查時價值	証件
34年7月28日 8月2日	日軍進攻	吉安青原山	紅漆麻將棹	21.5	張	1	2000 00	
〃	〃	〃	紅漆摇椅	〃	把	2	3000 00	
〃	〃	〃	籐靠〃	〃	〃	6	6000 00	
〃	〃	〃	明漆長方茶几	〃	張	1	800 00	
〃	〃	〃	籐茶几	〃	〃	1	500 00	
〃	〃	〃	紅漆三斗条棹	〃	〃	2	3000 00	
〃	〃	〃	紅〃骨牌櫈	〃	条	20	8000 00	
〃	〃	〃	黑〃荷葉式〃	〃	〃	10	5000 00	
〃	〃	〃	長条〃	〃	〃	7	1400 00	
〃	〃	〃	〃〃棹	〃	张	3	2100 00	
〃	〃	〃	大反鍋	〃	口	1	1500 00	
〃	〃	〃	小〃〃	〃	〃	1	1300 00	
〃	〃	〃	〃頂〃	〃	〃	1	1000 00	
〃	〃	〃	肘打〃	30.6	〃	1	600 00	
〃	〃	〃	牛四〃	〃	〃	1	1500 00	
〃	〃	〃	小〃	〃	〃	1	800 00	
〃	〃	〃	大小卫生碗	28.4	只	4	1000 00	
〃	〃	〃	菜〃	〃	簡	1	400 00	
〃	〃	〃	青花菜〃	30.5	〃	1	400 00	
〃	〃	〃	藍边〃〃	〃	〃	1	600 00	
〃	〃	〃	〃〃飯〃	〃	〃	1	400 00	
〃	〃	〃	湯匙	31.6	〃	1	100 00	
〃	〃	〃	藍边茶盅	〃	只	5	500 00	
〃	〃	〃	茶盤	27.8	〃	1	300 00	
〃	〃	〃	火盆	30.11	〃	1	500 00	
〃	〃	〃	小鉄鏟	26.5	把	1	150 00	
〃	〃	〃	大号錫子	〃	〃	1	1000 00	
〃	〃	〃	折脚书桌	〃	张	1	800 00	
〃	〃	〃	次书条〃	〃	〃	1	500 00	
〃	〃	〃	杉木〃	27.7	〃	1	800 00	
〃	〃	〃	方〃	〃	〃	2	800 00	
〃	〃	〃	黄五斗〃	30.10	〃	1	1500 00	
〃	〃	〃	尿桶	〃	担	2	800 00	
〃	〃	〃	黑靠椅	27.8	把	1	500 00	
〃	〃	〃	小櫈子	31.2	条	14	1400 00	
〃	〃	〃	家揖罩	32.6	块	1	1000 00	
〃	〃	〃	杉木箱架	26.5	只	1	150 00	
〃	〃	〃	舖板	〃	付	1	800 00	
〃	〃	〃	竹床	〃	张	3	750 00	
〃	〃	〃	晒种簸箕	〃	床	1	2000 00	
〃	〃	〃	抖市桶	〃	只	1	300 00	
〃	〃	〃	大脚盆	30.2	〃	1	300 00	
〃	〃	〃	小〃〃	〃	〃	1	200 00	
〃	〃	〃	木面〃	〃	〃	1	100 00	
〃	〃	〃	三脚臉架	26.5	〃	1	150 00	
〃	〃	〃	敷桶	32.4	〃	1	120 00	
〃	〃	〃	水缸	26.5	口	1	400 00	
〃	〃	〃	明漆条盘	〃	只	1	300 00	
〃	〃	〃	籐睡椅	21.5	把	1	1000 00	

027

主管長官

受損失者：吉安中心苗圃

填報者：吉安中心苗圃主任

財產損失報告單

填送日期：34年9月9日

損失年月日	事件	地点	損失項目	購置年月	單位	數量	調查時價值	証件
34.7.27—8.2	日軍侵攻	吉安青原山	四漆茶手桶	26.5	只	1	300.00	
〃	〃	〃	角鉄水勺	32.7	把	2	500.00	
〃	〃	〃	美孚馬灯	26.5	盏	1	500.00	
〃	〃	〃	畚箕	32.7	只	1	300.00	
〃	〃	〃	烏木筷子	〃	双	10	200.00	
〃	〃	〃	皮篮菜篮	〃	只	2	200.00	
〃	〃	〃	木鍋蓋	30.5	〃	1	300.00	
〃	〃	〃	文書櫥	27.10	块	1	1500.00	
〃	〃	〃	盤秤	〃	把	1	600.00	
〃	〃	〃	大秤〃	30.4	〃	1	1500.00	
〃	〃	〃	石硯池	〃	付	1	100.00	
〃	〃	〃	泥甲	32.11	只	1	150.00	
〃	〃	〃	鍋鏟	30.5	把	2	300.00	
〃	〃	〃	菜刀	〃	〃	1	300.00	
〃	〃	〃	小油壺	〃	〃	1	100.00	
〃	〃	〃	磁盤	26.1	〃	3	1500.00	
〃	〃	〃	火鉗	31.2	〃	2	300.00	
〃	〃	〃	柴刀	〃	〃	2	400.00	
〃	〃	〃	篾綳子	25.5	張	1	2500.00	以上器具
〃	〃	〃	齊字耙	30.8	把	1	3000.00	
〃	〃	〃	三角犁头	〃	件	1	200.00	
〃	〃	〃	犁壁	〃	〃	1	250.00	
〃	〃	〃	鋤鍬	25.1	把	4	1200.00	
〃	〃	〃	〃鋤	〃	〃	3	1000.00	
〃	〃	〃	寬板〃	〃	〃	2	700.00	
〃	〃	〃	圓口刨〃	〃	〃	10	2000.00	
〃	〃	〃	尖〃〃〃	〃	〃	9	1800.00	
〃	〃	〃	除草〃	〃	〃	6	1201.00	
〃	〃	〃	小〃	〃	〃	2	200.00	
〃	〃	〃	四齒耙	〃	〃	2	400.00	
〃	〃	〃	圓鉄鍬	〃	〃	1	300.00	
〃	〃	〃	斧头	30.4	〃	1	300.00	
〃	〃	〃	鐮刀	〃	〃	14	1400.00	
〃	〃	〃	挖種〃	〃	〃	1	150.00	
〃	〃	〃	筏〃	〃	〃	1	250.00	
〃	〃	〃	除草鏝	25.1	〃	17	1700.00	
〃	〃	〃	木鏟	32.6	〃	4	200.00	以上農具
〃	〃	〃	森林苗木		株	15000	30000.00	以上苗木
〃	〃	〃	圖表		張	10	1000.00	
〃	〃	〃	農林雜誌		本	21	1680.0	以上圖书
〃	〃	〃	文卷		件	5		

主管長官

受損失者：吉安中心苗圃

填報者：吉安中心苗圃吉佐

財產損失報告單

填送日期：34年9月9日

損失年月日	事件	地点	損失項目	購置年月	單位	數量	調查時價值	證件
34年3月28日至8月2日	日軍進攻	吉安青原山	被蓋		床	2	12000.00	
〃	〃	〃	麦布蚊帳		頂	1	3000.00	
〃	〃	〃	印花毯		床	1	3000.00	
〃	〃	〃	草蓆		〃	1	2000.00	
〃	〃	〃	呢大衣		件	1	10000.00	
〃	〃	〃	嗶嘰中山裝		套	1	10000.00	
〃	〃	〃	廠呢〃〃		〃	2	6000.00	
〃	〃	〃	衛生衣		件	2	4000.00	
〃	〃	〃	毛線褲		〃	1	4000.00	
〃	〃	〃	杭紡便〃		〃	1	5000.00	
〃	〃	〃	襯衫		〃	2	5000.00	
〃	〃	〃	磁面盆		只	1	2000.00	
〃	〃	〃	布鞋		双	3	1000.00	
〃	〃	〃	木箱		只	1	500.00	
〃	〃	〃	線襪		双	5	2000.00	
〃	〃	〃	呢中山裝		套	1	9000.00	
029								
合計							78500.00	

主管長官

受損者：本團職員賀洽平

填報者：吉安中心商團主任

財產損失報告單

填送日期：34年9月9日

損失年月日	事件	地点	損失項目	購置年月	單位	數量	調查時價值		証件
34年3月29日至4月2日	日軍進攻	吉安青原山	被蓋		床	2	10000	00	
〃	〃	〃	夏布蚊帳		〃	1	3000	00	
〃	〃	〃	毛毯		〃	1	3000	00	
〃	〃	〃	紅花〃		〃	1	2500	00	
〃	〃	〃	皮枕		個	1	400	00	
〃	〃	〃	草蓆		床	1	1500	00	
〃	〃	〃	棉大衣		件	1	5000	00	
〃	〃	〃	卡机夾大衣		〃	1	8000	00	
〃	〃	〃	毛線衣		〃	1	8000	00	
〃	〃	〃	毛線背心		〃	1	4000		
〃	〃	〃	中山裝製服		套	3	21000	00	
〃	〃	〃	襯衫		件	6	12000	00	
〃	〃	〃	黃卡机短褲		条	1	1000	00	
〃	〃	〃	袜子		双	6	1800	00	
〃	〃	〃	皮鞋		双	1	2000	00	
〃	〃	〃	布〃		〃	2	800	00	
〃	〃	〃	籐箱		只	1	2000	00	
〃	〃	〃	油布		床	1	3000	00	
〃	〃	〃	手錶		只	1	2000	00	
〃	〃	〃	水筆		支	1	1000	00	
〃	〃	〃	皮包		只	1	1000	00	
033									
合計							93,000	00	

主管長官

受損者本團戰員梁良辰
填报者吉安中心商團支隊

財産損失報告單

填送日期：34年9月9日

損失年月日	事件	地点	損失項目	購置年月	單位	數量	調查時價值		證件
34年7月28日至8月2日	日軍進攻	吉安青原山	被蓋		床	1	8000	00	-
〃	〃	〃	棉袍		件	1	9000	00	
〃	〃	〃	長衫		〃	1	5000	00	
〃	〃	〃	便衣		套	2	3000	00	
〃	〃	〃	草蓆		床		600	00	
〃	〃	〃	棉襖		件	1	3000	00	
〃	〃	〃	木箱		只	1	300	00	
合計							28,900	00	

031

主管長官

受損者：本團技工喻星祥

填報者：吉安中心苗圃主任

江西省农业院农具工厂关于遵令填报抗战损失调查表致省农业院的代电（一九四五年九月十日）

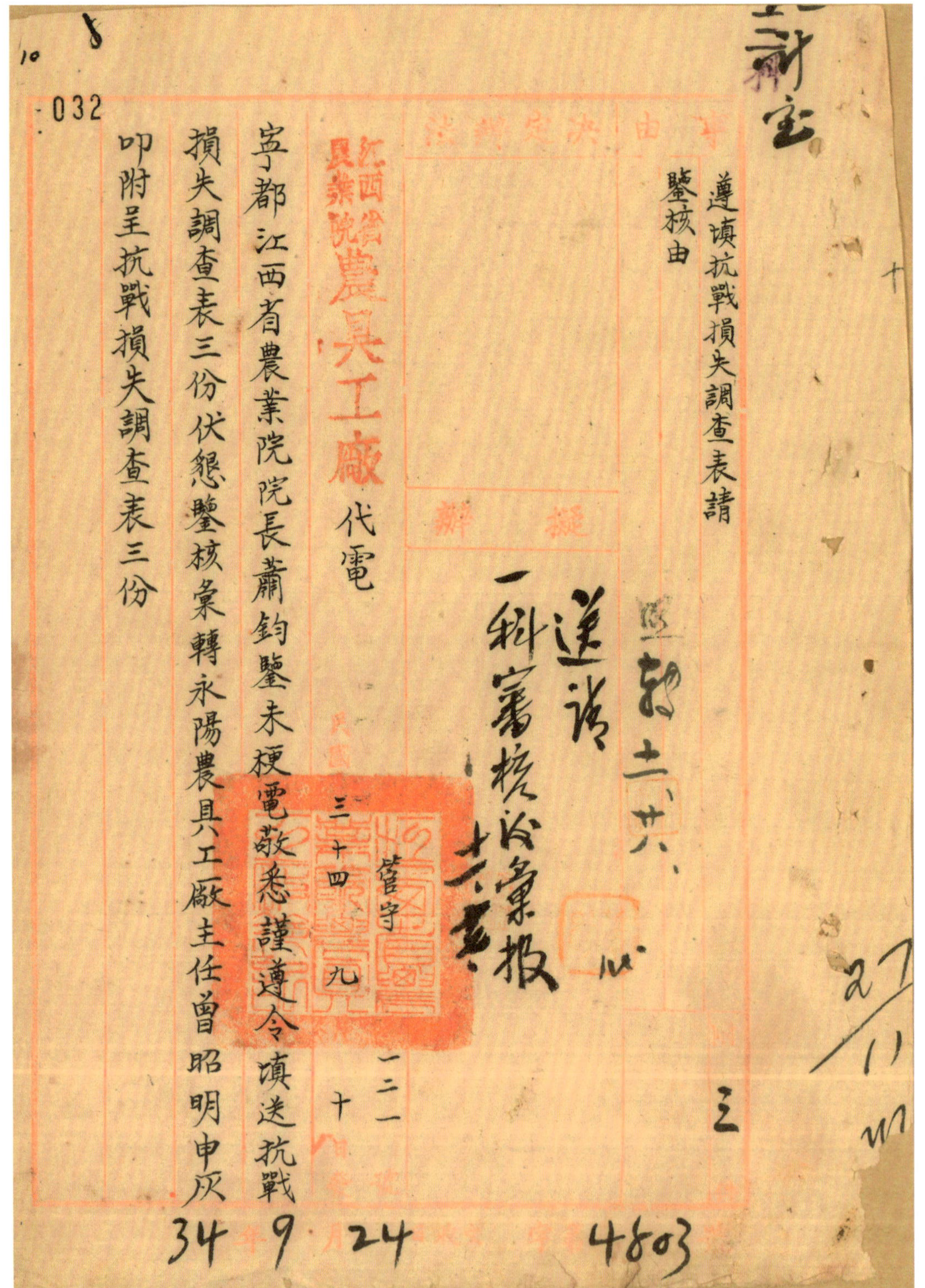

遵填抗戰損失調查表請鑒核由

江西省農業院農具工廠代電

雩都江西省農業院院長蕭鈞鑒：未梗電敬悉，謹遵令填送抗戰損失調查表三份，伏懇鑒核彙轉。永陽農具工廠主任曾昭明申灰叩，附呈抗戰損失調查表三份。

三十四 九 十

附（一）江西省农业院农具工厂财产直接损失汇报表（一九四五年九月九日）

江西省農業院農具工廠財產直接損失彙報表

事件：日軍進佔

日期：28年12月至34年8月

地点：南昌蓮塘

填送日期 34年9月9日

分類	價值
共計	650,000.00元
建築物	650,000.00元
器具	
現款	
圖書	
儀器	
文卷	
医葯用品	
其他	

縣長　　機關首長　　附財產損失報告單1張

報告者 曾昭明

033

江西省農業院農具工廠財產直接損失彙報表

事件　日軍進佔
日期　34年2月4日至7月17日
地点　贛縣天竺山七号

塡送日期　34年9月9日

分類	價值
共計	508,500.00元
建築物	
器具	8,500.00元
現款	
圖書	
儀器	
文卷	
医葯用品	
其他	500,000.00元

縣長　　機關首長　　附財產損失報告單1張
報告者　曾昭明

034

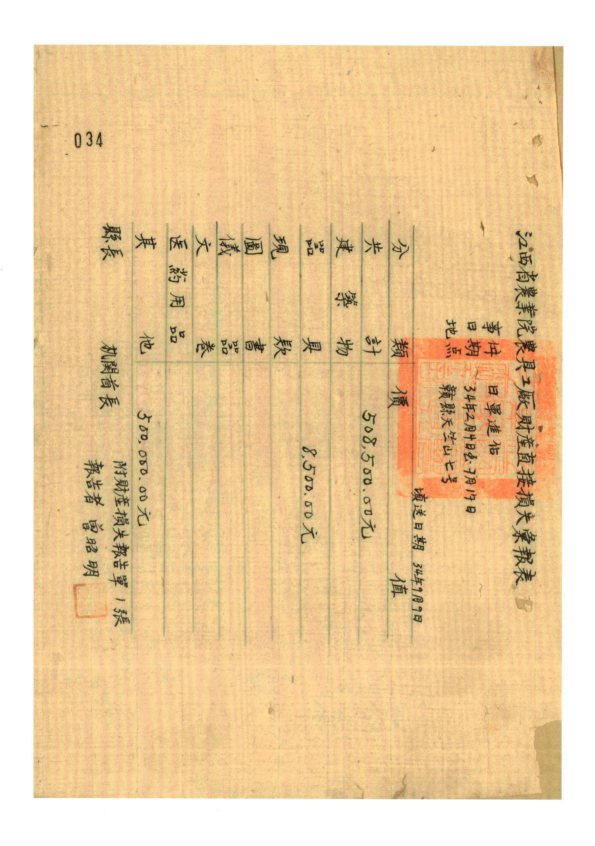

附（二）江西省农业院农具工厂财产间接损失报告表（一九四五年九月九日）

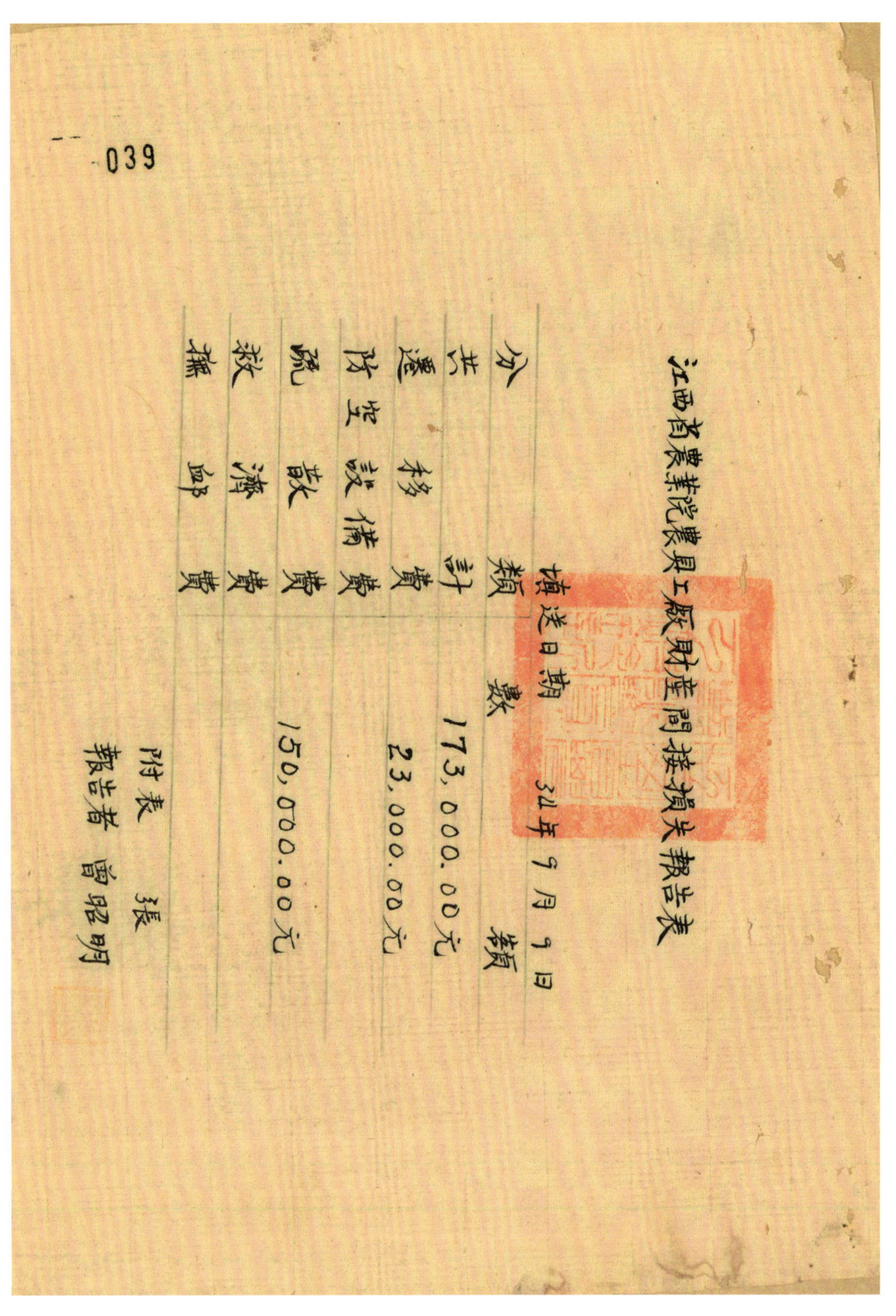

039

江西省農業院農具工廠財產間接損失報告表

填送日期　34年9月9日

分類	數額
共計	173,000.00元
遷移費	23,000.00元
防空設備費	
疏散費	150,000.00元
救濟費	
撫卹費	

附表　張

報告者　曾昭明

附（三）省营事业机关财产直接损失汇报表（一九四五年九月九日）

省營事業机関財產直接損失彙報表

（農業部分）

事件：日軍進佔
日期：28年12月至34年8月
地點：南昌蓮塘

填送日期 34年9月9日

分類			單位	數量	價值
共計					650,000.00元
房屋			棟	1	650,000.00元
器具			件		
現款			元		
產品	農產品	谷	市担		
		麥	〃		
		油菜籽	〃		
		雜粮	〃		
	林產品	木	株		
		竹	〃		
	水產品		担		
	畜產品				
農具			件		
漁具			〃		
		猪	頭		
		牛	〃		
		馬	〃		
		其他	〃		
運輸工具（手車）			輛		
其他					

縣長　　首長

附財產損失報告單1張

報告者　江西省農業院農具工廠
主任曾昭明

省營事業机関財產直接損失彙報表

（農業部分）

事件：日軍進佔

日期：34年2月4日至7月17日

地点：赣縣天竺山七号

填送日期 34年9月9日

分類			單位	數量	價值
共計					508,500.00元
房屋			棟		
器具			件	19	8,500.00元
現款			元		
產品	農產品	谷	市担		
		麥	〃		
		油菜籽	〃		
		雜粮	〃		
	林產品	木	株		
		竹	〃		
	水產品		担		
	畜產品				
	農具		件	568	500,000.00元
	漁具		〃		
		猪	頭		
		牛	〃		
		馬	〃		
		其他	〃		
運輸工具（手車）			輛		
其他					

縣長　　　省長

附財產損失報告單1張

報告者 江西省農業院農具工廠

主任 曾昭明

036

附（四）财产损失报告单（一九四五年九月九日）

财產損失報告單

填送日期　34年9月9日

損失年月日	事件	地点	損失項目	購置年月	單位	数量	調查時價值	證件
28年12月至34年8月	日軍進佔	南昌蓮塘	房屋	23年10月	棟	1	650,000.00	

縣長　　主管長官　　受損失者　江西省農業院農具工廠

填報者　主任曾昭明

037

038

財産損失報告單

填送日期　34年9月9日

損失年月日	事件	地点	損失項目	購置年月	單位	數量	調查時價值	證件
34年2月4日至7月17日	日軍進佔	贛縣天竺山七号	機器工具材料裝具	30年8月至33年6月	件	568	500,000.00	
仝上	仝上	仝上	傢俱	仝上	件	19	8,500.00	

縣長　　主管長官　　受損失者　江西省農業院農具工廠

填報者　主任曾昭明

江西省农业院天蚕丝改良场关于报送该场财产直接损失汇报表及报告单致省农业院的呈（一九四五年九月十九日）

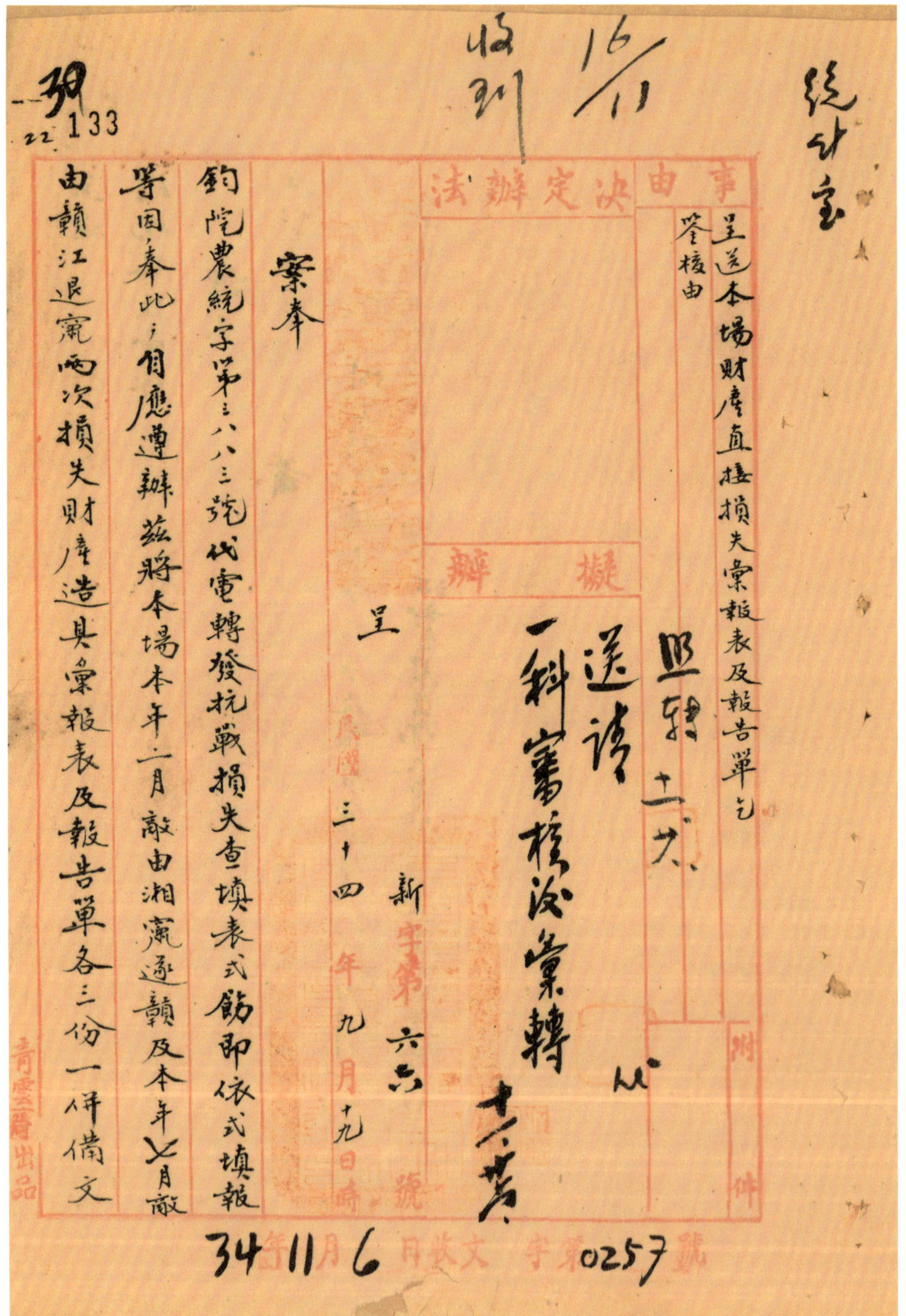

総計室

收到 16/11

22 133

事由：呈送本場財產直接損失彙報表及報告單乞鑒核由

決定辦法

擬辦：照轉 十一.六 送請一科審核後彙轉

案奉

鈞院農統字第三八八三號代電轉發抗戰損失查填表式飭即依式填報等因奉此，自應遵辦，茲將本場本年二月敵由湘竄遂贛及本年七月敵由贛江退竄兩次損失財產造具彙報表及報告單各三份一併備文

呈

新字第六六號

民國三十四年九月十九日時

34年11月6日文收字第0257號

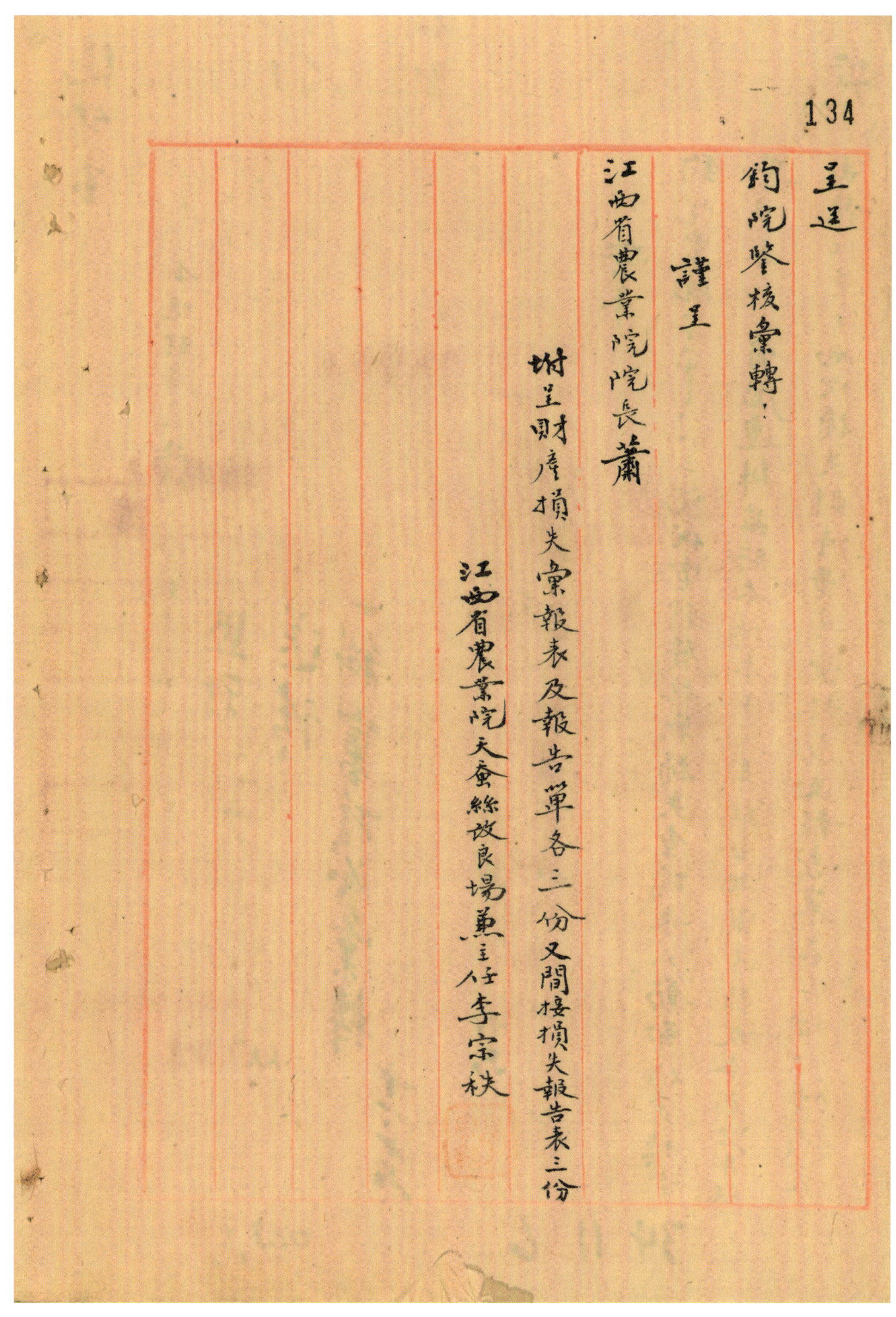
134
呈送
钧院鉴核汇转！
谨呈
江西省农业院院长萧
附呈财产损失汇报表及报告单各三份又间接损失报告表三份
江西省农业院天蚕丝改良场兼主任李宗秩

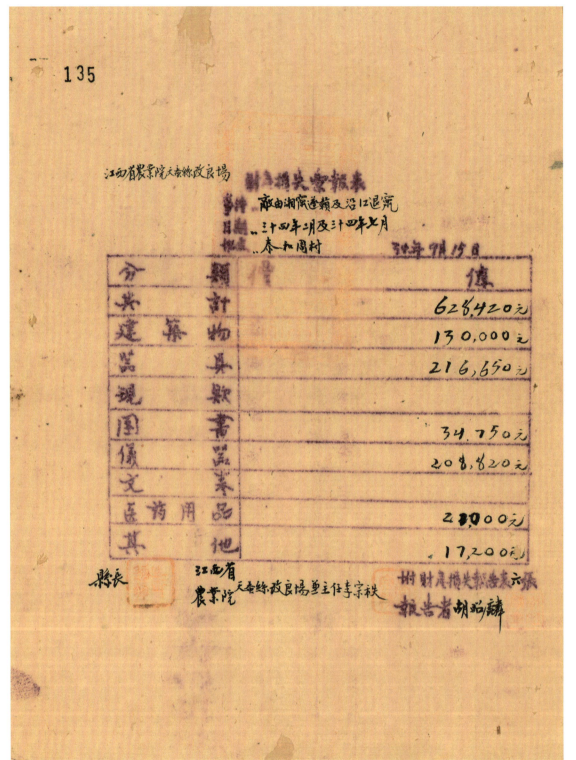

附（一）江西省农业院天蚕丝改良场财产损失汇报表及财产损失报告单（一九四五年九月十五日）

135

江西省农业院天蚕丝改良场

财产损失汇报表

事件：敌由湘窜赣及沿江退窜

日期：三十四年二月及三十四年七月

地点：泰和周村

34年9月15日

分类	价值
共计	628,420元
建筑物	130,000元
器具	216,650元
现款	
图书	34,750元
仪器	208,820元
文卷	
医药用品	21,000元
其他	17,200元

县长

江西省农业院天蚕丝改良场兼主任李宗秩

附财产损失报告表六张

报告者胡昭麟

財產損失報告單

填送日期　34年 9月 15日　第一頁

損失年月日	事件	地點	損失項目	購置年月	單位	數量	調查時價值	證件
34年8月	[illegible]	[illegible]	[illegible]	上年購置	件	3	1,500元	
〃 〃	〃	〃	办公桌	〃	張	2	4,000	
〃 〃			公文架	〃	〃	1	500	
〃 〃			方凳桌	〃	〃	1	1,500	
〃 〃			板床	〃	〃	3	2,400	
〃 〃			小板凳	〃	〃	4	300	
〃 〃			大銅面盆	〃	個	7	7,000	
〃 〃			中銅面盆	〃	〃	4	3,200	
〃 〃			小銅面盆	〃	〃	54	5,400	
〃 〃			乾濕度表	〃	〃	2	3,000	
〃 〃			溫度表	〃	〃	1	1000	
〃 〃			象皮管	〃	条	1	500	
〃 〃			溫度計	〃	支	1	1000	
〃 〃			銅[illegible]鐵紗盖	〃	個	21	9000	
〃 〃			白鐵[illegible]	〃	把	2	800	
〃 〃			玻璃[illegible]杯	〃	個	1	400	
〃 〃			小鐵鎚	〃	〃	1	200	
〃 〃			鐵鋤	〃	把	2	400	
〃 〃			方硯台	〃	付	3	300	
〃 〃			印色盒	〃	個	1	100	
〃 〃			算盤	〃	〃	1	1,000	
〃 〃			大小缸	〃	只	3	2,000	
〃 〃			大小鐵鍋	〃	〃	3	5,000	
〃 〃			並飯桶	〃	個	1	100	

136

縣長（簽蓋）　主管長官（簽蓋）江蘇省農業院[illegible]

受損失者 [illegible]場
填報者 技術員胡[illegible]

姓名　蓋章

財産損失報告單

填送月期 34 年 8 月 15 日 第二頁

損失年月日	事件	地點	損失項目	購置年月	單位	數量	調查時價值	證件
34年2月	[illegible]	[illegible]	[illegible]	[illegible]	個	1	8,000	
〃 〃	〃	〃	三角燒	〃	個	1	2,000	
〃 〃	〃	〃	[illegible]	〃	把	1	1,500	
〃 〃	〃	〃	標本櫃	〃	個	3	1,000	
〃 〃	〃	〃	金色木架	〃	個	5	1,500	
〃 〃	〃	〃	黑板	〃	塊	2	1,000	
〃 〃	〃	〃	[illegible]	〃	個	1	100	
〃 〃	〃	〃	標本箱	〃	只	2	2,000	
〃 〃	〃	〃	鐵絲籠	〃	〃	6	1,200	
〃 〃	〃	〃	圓規	〃	個	1	500	
〃 〃	〃	〃	[illegible]	〃	套	1	15,000	
〃 〃	〃	〃	[illegible]	〃	個	2	800	
〃 〃	〃	〃	[illegible]	〃	〃	16	3,000	
〃 〃	〃	〃	[illegible]鐘	〃	〃	1	2,000	
〃 〃	〃	〃	梓木箱	〃	〃	1	500	
〃 〃	〃	〃	鐵鍬	〃	把	1	200	
〃 〃	〃	〃	[illegible]	〃	盞	4	1,600	
〃 〃	〃	〃	[illegible]	〃	個	2	1,000	
〃 〃	〃	〃	洋鐵壺	〃	把	1	500	
〃 〃	〃	〃	展翅板	〃	個	1	400	
〃 〃	〃	〃	竹椅	〃	把	10	2,000	
〃 〃	〃	〃	六齒鐵耙	〃	〃	1	600	
〃 〃	〃	〃	[illegible]	〃	個	6	600	
〃 〃	〃	〃	茶桶	〃	只	1	200	

137

縣長（簽蓋）　主管長官（簽蓋）　受損失者 [illegible]

江西省[illegible]天蠶絲改良場[illegible]　填報者 技術員[illegible]

姓名　蓋章

財産損失報告單

填送日期 34 年 9 月 15 日 第三頁

損失年月日	事件	地點	損失項目	購置年月	單位	數量	調查時價值	證件
34年2月	[illegible]	[illegible]	青[illegible]絲篮	上年購置	個	10	8000	
〃 〃	[illegible]	〃	市秤	〃	把	1	500	
〃 〃	〃	〃	桑梯	〃	架	1	600	
〃 〃	〃	〃	白鐵絲[illegible]	〃	只	40	6.000	
〃 〃	〃	〃	藤茶几	〃	張	2	800	
〃 〃	〃	〃	藤椅	〃	張	4	1.600	
〃 〃	〃	〃	[illegible]	〃	丈	33	8.250	
〃 〃	〃	〃	青[illegible]桑[illegible]	〃	個	1	400	
〃 〃	〃	〃	小[illegible]	〃	把	1	1.000	
〃 〃	〃	〃	[illegible]	〃	包	30	1.200	
〃 〃	〃	〃	天蚕[illegible]	〃	〃	35	700	
〃 〃	〃	〃	[illegible]	〃	兩	8	800	
〃 〃	〃	〃	[illegible]	〃	束	2	800	
〃 〃	〃	〃	旋椅	〃	把	1	3.000	
〃 〃	〃	〃	二斗木架	〃	個	1	500	
〃 〃	〃	〃	10×60[illegible]管	〃	支	110	5.500	
〃 〃	〃	〃	[illegible]	〃	支	266	19.680	
〃 〃	〃	〃	15×8[illegible]管	〃	支	125	7.500	
〃 〃	〃	〃	飼育[illegible]	〃	組	74	37.000	
〃 〃	〃	〃	飼育〃〃	〃	〃	88	44.000	
〃 〃	〃	〃	[illegible]	〃	支	1	1.500	
〃 〃	〃	〃	天平	〃	架	1	15.000	
〃 〃	〃	〃	漏斗	〃	只	1	500	
〃 〃	〃	〃	5000[illegible]	〃	〃	2	1.500	

138

[illegible]（簽蓋） 主管長官（簽蓋） 受損失者 江西省農業院天蚕絲改良場

江西省農業院天蚕絲改良場主任李宗[illegible]

填報者 技術員[illegible]

姓名 蓋章

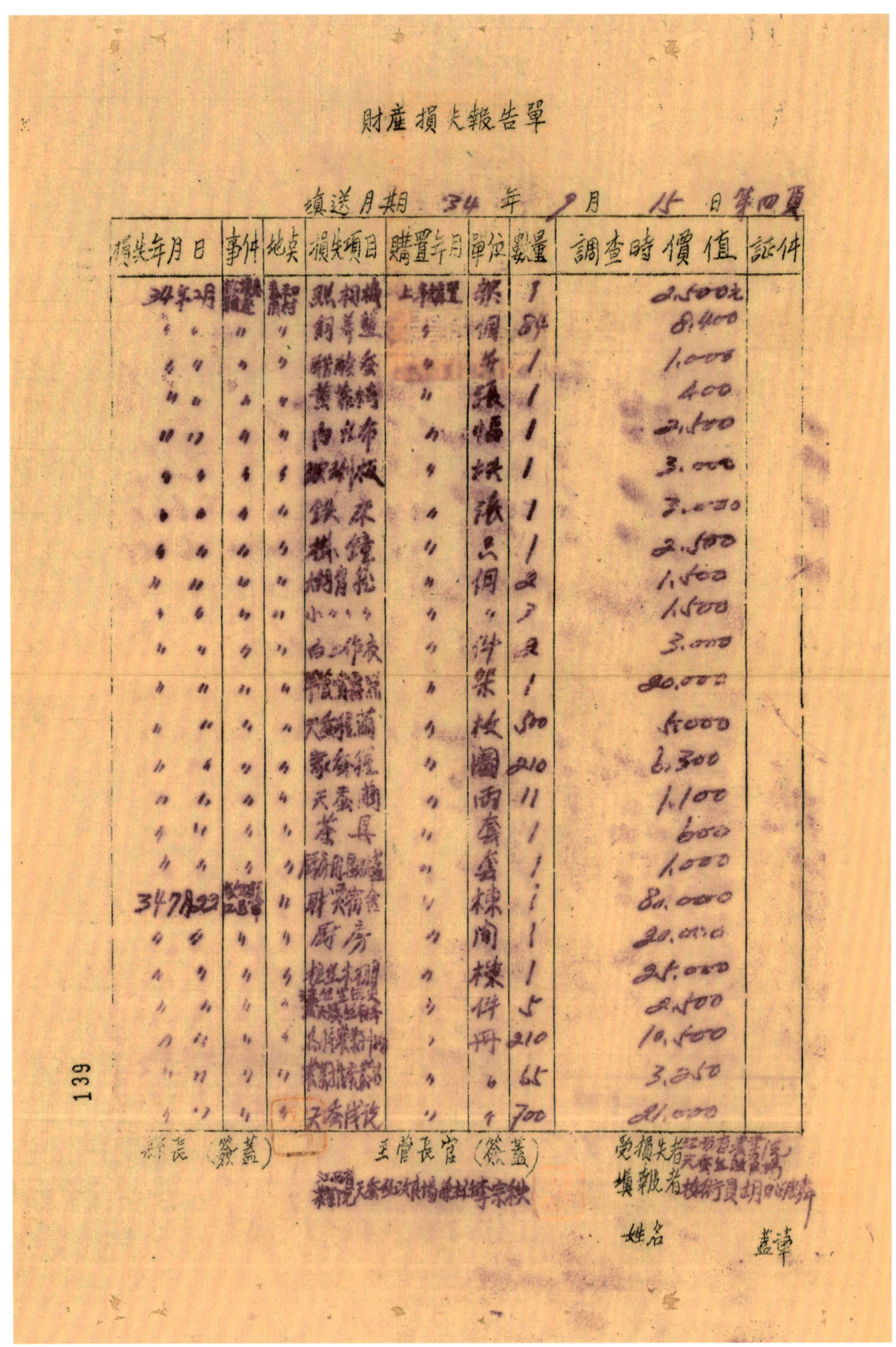

财產損失報告單

填送月期 34 年 9 月 15 日 第四頁

損失年月日	事件	地点	損失項目	購置年月	單位	數量	調查時價值	証件
34年2月	[illegible]	[illegible]	照相機	[illegible]	架	1	2,500元	
〃 〃	〃	〃	銅[illegible]盤	〃	個	84	8,400	
〃 〃	〃	〃	[illegible]	〃	[illegible]	1	1,000	
〃 〃	〃	〃	黄藤椅	〃	張	1	400	
〃 〃	〃	〃	白洋布	〃	幅	1	2,500	
〃 〃	〃	〃	[illegible]板	〃	[illegible]	1	3,000	
〃 〃	〃	〃	鉄床	〃	張	1	3,000	
〃 〃	〃	〃	掛鐘	〃	只	1	2,500	
〃 〃	〃	〃	[illegible]箱	〃	個	2	1,500	
〃 〃	〃	〃	小〃〃〃	〃	〃	3	1,500	
〃 〃	〃	〃	白[illegible]衣	〃	[illegible]	2	3,000	
〃 〃	〃	〃	[illegible]	〃	架	1	20,000	
〃 〃	〃	〃	天蚕[illegible]	〃	枚	500	5,000	
〃 〃	〃	〃	家蚕種	〃	圈	210	6,300	
〃 〃	〃	〃	天蚕繭	〃	兩	11	1,100	
〃 〃	〃	〃	茶具	〃	套	1	600	
〃 〃	〃	〃	[illegible]	〃	套	1	1,000	
34 7月22	[illegible]	〃	[illegible]	〃	棟	1	80,000	
〃 〃	〃	〃	廚房	〃	間	1	20,000	
〃 〃	〃	〃	[illegible]	〃	棟	1	25,000	
〃 〃	〃	〃	[illegible]	〃	件	5	2,500	
〃 〃	〃	〃	[illegible]	〃	冊	210	10,500	
〃 〃	〃	〃	[illegible]	〃	〃	65	3,250	
〃 〃	〃	〃	天蚕[illegible]	〃	〃	700	21,000	

縣長（簽蓋） 主管長官（簽蓋） 江西省農業院天蚕改良場[illegible]李宗[illegible]

受損失者 江西省農業院天蚕改良場

填報者 技術員胡[illegible]

姓名 蓋章

139

財產損失報告單

填送月日 34年9月15日 第五頁

損失年月日	事件	地點	損失項目	購置年月	單位	數量	調查時價值	證件
34年7月22	敵由[illegible]口退竄	赤山[illegible]村	办公桌	上年購置	張	2	4,000	
〃 〃	〃	〃	方櫈	〃	張	2	1,000	
〃 〃	〃	〃	長櫈	〃	張	2	200	
〃 〃	〃	〃	小儲水桶	〃	只	1	400	
〃 〃	〃	〃	塗色木架	〃	個	2	400	
〃 〃	〃	〃	瓷盂	〃	〃	3	750	
〃 〃	〃	〃	標本箱	〃	只	4	2,000	
〃 〃	〃	〃	黑色鏡框	〃	個	6	2,400	
〃 〃	〃	〃	指形簧	〃	個	124	7440	
〃 〃	〃	〃	显微鏡	〃	套	1	5,000	
〃 〃	〃	〃	[illegible]	〃	個	2	1,000	
〃 〃	〃	〃	標本架	〃	〃	23	1,150	
〃 〃	〃	〃	蠶箔	〃	块	3	600	
〃 〃	〃	〃	展翅板	〃	個	17	1,700	
〃 〃	〃	〃	製種木櫥	〃	只	1	600	
〃 〃	〃	〃	靠背椅	〃	張	2	500	
〃 〃	〃	〃	青銅茶飾	〃	個	17	400	
〃 〃	〃	〃	洗臉架	〃	具	1	800	
〃 〃	〃	〃	蠶架	〃	個	4	2,000	
〃 〃	〃	〃	新式繅絲車	〃	架	1	800	
〃 〃	〃	〃	新式繅絲車	〃	架	1	1,500	
〃 〃	〃	〃	竹籠	〃	大	20	5,000	
〃 〃	〃	〃	木門	〃	座	1	500	
〃 〃	〃	〃	高櫈	〃	張	1	200	

縣長（簽蓋）　　主管長官（簽蓋）江西省農業院天蠶絲改良場兼主任李宗秋

受損失者 江西省農業院天蠶絲改良場

填報者 技術員胡明麟

姓名　　蓋章

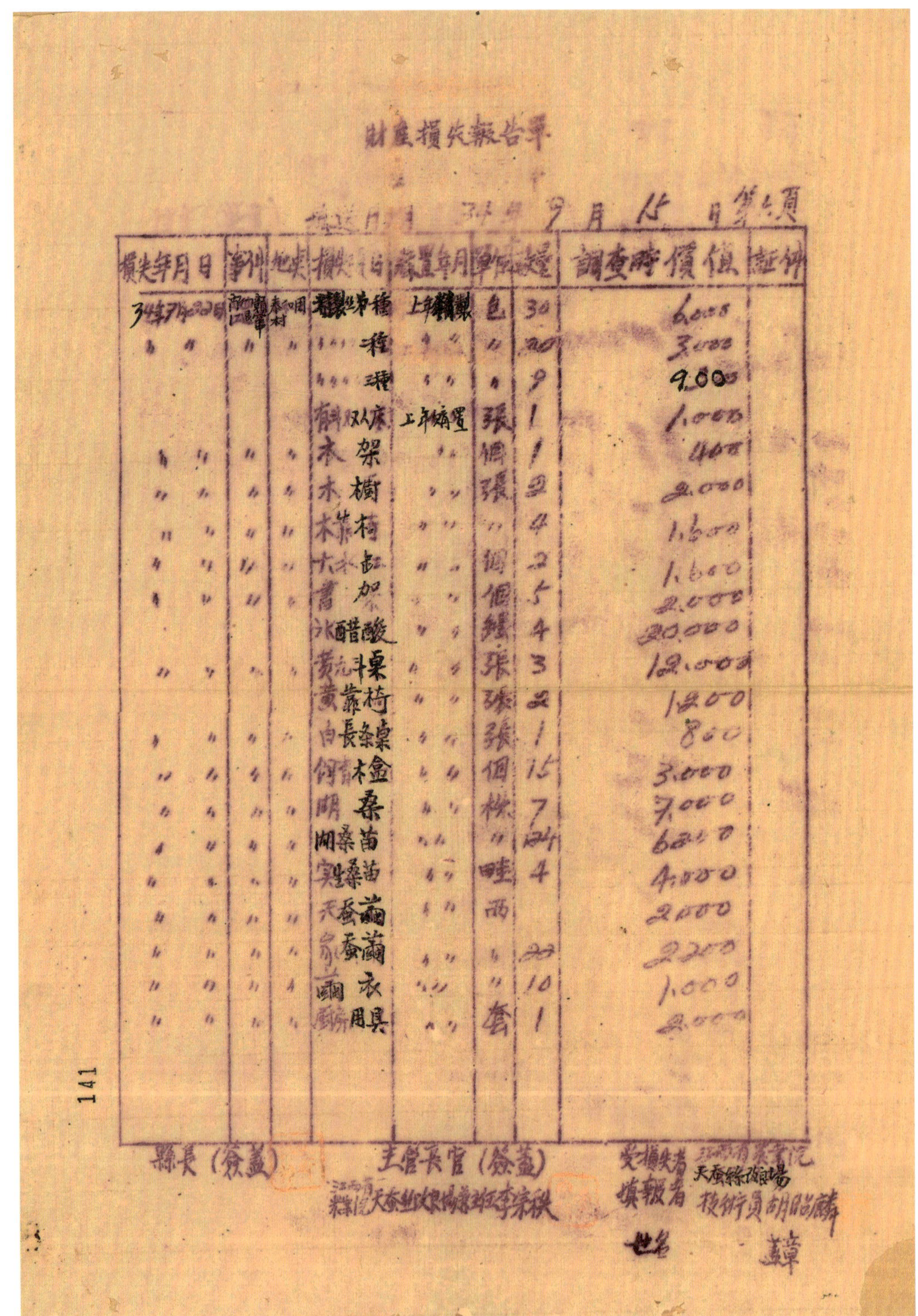

財產損失報告單

填送日期 34年9月15日 第六頁

損失年月日	事件	地點	損失項目	購置年月	單位	數量	調查時價值	證件
34年7月22日	[illegible]敵軍	奉新周村	[illegible]蠶種	上年[illegible]	包	30	6,000	
〃	〃	〃	〃蠶種	〃	〃	20	3,000	
			〃蠶種	〃	〃	9	9.00	
			[illegible]雙人床	上年購置	張	1	1,000	
〃	〃	〃	木架	〃	個	1	400	
〃	〃	〃	木櫥	〃	張	2	2,000	
〃	〃	〃	木靠椅	〃	〃	4	1,600	
〃	〃	〃	大木缸	〃	個	2	1,600	
〃	〃	〃	書架	〃	個	5	2,000	
			冰醋酸	〃	鎊	4	20,000	
〃	〃	〃	黃元斗桌	〃	張	3	12,000	
			黃靠椅	〃	張	2	1200	
〃	〃	〃	白長條桌	〃	張	1	800	
〃	〃	〃	飼育木盒	〃	個	15	3,000	
〃	〃	〃	湖桑	〃	株	7	7,000	
〃	〃	〃	湖桑苗	〃	〃	24	6000	
〃	〃	〃	實生桑苗	〃	畦	4	4,000	
〃	〃	〃	天蠶繭	〃	兩		2000	
〃	〃	〃	家蠶繭	〃	〃	20	2200	
〃	〃	〃	[illegible]衣	〃	〃	10	1,000	
〃	〃	〃	廚房用具	〃	套	1	2,000	

141

縣長（簽蓋）　主管長官（簽蓋）

江西省農業院天蠶絲改良場主任李宗[illegible]

受損失者　江西省農業院天蠶絲改良場

填報者　技術員胡昭麟

[illegible]　蓋章

142

江西省農業院天蚕絲改良场财產间接損失報告表
（机関 名稱）

填送日期 34年9月15日

分類	數額（单位：國幣元）
共計	50,400元
遷移費	
防空設備費	
疏散費	50,400元
救濟費	
撫卹費	

附表 張
報告者 朱清源

江西省第二行政区农业推广处关于遵令补送一九四四年抗战损失报告表单致省农业院的代电（一九四五年九月二十二日）

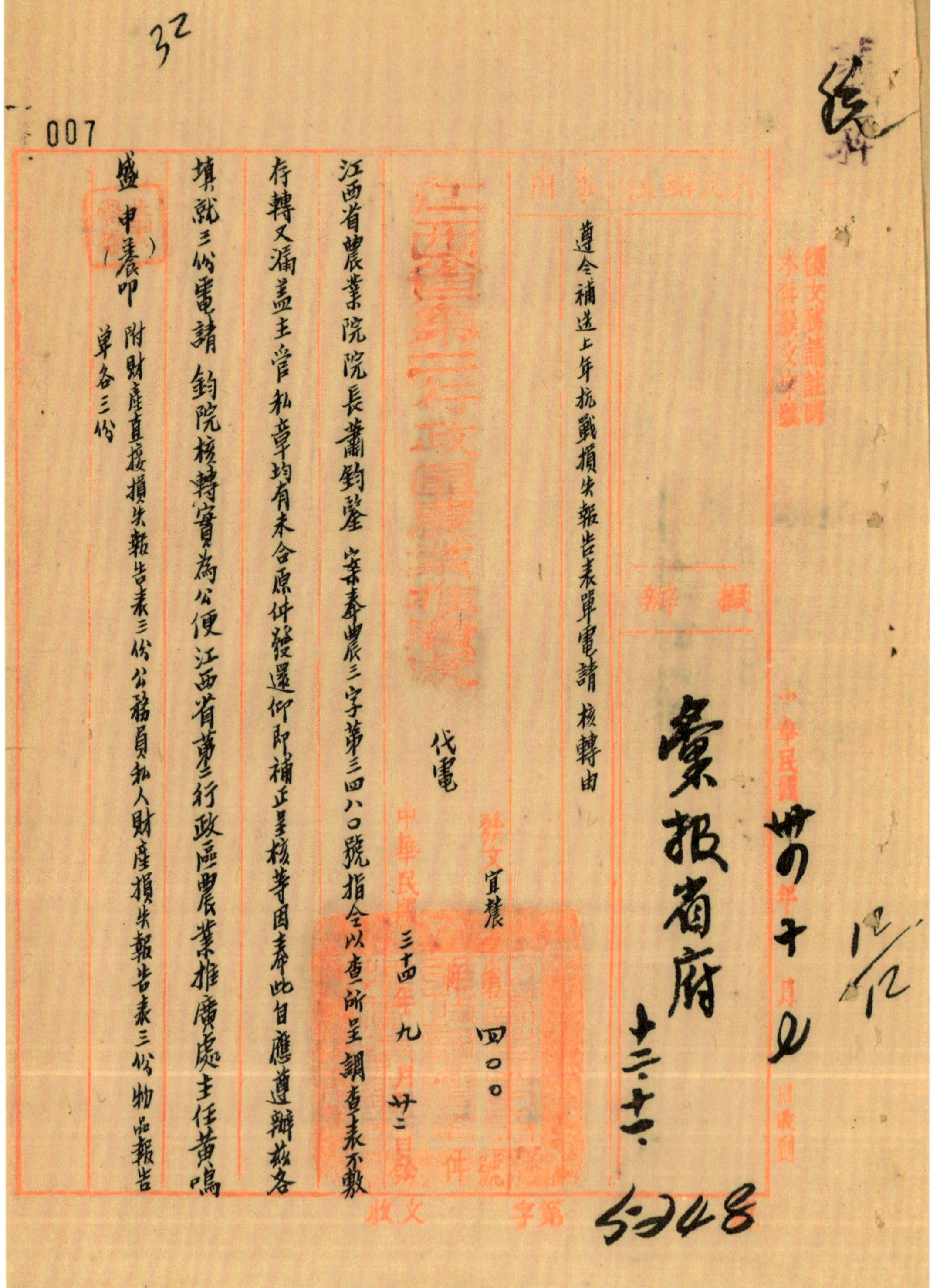

事由：遵令補送上年抗戰損失報告表單電請 核轉由

江西省農業院院長蕭鈞鑒：案奉農三字第三四八〇號指令以查所呈調查表不敷存轉又漏蓋主管私章均有未合原件發還仰即補正呈核等因奉此自應遵辦茲各填就三份電請 鈞院核轉實為公便。江西省第二行政區農業推廣處主任黃鳴盛申養叩

附財產直接損失報告表三份公務員私人財產損失報告表三份物品報告單各三份

代電

發文宜農字第四〇〇號

中華民國三十四年九月廿二日發

彙報省府

附（一）江西省第二行政区农业推广处财产直接损失报告表（一九四五年七月一日）

江西省第二行政農業推廣處

財產直接損失報告表

資料時間：33年6月1日至33年7月31日止

填送日期：34年7月1日

（單位：國幣元）

損失分類	價值
共計	$119011,50
建築物	/
器具	$119011,50
現款	/
圖書	/
儀器	/
文具	/
醫藥用品	/
其他	/

主任黄鳴盛

008

附（二）江西省第二行政区农业推广处公务员役私人财产损失报告表（一九四五年七月一日）

江西省第二行政区农业推广处

公务员私人财产损失报告表

资料日期：33年6月1日至33年7月31日止

填送日期 34年7月1日

损失分类	价值（单位：国币元）
共计	$164100.00
房屋	
现款	
器具	
服物	$64,100.00
古现书籍	$100,000.00
其他	

报告者黄鸣盛（印）

009

010

江西省第二行政區農業推廣處三十三年六七兩月因贛西戰事影響公物文卷損失報告單

名稱	數量	價值 單價		價值 總價		購置年月	備註
斗四鍋	一口	二二七	〇〇	二二七	〇〇	三二年十二月	被過境軍隊強借未還
水缺	一只	八五	〇〇	八五	〇〇	仝	[illegible]敵
十斗鏝罈	六只	八六	〇〇	一七二	〇〇	仝	仝
泥茶壺	一只	九	五〇	九	五〇	仝	仝
大錫壺	一把	五五〇	〇〇	五五〇	〇〇	三三年五月	疏散宜春劉家坊被前方撤回部隊搶劫
大貨秤	一把	四六〇	〇〇	四六〇	〇〇	仝	被駐軍偷竊
銅盤秤	一把	二八〇	〇〇	二八〇	〇〇	仝	仝前
米篩	一只	四五	〇〇	四五	〇〇	三二年十二月	被駐軍燒燬

011

簸螺	二只	一〇	五〇	三一	五〇	仝	仝前
員工姓名牌	一塊	四〇	〇〇	四〇	〇〇	仝	仝
浴盆	一只	二〇〇	〇〇	二〇〇	〇〇	卅三年六月	仝
鋪板	六幅	三八	〇〇	三八	〇〇	三十年十二月	仝
鋪櫈	四条	一五	〇〇	六〇	〇〇	仝	仝
鋸	一把	四〇	〇〇	四〇	〇〇	仝	駐軍偷竊
穀籮	四担	五〇	〇〇	二〇〇	〇〇	仝	仝
二齒鈀	一把	四七	六〇	四七	六〇	仝	駐軍攜去
移植鏝	二只	一六	〇〇	三二	〇〇	仝	仝
選種木桶	三只	四〇	〇〇	一二〇	〇〇	仝	駐軍拆燬

012

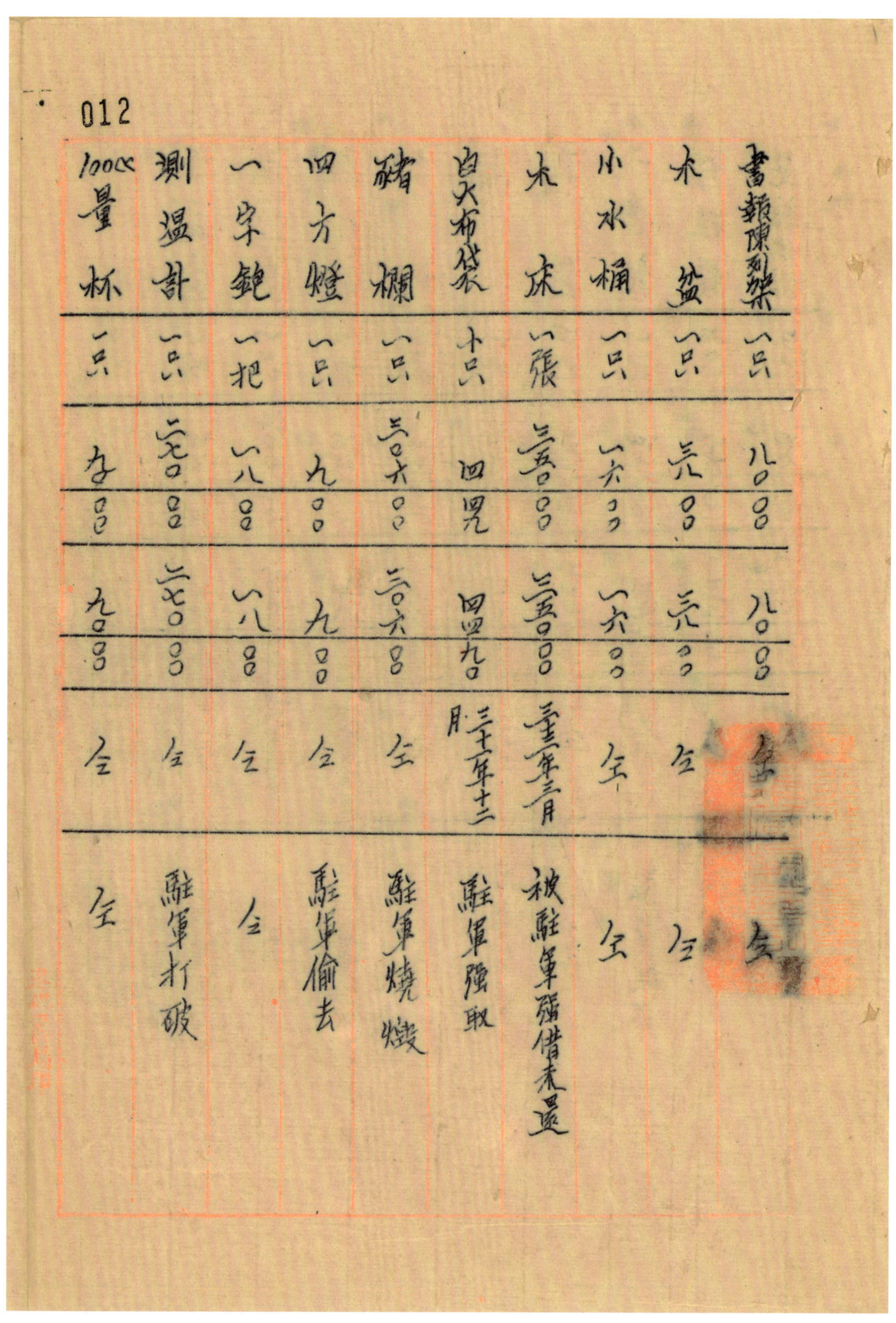

書籍陳列架	一只	八〇	〇〇	八〇	〇〇	仝	仝
木盆	一只	二九	〇〇	二九	〇〇	仝	仝
小水桶	一只	一六	〇〇	一六	〇〇	仝	仝
木床	一張	二五〇	〇〇	二五〇	〇〇	卅一年二月	被駐軍强借未還
白大布袋	十只	四	四九	四四	九〇	三十年十二月	駐軍强取
豬欄	一只	二〇六	〇〇	二〇六	〇〇	仝	駐軍燒燬
四方燈	一只	九	〇〇	九	〇〇	仝	駐軍偷去
一字鉋	一把	一八	〇〇	一八	〇〇	仝	仝
測温計	一只	二七〇	〇〇	二七〇	〇〇	仝	駐軍打破
100cc量杯	一只	五〇	〇〇	九〇	〇〇	仝	仝

013

張綫規	一只	四〇	〇〇	四〇	〇〇	仝	駐軍偷竊
麻袋	六十只	一〇	〇〇	六八〇	〇〇	〃	駐軍搶去
山羊	三隻			六八六	〇〇		被駐軍强搶烹食
駱駝紅雞	二十羽			三四五	〇〇		仝前
繪圖儀器	壹套	壹〇〇	〇〇	二〇〇〇	〇〇	三十二年六月	疏散劉家坊被軍隊搶劫損失
大本國地圖	一張	二〇〇	〇〇	二〇〇	〇〇	三十三年四月	仝前
童任移交卷	一張						仝前
宜春作物站移交卷	五件						仝前
萍鄉作物站移交卷	四件						仝前
總計	五件			一九六四	五〇		

014

江西省第二行政區農業推廣處三十三年六七月份因贛西戰事影響員工私人財產損失報告單

職別	姓名	損失物品名稱及數量	價值	損失地點
主任	黃鳴盛	棉被三床	一九,〇〇〇.〇〇	疏散劉家坊被散軍搶劫
		墊褥三床	六,〇〇〇.〇〇	仝
		蚊帳一床	六,五〇〇.〇〇	仝
		草席一床	八〇〇.〇〇	仝
		女棉襖一件	六,五〇〇.〇〇	仝
		洋文書籍一箱	一〇〇,〇〇〇.〇〇	仝
技士	劉幹臣	布質制服一套	一二,〇〇〇.〇〇	仝
		套鞋一双	一,五〇〇.〇〇	仝

015

推廣員	曾思道	草席一床	八〇〇	〇〇	仝
		皮鞋一双	一〇〇〇	〇〇	仝
		中山服兩套	一五〇〇	〇〇	仝
		卫生褲一条	六〇〇	〇〇	仝
		蚊一床帳	六五〇〇	〇〇	仝
		洋絨褂一件	八〇〇	〇〇	仝
推廣員	黃卓貴	洋瓷臉盆一只	五〇〇	〇〇	仝
		籐箱一只	六〇〇	〇〇	仝
	員工福利社	本地肉用豬二只	一一二〇〇	〇〇	六月二十四日被前方退回軍隊宰殺烹食
總計			一六四一〇〇	〇〇	

江西省农业院附设南城中心苗圃关于遵令填报抗战损失调查表致省农业院的呈（一九四五年九月二十三日）

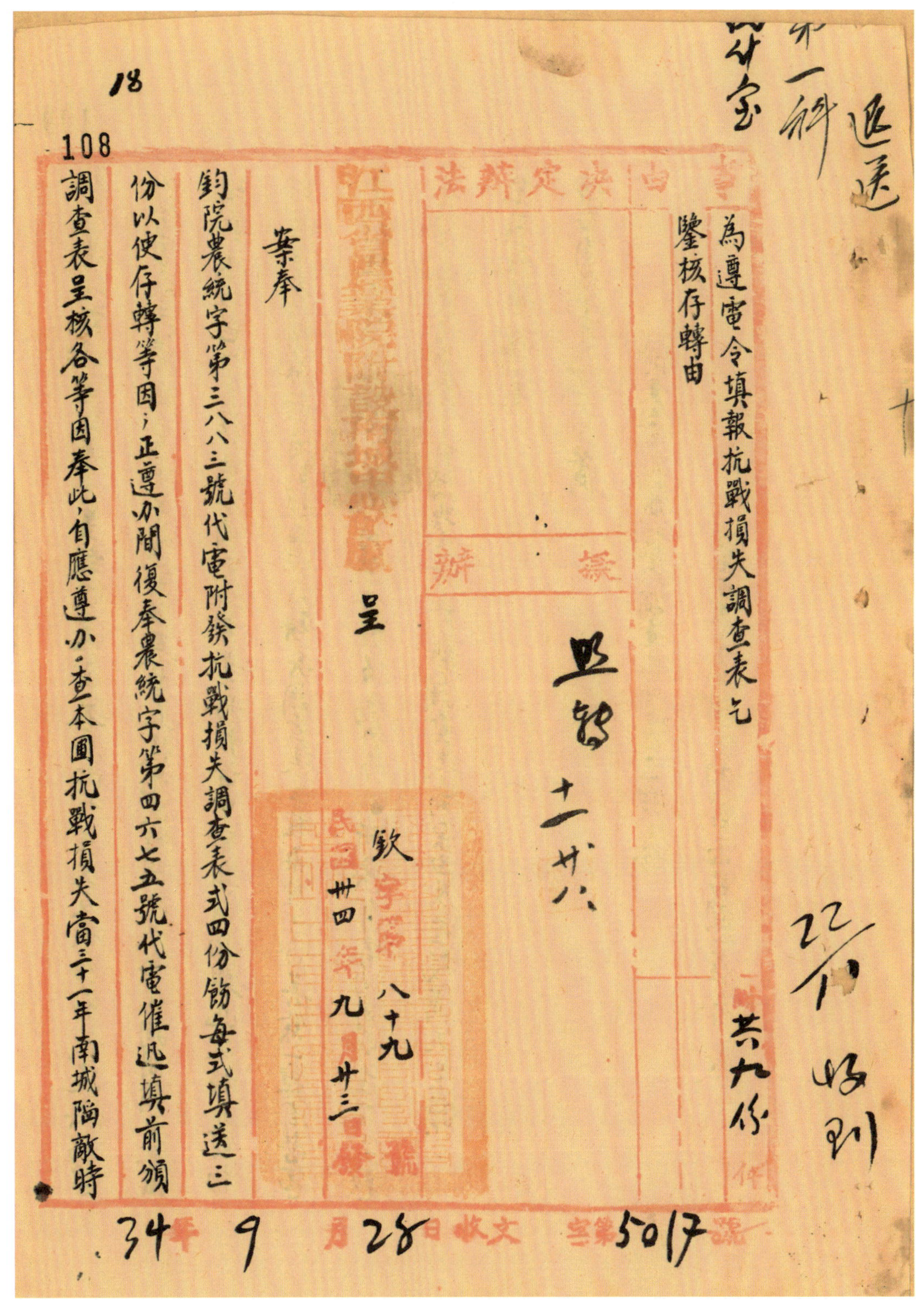
18

108

退送

第一科

事由：為遵電令填報抗戰損失調查表乞鑒核存轉由

擬辦

決定辦法：照發 十一 廿八

共九份

22/11 收到

江西省農業院附設南城中心苗圃 呈

欽字第八十九號

民國卅四年九月廿三日發

案奉

鈞院農統字第三八八三號代電附發抗戰損失調查表式四份，飭每式填送三份以便存轉等因；正遵辦間，復奉農統字第四六七五號代電催迅填前頒調查表呈核各等因。奉此，自應遵辦。查本圃抗戰損失當三十一年南城陷敵時

34年9月28日收文字第5017號

109

即經遭受敵退亦經奉令呈報惟遍查文卷此項呈文及表格存底迄無移留而當事之主任及職員亦早於前任更替且復先後離開南城無從詢問幾至無法填報不得已惟有依照本圃二十七年業務報告中開具財物與此次移交財物對照有者剔除無者列報遵式填具調查表三種每種三份其餘一種（省營事業財產直接損失彙報表）内開各種多爲本圃所無有者均列財産損失報單故從略未填奉令前因理合將填報調查表式原由及種類備文呈請

鑒核存轉謹呈

江西省農業院院長蕭

附呈本圃抗戰損失調查表三種每種三份

江西省農業院附設南城中心苗圃主任徐　欽

附（一）江西省农业院附设南城中心苗圃财产直接损失汇报表及财产损失报告单（一九四五年九月二十日）

110

江西省農業院南城中心苗圃財產直接損失彙報表

事件：敵人進攻

日期：31年7月

地點：南城西門外大人田

填送日期 34年9月20日

分類	價值
共計	1427900元
建築物	1200000元
器具	167880元
現款	
圖書	35600
儀器	24420元
文卷	
醫藥用品	
其他	

機關長官（印）　附財產損失報告單3張

財產損失報告單

受損失及填報者：南城中心苗圃　　填送日期34年9月20日　　第一張

損失年月日	事件	地点	損失項目	購置年月	單位	數量	調查時價值（元）	證件
31年7月	敵人進攻	南城西門外夫人田	房屋	26年	棟	4	1200000	
〃	〃	〃	桌類	〃	張	14	14000	
〃	〃	〃	橱類	〃	隻	3	4500	
〃	〃	〃	椅類	〃	把	54	27000	
〃	〃	〃	藤椅類	〃	把	8	4000	
〃	〃	〃	櫈類	〃	条	59	5900	
〃	〃	〃	床類	〃	張	9	9000	
〃	〃	〃	舖板類	〃	床	2	600	
〃	〃	〃	架類	〃	個	26	7800	
〃	〃	〃	桶類	〃	個	3	1500	
〃	〃	〃	盆類	〃	個	6	900	
〃	〃	〃	鐘	〃	個	1	2000	
〃	〃	〃	磁器類	〃	個	55	5500	
〃	〃	〃	燈類	〃	盞	10	1000	
〃	〃	〃	厨房用具	〃	種	150	20000	
〃	〃	〃	文具類	〃	種	28	1400	
〃	〃	〃	大車	〃	把	3	9000	
〃	〃	〃	茶几類	〃	把	16	4800	
〃	〃	〃	寬鋤	〃	把	3	600	
〃	〃	〃	大濶板鋤	〃	把	3	600	
〃	〃	〃	小鋤	〃	把	16	2400	
〃	〃	〃	鵝頭鋤	〃	把	8	1200	
〃	〃	〃	圓口鋤	〃	把	2	400	
〃	〃	〃	除草小鋤	〃	把	30	3000	
〃	〃	〃	兩用小鋤	〃	把	15	750	
〃	〃	〃	鈇鍬	〃	把	22	8800	
〃	〃	〃	洋鍬	〃	把	3	1500	
〃	〃	〃	平鍬	〃	把	1	400	
〃	〃	〃	二齒耙	〃	把	2	200	
〃	〃	〃	八齒耙	〃	把	3	900	
〃	〃	〃	四齒耙	〃	把	10	3000	

機關長官

112

財產損失報告單

受損失及填報者：南城中心苗圃　　填送日期：31年9月20日　　第二張

損失年月日	事件	地点	損失項目	購置年月	單位	數量	調查時價值（元）	證件
31年7月	敵人進攻	南城西門外夫人田	井家木耙	26年	把	2	800	
〃	〃	〃	抹種刀	〃	把	3	300	
〃	〃	〃	移植鏝	〃	把	11	550	
〃	〃	〃	手用犁	〃	把	8	1600	
〃	〃	〃	除草扦	〃	把	33	1650	
〃	〃	〃	枝剪	〃	把	8	800	
〃	〃	〃	鐮刀	〃	把	18	540	
〃	〃	〃	斧頭	〃	把	1	250	
〃	〃	〃	本地犁	〃	把	1	300	
〃	〃	〃	植樹鑽	〃	把	21	2100	
〃	〃	〃	切草刀	〃	把	1	100	
〃	〃	〃	水車	〃	乘	2	2000	
〃	〃	〃	除草小撓	〃	条	20	1.000	
〃	〃	〃	噴水壺	〃	把	4	800	
〃	〃	〃	熏桶	〃	隻	9	1350	
〃	〃	〃	棕衣	〃	套	15	11.500	
〃	〃	〃	斗笠	〃	頂	6	120	
〃	〃	〃	糞杓	〃	個	8	400	
〃	〃	〃	土箕	〃	担	9	720	
〃	〃	〃	扁担	〃	条	16	800	
〃	〃	〃	点灰簍	〃	個	5	250	
〃	〃	〃	谷籮	〃	隻	6	600	
〃	〃	〃	晒簟	〃	鋪	2	600	
〃	〃	〃	大小蠶盤	〃	個	7	350	
〃	〃	〃	蠶篩子	〃	個	6	300	
〃	〃	〃	焙茶籠	〃	個	1	300	
〃	〃	〃	測繩	〃	条	3	300	
〃	〃	〃	移植尺	〃	把	20	1000	
〃	〃	〃	鐵絲篩	〃	個	1	250	
〃	〃	〃	標本压板	〃	塊	2	200	
〃	〃	〃	浸種桶	〃	個	2	600	

機關長官

113

財產損失報告單

受損失及填報者：南城中心苗圃　　填送日期：31年9月20日　　第三張

損失年月日	事件	地点	損失項目	購置年月	單位	數量	調查時價值（元）	證件
31年7月	敵人進攻	南城西門外丈人田	誘虫燈	26年	盞	4	800	
〃	〃	〃	農林書籍	〃	冊	48	9600	
〃	〃	〃	辞典類	〃	部	9	18000	
〃	〃	〃	經濟類書籍	〃	本	6	1800	
〃	〃	〃	年鑑	〃	部	1	1500	
〃	〃	〃	社會類書籍	〃	冊	20	2000	
〃	〃	〃	圖表	〃	張	12	600	
〃	〃	〃	雜誌類	〃	冊	20	1000	
〃	〃	〃	植物學類	〃	冊	11	1100	
〃	〃	〃	平板測量儀	〃	具	1	1000	
〃	〃	〃	丁字規	〃	把	1	100	
〃	〃	〃	明角三角板	〃	塊	2	400	
〃	〃	〃	擴大鏡	〃	个	1	1000	
〃	〃	〃	銅边尺	〃	把	2	200	
〃	〃	〃	測針	〃	副	9	9000	
〃	〃	〃	天秤	〃	具	1	3000	
〃	〃	〃	半圓規	〃	個	1	200	
〃	〃	〃	量杯	〃	隻	2	400	
〃	〃	〃	漏斗	〃	個	1	100	
〃	〃	〃	雨量計	〃	個	1	2000	
〃	〃	〃	最高最低溫度計	〃	個	1	1000	
〃	〃	〃	酒精燈	〃	盞	2	400	
〃	〃	〃	試管	〃	個	80	1600	
〃	〃	〃	拔木塞器	〃	個	1	120	
〃	〃	〃	大口玻璃瓶	〃	個	40	1200	
〃	〃	〃	細口玻璃瓶	〃	個	40	1200	
〃	〃	〃	廣口玻璃瓶	〃	個	50	1500	

主管長官 （印）

九三

附（二）江西省农业院附设南城中心苗圃财产间接损失报告表（一九四五年九月二十日）

111

江西省農業院附設南城中心苗圃財產間接損失報告表

事件：敵人進攻

日期：31年7月

地点：南城西門外大人田

填送日期 34年9月20日

分類	數額
共計	5100元
遷移費	1500元
防空設備費	
疏散費	3600元
救濟費	
撫卹費	

機關長官

江西省农业院附设武宁中心苗圃关于填送该圃抗战损失调查表致省农业院的代电（一九四五年九月二十三日）

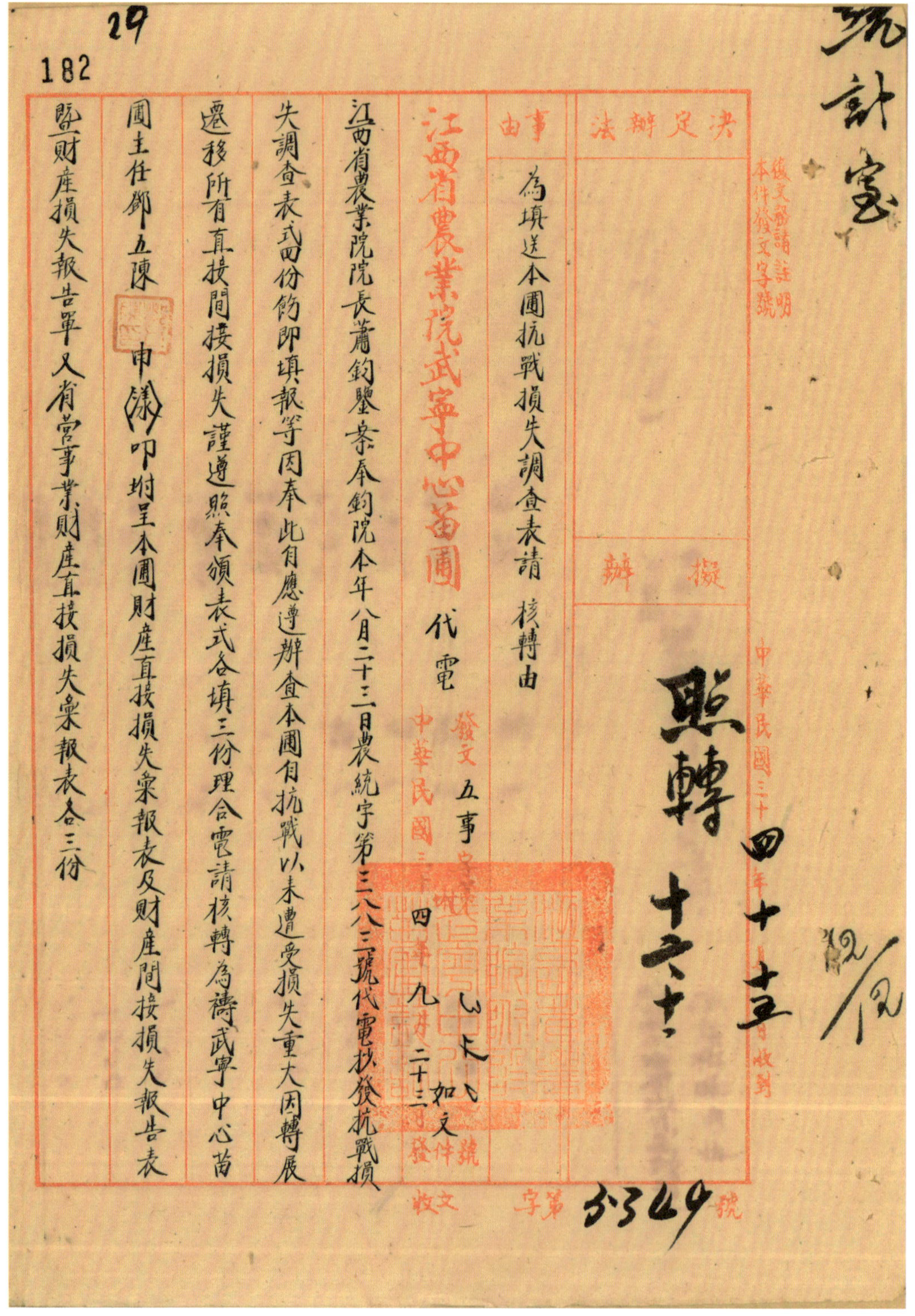
事由：為填送本圃抗戰損失調查表請 核轉由

江西省農業院武寧中心苗圃 代電

江西省農業院院長蕭鈞鑒：案奉鈞院本年八月二十三日農統字第三八八三號代電抄發抗戰損失調查表式四份飭即填報等因，奉此自應遵辦。查本圃自抗戰以來遭受損失重大，因轉展遷移，所有直接間接損失謹遵照奉頒表式各填三份，理合電請核轉為禱。武寧中心苗圃主任鄭五陳申（漾）叩。附呈本圃財產直接損失彙報表及財產間接損失報告表暨財產損失報告單又省營事業財產直接損失彙報表各三份。

附（一一）江西省农业院附设武宁中心苗圃财产直接损失汇报表及财产直接损失报告单（一九四五年九月二十二日）

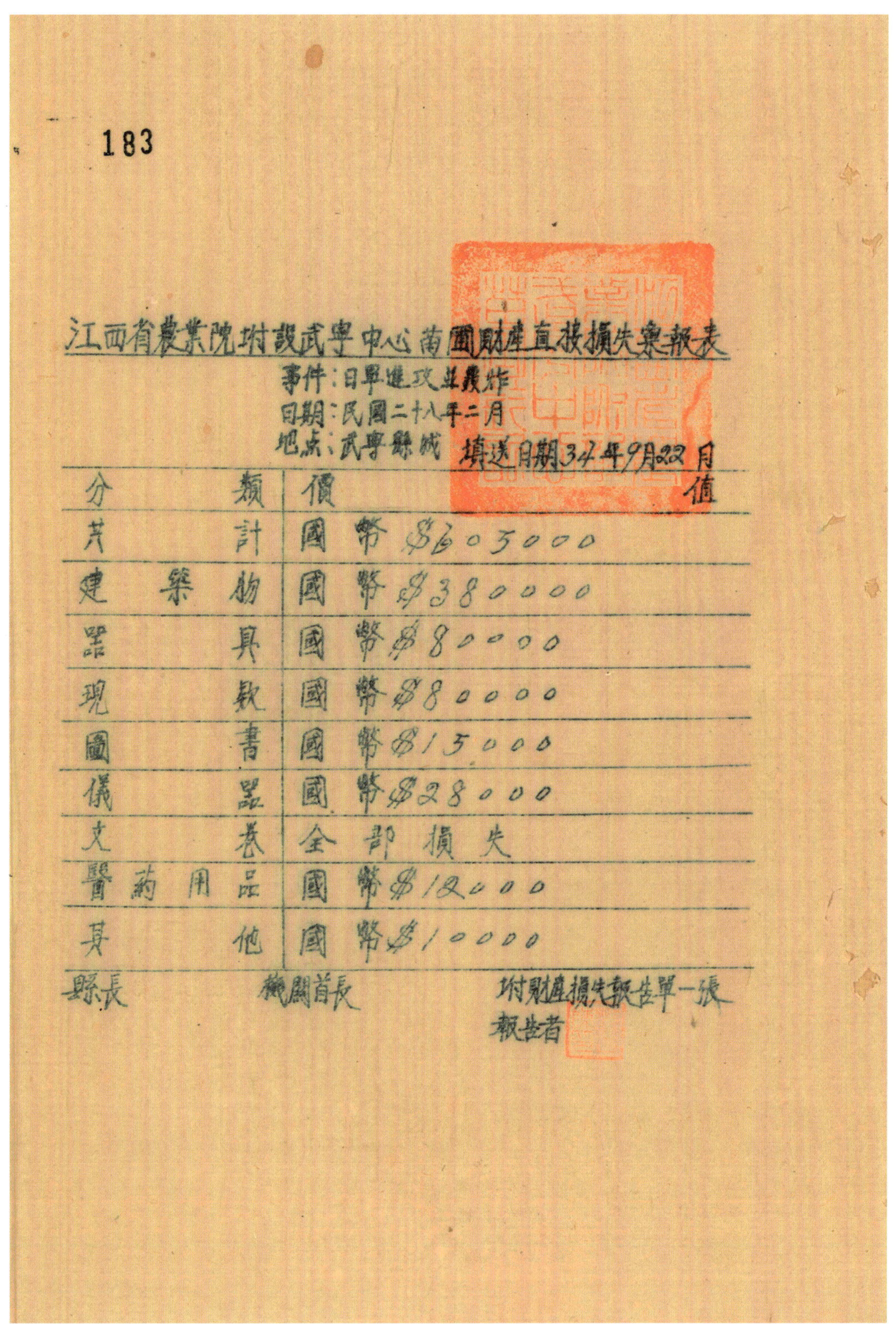
183

江西省農業院附設武寧中心苗圃財產直接損失彙報表

事件：日軍進攻並轟炸
日期：民國二十八年二月
地點：武寧縣城
填送日期34年9月22日

分類	價值
共計	國幣$605000
建築物	國幣$380000
器具	國幣$80000
現款	國幣$80000
圖書	國幣$15000
儀器	國幣$28000
文卷	全部損失
醫藥用品	國幣$12000
其他	國幣$10000

縣長　　機關首長　　附財產損失報告單一張
報告者

江西省農業院附設武寧中心苗圃財產直接損失報告單

填送日期 34年9月22日

損失年月日	事件	地点	損失項目	購置年月	單位	數量	調查時價值	証件
民國二十八年二月十日	日機轟炸	武寧縣城	建築物	民國二十七年二月	棟	大小房屋五棟	國幣380000元	
民國二十八年三月廿七日	日軍進攻	武寧縣城	器具	民國二十七年三月	件	共三百件	國幣80000元	
民國二十八年三月廿七日	日軍進攻	武寧縣城	現款	民國二十七年三月	元	880000	國幣80000元	
民國二十八年三月廿七日	日軍進攻	武寧縣城	圖書	民國二十七年三月	種	二百種	國幣15000元	
民國二十八年三月廿七日	日軍進攻	武寧縣城	儀器	民國二十七年三月	件	七十件	國幣28000元	
民國二十八年三月廿七日	日軍進攻	武寧縣城	文卷	民國二十七年三月	宗	十五宗		
民國二十八年三月廿七日	日軍進攻	武寧縣城	醫藥用品	民國二十七年三月	件	九十件	國幣12000元	
民國二十八年三月廿七日	日軍進攻	武寧縣城	其他	民國二十七年三月	件	陳列標本八百五十件	國幣10000元	

縣長　　主管長官　　受損失者江西省農業院附設武寧中心苗圃

填報者

185

附（二）江西省农业院附设武宁中心苗圃财产间接损失报告表（一九四五年九月二十二日）

184

江西省農業院附設武寧中心苗圃財産間接損失報告表

填送日期34年9月22日

分類	數額
共計	國幣$108000
遷移費	國幣$36000
防空設備費	國幣$25000
疏散費	國幣$22000
救濟費	國幣$15000
撫卹費	國幣$10000

附表 張

報告者

附（三）省营事业财产直接损失汇报表及财产直接损失报告单（一九四五年九月二十二日）

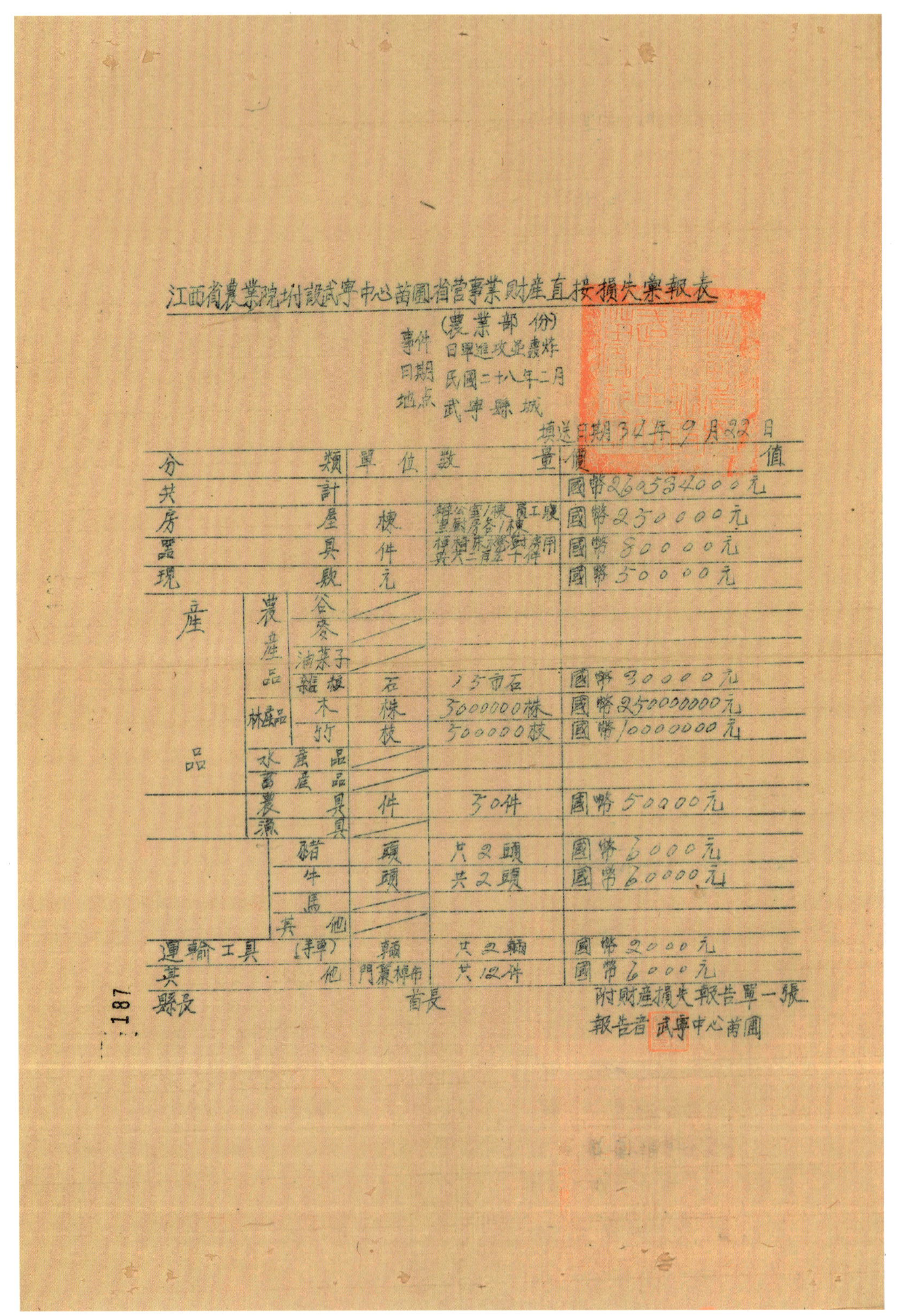

江西省農業院附設武寧中心苗圃省營事業財產直接損失彙報表

（農業部份）

事件 日軍進攻並轟炸

日期 民國二十八年二月

地点 武寧縣城

填送日期 34年9月22日

分類			單位	數量	價值
共計					國幣260534000元
房屋			棟	辦公室1棟 員工寢室廚房各1棟	國幣250000元
器具			件	桌椅床凳廚房用具共六二百五十件	國幣80000元
現款			元		國幣50000元
產品	農產品	谷			
		麥			
		油菜子			
		蕃薯	石	15市石	國幣30000元
	林產品	木	株	5000000株	國幣250000000元
		竹	枝	500000枝	國幣10000000元
	水產品				
	畜產品				
	農具		件	50件	國幣50000元
	漁具				
		豬	頭	共2頭	國幣6000元
		牛	頭	共2頭	國幣60000元
		馬			
		其他			
運輸工具（手車）			輛	共2輛	國幣2000元
其他			門簾棉布	共12件	國幣6000元

縣長　　首長

附財產損失報告單一張

報告者 武寧中心苗圃

187

江西省農業院附設武寧中心苗圃省營事業財產直接損失報告單

（農業部份）

填送日期34年9月22日

損失年月日	事件	地点	損失項目	購置年月	單位	數量	調查時價值	証件
民國二十八年四月一日	日機轟炸	武寧縣城	房屋	民國二十七年三月	棟	共三棟	國幣2500000元	
民國二十八年五月七日	日軍進攻	仝上	器具	民國二十七年四月	件	共三百件	國幣80000元	
民國二十八年八月一日	仝上	仝上	現款		元	共50000元	國幣50000元	
仝上	仝上	仝上	雜糧	民國二十七年七月	石	共15市石	國幣30000元	
民國二十八年二月五日	仝上	仝上	杉木	仝上	株	3000000株	國幣250000000元	
仝上	仝上	仝上	茅竹	仝上	枝	500000枝	國幣1000000元	
仝上	仝上	仝上	豬	仝上	頭	共二頭	國幣6000元	
仝上	仝上	仝上	牛	仝上	頭	共二頭	國幣60000元	
仝上	仝上	仝上	農具	仝上	件	共50件	國幣50000元	
仝上	仝上	仝上	其他	仝上	蓑衣 門牌	共10件	國幣6000元	
仝上	仝上	仝上	運輸工具（手車）	仝上	輛	共2輛	國幣2000元	

186

縣長　　主管長官　　受損失者江西省農業院附設武寧中心苗圃

填報者

江西省第七行政区农业推广处关于遵令填送抗战损失调查表致省农业院的呈（一九四五年九月二十四日）

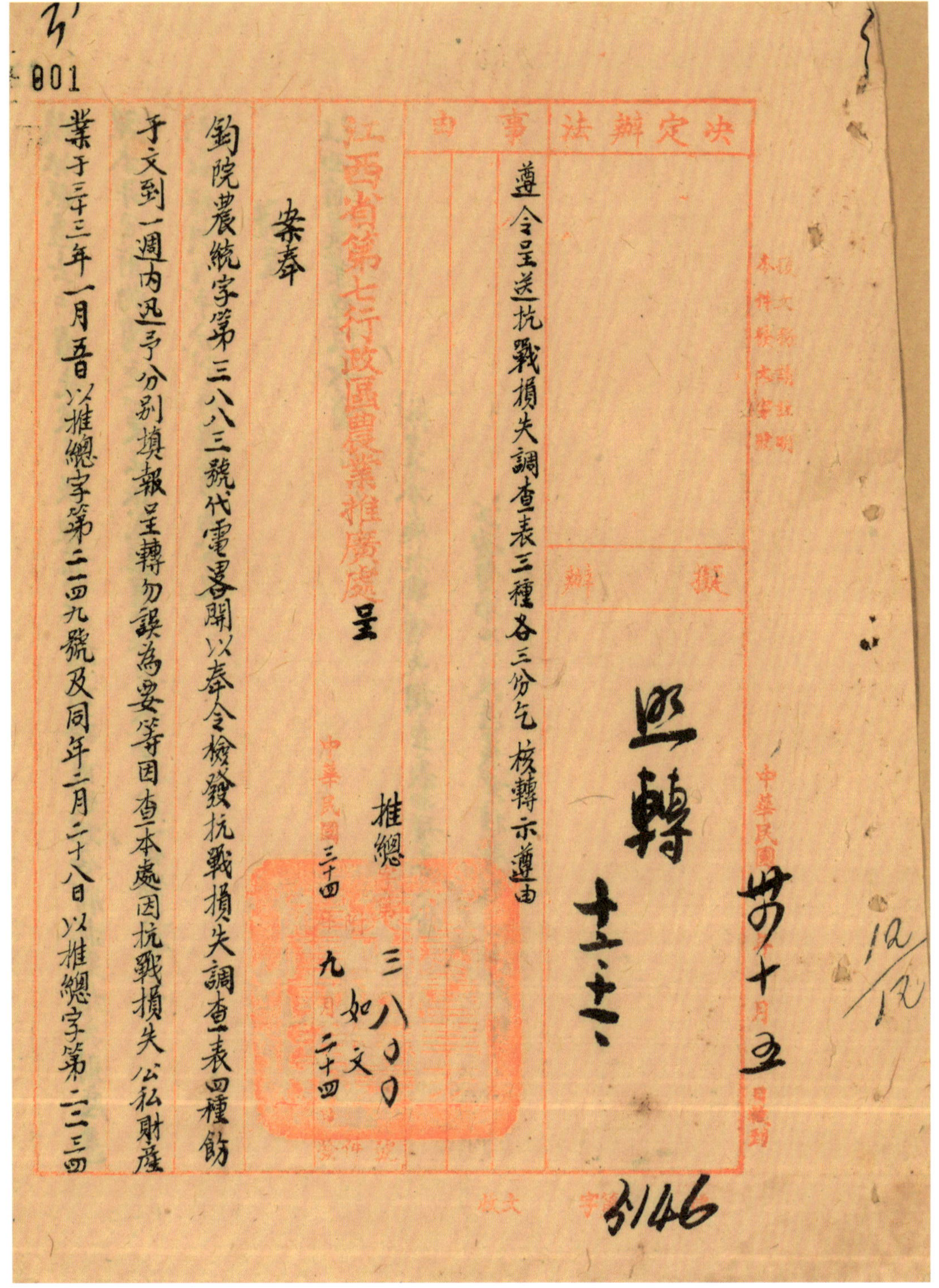

事由：遵令呈送抗战损失调查表三种各三分乞核转示遵由

拟办：照转 十二、十六

案奉

钧院农统字第三八八三号代电略开：以奉令检发抗战损失调查表四种，饬于文到一週内迅予分别填报呈转，勿误为要等因。查本处因抗战损失公私财产业于三十三年一月五日以推总字第二一四九号及同年二月二十八日以推总字第二三三四

江西省第七行政区农业推广处呈

中华民国三十四年九月二十四日 推总字第三八〇〇号

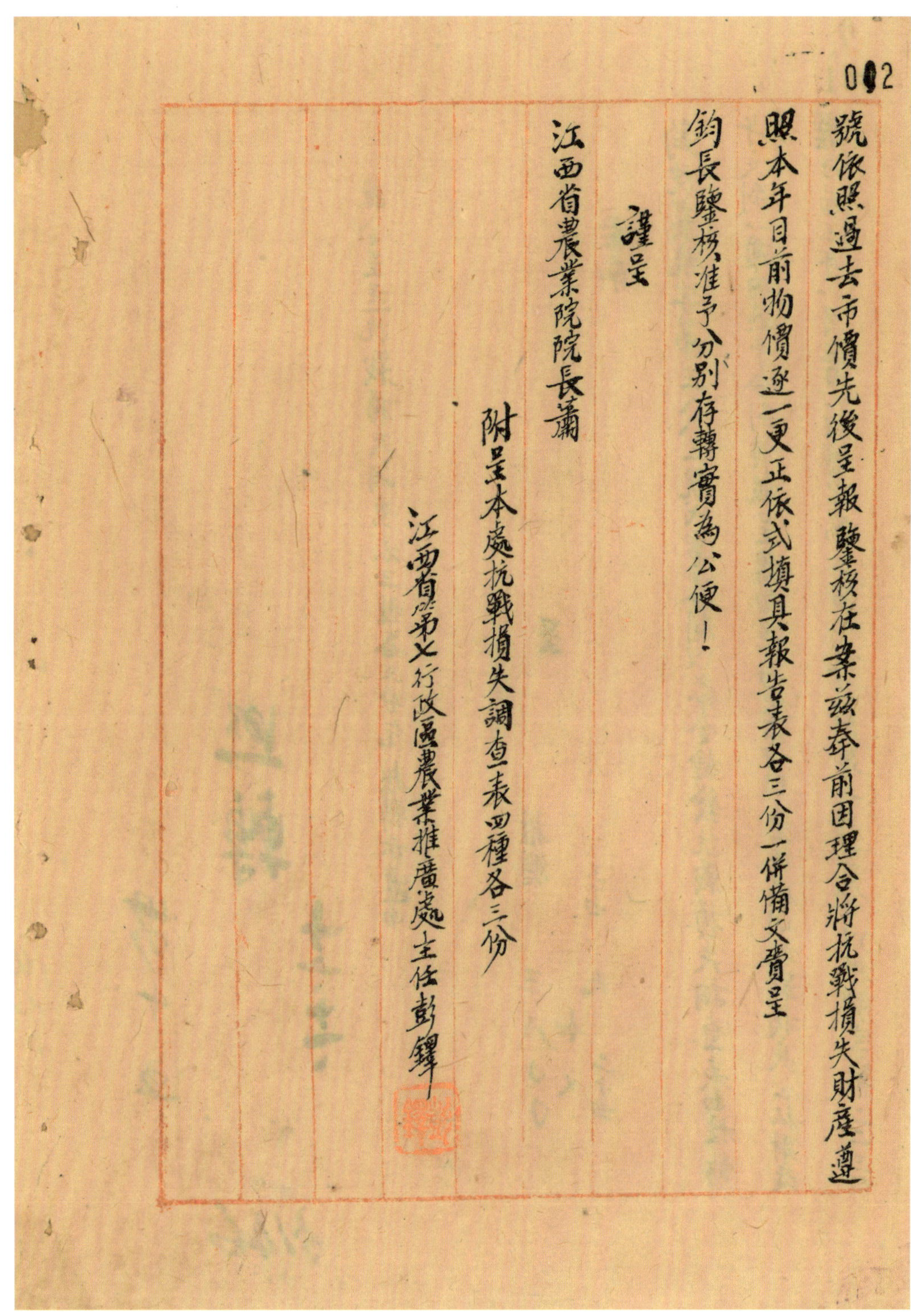

002

號依照過去市價先後呈報鑒核在案茲奉前因理合將抗戰損失財産遵照本年目前物價逐一更正依式填具報告表各三份一併備文賫呈

鈞長鑒核准予分别存轉實爲公便！

謹呈

江西省農業院院長蕭

附呈本處抗戰損失調查表四種各三份

江西省第七行政區農業推廣處主任彭鐸

附（一）江西省第七行政区农业推广处财产直接损失汇报表及财产损失报告单（一九四五年九月十七日）

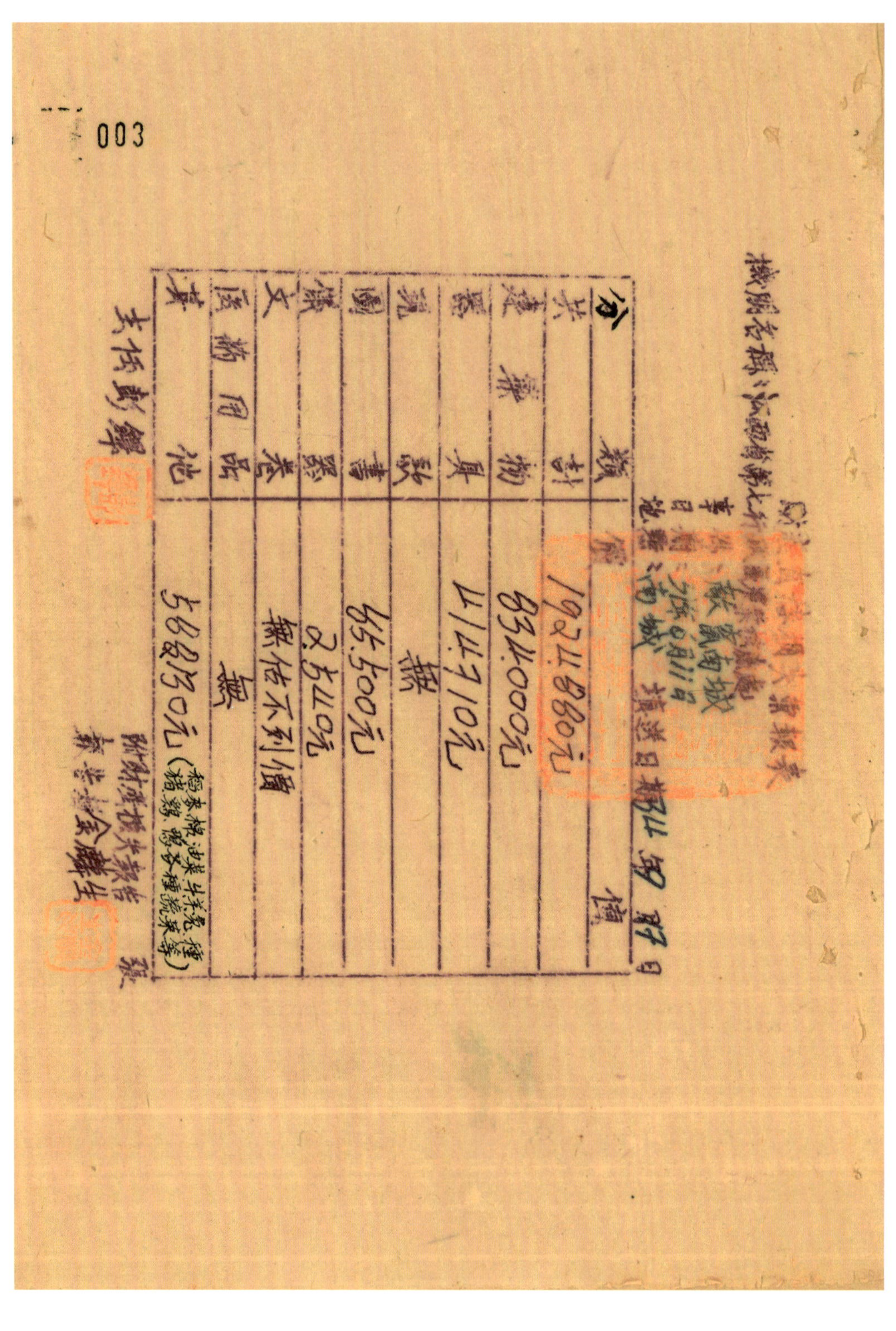

机关名称：江西省第七行政区农业推广处

事件：敌寇南城

日期：34年6月11日

地点：南城　填送日期34年9月17日

分类	价值
共计	1924880元
建筑物	834000元
器具	414710元
现款	無
图书	65500元
仪器	2540元
文卷	無估不到價
医药用品	無
其他	568130元（稻麦棉油菜牛羊兔种猪鸡鸭各种蔬菜等）

主管彭铎

附财产损失报告单　张

报告者余麟生

財產損失報告單

機關名稱：江西省第七行政區農業推廣處　填送日期34年9月17日

損失年月日	事件	地點	損失項目	購置年月	單位	數量	調查時價值	證件
31年6月11日	敵機炸毀	南城	辦公房屋		棟	全棟	600.000	
〃	〃	〃	園藝區竹籬		園	全園	40.000	
〃	〃	〃	倉廒		座	7	140.000	
〃	〃	〃	畜舍堆肥室		所	3	(每所18000) 54.000	
〃	〃	〃	九斗辦公桌		張	8	(每張3500) 28.000	
〃	〃	〃	五斗辦公桌		〃	12	(每張3000) 36.000	
〃	〃	〃	三斗辦公桌		〃	14	(每張1800) 25.200	
〃	〃	〃	二斗辦公桌		〃	20	(每張1600) 32.000	
〃	〃	〃	漆茶几		〃	10	(每張700) 7.000	
〃	〃	〃	方桌		〃	4	(每張1500) 6.000	
〃	〃	〃	漆交椅		〃	20	(每張800) 16.000	
〃	〃	〃	公文櫥		乘	3	(每乘4000) 12.000	
〃	〃	〃	圖書櫥		〃	1	3.500	
〃	〃	〃	木書架		個	8	(每個1800) 14.400	
〃	〃	〃	箱架		〃	18	(每個700) 12.600	
〃	〃	〃	洗臉架		〃	18	(每個500) 9.000	
〃	〃	〃	漆木櫈		〃	28	(每個1100) 30.800	
〃	〃	〃	德式床		張	18	(每張4300) 77.400	
〃	〃	〃	掛鐘		座	1	2.000	
〃	〃	〃	鬧鐘		〃	2	(每座500) 1.000	
〃	〃	〃	電話机		架	1	5.000	
〃	〃	〃	玻璃表格架		個	26	(每個200) 5.200	
〃	〃	〃	衣架		座	4	(每座100) 400	
〃	〃	〃	種子櫥		張	4	(每張3000) 12.000	
〃	〃	〃	茶壺		把	2	(每把80) 160	
〃	〃	〃	茶杯		個	45	(每個40) 1.800	
〃	〃	〃	大市秤		把	1	1.000	
〃	〃	〃	鉄市桶		〃	4	(每把800) 3.200	
〃	〃	〃	犁頭		張	2	(每張300) 600	
〃	〃	〃	鉄耙		〃	1	200	
〃	〃	〃	糞桶		担	5	(每担200) 1.000	
〃	〃	〃	鋤頭		張	10	(每張200) 2.000	
〃	〃	〃	風車		座	1	800	
〃	〃	〃	禾斛		〃	4	(每座400) 1.600	
〃	〃	〃	園新		個	10	(每個300) 3.000	
〃	〃	〃	洋犁		架	2	(每架500) 1.000	
〃	〃	〃	播種机		〃	1	600	
〃	〃	〃	中耕器		〃	3	(每架300) 900	
〃	〃	〃	竹箕		担	15	(每担50) 750	
〃	〃	〃	扁担		根	10	(每根100) 1.000	
〃	〃	〃	噴霧器		架	1	600	
〃	〃	〃	整枝剪		把	1	500	
〃	〃	〃	種籽瓶		個	60	(每個40) 2.400	
〃	〃	〃	蔴袋		隻	350	(每隻300) 10.500	
〃	〃	〃	籐椅		張	4	(每張150) 600	

附註：該項財產價值係根據三十四年九月市價估計

005

〃	〃	〃	炊具		套	3	(每套1500)4,5000	
〃	〃	〃	掛圖		幅	60	(每幅50)3,000	
〃	〃	〃	推廣叢書		冊	4,0000	(每冊20)80,000	
〃	〃	〃	各種文書襍誌		〃	500	(每冊50)2,500	
〃	〃	〃	油印機		架	1	2,000	
〃	〃	〃	鋼板		塊	1	300	
〃	〃	〃	印泥		盒	3	(每盒800)2,400	
〃	〃	〃	文卷		袋		不列值	
〃	〃	〃	秈種		石	70.23	(每石700)49,190	
〃	〃	〃	麥種		斤	393	(每斤20)7,860	
〃	〃	〃	棉種		〃	59	(每斤5元)295元	
〃	〃	〃	油菜		石	26.85	(每石1000)26,850	
〃	〃	〃	槐藍種籽		升	9.5	(每升10)95元	
〃	〃	〃	豆種		石	0.5	(每升20)1,000	
〃	〃	〃	洋葱		克	1500	(每克3元)4,500	
〃	〃	〃	甘藍		〃	2500	(每克2元)5,000	
〃	〃	〃	其他各項菜種		〃	28300	(每克2元)56,600	
〃	〃	〃	稻作		畝	26	(每畝約1800)46,800	
〃	〃	〃	棉		〃	8	(每畝約640)51,200	
〃	〃	〃	豆		〃	5	每畝約4石(每石3500)18,500	
〃	〃	〃	各項蔬菜		〃	8	約10,440	
〃	〃	〃	水牛		頭	1	13,000	
〃	〃	〃	羊		〃	25	(每头1800)45,000	
〃	〃	〃	兔		〃	45	(每头200)9,000	
〃	〃	〃	種猪		〃	12	(每头19,000)228,000	
〃	〃	〃	種鷄		羽	52	(每羽200)10,400	
〃	〃	〃	北平鴨		〃	20	(每羽220)4,400	
			合計				1924,880元	

主任彭鐸　　　　填報者金麟生

附（二）江西省第七行政区农业推广处财产间接损失报告表（一九四五年九月十七日）

财產間接損失報告表

機關名稱：江西省第七行政區農業推廣處

填送日期 34年9月17日

分類	(單位國幣元)
共計	56,000元
遷移費	40000元
防空設備費	無
疏散費	(歸入遷移費內)
救濟費	16,000元
撫卹費	無

主任 彭鐸（印） 附表 張

報告者 金麟生（印）

004

江西省第八行政区农业推广处关于遵令填报该处抗战损失调查表致省农业院的呈（一九四五年九月二十六日）

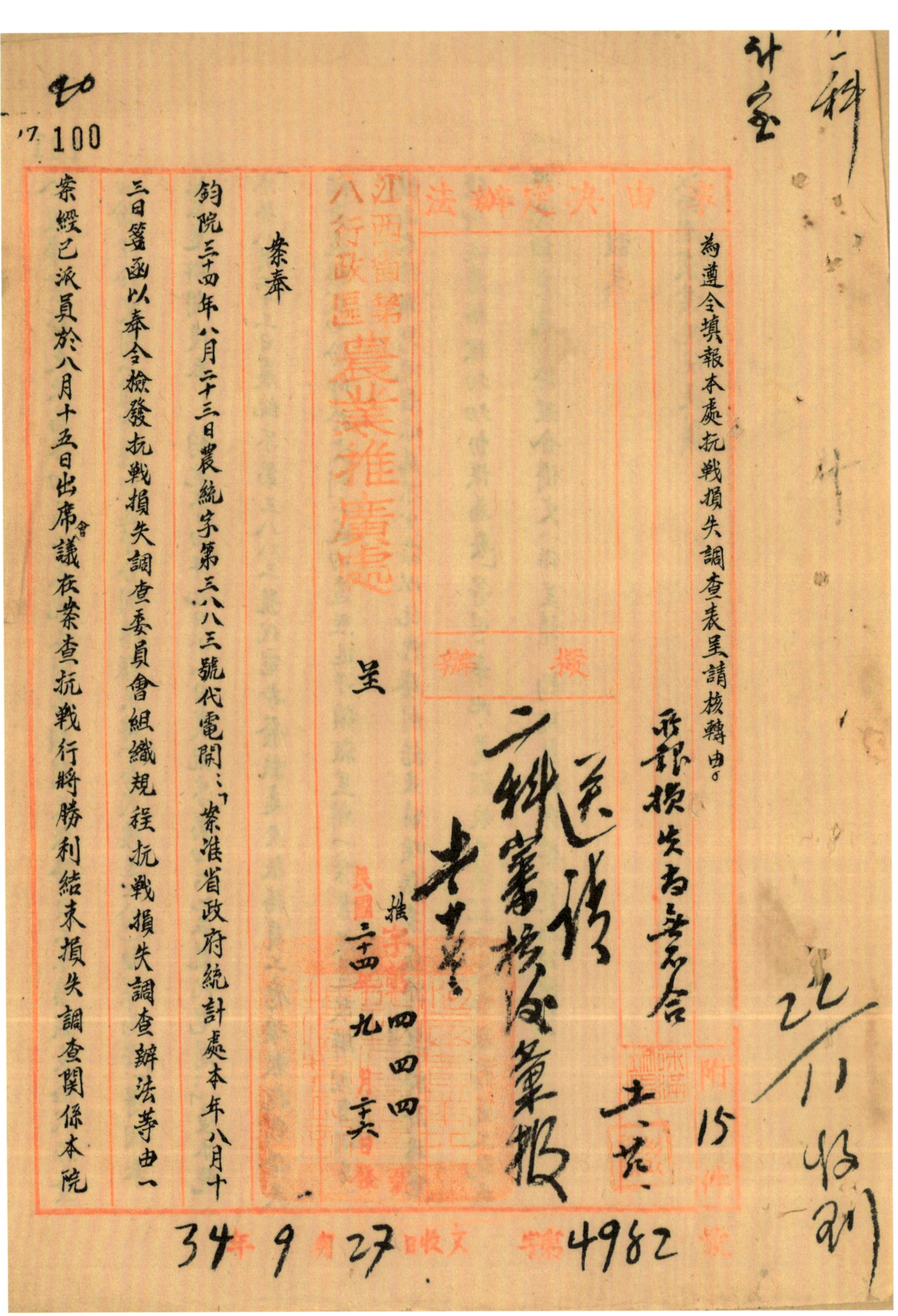

二科
計室

事由：為遵令填報本處抗戰損失調查表呈請核轉由。

附 15 件

擬辦：覆報損失為無不合

送請二科彙核後彙報

江西省第八行政區農業推廣處 呈

案奉

鈞院三十四年八月二十三日農統字第三八八三號代電開：「案准省政府統計處本年八月十三日簽函以奉令檢發抗戰損失調查委員會組織規程、抗戰損失調查辦法等由一案，經已派員於八月十五日出席會議在案。查抗戰行將勝利結束，損失調查關係本院

民國三十四年九月廿六日 推字第四四四號

收文 34 9 27 第4982號

今後事業發展至爲密切茲將本院各附屬機關及服務員工應填報表格式抄發
四份仰於文到一週內遵照迅予分别填報呈轉(每式填送三份)切慎爲要」等因奉
此正遵辦間復奉
鈞院三十四年九月十八日農統字第四六七五號代電開:「查本院
本年八月二十三日農統字第三八八三號代電抄發該處及服務員工應填報抗戰損失
調查表格式四份仰於文到一週内遵照迅予填報呈轉一案業經遵限辦理者固多
惟尚未填報到院者亦屬不少茲以抗戰勝利結束前項報表亟待彙轉特再電
催仰迅遵辦理切切勿悞爲要」等因,奉此,遵經依式填就本處暨服務員工抗戰
損失調查表十五份理合備文一併呈請
鈞院鑒核存轉實爲公便!
謹呈
江西省農業院院長蕭

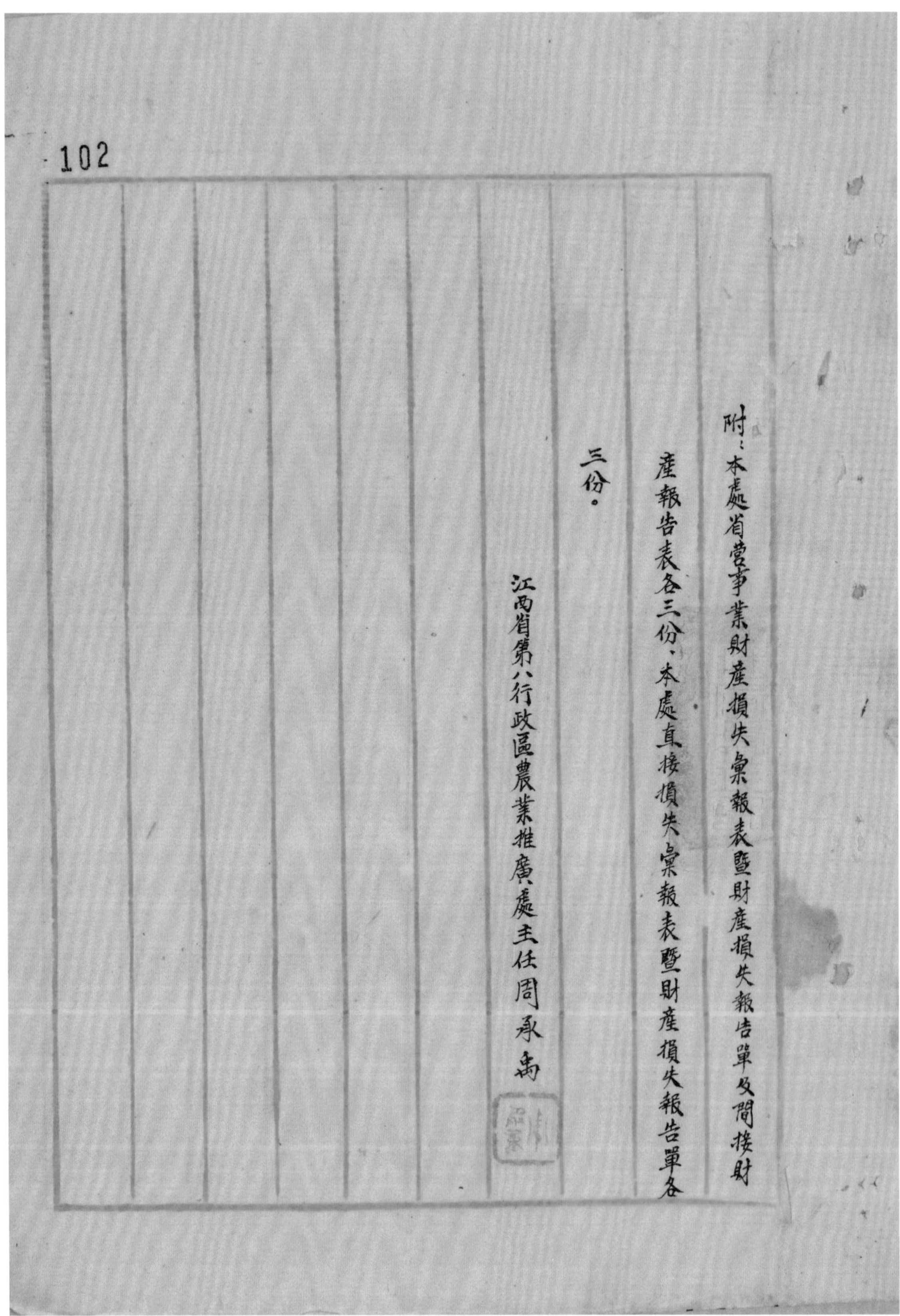

102

附：本處省營事業財產損失彙報表暨財產損失報告單及間接財產報告表各三份、本處直接損失彙報表暨財產損失報告單各三份。

江西省第八行政區農業推廣處主任周承禹

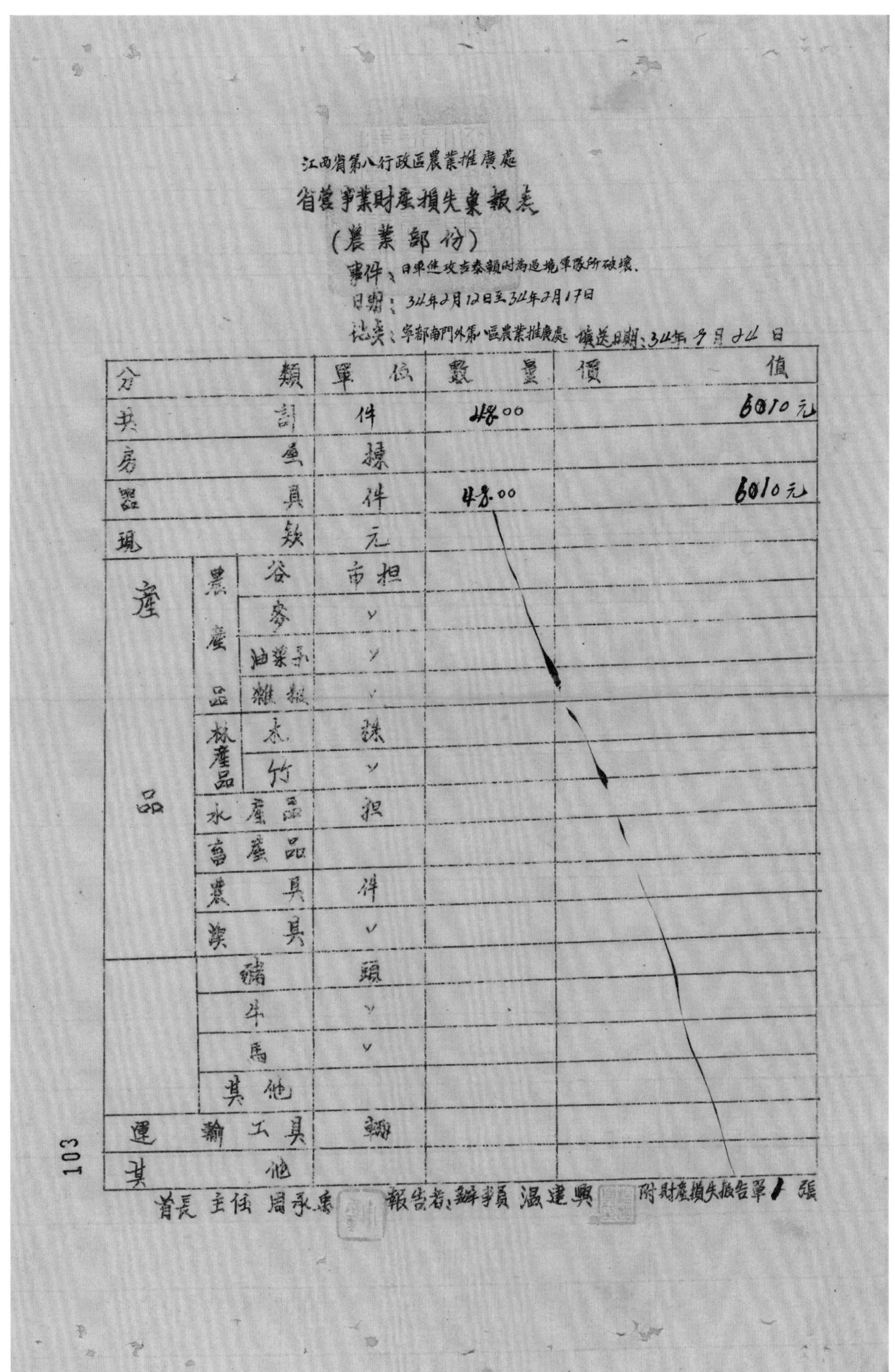

江西省第八行政區農業推廣處

省營事業財產損失彙報表

（農業部份）

事件：日軍進攻吉泰贛時為過境軍隊所破壞。

日期：34年2月12日至34年2月17日

地點：寧都南門外第一區農業推廣處　填送日期：34年9月24日

分類			單位	數量	價值
共計			件	48.00	6010元
房屋			棟		
器具			件	48.00	6010元
現款			元		
產品	農產品	谷	市担		
		麥	〃		
		油菜子	〃		
		雜糧	〃		
	林產品	木	株		
		竹	〃		
	水產品		担		
	畜產品				
	農具		件		
	漁具		〃		
	豬		頭		
	牛		〃		
	馬		〃		
	其他				
運輸工具			輛		
其他					

103

首長 主任 周承康　報告者：辦事員 溫建興　附財產損失報告單1張

財產損失報告單

填送日期：　34年9月24日

損失年月日	事件	地點	損失項目	購置年月	單位	數量	調查時價值	證件
34年7月13日	日軍進攻吉太贛時過境軍隊破壞、	雩都	樟木高椅		把	1	400元	
仝	仝	〃	条長方桌		張	1	500元	
仝	仝	〃	長櫈		条	13	1000元	
仝	仝	〃	報架		個	1	100元	
仝	仝	〃	方硯		副	2	60元	
仝	仝	〃	沙發轉櫈		個	1	1000元	
仝	仝	〃	谷罐		個	5	500元	
仝	仝	〃	蔴布袋		個	15	750元	
仝	仝	〃	腰形洗澡盆		個	1	500元	
仝	仝	〃	竹晒簟		床	2	500元	
仝	仝	〃	鋤頭		把	2	700元	

104

縣長　　主管長官 主任周承禹　　受損失者 江西省第八行政區農業推廣處
填報者 辦事員 温建興

江西省第八行政區農業推廣處財產間接損失報告表

填送日期：34年9月24日

分類	數額（單位：國幣元）
共計	
遷移費	
防空設備費	
疏散費	
救濟費	
撫卹費	

主任周承禹（印） 報告者：辦事員 温建興（印） 附表 張

105

附（三）江西省第八行政区农业推广处员工财产直接损失汇报表及财产损失报告单（一九四五年九月二十四日）

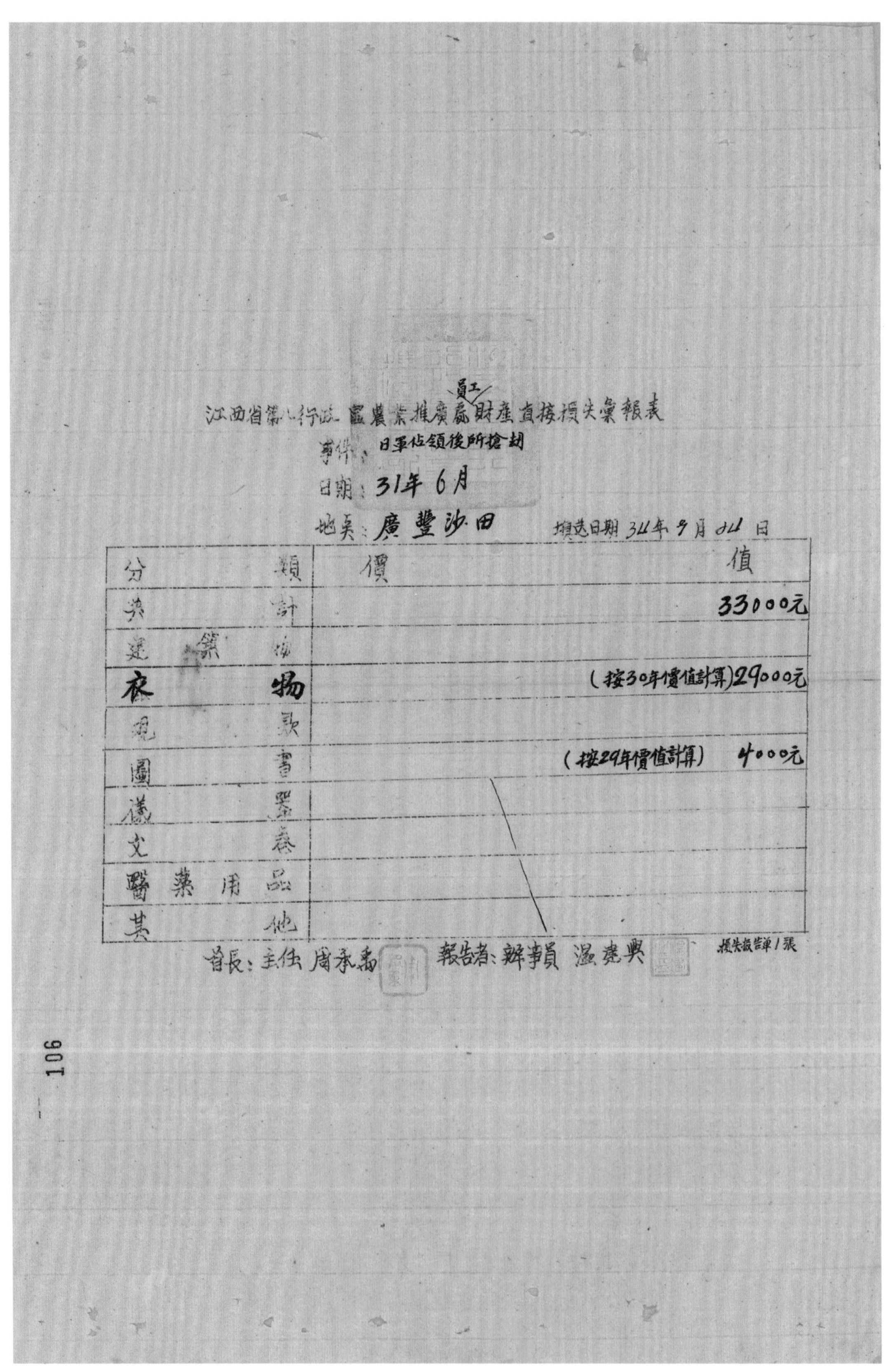

江西省第八行政区农业推广处员工财产直接损失汇报表

事件：日军佔領後所搶刼

日期：31年6月

地點：廣豐沙田　　　　填送日期34年9月24日

分類	價值
共計	33000元
建築物	
衣物	（按30年價值計算）29000元
現款	
圖書	（按29年價值計算）4000元
儀器	
文卷	
醫藥用品	
其他	

首長：主任 周承壽　　報告者：辦事員 溫尭興

損失報告單1張

106

財產損失報告單

填送日期：34年7月24日

損失年月日	事件	地點	損失項目	購置年月日	單位	數量	調查時價值	證件
31年6月29日	日軍侵佔縣境搶劫、	廣豐	衣服	30年2月14日	箱	1	29000元	
仝	仝	仝	書籍	29年3月3日	〃	2	4000元	

縣長　　主管長官 主任周承禹　　受損失者江西省第八行政區農業推廣處事務員彭洋

填報者 辦事員 溫建興

江西省农业院兽疫血清制造所关于报送抗战损失调查表致省农业院的呈（一九四五年九月二十九日）

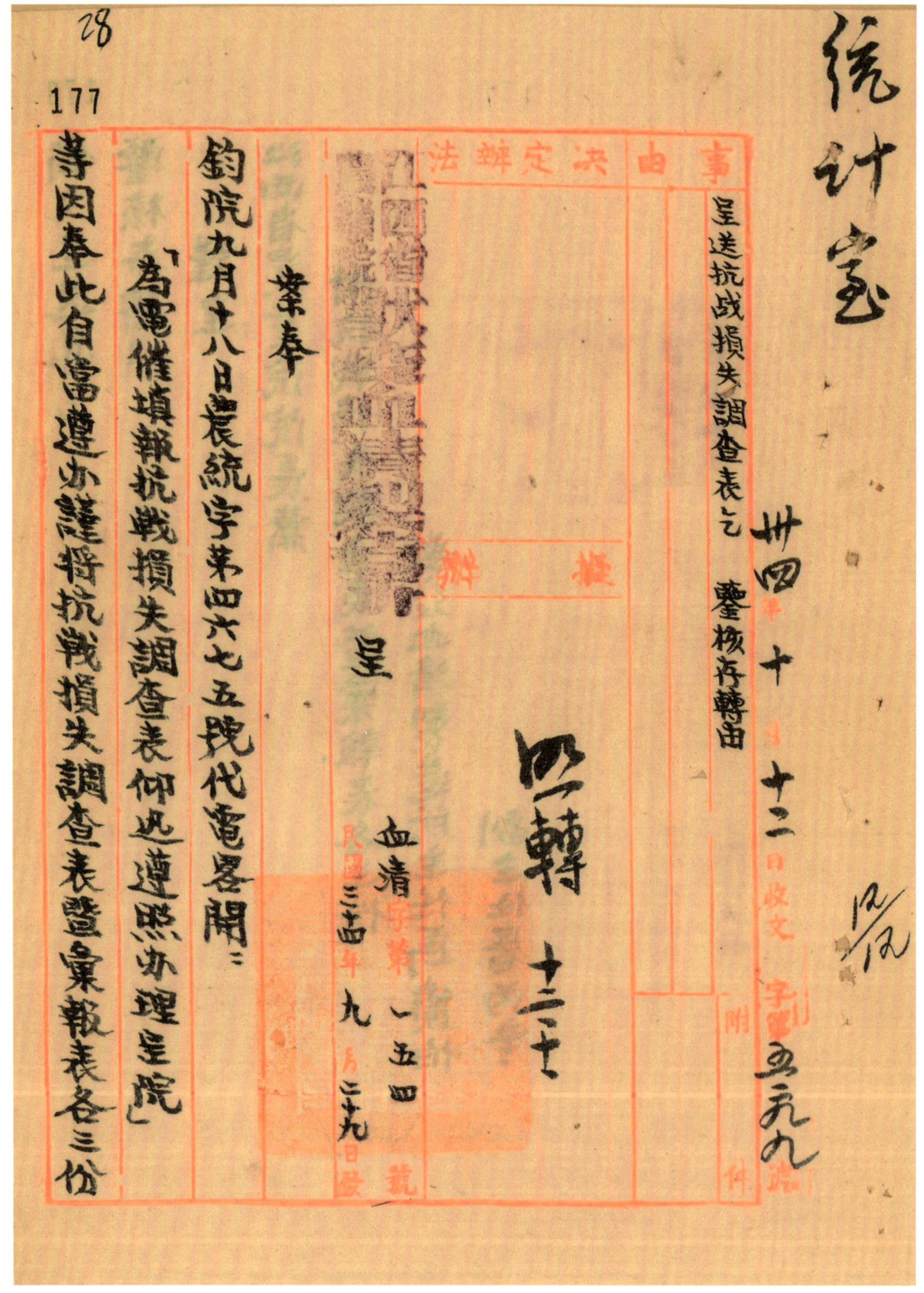
28

177

统计室

事由：呈送抗战损失调查表乞鉴核存转由

卅四年十月十二日收文 字第五九九九號

附件

決定辦法：照轉 十二、十七

擬辦

12/10

血清字第一五四號

民國三十四年九月二十九日發

呈

案奉

鈞院九月十八日農統字第四六七五號代電略開：

「為電催填報抗戰損失調查表仰迅遵照辦理呈院」

等因奉此自當遵辦謹將抗戰損失調查表暨彙報表各三份

178

備文呈送恳乞

鑒核存轉。

謹呈

江西省農業院院長蕭

附抗戰損失調查表暨彙報表各三份

獸疫血清製造所主任馬憤伯

副主任屠丙辛

附：财产直接损失汇报表及财产损失报告单（一九四五年九月二十五日）

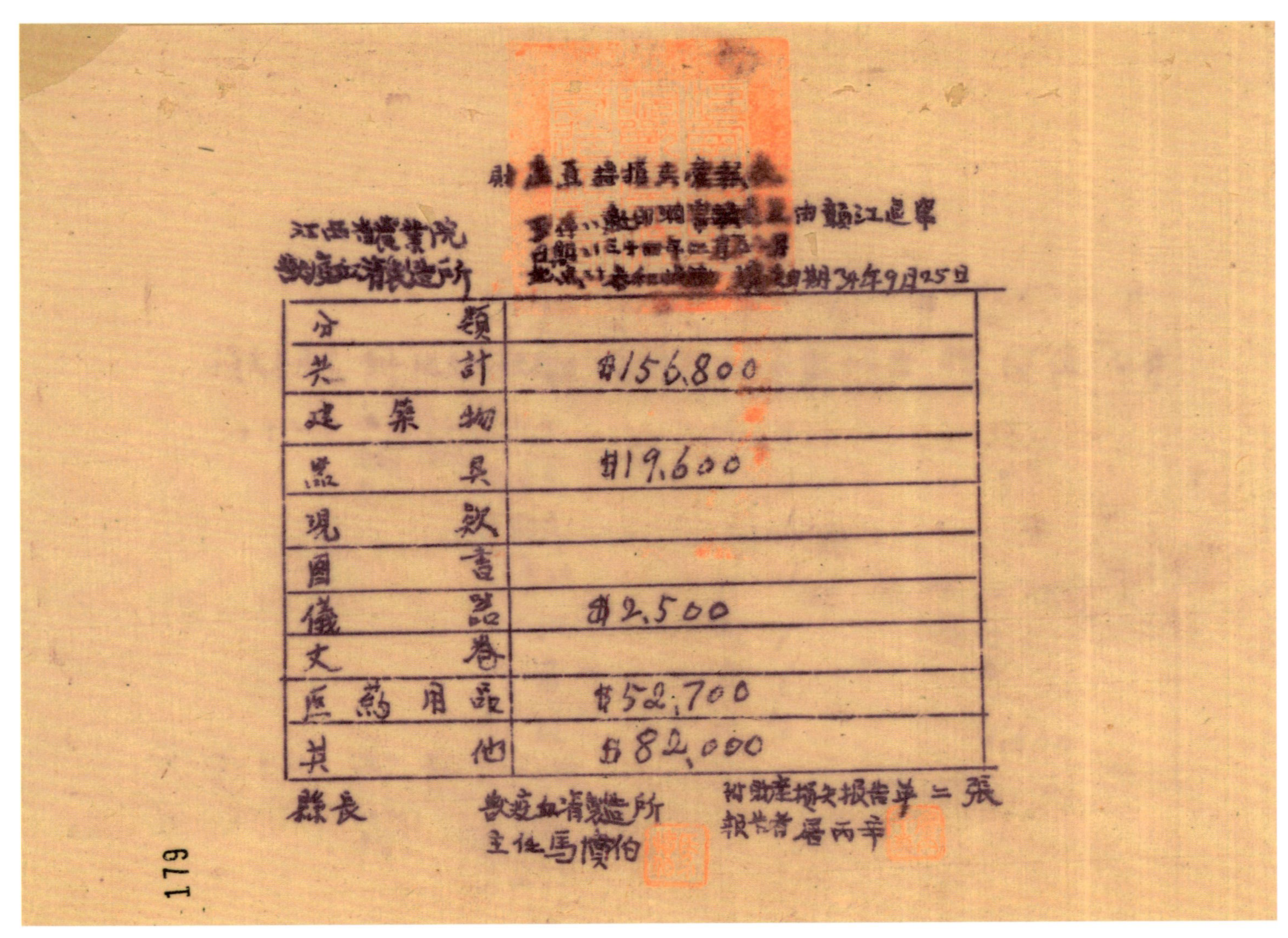

財產直接損失彙報表

事件：[illegible]　[illegible]江西農業院

日期：三十四年[illegible]

地點：[illegible]　　填報日期 34年9月25日

江西省農業院
製造血清製造所

分類	
共計	$156,800
建築物	
器具	$19,600
現款	
圖書	
儀器	$2,500
文卷	
醫藥用品	$52,700
其他	$82,000

縣長

表送者 血清製造所 主任 馬懷伯

附財產損失報告單 二 張

報告者 屠丙辛

179

財產損失報告單

填送日期 34年 9月 25日

損失年月日	事件	地点	損失項目	購置年月	單位	數量	調查時價值	証件
34年二月	敵寇迫贛泰	泰和峽溪	免疫牛		頭	8	56,000	
			免疫馬		〃	1	8,000	
			手術衣		件	4	6,000	
			避塵帳		付	2	12,000	
			玻璃板		塊	1	2,500	
			門窗		座	6	3,000	
			舖板		付	2	1,600	
34年七月	敵寇竄泰遷寧	泰和漆溪	硫酸亞鐵		磅	1	2,000	
			醋酸鈉		〃	1/2	1,000	
			氯化錳		〃	1/4	750	
			硫黄		〃	1/2	1,500	
			乾燥炭酸鈉		〃	1/2	800	
			安替非不林		〃	1/2	2,000	
			碘化鈉		〃	1/2	1,500	
			金奎根		〃	1/4	600	
			氯化鐵		〃	1/2	1,000	
			亞砒酸		〃	1/4	750	
			水楊酸鈉		〃	1/2	1,000	
			水楊酸		〃	1/4	600	
			石灰蘇打		〃	1	1,200	
			養化鈣		〃	1/2	1,200	
			番木鼈		〃	1/2	2,000	

縣長（簽蓋）　江西省農業院獸疫血清製造所 主任馬積偉　受損失者獸疫血清製造所 填報者唐丙辛

180

財產損失報告表

填送日期 34年 9月 25日

損失年月日	事件	地點	損失項目	購置年月	單位	數量	調查時價值	證件
34年七月	敵沿贛江進窜	泰和峽[illegible]	硝酸鈉		磅	1/2	1,500	
			蓖麻油		〃	2	4,000	
			醋酸		〃	1	2,000	
			杜松		〃	3	6.000	
			菖蒲末		〃	1	2,000	
			炭酸鉀		〃	1/2	.800	
			醋酸鈉		〃	1/2	2,000	
			安息香酸		〃	1/2	1,500	
			臭化鋰		〃	1/2	1,500	
			枸櫞酸鉀		〃	1/2	1,200	
			醋酸鉛		〃	3	4,500	
			甘草末		〃	1/2	1,200	
			藥用石碱		〃	1½	3,000	
			炭酸鎂		〃	2	3,000	
			牛痘血清		瓶	1	600	
			50cc注射器		具	1	2500	
			玻璃板		塊	3	7500	
			掛鐘		具	1	5.000	

181

縣長（簽蓋）

江西省農業院獸疫血清製造所主任馬懔伯

受損失者獸疫血清製造所

填報者屠西辛

江西省农业院、于都县政府合办农事实验场关于遵令填报该场抗战损失财产致省农业院的呈（一九四五年十月一日）

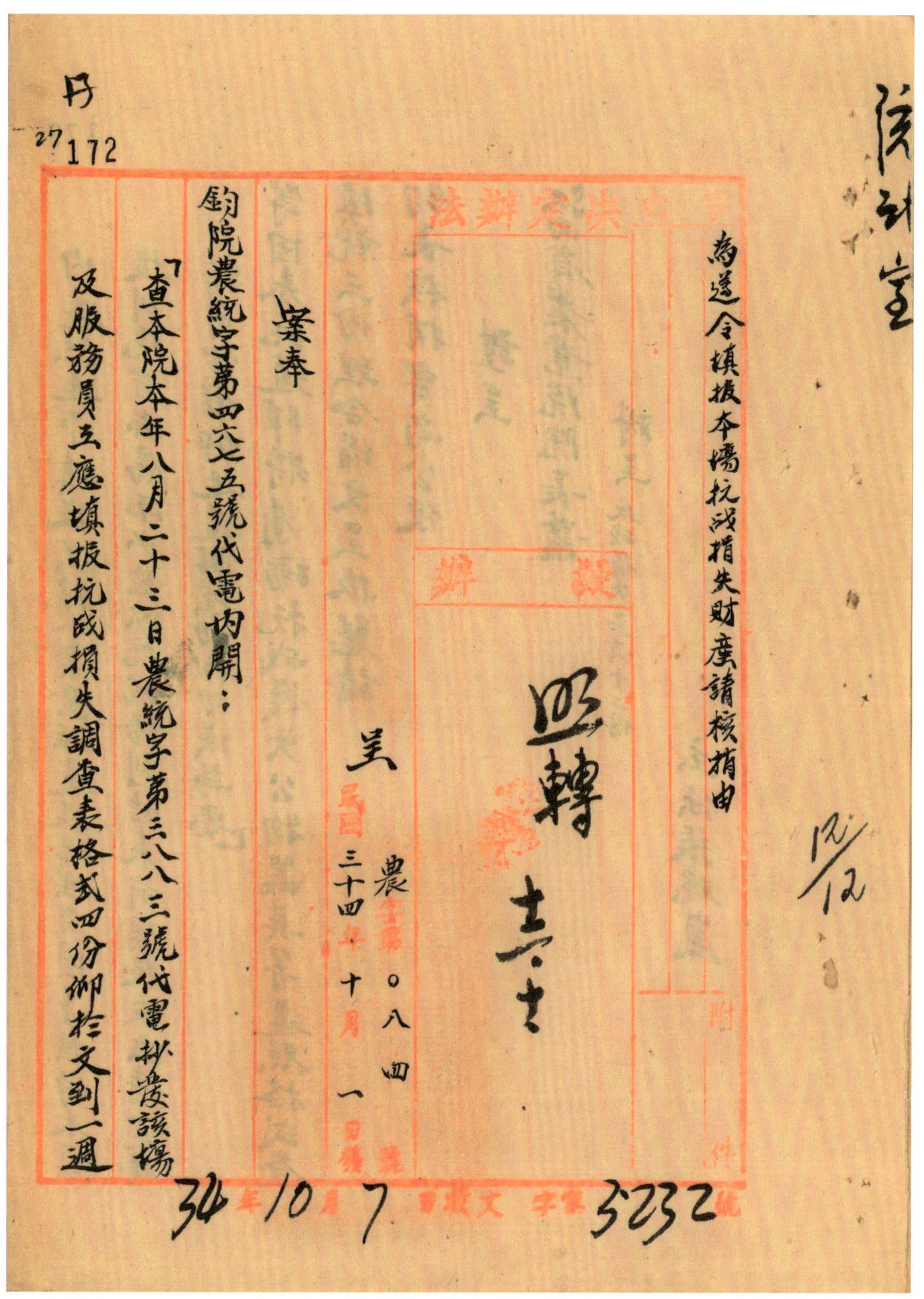
院計室

為遵令填报本場抗戰損失財產請核備由

照轉

呈 農字第〇八四號
民國三十四年十月一日發

案奉

鈞院農統字第四六七五號代電內開：

「查本院本年八月二十三日農統字第三八八三號代電抄發該場

及服務員工應填報抗戰損失調查表格式四份仰於文到一週

34 10 7 文收 字第 5232 號

173

内遵照延宁填报呈转一案业经遵限办理者固多惟尚未填报到院者亦属不少兹以抗战胜利结束前项报表亟待汇转特再电催仰迅遵办理切切勿误为要」等因奉此遵即将属场抗战损失公物器具等遵照格式各填就三份理合备文呈报恳请

钧长核捐实为公便

谨呈

江西省农业院院长萧

附呈 抗战损失表共十二份

主任张晓岚

附：江西省农业院、于都县政府合办农事实验场财产直接损失汇报表及财产损失报告表（一九四五年十月一日）

江西省農業院
于都縣政府　合辦農事實驗場財產直接損失彙報表

事件：敵寇竄擾[illegible]四路絡繹不絕
日期：民國三十四年二月二十八日
地點：于都縣北門外古田坪

民國三十四年十月一日

分類	價值
共計	無
建築物	無
器具	20.0100元
現款	無
圖書	無
儀器	無
文卷	
醫藥品	
其他	

縣長　費紹宏　　主任　張曉嵐　　附財產損失報告表三張　[illegible]
代主任洪尚志

175

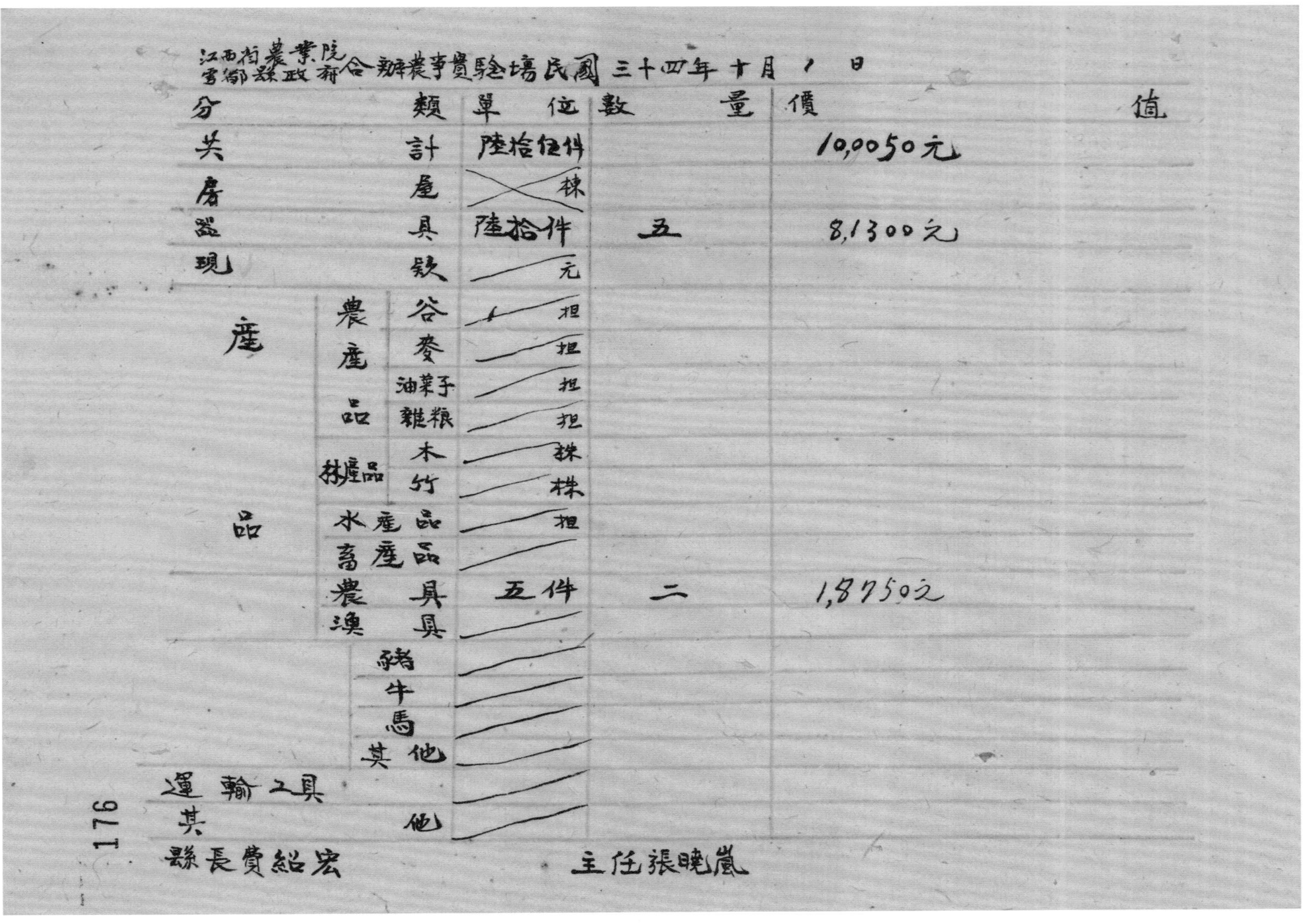

江西省農業院
雩都縣政府合辦農事實驗場 民國三十四年十月1日

分類			單位	數量	價值
共計			陸拾伍件		10,0050元
房屋			棟		
器具			陸拾件	五	8,1300元
現款			元		
產品	農產品	谷	担		
		麥	担		
		油菜子	担		
		雜粮	担		
	林產品	木	株		
		竹	株		
	水產品		担		
	畜產品				
	農具		五件	二	1,8750元
	漁具				
		豬			
		牛			
		馬			
		其他			
運輸工具					
其他					

縣長費紹宏　　主任張曉嵐

176

174

財產損失報告表

江西省農業院　雩都縣政府　合辦農事實驗場　民國三十四年十月一日

損失年月日	事件	地點	損失項目	購置年月	單位	數量	調查時價值	證件
三十三年十二月二十八日　三十四年二、三、四、五月日	因戰事緊張駐場軍隊絡繹不絕	雩都北郊外古田坪合辦農場	省農業院單人鐵床四副　鋤头　柴刀　斧头　麻袋　銅鑼　硯　洋油燈二支等	省農業院單人鐵床未知何時購置，鋤头、柴刀、斧头、鑼等三十三年二月購置，麻袋、省農業院未知何時購置，硯、洋油灯二十八年購置	大小六十伍件	七種	20.0100元	省農業院單人鐵床二十五單單座借去未還現有一借条

縣長　費紹宏　　主任　張曉嵐　　受損失者　前任主任　洪尚志

江西省农业院农艺试验场关于填送抗战损失调查表致省农业院的呈（一九四五年十月五日）

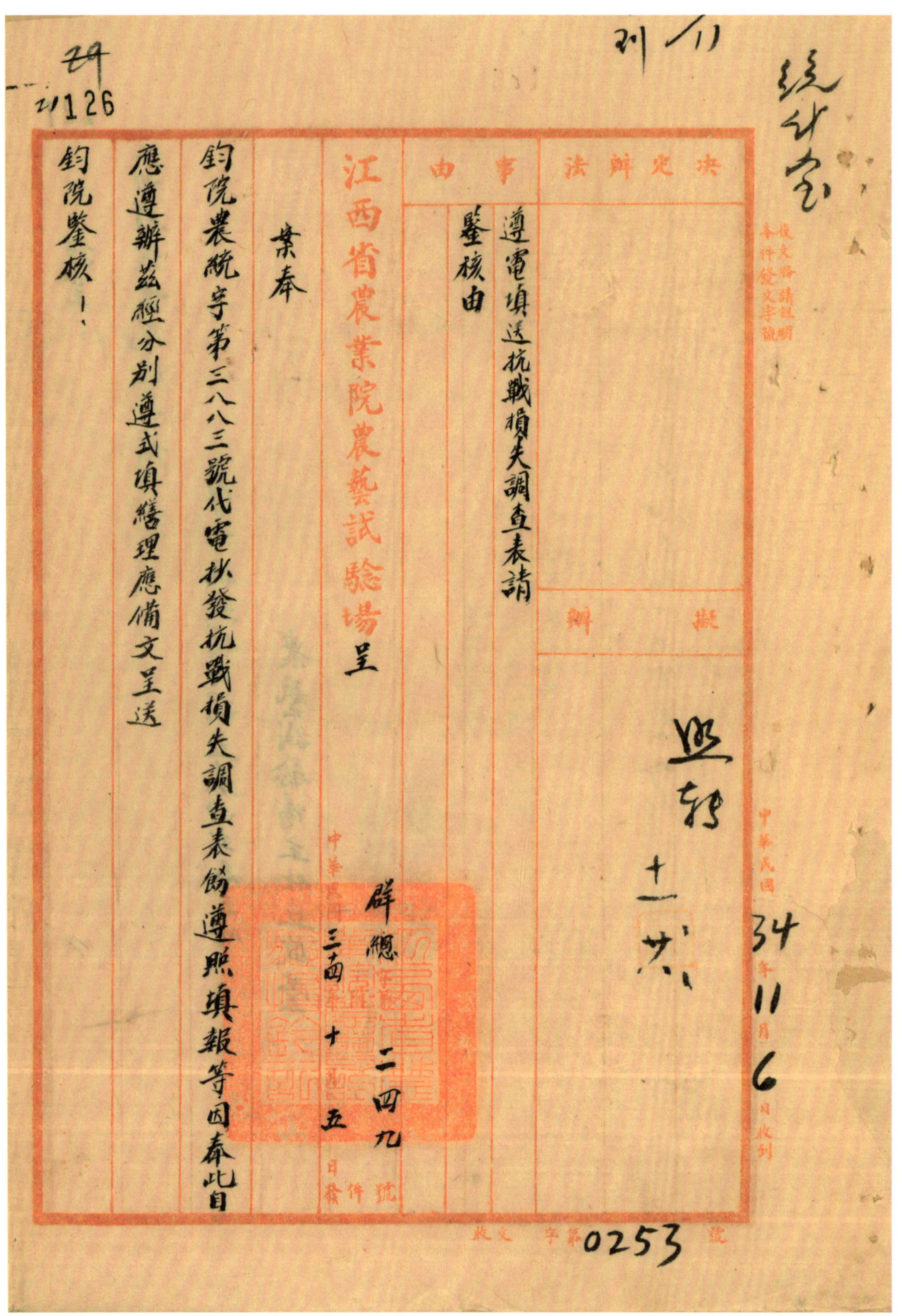

事由：遵电填送抗战损失调查表请鉴核由

江西省农业院农艺试验场呈 驿总字第二四九号 中华民国三十四年十月五日发

案奉

钧院农统字第三八八三号代电抄发抗战损失调查表饬遵照填报等因奉此自应遵办兹经分别遵式填缮理应备文呈送

钧院鉴核！

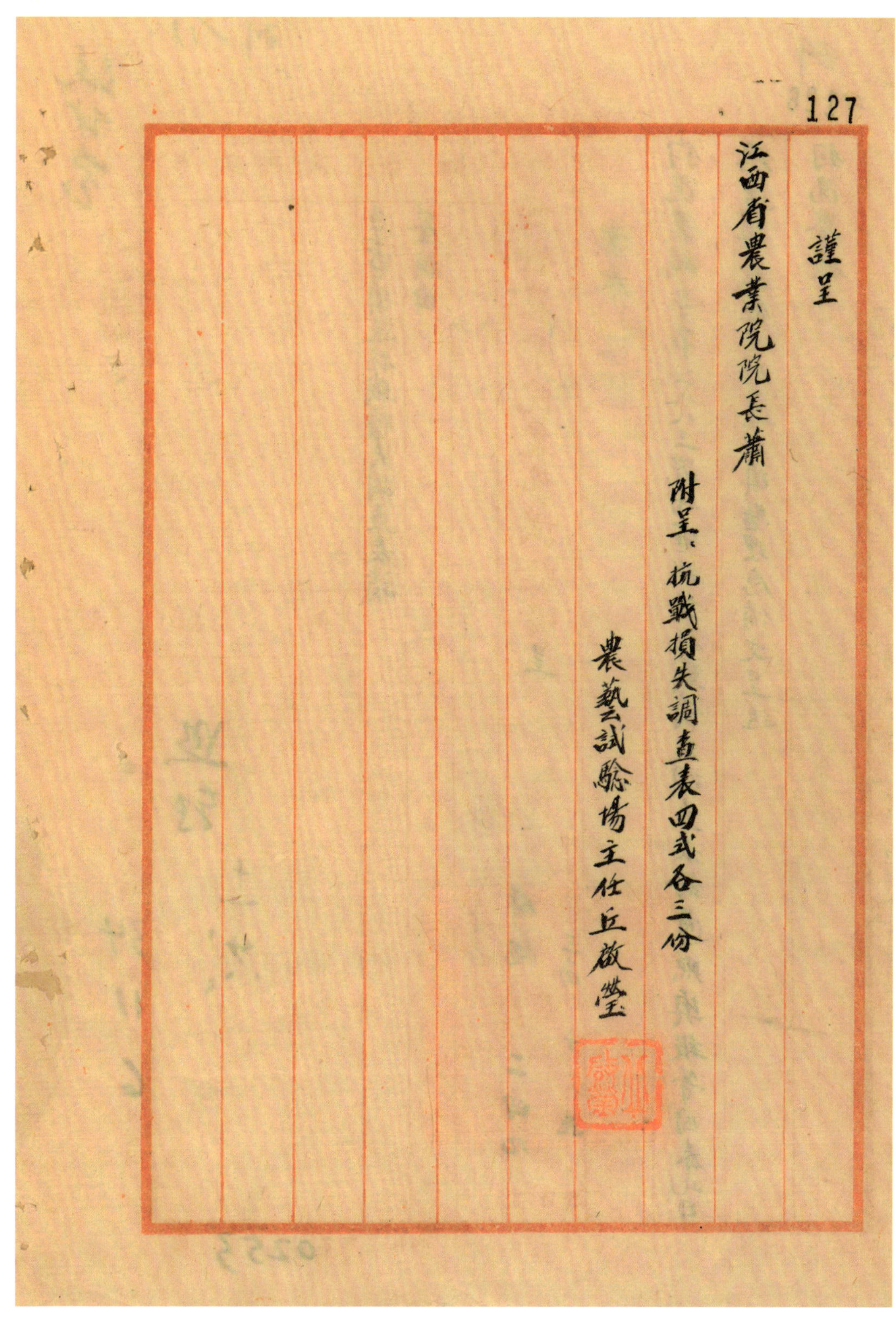

127

謹呈

江西省農業院院長蕭

附呈：抗戰損失調查表四式各三份

農藝試驗場主任丘啟瑩

附（一）江西省农业院农艺试验场财产直接损失汇报表及财产损失报告单（一九四五年九月十五日）

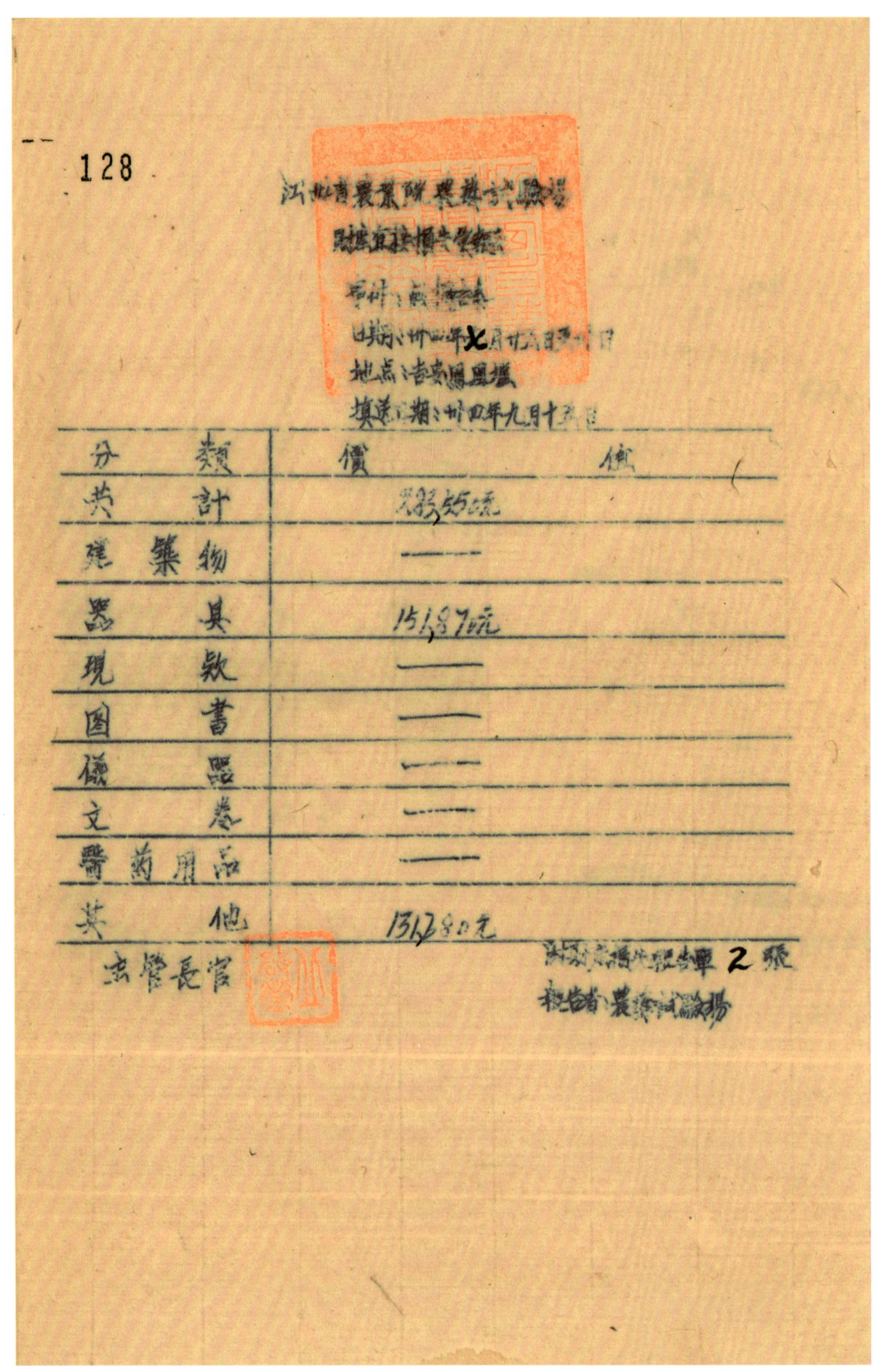

128

江西省農業院農藝試驗場
財產直接損失彙報表
事件：敵[illegible]
日期：卅四年七月廿六日至[illegible]日
地點：吉安[illegible]墟
填送日期：卅四年九月十五日

分類	價值
共計	[illegible]元
建築物	——
器具	15,187元
現款	——
圖書	——
儀器	——
文卷	——
醫藥用品	——
其他	131,280元

主管長官

附損失報告單2張
報告者：農藝試驗場

財產損失報告單

填送日期　卅四年九月十五日

損失年月日	事件	地點	損失項目	購置年月	單位	數量	損失時價值	證件
卅四年七月廿五日到卅日、	敵擾吉安	吉安鳳凰墟	長櫈		張	30	3,000	
			方桌		張	3	2400	
			黄骨脚櫈		張	1	400	
			木床		張	4	1600	
			木櫈		個	2	200	
			竹櫈		個	5	750	
			舖板		副	30	15000	
			長枱槕		張	2	3000	
			長枱櫈		張	2	1800	
			大糞桶		只	2	4000	
			小糞桶		只	22	5400	
			晒墊		床	1	1,000	
			牛枙		個	4	400	
			蠶簍		只	2	1,000	
			蠶捲		卷	4	2,400	
			蠶籮		個	30	2,000	
			土車		乘	1	4,000	
			糞箕		只	20	500	
			試驗缽		只	10	500	
			洋鐵澆花器		只	4	2,000	
			鋤鍬木柄		根	50	3,000	
			糞瓢		只	4	400	
			尿杓		個	1	100	
			黑絨布板		塊	10	5000	
			台球器		副	1	1,000	
			火鉗、火叉		把	2	200	

131

主管長官 [印]

受報者：江西省農業院農藝試驗場

填報者：[印]

财产损失报告单

填送日期　卅四年九月十五日

损失年月日	事件	地点	损失项目	购置年月	单位	数量	调查时价值	证件
卅四年七月廿五日至卅日	敌机轰炸	吉安凤凰墟	馬燈		盞	2	4000	
			瓦缸		只	2	1250	
			洗米桶		只	2	400	
			大市秤		支	1	1000	
			脚盆		只	2	800	
			浴盆		只	2	1200	
			洒水壺		只	1	800	
			板車舊輪胎		只	2	4000	
			斧頭		把	2	1200	
			鋸子		把	5	2000	
			老虎鉗		把	1	1000	
			鉋		把	4	1200	
			鑿		把	5	1000	
			剪鐵		把	1	500	
			鐵刀		把	1	500	
			舊長統靴鞋		双	1	2000	
			蔴袋		只	52	26300	
			大夏布抻粉袋		只	127	12700	
			小夏布抻粉袋		只	304	15200	
			白胎茶杯		只	12	800	
			大菜盤		只	2	800	
			大菜碗		只	4	1200	
			高茶盅		個	4	200	
			有把茶碗		個	4	320	
			石硯池		付	4	200	
			耳鍋		只	1	1500	

132

主管長官

受损失者：江西省農業院農藝試驗場

填报者：

129

江西省農業院農藝試驗場
財產間接損失報告表

填送日期：卅四年九月十五日

分　　類	數　　額
共　　計	130,235元
遷 移 費	——
防空設備費	——
疏 散 費	130,235元
救 濟 費	——
撫 卹 費	——

主管長官　　　　附表　張

報告者：農藝試驗場

附（二）江西省农业院农艺试验场财产间接损失报告表（一九四五年九月十五日）

附（三）省营事业财产直接损失汇报表（一九四五年九月十五日）

省營事業財產直接損失彙報表

（農業部分）

事件：敵擾吉泰

日期：卅四年七月廿五日至卅日

地點：吉安鳳凰墟

填送日期：卅四年九月十五日

分類			單位	數量	價值
共計					283,550元
房屋			棟	—	
器具			件	351件	151,870元
現款			元	—	
產品	農產品	穀	市担	38.4担	43,020元
		麥	市担	1.5担	5,500元
		油菜籽	市担	54担	44,400元
		雜糧	市担	1.0担	5,000元
	林產品	木	株	—	
		竹	株	—	
	水產品		担	—	
	畜產品			—	
	農具		件	144件	25,700元
	漁具		件	—	
	豬		頭	—	
	牛		頭	—	
	馬		頭	—	
	其他		〃		
運輸工具（手車）			輛	1	4,000元
其他					

主管長官 [印]

附財產損失報告單 2 張

報告者：農業試驗場

130

江西省第二行政区农业推广处关于填送抗战损失调查表致省农业院的代电（一九四五年十月六日）

116

收到 10/11

事由：電呈遵填抗戰損失調查表祈 核轉由

江西省農業院院長蕭 鈞鑒：農統字第三八八三號未梗代電附發抗戰損失調查表式四份暨農統字第四六七五號申巧代電均奉悉。茲謹依式查填是項報表及報告單，理合備文檢表電呈 鈞院鑒核彙轉。江西省第二行政區農業推廣處主任黃鳴盛叩。酉印。附呈直接損失彙報表三份、農業部份損失彙報表三份、報告單三份。

代電

發文 宜農字第四一九號

中華民國三十四年十月六日

二科送請 核，送彙報。士英

卅四年十月廿二日收到

收文 字第0037號

附（一）江西省第二行政区农业推广处财产直接损失汇报表及财产损失报告单（一九四五年十月五日）

117

江西省第二行政區農業推廣處財產直接損失彙報表

事件：敵寇竄境

日期：34年7月24日

地点：宜春

填送日期 34年10月5日

分類	價值
共計	$20.800.00
建築物	
器具	$20.800.00
現款	
圖書	
儀器	
文卷	
医藥用品	
其他	

機關首長：主任黄鳴盛　　附財産損失报告单 1 張

119

江西省第二行政區農業推廣處財產損失報告單

填送日期34年10月5日

損失年月日	事件	地點	損失項目	購置年月	單位	數量	調查時價值		證件
34年7月4日	敵寇竄境	疏散途中	玻璃瓶	34年1月	個	5	850	00	
34年7月4日	敵寇竄境	疏散途中	200cc量杯	34年1月	個	1	300	00	
34年7月4日	敵寇竄境	被駐軍拆毀	風車	31年12月	架	1	3500	00	
34年7月4日	敵寇竄境	被駐軍拆毀	禾桶	31年12月	只	1	3200	00	
34年7月4日	敵寇竄境	被駐軍打破	大罎罈	31年12月	只	3	2700	00	
34年7月4日	敵寇竄境	被駐軍搬失	辦公桌	31年12月	張	4	8000	00	
34年7月4日	敵寇竄境	被駐軍搬失	谷籮	31年12月	担	4	1200	00	
34年7月4日	敵寇竄境	被駐軍搬失	水桶	31年12月	担	1	300	00	
34年7月4日	敵寇竄境	被駐軍搬失	搖椅	31年12月	張	1	750	00	
							20800	00	

主任黄鳴盛

附（二）江西省第二行政区农业推广处财产直接损失汇报表（农业部分）（一九四五年十月五日）

江西省第二行區農業推廣處財產直接損失彙報表

（農業部份）

事件：敵寇竄境

日期：三四年七月二十四日

地點：宜春

填送日期 34年10月5日

分類			單位	數量	價值
共計					31[illegible].00
房屋			棟		
器具			件		
現款			元		
產品	農產品	穀	畝		
		棉作[illegible]試驗基本	畝	被[illegible]損失三畝五分估計產量約[illegible]	21000.00
		芝麻繁殖試驗	畝	被[illegible]損失一畝五分估計產量約八斗	[illegible]
		雜糧	担		
	林產品	二三年生梨苗	株	137	2740.00（係[illegible]估計）
		二三年生桃苗	株	52	[illegible]（係[illegible]估計）
	水產品		担		
	畜產品				
	農具		件		
	漁具		〃		
		豬	头		
		牛	〃		
		馬	〃		
		其他	〃		
運輸工具（手車）			輛		
其他					

主任黄鳴盛　　附財產損失報告單　張

報告者

118

江西省农业院河口茶业改良场关于填送一九四二年及一九四四年抗战损失报告表致省农业院的呈
（一九四五年十月九日）

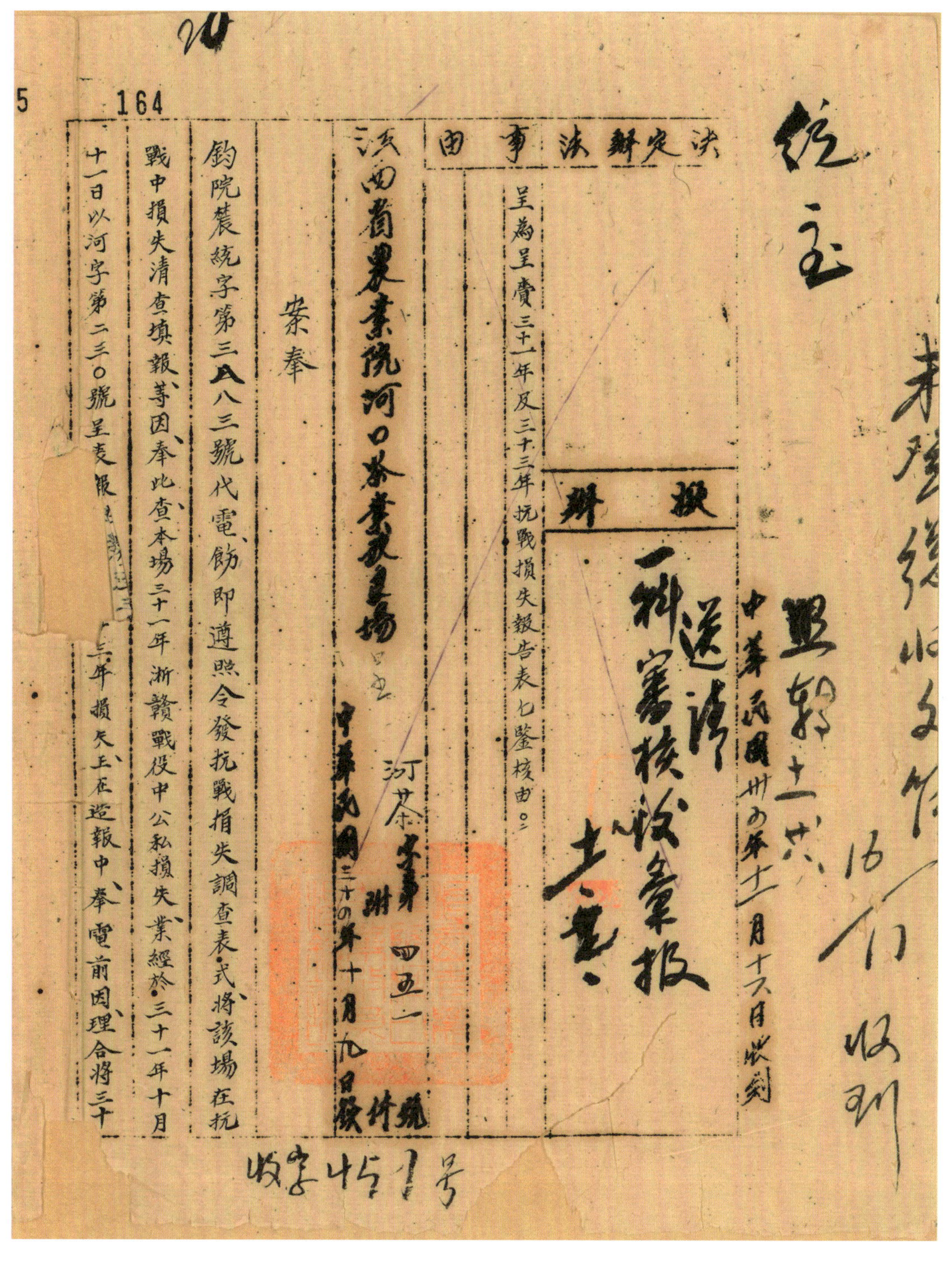

决定办法

事由：呈为呈赍三十一年及三十三年抗战损失报告表乞鉴核由

拟办：一并送请审核汇报

中华民国卅四年十一月十六日收到

江西省农业院河口茶业改良场呈

中华民国三十四年十月九日发

河茶字第四五一号

附件

案奉

钧院农统字第三八八三号代电，饬即遵照令发抗战损失调查表式，将该场在抗战中损失清查填报等因。奉此，查本场三十一年浙赣战役中公私损失，业经于三十一年十月十一日以河字第二三〇号呈[illegible]报[illegible]三年损失正在造报中，奉电前因，理合将三十

收字4561号

165

一年及三十三年抗战公有部分损失补填报表共十三份，随文呈赍

钧院敬乞

鉴核。谨呈

江西省农业院院长萧

河口茶业改良场主任梁熹光

附表：财产间接损失报告表三份、省营事业财产直接损失财产直接损失汇报表三份、财产损失报告单六份。

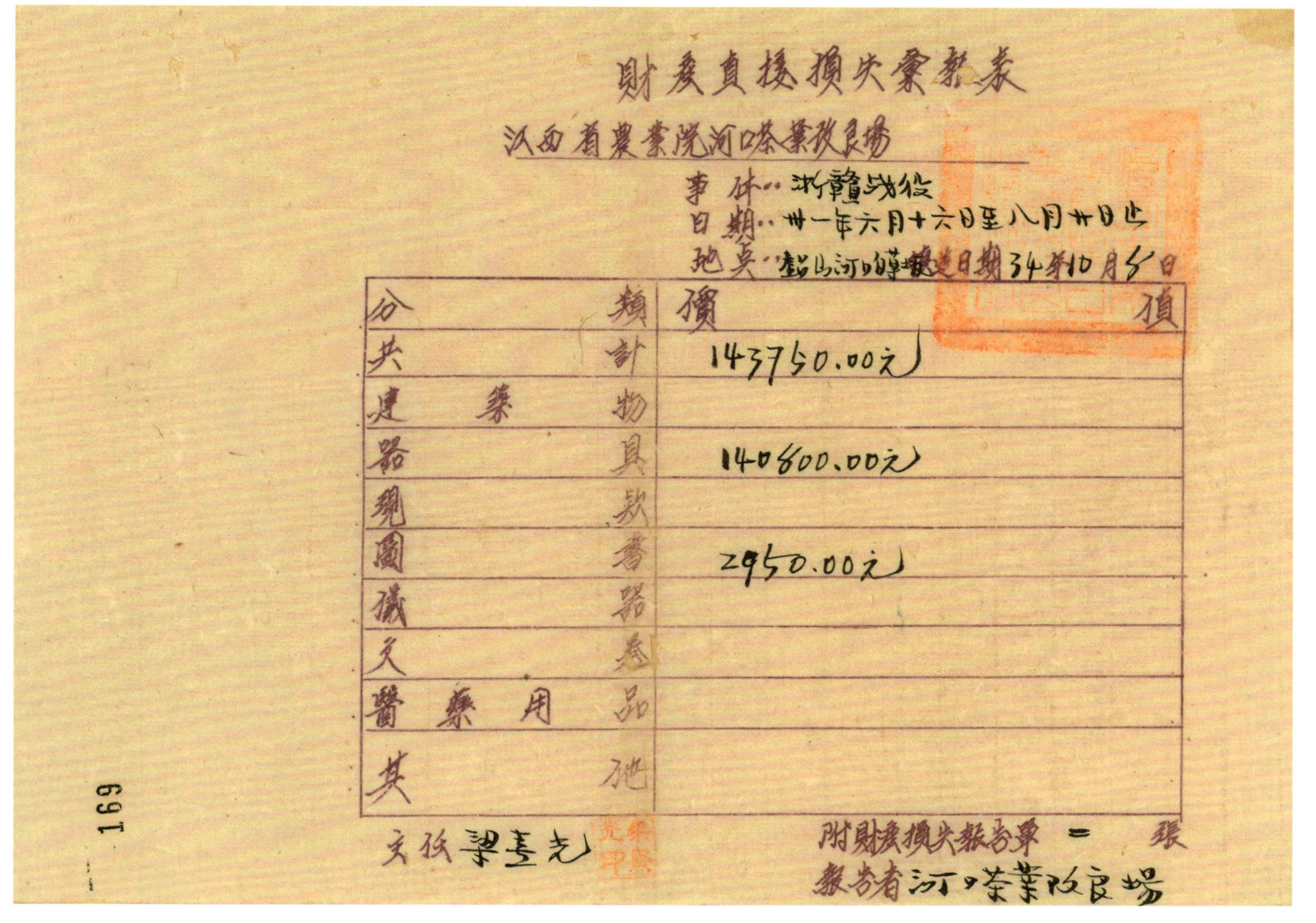

169

財產直接損失彙報表

江西省農業院河口茶業改良場

事件：浙贛戰役

日期：卅一年六月十六日至八月廿日止

地點：鉛山河口鎮　填送日期34年10月8日

分類	價值
共計	143750.00元
建築物	
器具	140800.00元
現款	
圖書	2950.00元
儀器	
文卷	
醫藥用品	
其他	

附財產損失報告單　二　張

文giving 梁喜光

報告者　河口茶業改良場

財產損失報告單

填送日期　三十四年十月八日

（傢具部份）（製茶器具部份）

損失年月日	事件	地點	損失項目	購置年月	單位	數量	調查時價值	証件
三十一年六月	浙贛戰役	河口白果坂	九屆辦公棹	三十年二月	張	1	2500 00	
〃　〃	〃	〃	會議棹	〃　〃	〃	1	4000 00	
〃　〃	〃	〃	五屉辦公棹	〃　〃	〃	2	3600 00	
〃　〃	〃	〃	骨牌櫈	〃　〃	條	6	3000 00	
〃　〃	〃	〃	鋪板	〃　〃	副	8	8400 00	
〃　〃	〃	〃	長條櫈	〃　〃	條	16	2400 00	
小計	〃	〃				34	23800 00	
三十一年六月	〃	烏石	木質揉捻机	三十年三月	架	11	55000 00	
〃　〃	〃	〃	机輪轉摩鉄條	〃　〃	根	50	7500 00	
〃　〃	〃	〃	机械用鉄條	〃　〃	根	45	4500 00	
〃　〃	〃	河口〃	焙籠	〃　〃	個	230	30000 00	
〃　〃	〃	〃	方簍	〃　〃	個	150	12000 00	
〃　〃	〃	〃	畚箕	〃　〃	個	80	8000 00	
小計	〃	〃				585	112000 00	
三十一年七月	〃	胡坊	製茶学	三十年五月	冊	1	600 00	

主管長官梁熹光　　受損失者河口茶業改良場

170

財產損失報告單

填送日期　三十四年十月八日

（圖書）

損失年月日	事件	地点	損失項目	購置年月	單位	數量	調查時价值	証件
三十一年七月	浙贛戰役	胡坊	種茶學	三十年五月	册	1	650 00	
〃	〃	〃	肥料学	〃〃	册	1	500 00	
〃	〃	〃	育種學	〃〃	本	1	400 00	
〃	〃	〃	植物形態學	〃〃	本	1	800 00	
小計						5	2950 00	
合計							193750 00	

主管長官梁熹光　受損失者河口茶業改良場

171

附（二）财产间接损失报告表（一九四五年十月八日）

166

财产间接损失报告表

江西省农业院河口农业试验场

填送日期34年10月8日

（单位：国币元）

类别	数额
共计	33250.00元
迁移费	3750.00元（三十一年新干损失）
防空设备费	
疏散费	29500.00元（三十三年新干损失）
救济费	
抚恤费	

附 表 张

报告者 河口农业试验场

主任 梁志克

省營事業財產直接損失彙報表
（農業部份）

事件：浙贛戰役
日期：卅一年六月十六日至八月廿日止
地點：鉛山河口

填送日期 34 年 10 月 5 日

分類			單位	數量	價值
共計					249600.00元
房屋			棟	二	215000.00元
器具			件		
現款			元		
產品	農產品	谷	市担		
		麥	〃		
		油菜子	〃		
		雜糧	〃		
	林產品	木	株		
		竹	〃		
	水產品		担		
	畜產品				
	農具		件	三一	16600.00元
	工具		〃		
		豬	頭		
		牛	〃	一	18000.00元
		馬	〃		
		其他	〃		
運輸工具（車輛）			輛		
其他					

167

交 孫梁壹光

附財產損失報告單 一 張
報告者 河口茶業改良場

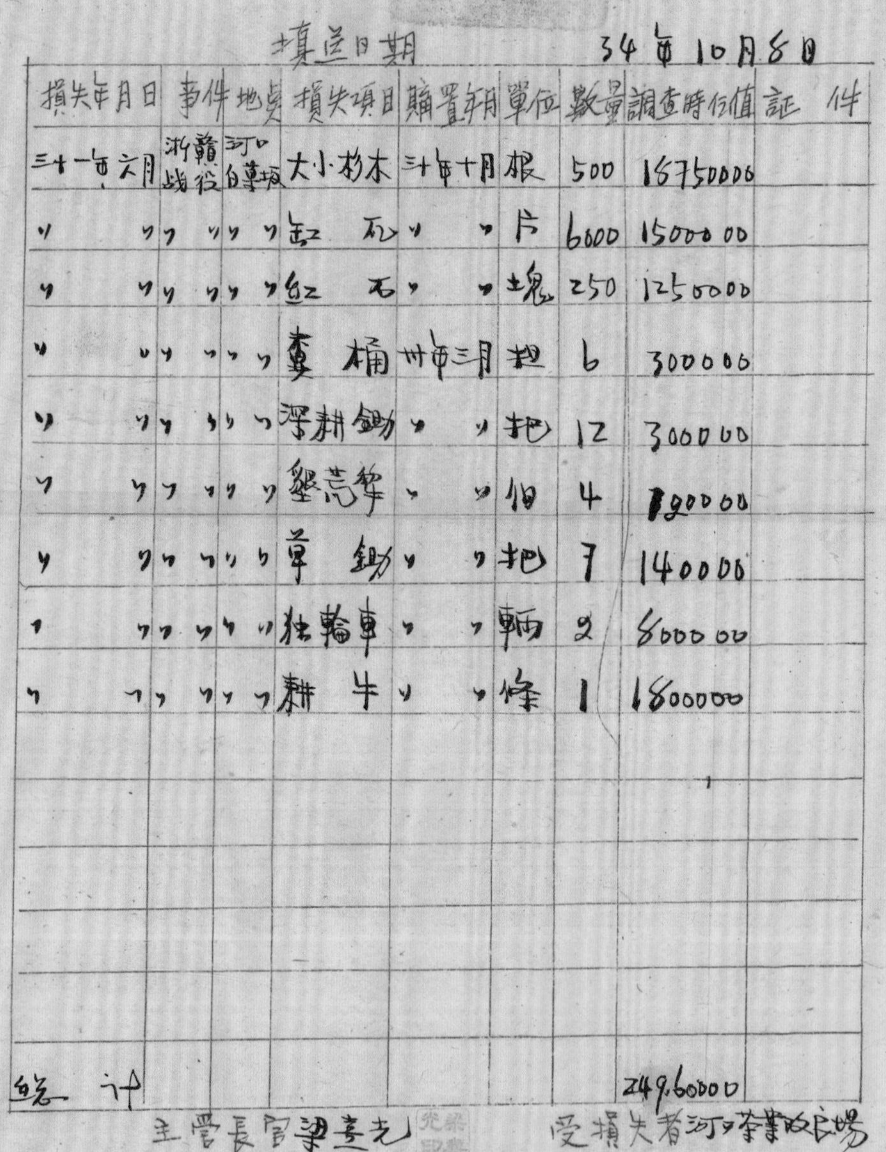

财產損失报告單

填送日期　34年10月8日

損失年月日	事件	地点	損失項目	購置年月	單位	數量	調查時價值	証件
三十一年六月	浙贛战役	河口白塘坂	大小杉木	廿年十月	根	500	18750000	
〃 〃	〃 〃	〃 〃	缸　瓦	〃 〃	片	6000	1500000	
〃 〃	〃 〃	〃 〃	缸　石	〃 〃	塊	250	1250000	
〃 〃	〃 〃	〃 〃	糞　桶	卅年三月	担	6	300000	
〃 〃	〃 〃	〃 〃	深耕鋤	〃 〃	把	12	300000	
〃 〃	〃 〃	〃 〃	墾荒犁	〃 〃	付	4	120000	
〃 〃	〃 〃	〃 〃	草　鋤	〃 〃	把	7	140000	
〃 〃	〃 〃	〃 〃	独輪車	〃 〃	輛	2	800000	
〃 〃	〃 〃	〃 〃	耕　牛	〃 〃	條	1	1800000	
總　计							24960000	

主管長官梁喜光　　受損失者河口茶業改良場

168

江西省农业院修水茶业改良场关于报送该场抗战损失调查表致省农业院的代电（一九四五年十月十一日）

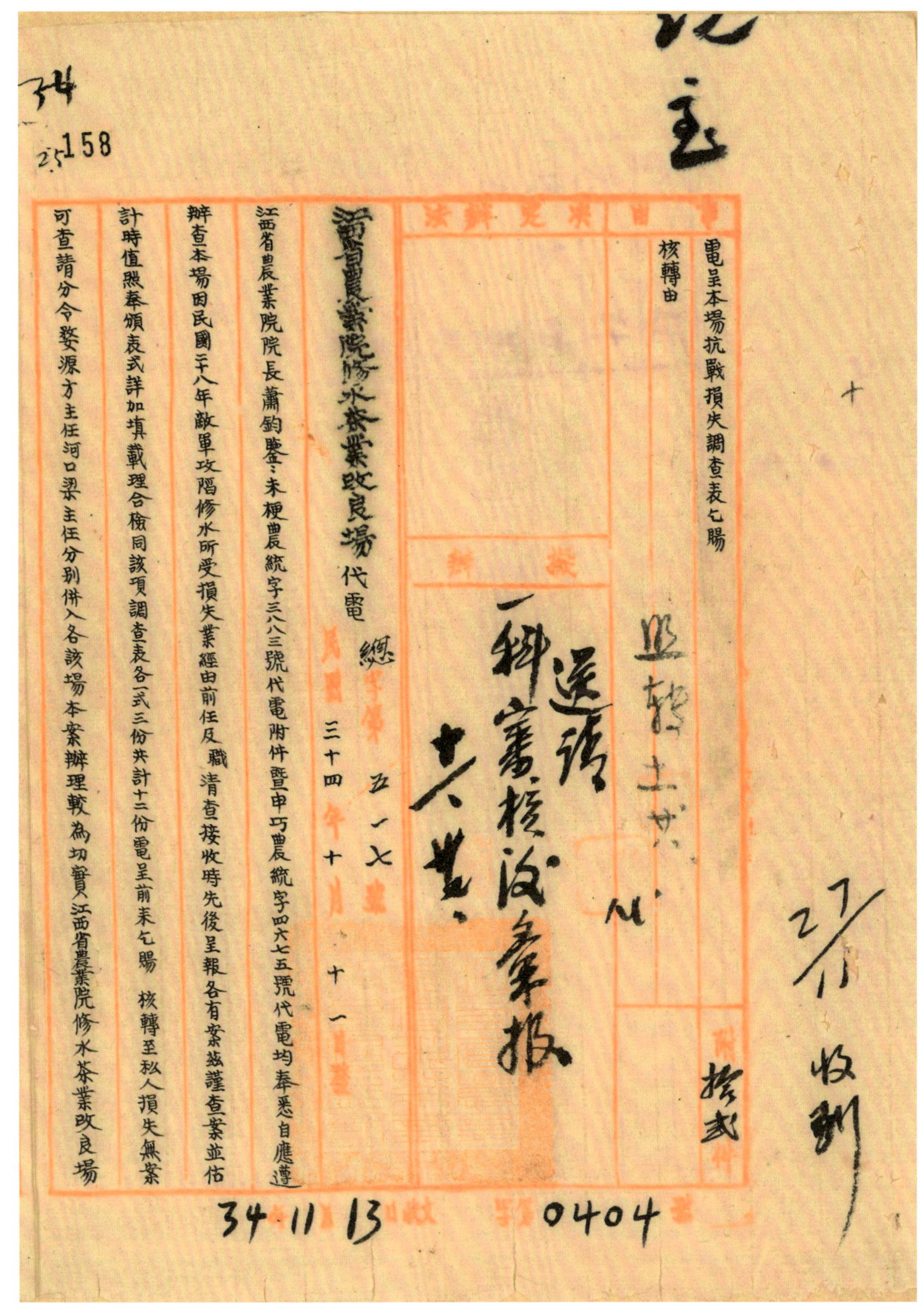
江西省農業院修水茶業改良場代電

總字第五一七號

民國三十四年十月十一日發

江西省農業院院長蕭鈞鑒：未梗農統字三八三號代電附件暨申巧農統字四六七五號代電均奉悉，自應遵辦。查本場因民國二十八年敵軍攻陷修水所受損失業經由前任反職清查接收時先後呈報各有案，茲謹查案並估計時值，賡奉頒表式詳加填載，理合檢同該項調查表各一式三份，共計十二份，電呈前來，乞賜核轉。至私人損失無案可查，請分令婺源方主任、河口梁主任分别併入各該場本案辦理，較為切實。江西省農業院修水茶業改良場

事由：電呈本場抗戰損失調查表乞賜核轉由

附件：表式

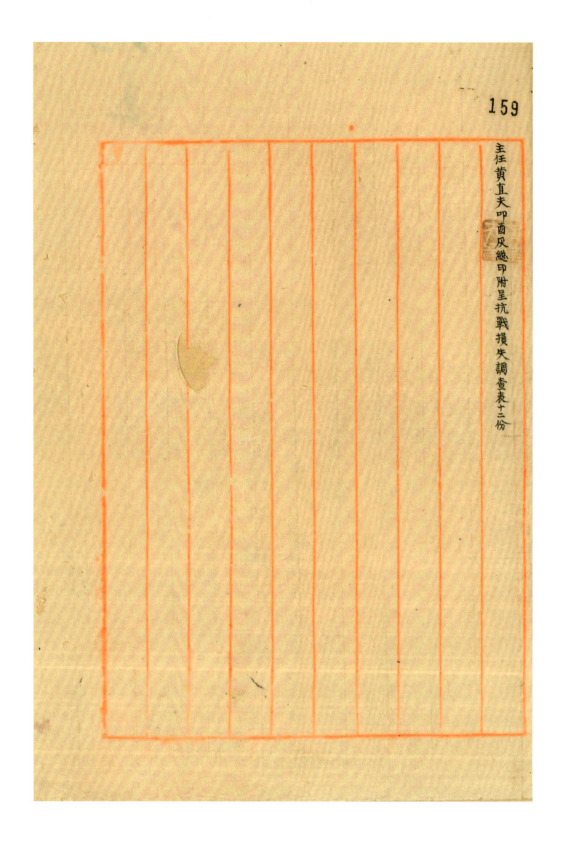

159

主任黄直夫叩酉灰總印附呈抗戰損失調查表十二份

省營事業財産直接損失彙報表

（農業部份）

事件：日軍進攻

日期：二十八年十月三日至十月十日

地点：修水縣刘家埠

填送日期：三十四年十月六日

分類			單位	数量	價值
共計					319174.00元
房屋					
器具			件	436	32449.00元（傢具儀器）
現款			元		
産品	農産品	谷	市担		
		麥	〃		
		油菜子	〃		
		雜粮	〃		
	林産品	木	株		
		竹	〃		
	水産品		担		
	畜産品				
	農具		件	1149	40768.00元（農具茶具）
	漁具		〃		
		豬	头		
		牛	〃	1	18000.00元
		馬	〃	1	45000.00元
		其他			
運輸工具（手車）			輛		
其他					24000.00元

160 首長

附財産損失報告單 3 張

報告者 江西省農業院修水茶業改良場主任黄直夫

附（二）江西省农业院修水茶业改良场财产直接损失汇报表及财产损失报告单（一九四五年十月六日）

江西省農業院修水茶业改良場財產直接損失彙報表

事件：日軍進攻

日期：二十八年十月三日至十月十日

地点：修水刘家埠

填送日期 三十四年十月六日

分類	
共計	819174.00元
建築物	
器具	571644.00元（傢具農具茶具）
現款	
圖書	
儀器	160530.00元
文卷	
医葯用品	
其他	87000.00元

機關首長　　附財產損失報告單　張

報告者：本場主任黄直夫

161

財產損失報告單

填送日期　三十四年十月六日

損失年月日	事件	地點	損失項目	購置年月	單位	數量	調查時價值	證件
二十八年十月三日至十月十日	日軍進攻	修水縣劉家埠	傢具	二十三年以後	件	296	163960.00元	
			農具	同上	件	96	25940.00元	
			茶具	同上	件	1053	378744.00元	
			儀器	同上	件	140	160530.00元	
			耕牛	同上	頭	1	13000.00元	
			馬匹	同上	匹	1	45000.00元	
			其他				24000.00元	

162

主管長官

受損失者　江西省農業院修水茶業改良場

填報者

姓名　服務處所與所任職務　本場主任黃直夫

附（三）江西省农业院修水茶业改良场财产间接损失报告表（一九四五年十月六日）

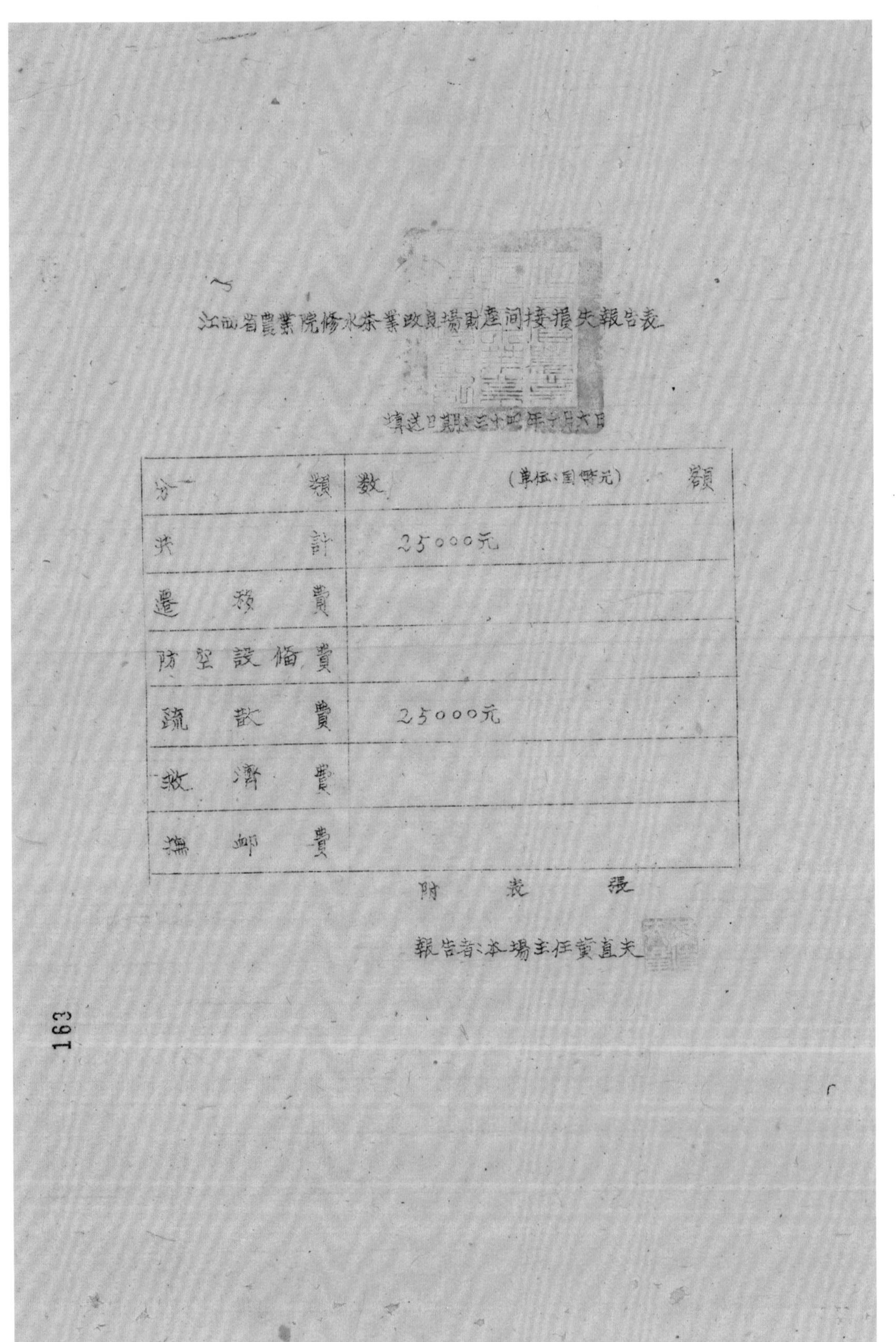

江西省農業院修水茶業改良場財產间接損失報告表

填送日期：三十四年十月六日

分類	數額（單位：国幣元）
共計	25000元
遷移費	
防空設備費	
疏散費	25000元
救濟費	
撫卹費	

附表 張

報告者：本場主任黄直夫

163

江西省农业院附设赣县中心苗圃关于遵令报送抗战损失调查表致省农业院的呈（一九四五年十月十五日）

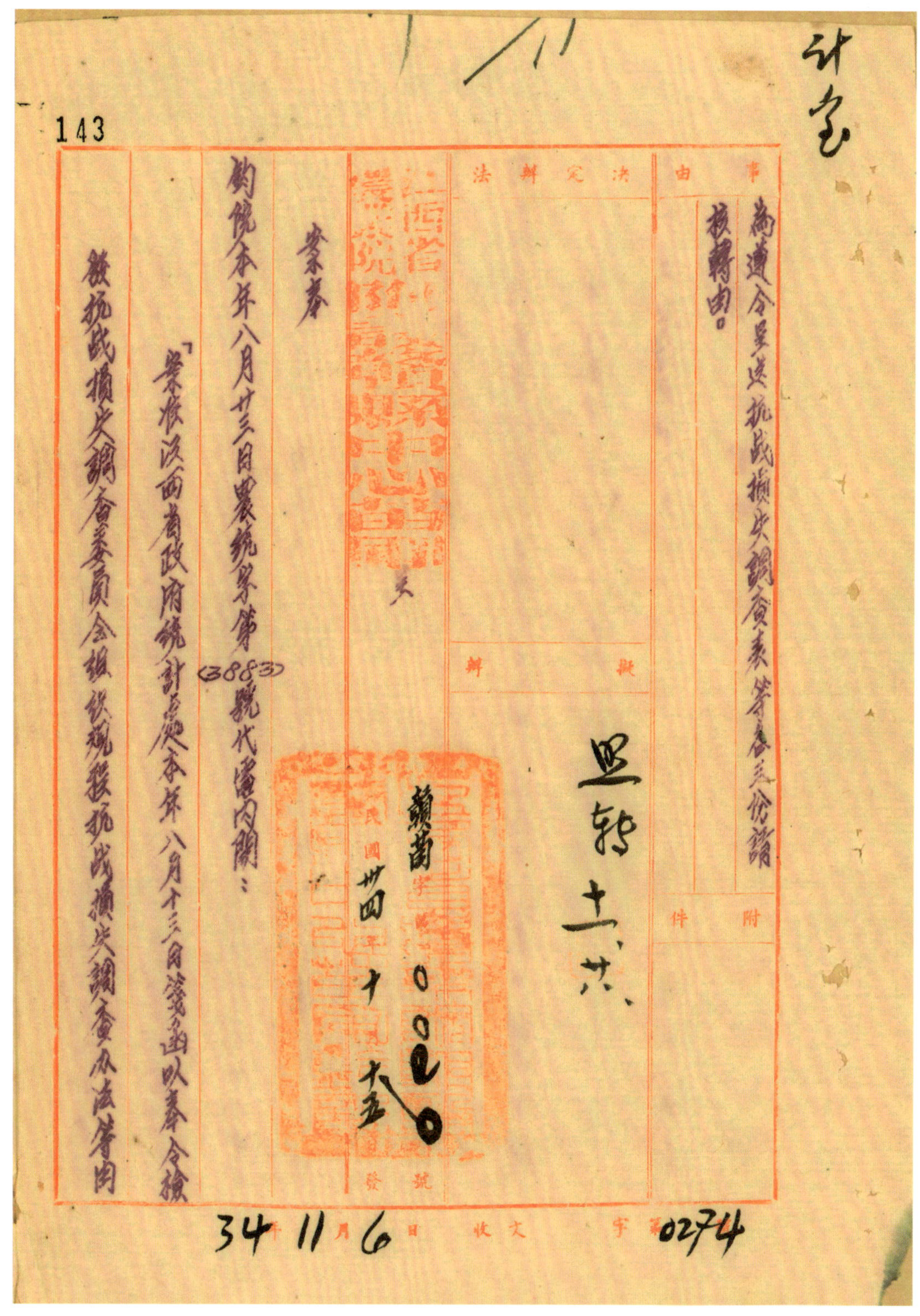

143

事由：为遵令呈送抗战损失调查表等件仰祈核转由。

拟办：照转 十一、六

案奉

钧院本年八月廿三日农统字第（3883）号代电内开：

「案准江西省政府统计处本年八月十三日笺函以奉令据发抗战损失调查委员会组织规程发抗战损失调查办法等因

民国卅四年十月十五日 赣苗字第0020号 发

34 11 6 收文 字第0274

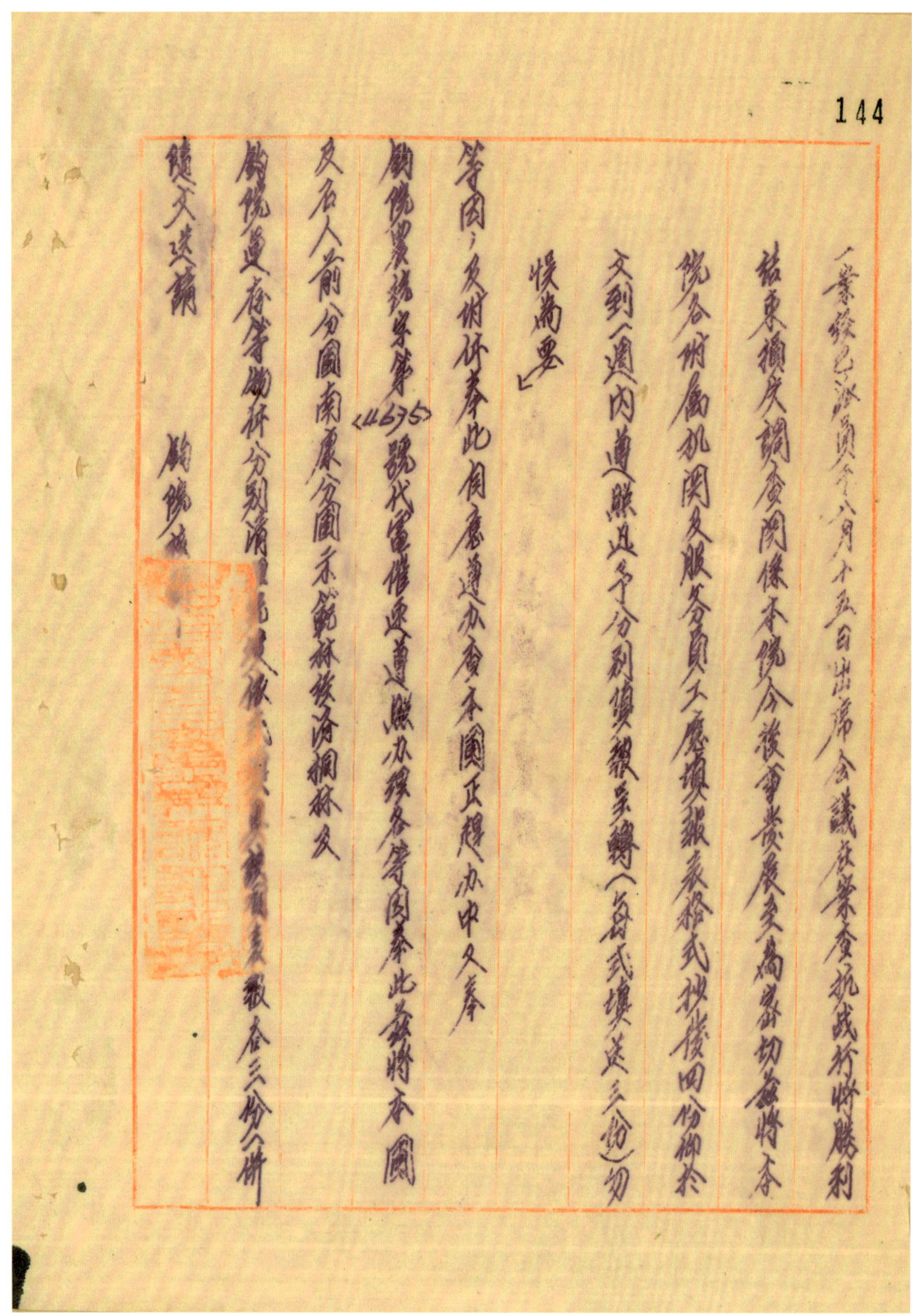

144

一案，業經已派員於八月十五日出席會議，獲悉查抗戰行將勝利結束，損失調查關係本院今後事業發展至為密切，茲將本院各附屬機關及服務員工應填報表格式抄發四份，仰於文到一週內遵照迅予分別填報呈轉（各式填送三份），切悮為要。

等因；又附件。奉此，自應遵辦。查本團正擬辦中，又奉

鈞院農林部第〈46375〉號代電，催速遵照辦理各等因。奉此，茲將本團及石人前分團、南康分團、永新林場、濟桐林場及

鈞院遵存等機關分別填具[illegible]表，敬[illegible]各三份，併隨文送請

鈞院核[illegible]

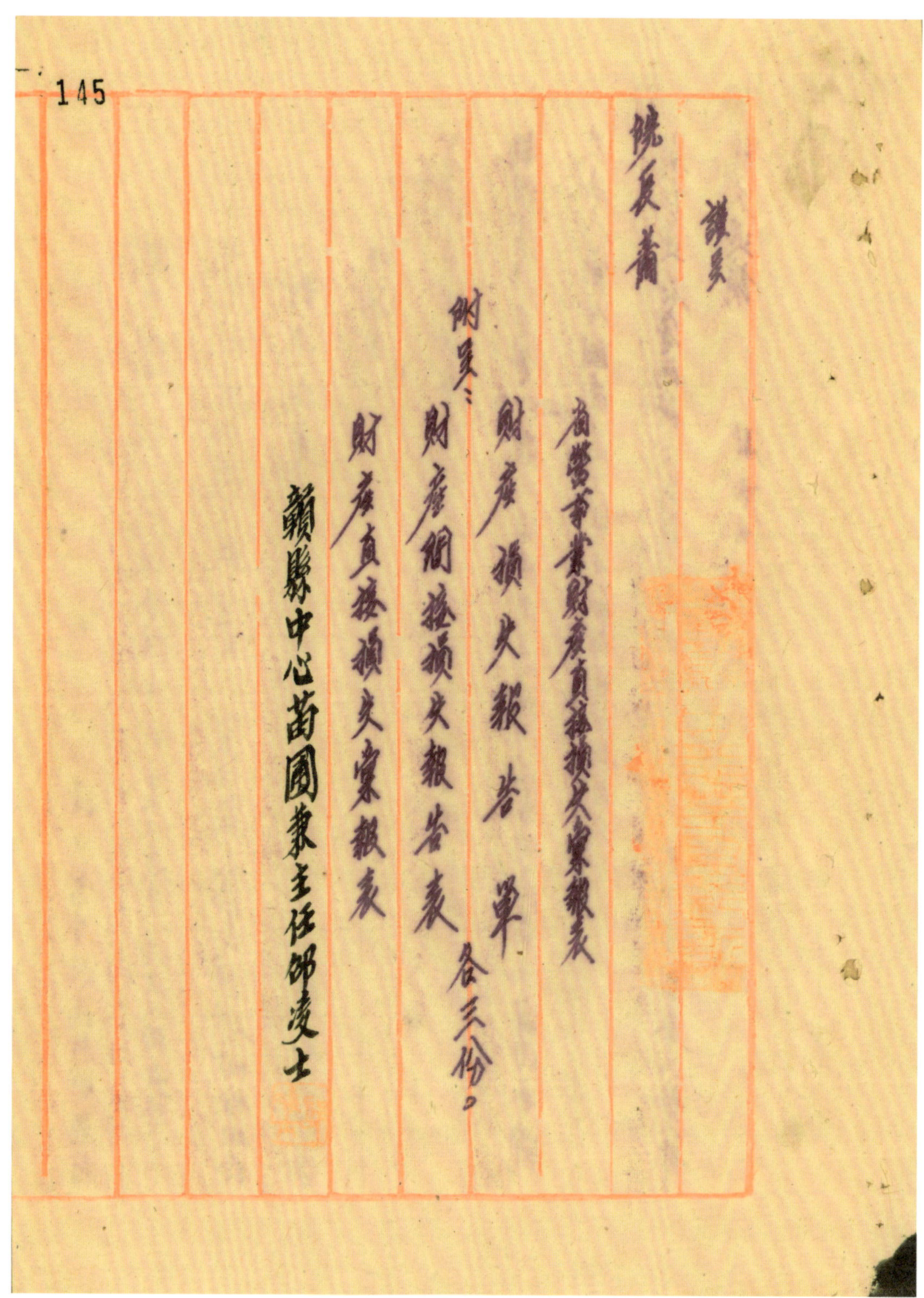

145

謹呈

縣長蕭

附呈：

商營事業財產直接損失彙報表

財產損失報告單

財產間接損失報告表

財產直接損失彙報表

各三份。

贛縣中心苗圃兼主任鄧凌士

附（一）省营事业财产直接损失汇报表

江西省農業[illegible]

省營事業[illegible]

事件：[illegible]

日期：[illegible]民國三十四年七月二十七日

地點：[illegible]

填送日期34年 月 日

分類			單位	數量	價值
共計					國幣壹百零柒萬壹仟伍百元
房屋			棟	1	伍萬元
器具			件	6369	肆拾肆萬七千八百八十元
現款			元		
產品	農產品	谷	市担		
		麥	市担		
		油菜子	市担		
		雜糧	市担		
	林產品	木	株	150000	肆拾伍萬元
		竹	株		
	水產品		担		
	畜產品				
	農具		件	459	國幣壹拾弍萬叁千陸百弍十元[illegible]
	漁具		件		
		豬	頭		
		牛	頭		
		馬	頭		
		其他	頭		
運輸工具（車輛）			輛		
其他					

146

主任邱凌士　　報告者徐相林

附（二）江西省农业院附设赣县中心苗圃财产损失报告单（一九四五年九月三十日）

江西省[illegible]赣县[illegible]圃
财产损失报告单

填送日期三十四年9月30日

损失年月日	事件	地点	损失项目	购置年月	单位	数量	损失时价值	证件
三十四年二月 日	沦陷	赣县西外乡	一、不动产					
			1.房屋		栋	一	50000元	
			二、动产					
			1.器具		件	6369	1478000元	
			2.农具		件	459	236200元	
			3.图书		册	103	30000元	
			4.仪器		件	150	20000元	
			5.苗木		株	150000	450000元	
			合计				1241420元	

交付部凌大　　　　填报者徐柏林

147

附（三）江西省农业院附设赣县中心苗圃财产间接损失报告表（一九四五年九月三十日）

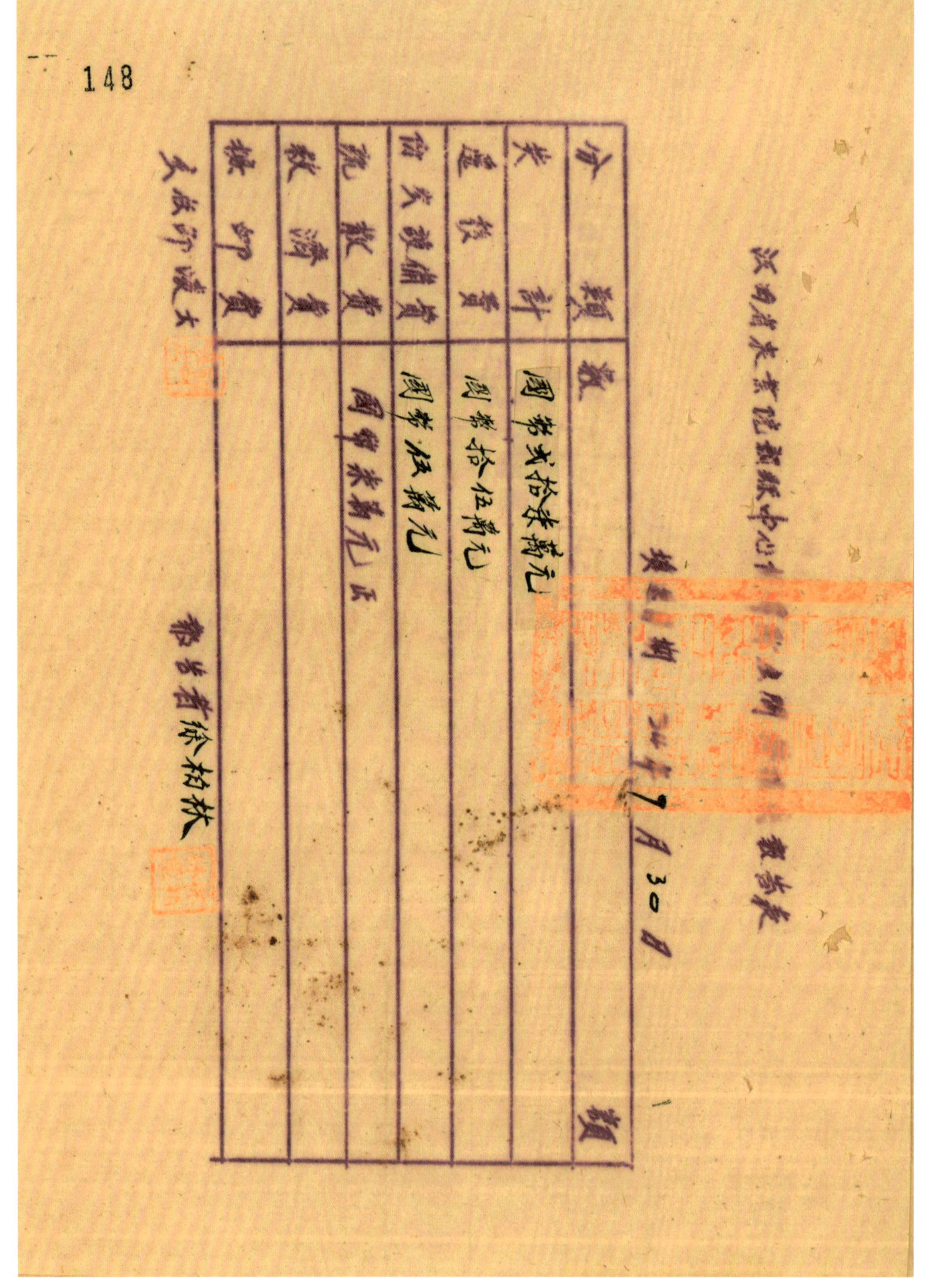

148

江西省農業院贛縣中心苗圃財產間接損失報告表

填送日期 34年9月30日

分類	數額
共計	國幣貳拾柒萬元
遷移費	國幣拾伍萬元
防空設備費	國幣捌萬元
疏散費	國幣柒萬元正
救濟費	
撫卹費	

報告者 徐柏林

附（四）江西省农业院附设赣县中心苗圃财产直接损失汇报表（一九四五年九月三十日）

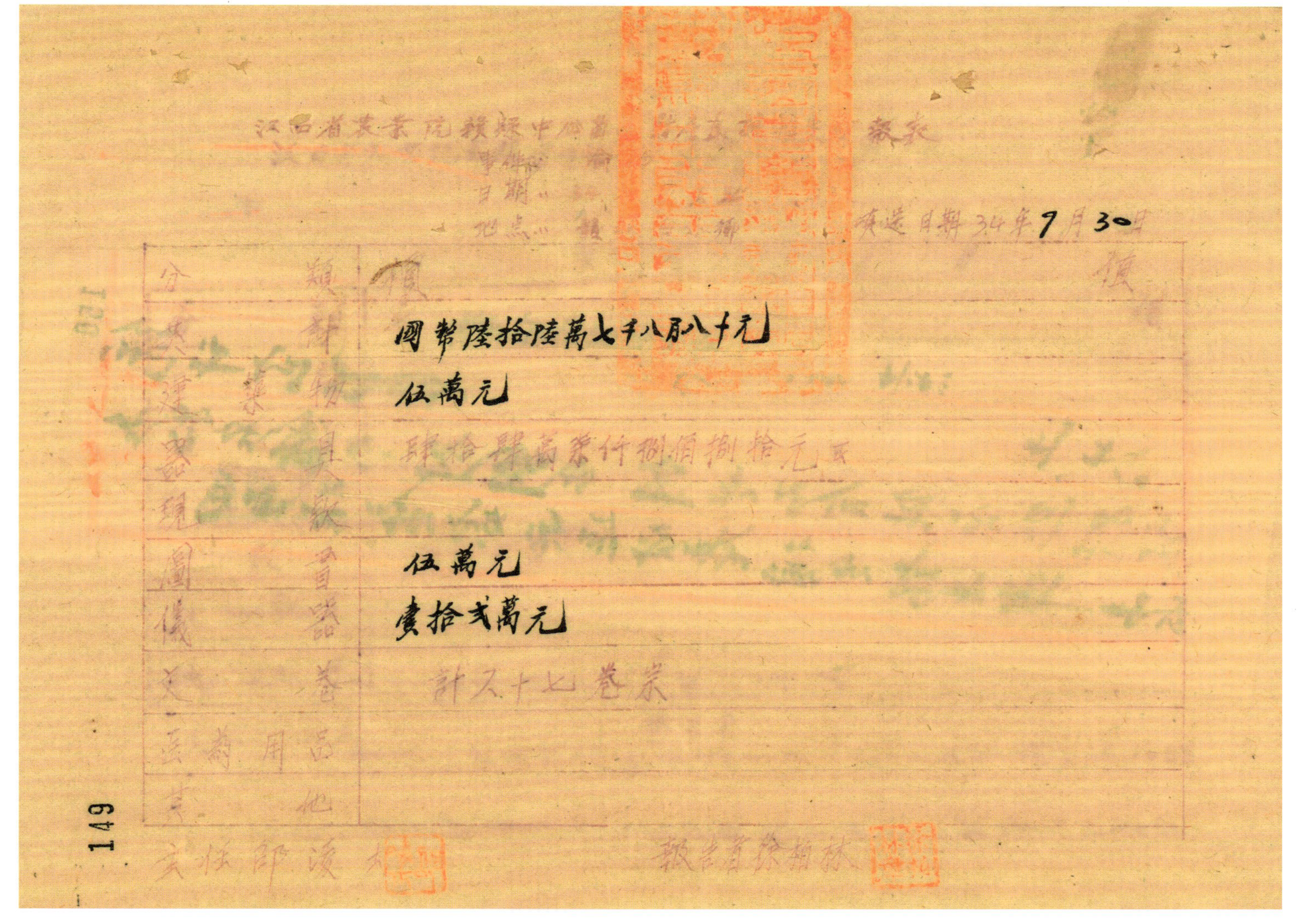

江西省農業院贛縣中心苗圃……報告表

事件：

日期：

地點：贛縣

填送日期34年9月30日

分類	價值
共計	國幣陸拾陸萬七千八百八十元
建築物	伍萬元
器具	肆拾肆萬柒仟捌佰捌拾元
現款	
圖書	伍萬元
儀器	壹拾貳萬元
文卷	計六十七卷宗
醫藥用品	
其他	

主任

報告者

149

江西省第四行政区农业推广处关于遵令报送抗战损失调查表致省农业院的呈（一九四五年十月十五日）

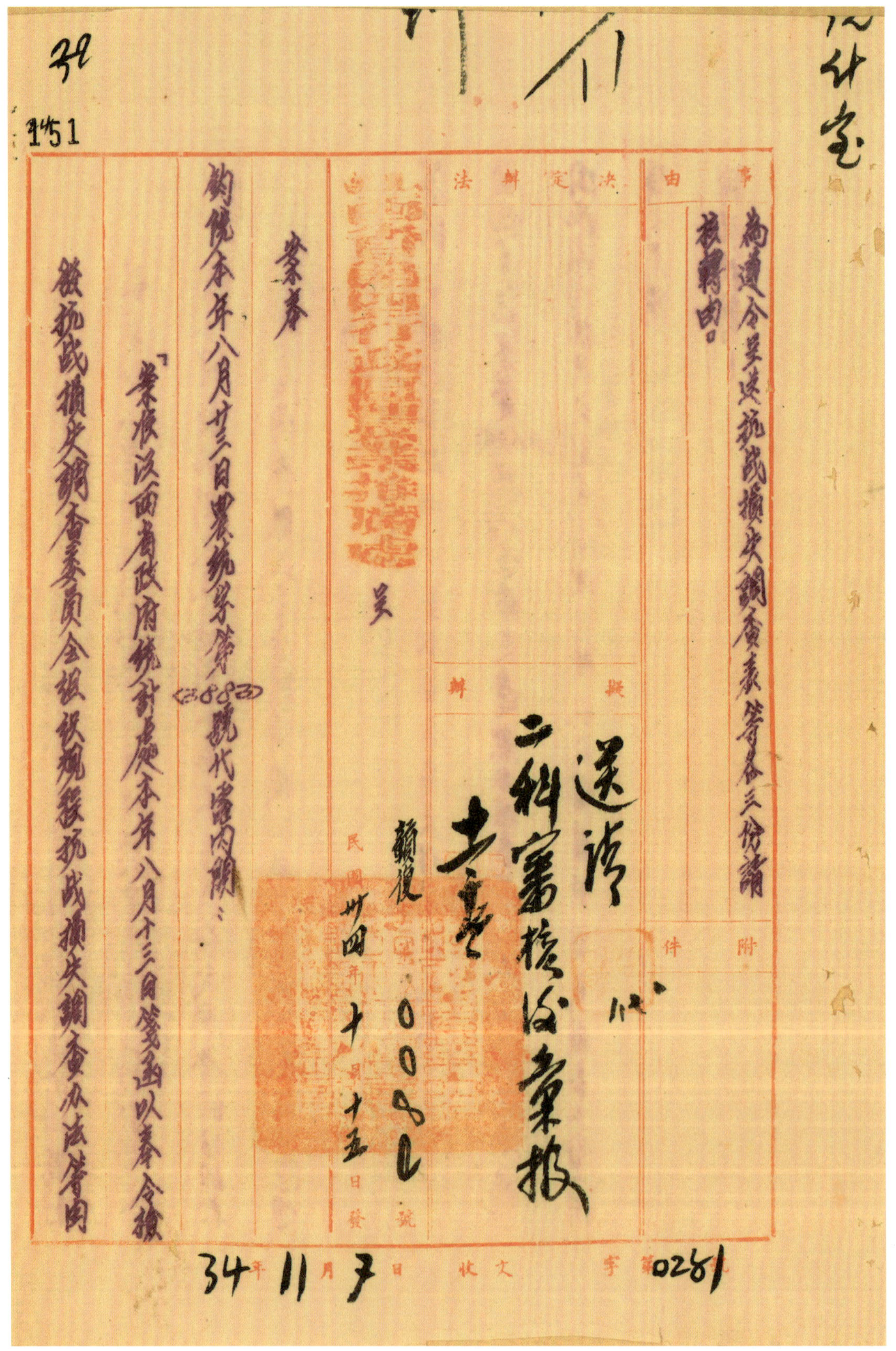
事由：為遵令呈送抗戰損失調查表等各三份請核轉由

決定辦法

擬辦：送請二科審核彙報 士熹

附件

呈

案奉

鈞院本年八月廿三日農統字第（3883）號代電內開：

「案准江西省政府統計處本年八月十三日箋函以奉令據

發抗戰損失調查委員會組織規程及抗戰損失調查辦法等因

民國卅四年十月十五日發 贛復字第0082號

34年11月7日收文 字第0281號

一案經已派員於八月十五日出席會議在案查抗戰時期勝利
結束損失調查關係非淺今後事務更為繁切茲將本
院各附屬機關及服務員工應填報表格式抄發四份仰於
文到一週內遵照規定分別填報呈轉（每式填送三份）勿
誤為要
等因；又附件奉此自應遵辦查本處正趕辦中又奉
鈞院貴總字第〈11675〉號代電催速遵照辦理各等因奉此茲將本處
因抗戰所損失之財產清理完竣依式填具損失報表各三份，併
隨文送請
鈞院核轉！

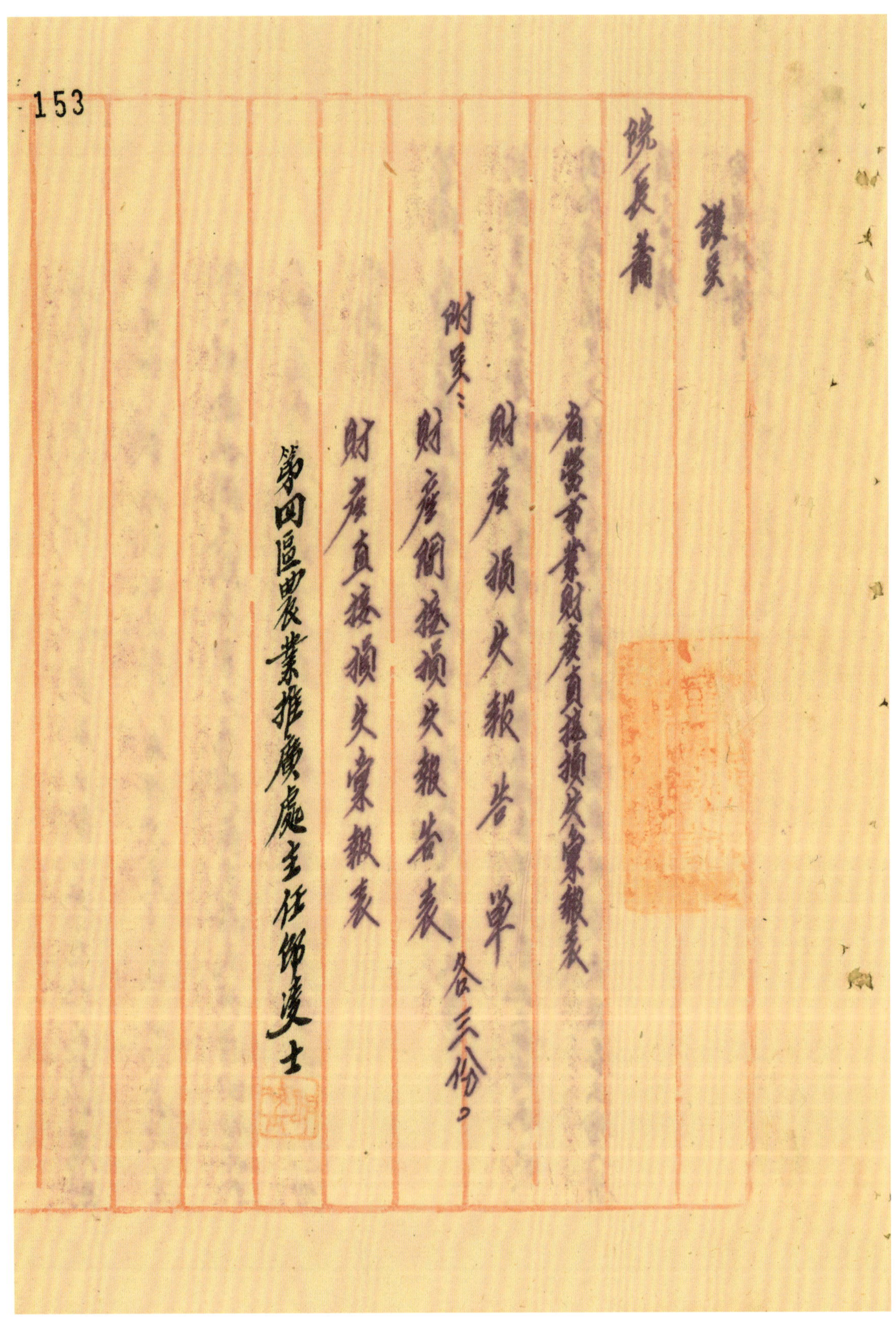

153

謹呈

院長蕭

附呈：

商營事業財產直接損失彙報表

財產損失報告單

財產間接損失報告表

財產直接損失彙報表

各三份。

第四區農業推廣處主任鄧凌士

江西省[illegible]
省营[illegible]表

事件：[illegible]

日期：[illegible] 三十四年七月廿三日

地点：[illegible]

填送日期 34年　月　日

分類			單位	數量	價值
共計					[illegible]
房屋			棟	[illegible]	伍萬元
器具			件	4385	國幣叁拾弍萬伍仟叁百元正
現款			元		
產品	農產品	谷	市担	919.39	柒拾叁萬伍仟伍百□十弍元
		麥	市担		
		油菜子	市担		
		糯粮	市担	.05石	壹仟弍百元
	林產品	木	株		
		竹	株		
	水產品		担		
	畜產品				
	農具		件		
	漁具		件		
		豬	頭		
		牛	頭		
		馬	頭		
		其他	頭		
運輸工具（手車）腳踏車			輛	2	叁萬元
其他					

文伕部淩大　　　　報告者 彭書光

154

附(二)江西省第四行政区农业推广处财产损失报告单(一九四五年九月三十日)

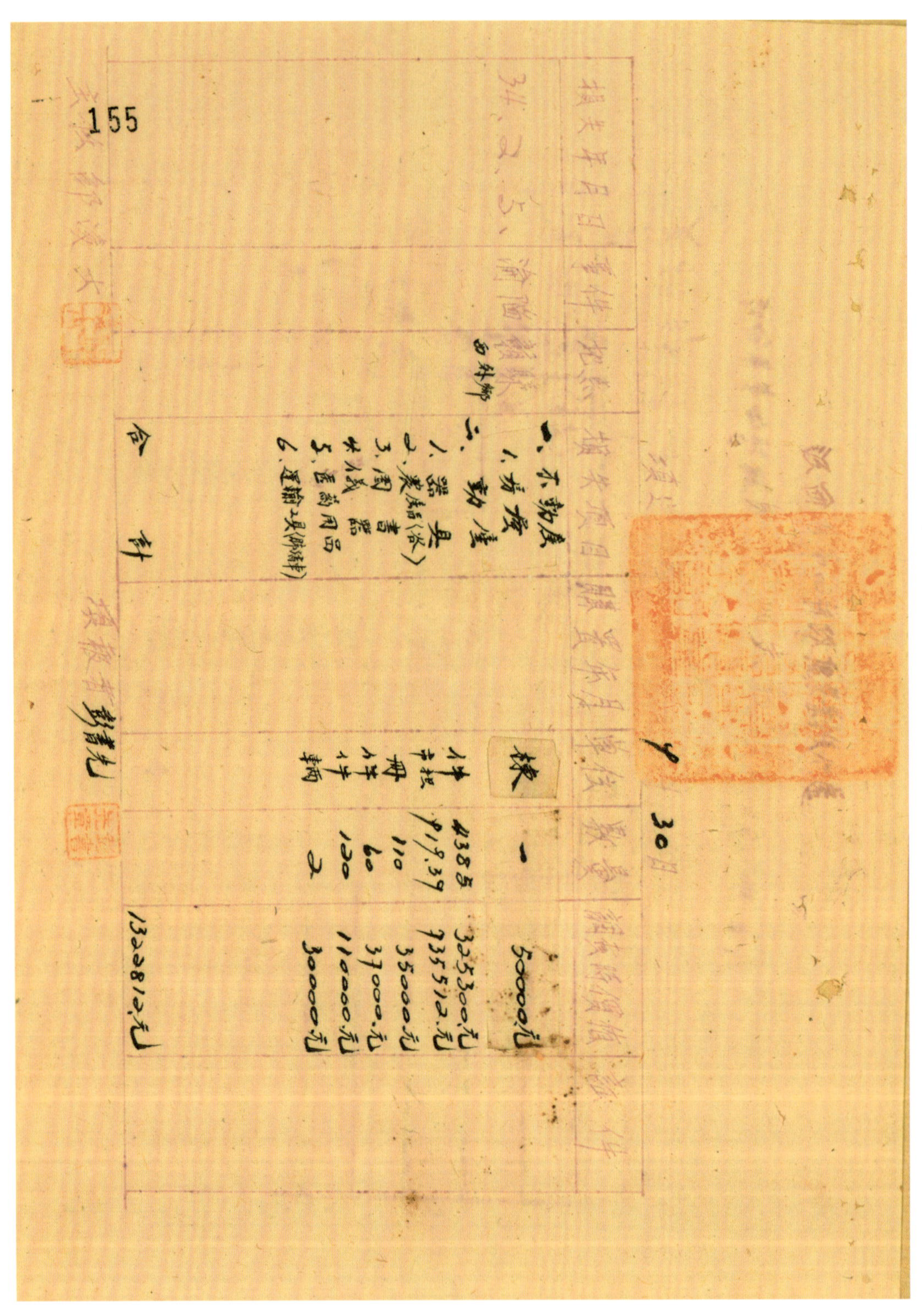

155

损失年月日	事件	地点	损失项目	购置年月	单位	数量	价值
34.2.5.	沦陷	西外乡	一、不动产				
			1.房屋		栋	一	50000元
			二、动产				
			1.器具		件	4385	3253300元
			2.农场(谷)		市担	9179.39	9355912元
			3.图书仪器		册	110	35000元
			4.牲畜		件	60	37000元
			5.医药用品		件	120	110000元
			6.运输工具(脚踏车)		辆	2	30000元
合计							13228212元

156

江西省第四行政區農業推廣處[illegible]損失報告表

[illegible] 卅年9月30日

分類	數額
共計	國幣叁拾貳萬元
遷移費	國幣貳拾萬元
防空設備費	國幣伍萬元
疏散費	國幣柒萬元正
救濟費	
撫卹費	

主管[illegible]印[illegible]大

報告者彭吉乾

附（三）江西省第四行政区农业推广处财产间接损失报告表（一九四五年九月三十日）

附（四）江西省第四行政区农业推广处财产直接损失汇报表

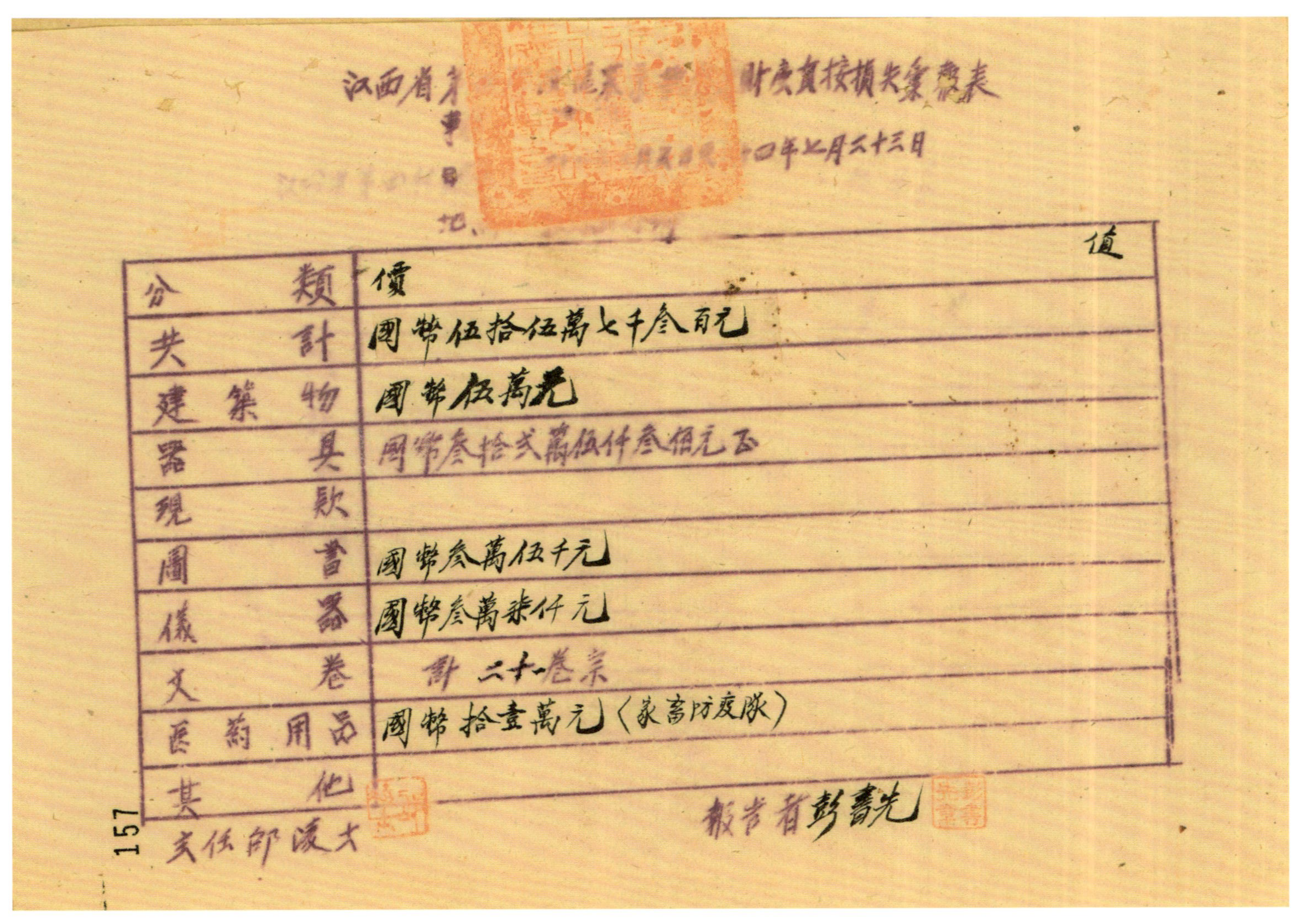

江西省[illegible]财产直接损失汇报表

[illegible]四年七月二十三日

分类	价值
共计	国币伍拾伍万七千叁百元
建筑物	国币伍万元
器具	国币叁拾弍万伍仟叁佰元正
现款	
图书	国币叁万伍千元
仪器	国币叁万柒仟元
文卷	计二十一卷宗
医药用品	国币拾壹万元（家畜防疫队）
其他	

157

报告者 彭书先

江西省农业院南丰柑桔苗圃关于遵令报送抗战损失调查表致省农业院的呈（一九四五年十月十六日）

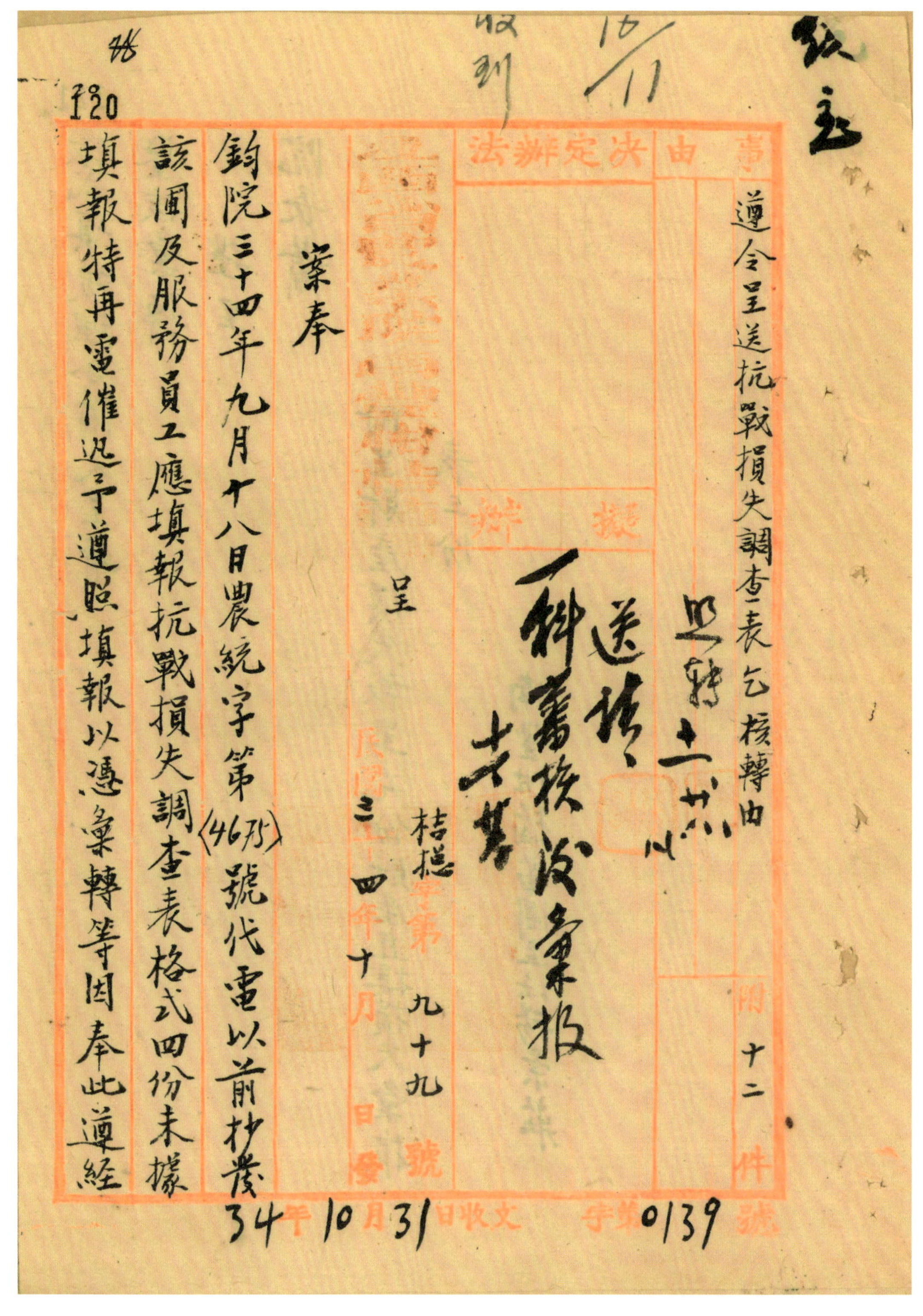

事由：遵令呈送抗战损失调查表乞核转由

附十二件

案奉

钧院三十四年九月十八日農統字第（46796）號代電以前抄發該圃及服務員工應填報抗戰損失調查表格式四份未據填報特再電催迅予遵照填報以憑彙轉等因奉此遵經

桔總字第九十九號

中華民國三十四年十月十六日

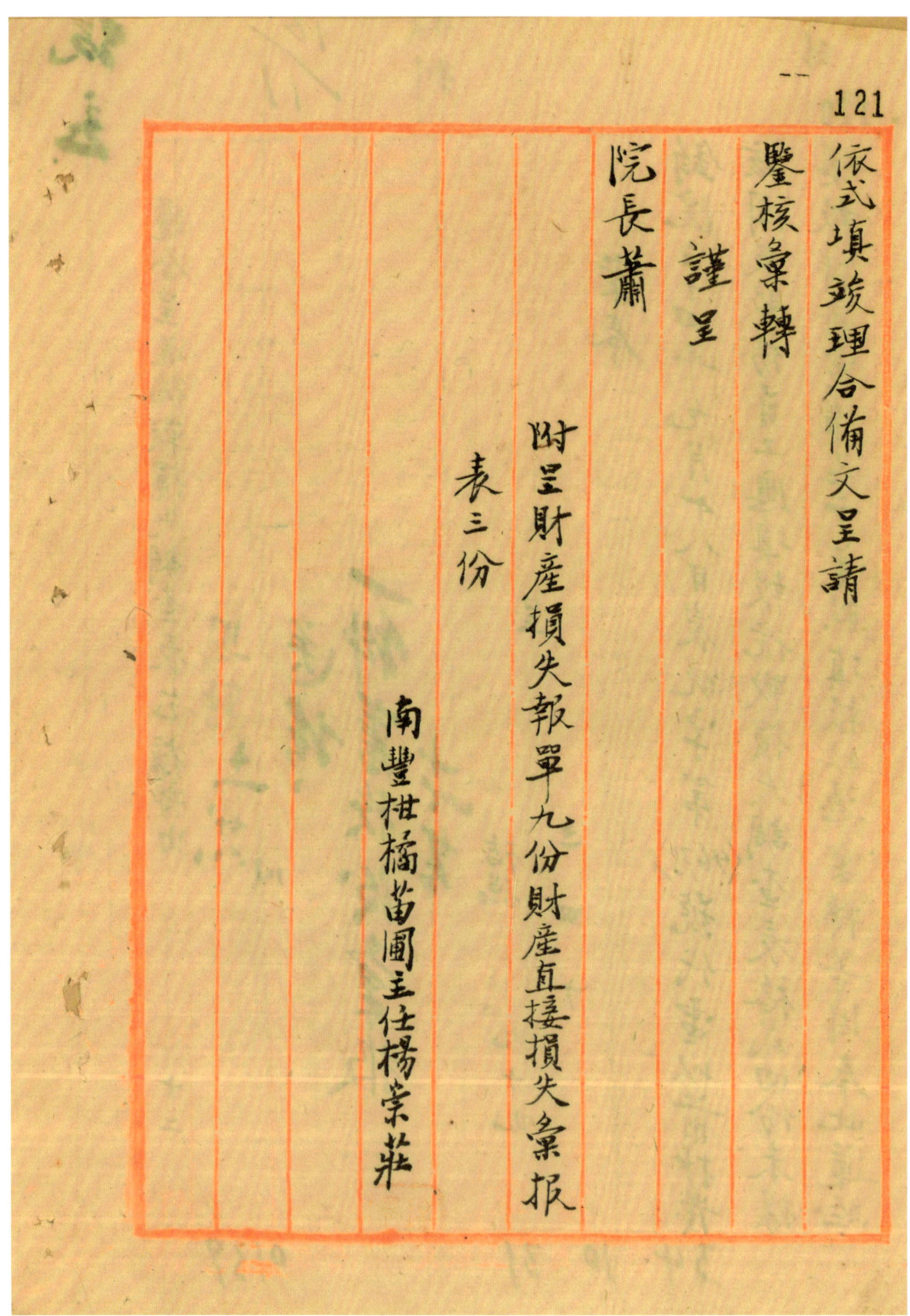
121

依式填竣理合備文呈請

鑒核彙轉

謹呈

院長蕭

附呈財產損失報單九份財產直接損失彙報

表三份

南豐柑橘苗圃主任楊棠莊

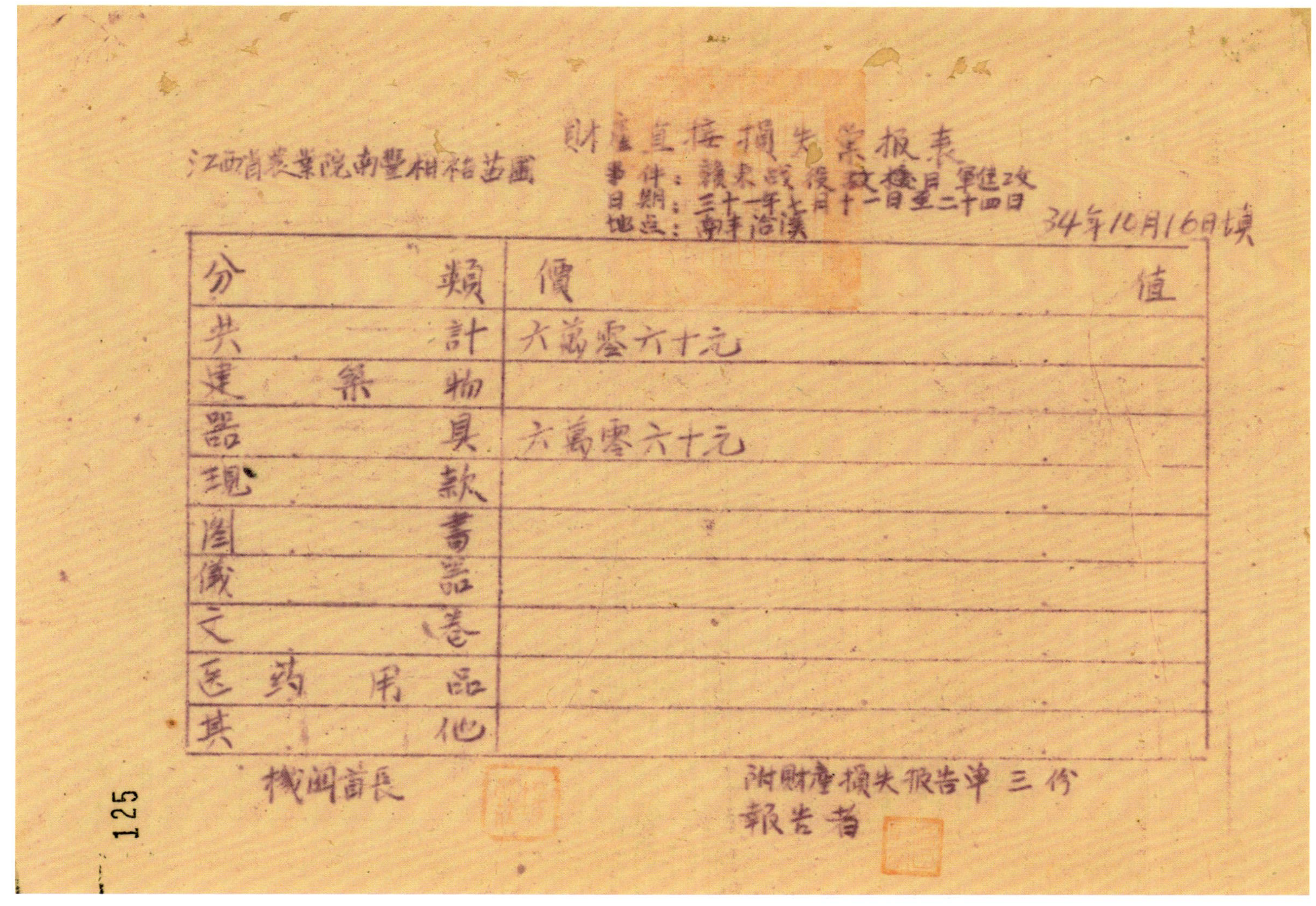

財產直接損失彙報表

江西省農業院南豐柑桔苗圃

事件：贛東戰役敵機及日軍進攻
日期：三十一年七月十二日至二十四日
地點：南豐治溪

34年10月16日填

分類	價值
共計	六萬零六十元
建築物	
器具	六萬零六十元
現款	
圖書	
儀器	
文卷	
醫藥用品	
其他	

機關首長

附財產損失報告單 三份

報告者

125

財產損失報告單

填送日期　　三十四年十月十六日

（第一頁）

損失年月日	事件	地点	損失項目	購置年月	单位	数量	調查時價值	証件
三十一年七月	赣東战役敌乱	南丰洽溪	大瓦鉢	28年8月	個	2	100—	
〃	〃	〃	斧頭	29年3月	把	1	250—	
〃	〃	〃	黄牛牯	30年3月	隻	1	16100—	
〃	〃	〃	413尺	29年7月	根	1	300—	
〃	〃	〃	洋鉄米突尺	仝	根	1	150—	
〃	〃	〃	雨傘	29年2月	把	1	200—	
〃	〃	〃	植物油灯	仝	盏	1	160—	
〃	〃	〃	痰盂	仝	個	2	300—	
〃	〃	〃	小剪刀	仝	把	1	80—	
〃	〃	〃	面盆架	29年4月	個	1	100—	
〃	〃	〃	木面盆	仝	〃	6	960—	
〃	〃	〃	洗米盆	仝	〃	1	450—	
〃	〃	〃	腰形洗澡盆	仝	〃	1	1100—	
〃	〃	〃	洗脚木盆	仝	〃	1	300—	
〃	〃	〃	噴水壺	29年9月	把	2	500—	
〃	〃	〃	斗笠	仝	個	7	840—	
〃	〃	〃	茶壺	仝	把	2	380—	
〃	〃	〃	洋鉄壺	仝	〃	1	200—	
〃	〃	〃	美孚灯	仝	盏	2	360—	
〃	〃	〃	洋油瓶	仝	個	1	240—	
〃	〃	〃	灯台	仝	〃	1	120—	
〃	〃	〃	水缸	29年10月	口	1	900—	
〃	〃	〃	菜碗	仝	個	18	360—	
〃	〃	〃	羹杓	29年6月	〃	8	640—	
〃	〃	〃	木扁担	仝	根	4	480—	
〃	〃	〃	竹扁担	仝	〃	3	120—	
〃	〃	〃	土畚箕	仝	只	12	840—	
〃	〃	〃	竹籮	仝	只	4	1200—	
〃	〃	〃	青篾篮	仝	只	1	120—	

122

主管長官　　　　填报者

財產損失報告單

填送日期　三十四年十月十六日　（第二頁）

損失年月日	事件	地点	損失項目	購置年月	單位	數量	調查時價值	證件
31年7月	[illegible]	[illegible]	大團箕	30年5月	個	1	700—	
〃	〃	〃	小團箕	仝	〃	1	500—	
〃	〃	〃	土鉢	仝	〃	1	650—	
〃	〃	〃	竹方櫈	仝	〃	5	400—	
〃	〃	〃	小木櫈	仝	〃	2	120—	
〃	〃	〃	長條櫈	仝	〃	6	1500—	
〃	〃	〃	長方枱	仝	〃	1	300—	
〃	〃	〃	双層床	[illegible]	張	2	2200—	
〃	〃	〃	小飯甑	[illegible]	個	1	700—	
〃	〃	〃	飯杓	[illegible]	〃	1	50—	
〃	〃	〃	飯箕	[illegible]	〃	1	90—	
〃	〃	〃	木杓	仝	[illegible]	1	120—	
〃	〃	〃	小瓦缸	30年9月	口	2	500—	
〃	〃	〃	土鉢	仝	個	10	1500—	
〃	〃	〃	瓦罐	仝	〃	5	400—	
〃	〃	〃	菜籃	31年1月	〃	1	80—	
〃	〃	〃	大山鋤	仝	把	8	960—	
〃	〃	〃	草鋤	仝	〃	8	800—	
〃	〃	〃	濶鋤	仝	〃	5	1720—	
〃	〃	〃	鉄鍬	仝	〃	6	2520—	
〃	〃	〃	四齒耙	30年9月	張	3	1500—	
〃	〃	〃	六齒耙	仝	〃	2	760—	
〃	〃	〃	九齒耙	仝	〃	1	600—	
〃	〃	〃	穀搖鏝	仝	〃	6	540—	
〃	〃	〃	步耙	仝	〃	1	300—	
〃	〃	〃	牛鍊	仝	根	1	700—	
〃	〃	〃	芋梗刀	30年2月	把	2	140—	
〃	〃	〃	切梗刀	仝	〃	2	400—	
〃	〃	〃	鉄鍋	仝	口	2	1800—	

主管長官　　　　填報者

123

財產損失報告單

填送日期　三十四年十月十六日　（第三頁）

損失年月日	事件	地點	損失項目	購置年月	單位	數量	調查時價值	証件
31年7月	[illegible]	[illegible]	小菜鍋	30年4月	口	1	800—	
〃	〃	〃	大鍋蓋	仝	個	2	300—	
〃	〃	〃	小鍋蓋	仝	〃	1	100—	
〃	〃	〃	剪刀	31年2月	把	2	380—	
〃	〃	〃	菜刀	仝	〃	2	480—	
〃	〃	〃	柴刀	仝	〃	1	160—	
〃	〃	〃	火鉗	30年10月	〃	2	220—	
〃	〃	〃	小鐵杓	仝	〃	2	240—	
〃	〃	〃	大鐵杓	仝	〃	1	150—	
〃	〃	〃	担水桶	29年5月	担	1	1200—	
〃	〃	〃	糞桶	仝	〃	2	800—	
〃	〃	〃	飯碗	30年6月	只	42	380—	
〃	〃	〃	湯匙	仝	〃	18	120—	
〃	〃	〃	烘爐子	仝	個	1	300—	
〃	〃	〃	菜盤	仝	只	3	450—	
〃	〃	〃	藍花茶杯	仝	〃	10	250—	
〃	〃	〃	花邊大菜鉢	仝	只	8	560—	
〃	〃	〃	硯池	30年9月	副	1	260—	
〃	〃	〃	竹床	30年5月	張	2	800—	
〃	〃	〃	瓦罐	仝	個	5	300—	
〃	〃	〃	鐵鋤	29年11月	把	2	840—	
〃	〃	〃	鍋鏟	仝	〃	1	60—	
〃	〃	〃	鐵環	仝	個	6	150—	

主管長官　　　　　　填報者

124

江西省农业院关于汇报该院所属湖口林场受抗战影响遭受损失致省政府的呈（一九四六年二月十四日）

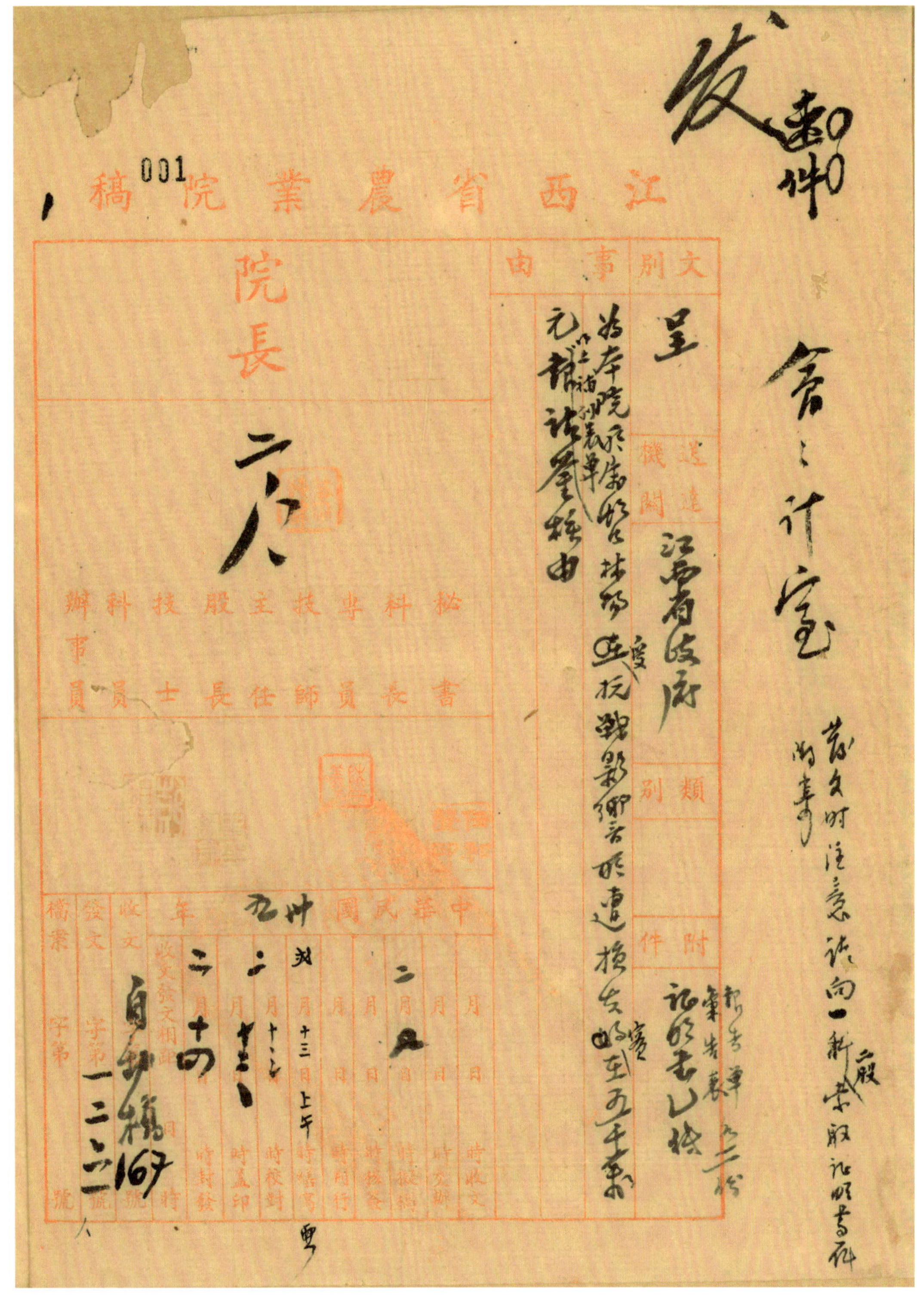
江西省農業院稿　001

文別	呈
事由	為本院所屬湖口林場受抗戰影響所有損失表單呈請鑒核由
送達機關	江西省政府

院長　二八

002

（令）

衔 呈 农一字第 号

本院前为请派员赴新收复各县视察本院所属各场情形
农林场因战况派员分赴各收复县区实地调查，兹据本院服务
组长彭祖[illegible]调查湖口林场情形报告称：

「祖[illegible]于本年七月十日驰往湖
口，随即视往场地实地踏查，详情如次：（甲）房屋：南门外本场原
有砖木合构西式办公楼房及职员宿舍各一栋，工厂附房亦列，日寇
作战时将办公楼上层建筑完全拆毁，下层仅存残墙，
门窗板柱损失殆尽；职员宿舍之墙壁及屋顶尚存，至俱
则毁；所有工厂附房更被毁成瓦砾堆中，另有些断垣残壁

003

（乙）樹木：湖口林場自民國六年開辦以來已具卅年之歷史，植樹約五千萬株，大者圍可合抱，小者高亦丈餘，日寇佔據時任意砍伐，搶收運市，至今南已成一片光土，稍遠地區亦不過少數馬尾松點綴其間，樹株損失實達十分之八。（丙）田地：湖口林場原有稻田七十餘畝，旱地九十餘畝，日寇佔據時，附近成游擊區，田地荒蕪殆盡。總上所述，該場樹木房屋田地均受抗戰影響甚鉅，遭損失約五千萬元之以上（當時以縣政府所發之證）。該場前報損失二一六五補五一九〇之財樹木損失，完全遺漏，茲補列表報察核。

2

034

等情前来（附调查表），查此次林场损失前经饬查据报为一一六五五一九〇元，经于卅四年十月卅日以卅统字第七五号呈文附同调查表报请察核在卷（附查表报告单）。兹据该场前被我海军划为军事区域，致调查时漏列全部建筑材料损失三八七五〇〇〇〇元来报，连前报损失一一六五五一九〇元，共计损失五〇四〇五一九〇元。维案查无讹，除将该项漏列损失另行列表随文补呈外，理合并卅统字第七五号呈併案办理，以昭实在。

谨呈

江西省政府主席曹

计补呈此次林场（省营事业财产）财产损失调查表一份

财产损失报告单一份

湖口县政府证明书一份（查报证明原报告卷内）

（全衔）院长萧〇〇

005

財產損失報告單（表式3）

補填送日期三十五年二月　日

(1) 損失年月日	(2) 事件	(3) 地點	(4) 損失項目	購置年月	單位	數量	查報時價值（國幣元）	(5) 證件
27年7月至34年10月	日寇佔據湖口	湖口	馬尾松		株	3000000	30000000	附説明書乙件
			杉		〃	10000	6800000	
			柏		〃	2000	500000	
			櫧		〃	3000	400000	
			樟		〃	2500	700000	
			其他		〃	1500	350000	

直轄機關學校團體或事業　　　受損失者　湖口林場

名稱　湖口林場　　印信　　（名稱或姓名）　　（印信或蓋章）

說明：1.即事件發生之日期，如某年某月某日或某年某月某日至某年某月某日。

2.即發生損失之事件，如日機之轟炸日軍之進攻等。

3.即事件發生之地點，如某市某縣某鄉某鎮某村等。

4.即一切動產（如衣服什物財帛舟車證劵等）及不動產（如房屋田園礦產等）所有損失逐項填明。

5.如有證件應將名稱與件數填入『證件』欄內。

6.受損失者如係機關學校團體或事業填其名稱，如係機關學校團體或事業之員工填其姓名。

3

附（二）湖口林场财产损失汇告表

006

湖口林场（1）營事業財產損失彙告表（表式6）

（農業部份）（2）

事件：（3）

日期：（4）

地點：（5）

填送日期三十四年　　月　　日

分類			單位	數量	查報時之價值（國幣元）
共計			—	3019000	38750000元
房屋			棟		
器具			件		
現款			元		
產品	農產品	谷	市担		
		麥	市担		
		植物油	市担		
		雜糧	市担		
	林產品	木	株	3019000	38750000元
		竹	株		
	水產品（6）				
	畜產品（6）				
工具	農具		件		
	漁具		件		
牲畜	豬		頭		
	牛		頭		
	鷄鴨		頭		
	其他		頭		
運輸工具（手車）			輛		
衣物			件		
其他					

調查專員（簽蓋）　　縣長（7）（簽蓋）　　鄉鎮長或事業團體主持人（簽蓋）

說明：1.如爲省營應於營字前填「省」字，市營填市字，縣營填「縣」字，民營填「民」字，並於其前填明該省市縣名稱。

2.包括農林漁牧等業。

3.即發生損失之事件，如日機轟炸日軍進攻等。

4.即事件發生之日期，如某年月日或某年月日至某年月日。

5.即事件發生之地點，如某市縣某鄉鎮某村等。

6.水產品如魚，畜產品如猪鬃皮革，按照當地生產情形及有無是項損失酌填。

7.如爲省營應改爲省主管官署長官簽蓋。調查專員簽蓋從缺。

4

江西省政府建设厅养鱼实验场关于详查鱼苗贷出及损失致省建设厅的报告（一九四六年三月十八日）

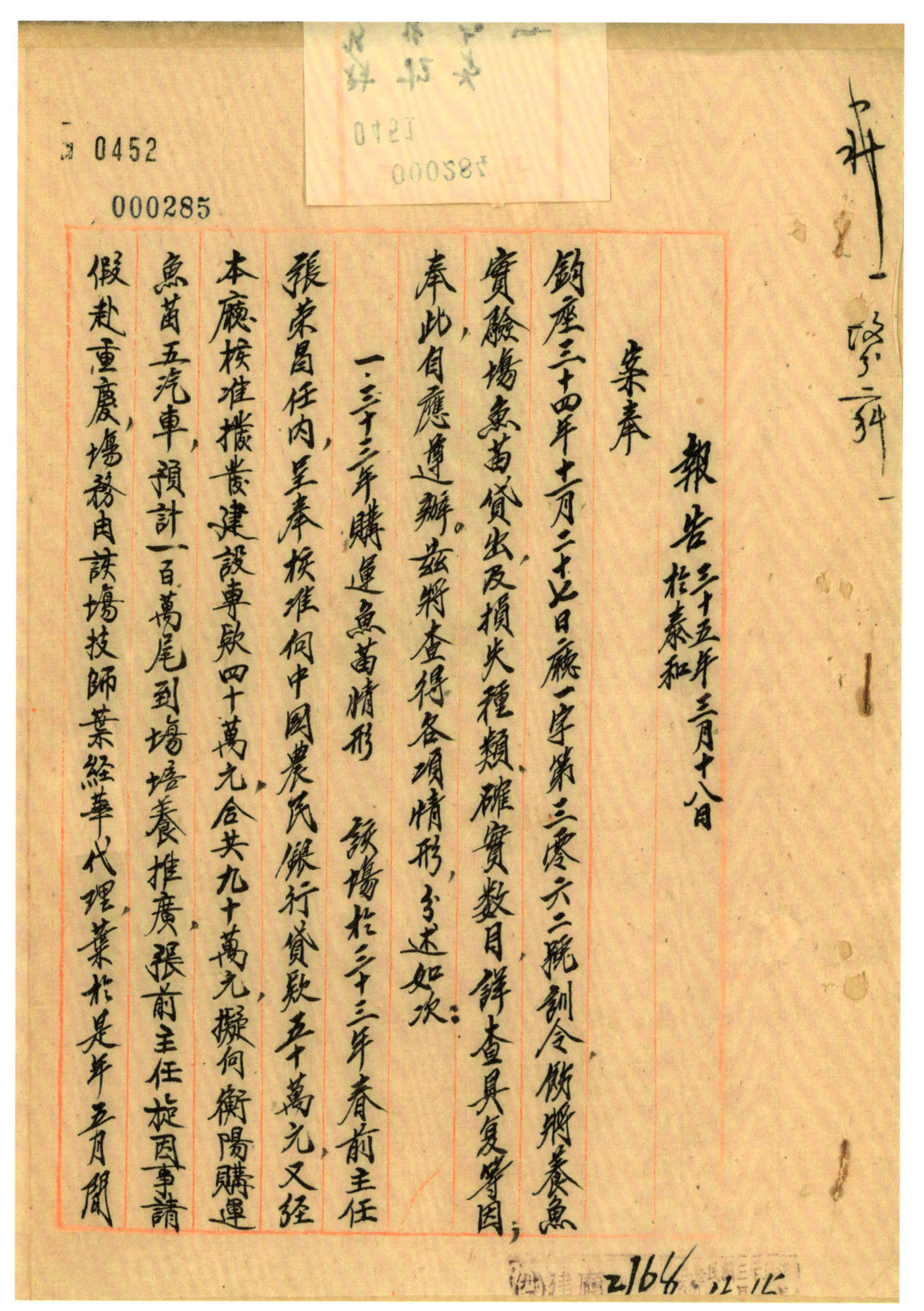

報告 三十五年三月十八日 於泰和

案奉

鈞座三十四年十月二十七日廳一字第三零六二號訓令飭將養魚實驗場魚苗貸出及損失種類確實數目詳查具復等因，奉此自應遵辦。茲將查得各項情形分述如次：

一、三十三年購運魚苗情形 該場於三十三年春前主任張榮昌任內，呈奉核准向中國農民銀行貸款五十萬元，又經本廳核准撥發建設事款四十萬元，合共九十萬元，擬向衡陽購運魚苗五汽車，預計一百萬尾到場培養推廣。張前主任旋因事請假赴重慶，場務由該場技師葉經華代理。葉於是年五月間

0453

率育苗股員工數人，攜款赴衡陽採購魚苗。據葉技師等呈報，此次共購魚苗二十八萬一千三百尾，均是衡陽沈湧泉、靜記魚苗號發售，又向湘潭龍華鄉第四保採購苗水二排，計十三桶，於同年六月十七日僱到卡車一輛，裝運魚苗二十萬尾、苗水兩簍到場，下餘七萬四千三百尾，因公路破壞，無法起運，寄存苗戶沈湧泉號代養。該場屢次購運魚苗，因免久置簍內損失過鉅，到場即放入魚池，多不及正式辦理驗收手續，其報廳數字均係該場自行估計，此種數字，並不可靠。據該場員工稱述：「此批魚苗於三十三年六月十七日黄昏後到場，當即傾苗池，此時湘省戰事激烈，此批魚苗係屬搶運到場，裝車匆促，未能佈置妥貼，內有一簍壓破，到場時水已完全漏去，簍內魚苗完全損失，全車損失數量，自較歷次運輸者損失為多，到場實數連苗水併計，實祇一十五萬尾上下」等語。前劉兼主任重炬即於此批魚苗運到前數日到場視事，當依照向例，由育苗股員工估計數量，報廳浮出到場實數，應在四萬尾上下。葉技師購運此批魚苗報支用費五十五萬七千六百零零五角八分，經該場會計員鍾家標覈度，核駁未予報銷。嗣因葉鍾二人均於三十四年一月間疏散離場，此項報銷因是迄未了結。至寄養衡陽沈湧泉魚苗七萬數千尾，聞因衡陽淪陷，全部損失。此次購運魚苗共耗資金將近六十萬尾，運到魚苗僅十餘萬尾，與原定購運魚苗計劃（擬購一百萬尾數量）相差甚鉅。

二、前劉兼主任擬辦推廣魚苗情形　上述採購魚苗運到該場時，正值湘省戰事劇烈，泰和情勢亦甚緊張，人心惶恐，未幾敵擾贛西贛南各縣，該場魚苗無人過問。上年一月間，泰和緊急疏散，前劉兼主任率員工數人逃避至附近鄉村，敵軍過後回場整理，是時雨雪連綿，池魚凍斃甚多，泰和亦自此時起頓形冷落，益以時局動盪，該場魚苗尤感推廣困難，員工生活遂亦無法維持，該場自上年二月以後，僅職員三人，工友四人，對於業務進行，實感人

0456

000287

力缺乏，前劉兼主任因擬速將在場魚苗推銷，電請本廳准將魚苗貸放各鄉村，至六個月後（即秋收後）收回苗價，本廳因該場借款期限關係，（電復准予兩個月後收回苗價，卽鄉民以此時為青黃不接之時，無力還款，不願承貸。）來季照准。前劉兼主任復以場內經濟，官追員工過少，培護在場魚苗極感困難，再以文電重申前請，經廳核准貸放收回苗價期間為六個月。此時已屆初夏，場內魚苗平均長達四寸內外，苗販與鄉民均以魚苗過大，出場運送困難，損失必鉅。而自此以後，天久不雨，鄉民插秧無水，各處池塘大多乾涸，無水養魚，以致該場魚苗仍屬不能推廣出場。上年秋冬二季，附近鄉村又因敵軍過境，遭受重大損失，咸以全力整理故業，實無餘力放養魚苗。該場自三十三年秋以迄現在，除陸續零售少數池魚維持員工生活外，實未推廣大批魚苗出場。

三、魚苗損失情形　三十三年春該場購運到場魚苗約十五萬尾，始終未能推廣出場，初因上年一二月間雨雪連綿，該場員工疏散凍斃不少，嗣以上年夏秋之間久旱缺水，場內員工過少照顧不週，飼料缺乏復受相當損失，迨上年七月，泰和淪陷前，場池內魚據該場員工及附近鄉民稱述估計約在六萬尾上下。泰和淪陷時，敵軍曾至該場數次大肆破壞閘放魚池閘口，並於池內投擲手榴彈，逃避該場附近山中鄉民均聞該場小型炸彈爆炸聲，該場留守場工劉喜生、陳金秀二人，均目擊敵軍破壞情形，劉喜生因敵軍到場躲避不及，致被拉充挑夫，至八月間，始由高安逃回，敵軍經過後，該場員工陸續返場，從事整理，經一星期餘，始將池内死魚撈罄，整理清潔，惟池魚損失難數，清查困難。職奉令時，正值冬令，如將池水車乾，將魚過塘清點，損失必能延至本年一月間，泰和縣政府決定暫行接管該場，涸水估計池魚並將成魚發售，該場存有池魚種類數量，始獲澈底明瞭。各池共有鰱、鳙、鯖、鯇、鯉等六千一百餘尾，其中四五兩以内者約三千尾，均認作魚苗作價五萬元，由縣府照數預繳，代爲發售。四五兩以上至二市斤者，均認爲成魚，訂予魚販承購，計撈得成魚三千三百一十尾，共計一千三百二十二市斤，售得價款一十九萬八千二百九十五元，又縣府預繳魚苗價款五萬元，合共售得二十四萬八千二百九十五元。各種池魚總共損失五萬三千餘尾。茲造具三十四年七月敵陷泰和魚類損失調查表附呈察核。

據該場歷年記載，屢次購運魚苗及在場培養以迄出場，每因天氣惡劣及各種意外原因均有相當損失，出場數量往往祇能達到購進數量二分之一或不及二分之一。綜觀上述各節，該場此次購運魚苗係屬搶運到場，到場後又受氣候時局影響，未能推廣出場，損失甚鉅。至泰和淪陷時僅存六萬尾上下，此種損失實非人力所能挽救。如泰和淪陷時敵軍不至該塘破壞，就剩餘池魚六千餘尾售得價款二十四萬八千餘元推算，池魚六萬尾，應可獲得價款二百萬元上下，足以清償三十三年各項債款本息。

所有遵　令調查養魚實驗塘三十三年購運魚苗未能推廣及敵軍至該塘破壞各原由，理合造具敵陷泰和該塘池魚損失調查表，並檢同泰和縣政府証明書，報請

鑒核。

謹呈

廳長胡

計附呈：

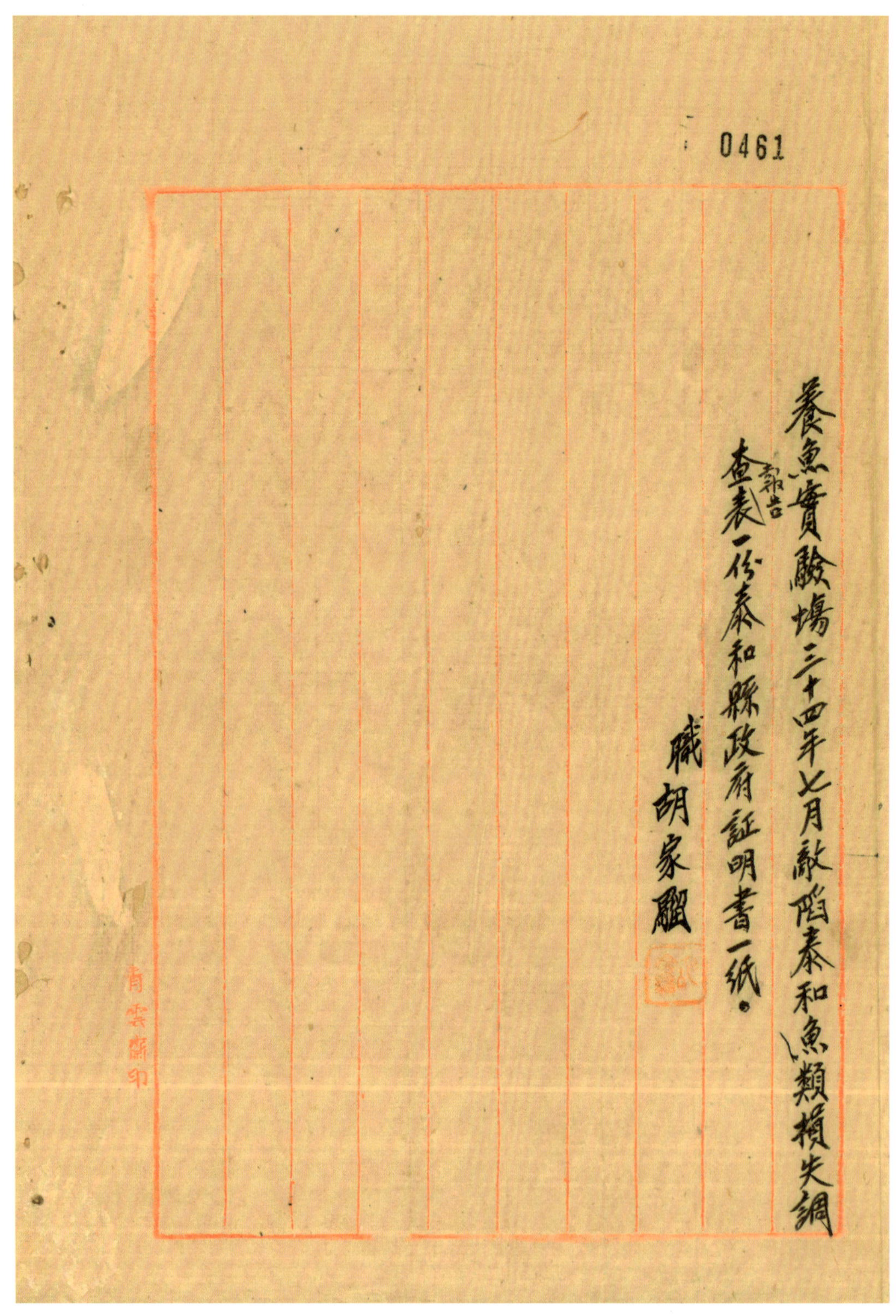

0461

養魚實驗場三十四年七月敵陷泰和魚類損失調查表（報告）一份泰和縣政府証明書一紙。

職 胡家驥

青雲齋印

江西省政府建設廳養魚實驗場
民國三十四年七月敵陷泰和
魚類損失調查報告表

池塘號數	損失情形	損失			現存約計			備考
		種類	單位	數量	種類	單位	數量	
1	被敵開放水口池乾魚盡全部損失	鯇鰱鯉鱅鯉	尾	1980	/	/	/	
2	敵人至大時被難民及過境軍隊撈取甚衆	紅鯉魚	〃	250	紅鯉魚	尾	34	
3	〃	〃	〃	280	〃	〃	40	
4	〃	鯇鰱	〃	4800	鯇鰱	〃	600	
5	〃	〃	〃	5300	〃	〃	450	
6	被敵開放水口池乾魚盡全部損失	鯇鰱鯉鱅鯉	〃	8600	/	/	/	
7	〃	〃	〃	8700	/	/	/	
8	敵人至大時被難民及過境軍隊撈取甚衆	〃	〃	4800	鯇鰱鯉鱅鯉	尾	1200	
9	被敵開放水口池乾魚盡全部損失	〃	〃	7800	/	/	/	
10	敵人至大時被難民及過境軍隊撈取甚衆	〃	〃	5600	鯇鰱鯉鱅鯉	尾	1800	
14	〃	〃	〃	1800	〃	〃	1900	
15	〃	〃	〃	1400	〃	〃	50	
16	〃	鯇魚	〃	150	鯇魚	〃	20	
17	〃	〃	〃	20	〃	〃	9	
18	/	/	/	/	/	/	/	荒漏塘
19	敵人至大時被難民及過境軍隊撈取甚衆	鯇魚	尾	30	鯇魚	尾	27	
合計				53,110			6,130	

附（二）泰和县政府证明书（一九四五年十二月二十二日）

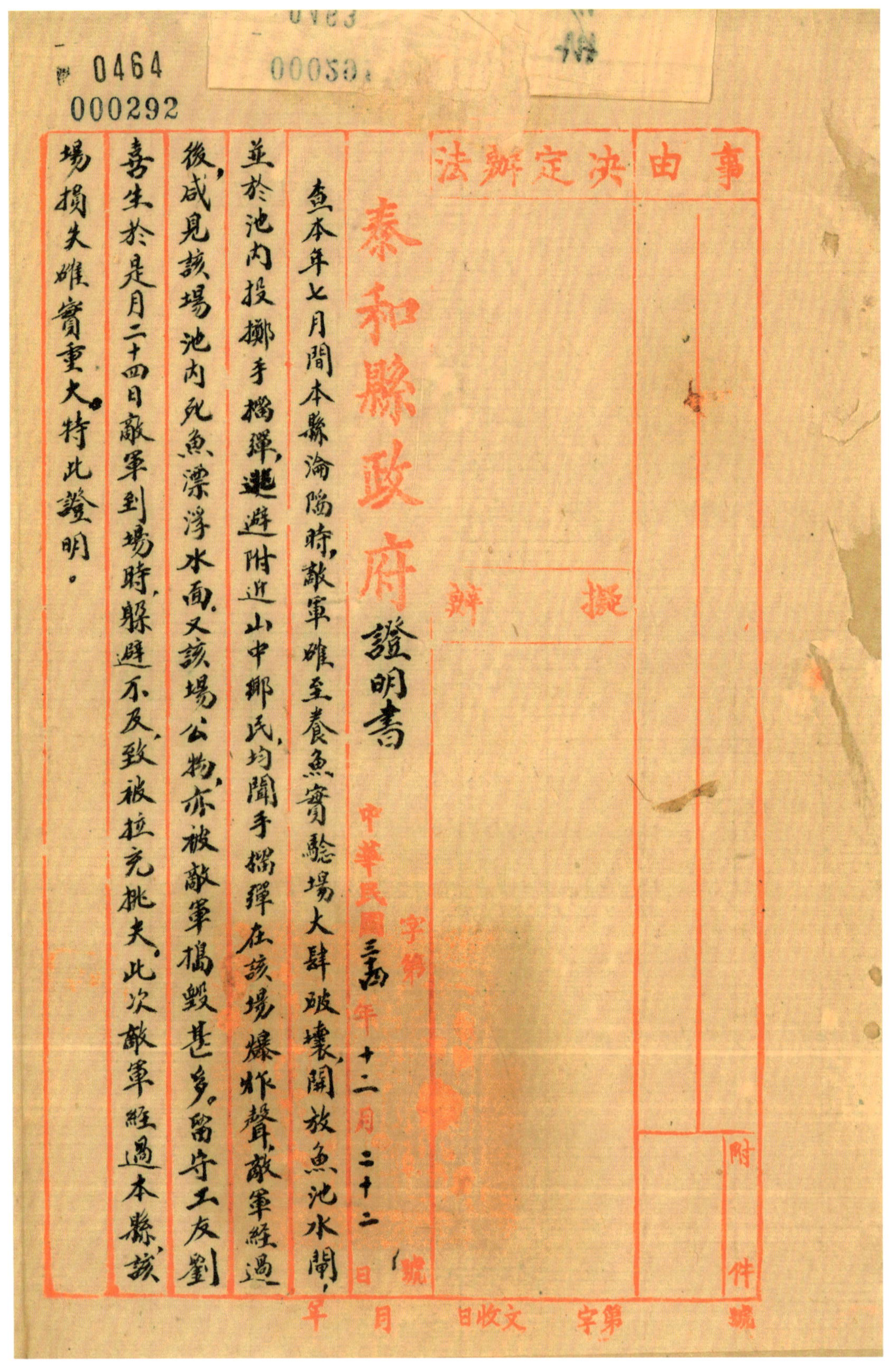

一 0464
000292

事由

決定辦法

擬辦

附件

泰和縣政府證明書

查本年七月間本縣淪陷時，敵軍雖至養魚實驗場大肆破壞，開放魚池水閘，並於池內投擲手榴彈，逃避附近山中鄉民均聞手榴彈在該場爆炸聲，敵軍經過後，咸見該場池內死魚漂浮水面，又該場公物，亦被敵軍搗毀甚多，留守工友劉喜生於是月二十四日敵軍到場時，躲避不及，致被拉充挑夫，此次敵軍經過本縣，該場損失確實重大，特此證明。

中華民國三十四年十二月二十二日　字第　號

收文　字第　號　年　月　日

0465

泰和縣縣長彭遜羽

遂川县政府关于该县精勤农场财产损失请拨款救济致江西省政府的呈（一九四六年四月八日）

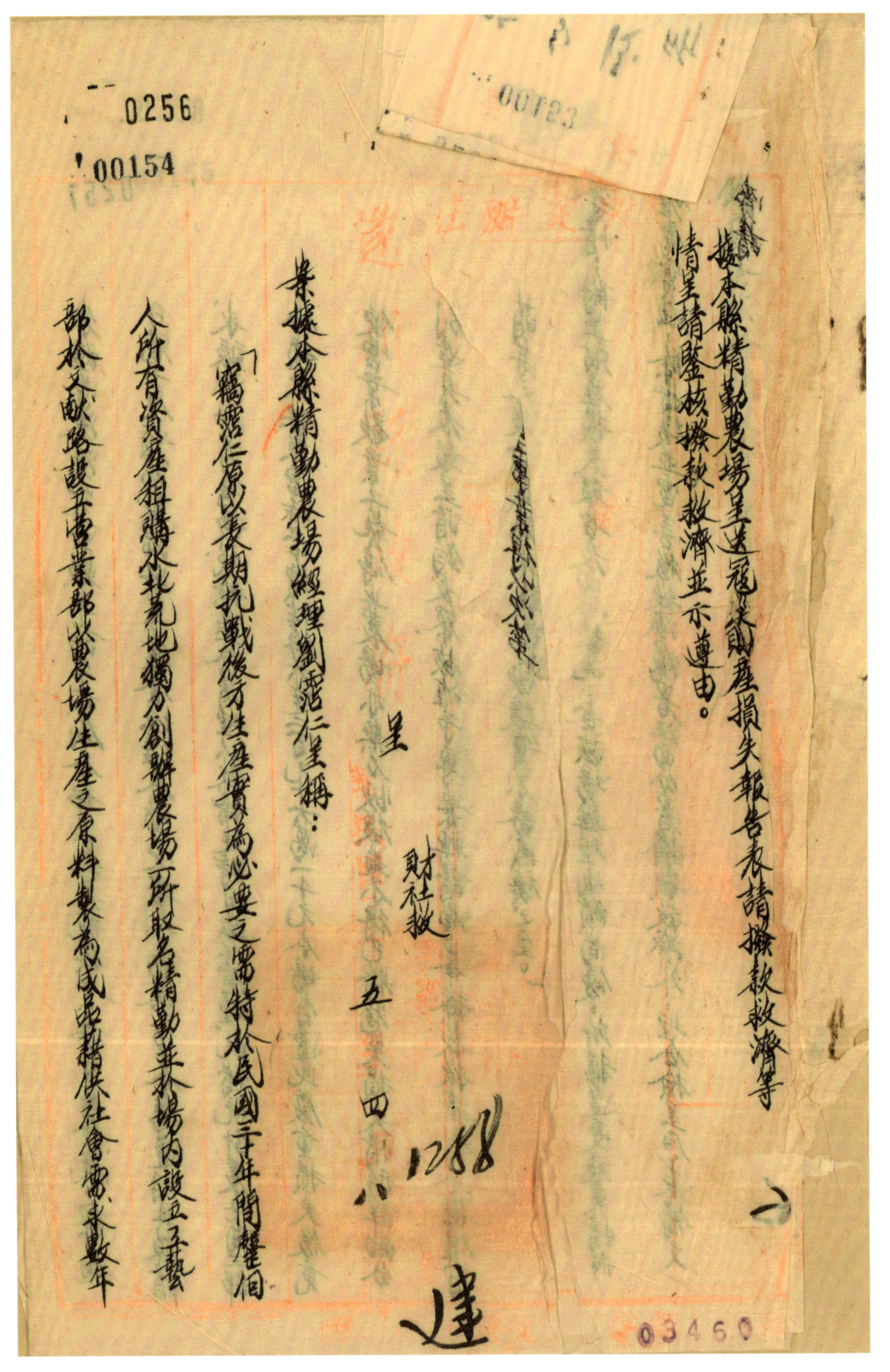
据本县精勤农场呈送寇灾财产损失报告表请拨款救济等情呈请鉴核拨款救济并示遵由。

案据本县精勤农场经理刘霈仁呈称：「窃霈仁原以长期抗战，后方生产实为必要之需，特于民国三十年间罄个人所有资产租购水北荒地，独力创办农场一所，取名精勤，并于场内设立工艺部，于文献路设立营业部，以农场生产之原料制为成品，藉供社会需求。数年

呈　财社救　五　四　八

來經營淺浚，費盡艱辛，能於去歲各部正粗具規模，業務日益發展之際，適日寇二度竄臨，獸蹄所至，蘆舍坵墟，本場受害尤為慘重，本應遵期具報請求賑濟，時因寇擾殘餘，亟於清理，以致稽延時日。茲以清理就緒，統計農工商三部份損失，按照當時市價估值共達二百九十六萬一千元。本場自遭此嚴重損失後，竟使營業歇業，工藝停止，農場亦無力恢復，迫不得已將寇災損失情形詳細分別造具表報，呈請鈞長察核，准予專案轉請層峯撥款救濟，俾本場僅有萌芽之農工商業得以次第恢復，實不勝感禱之至。」

等情，附呈財產損失報告表四份，據此。查該場辦理成績尚優，所稱遭受寇災情形確屬實在，除指復並函善後救濟總署江西分署撥款救濟外，理合檢呈原表備文呈請

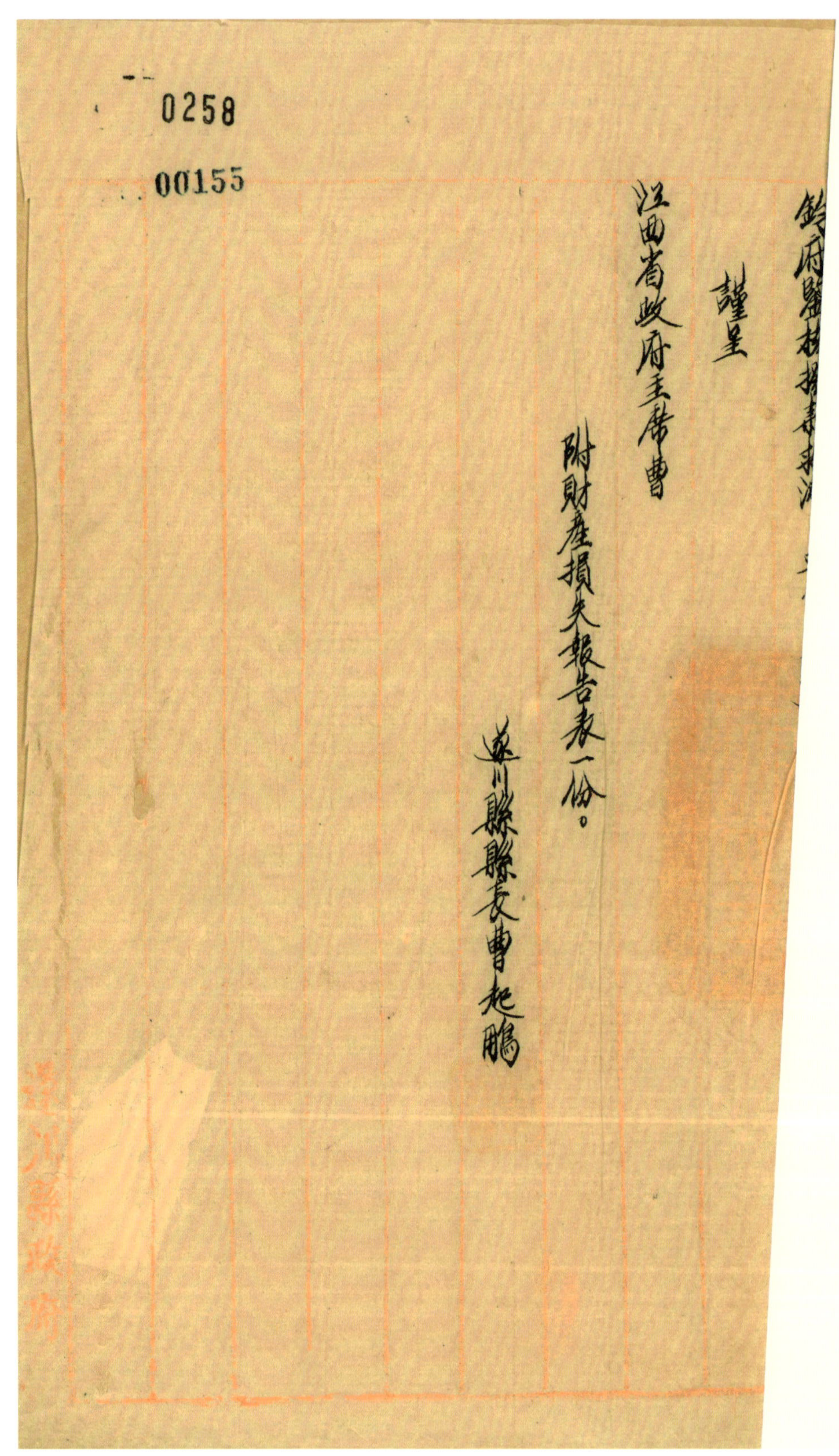

0258

00155

鈞府鑒核［illegible］

謹呈

江西省政府主席曹

附財產損失報告表一份。

遂川縣縣長曹起鵬

附：遂川精勤农场财产损失报告（一九四六年三月一日）

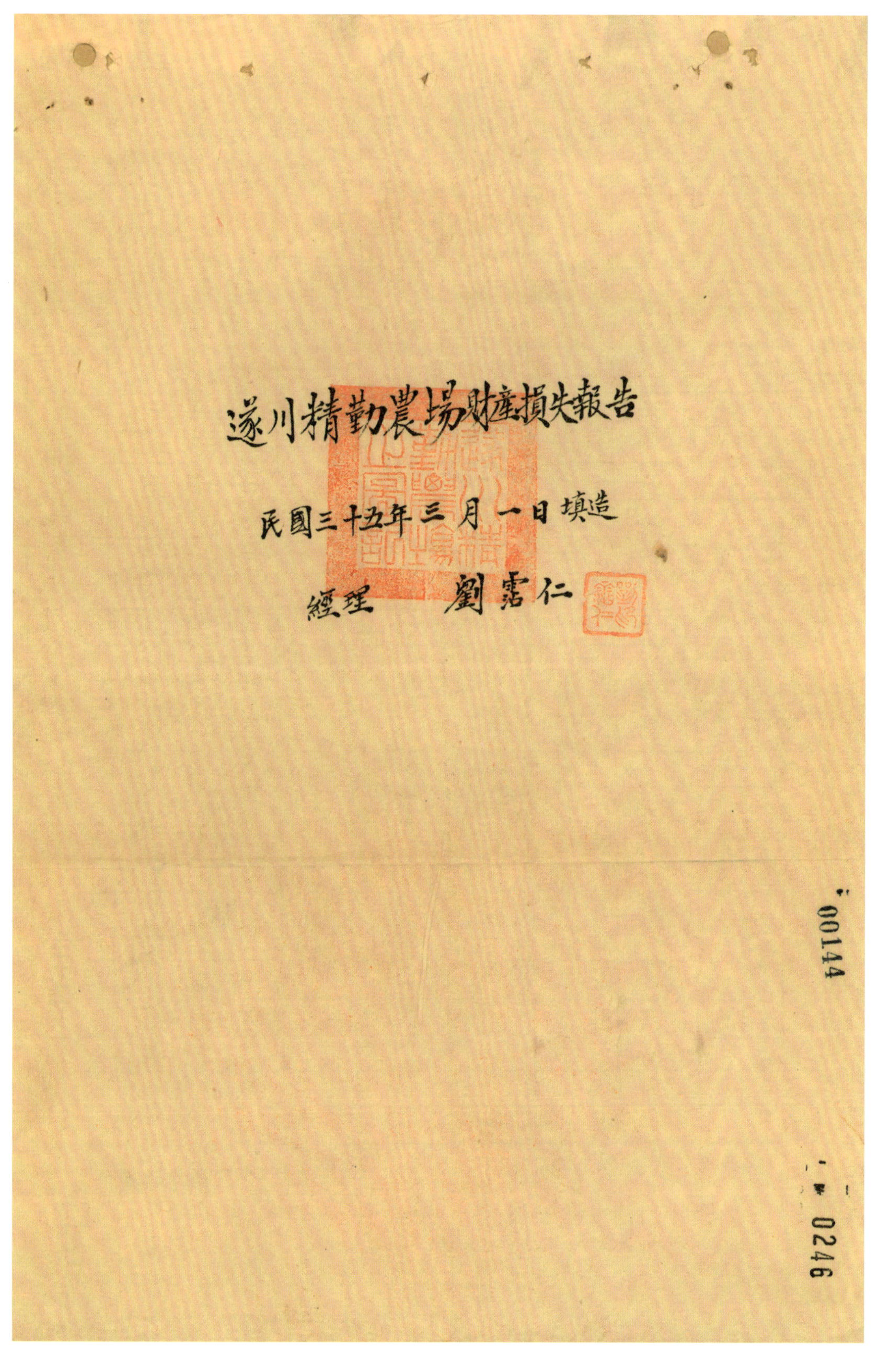

遂川精勤農場財產損失報告

民國三十五年三月一日填造

經理　劉靄仁

江西省遂川縣精勤農場民營事業損失報告表（表式6）

農業部份

事件：日軍進攻

日期：三十四年八月十四日

地點：遂川縣城

填送日期三十五年三月一日

分類			單位	數量	查報時之價值（國幣元）
共計			—	—	1,387,200元
房屋			棟		
器具			件	107	183,200元
現款			元		
產品	農產品	谷	市担	80	64,000元
		麥	市担		
		植物油	市担	10	70,000元
		雜糧	市担	31	589,000元
	林產品	木	株		
		竹	株		
	水產品(6)				
	畜產品(6)				
工具	農具		件	92	47,000元
	漁具		件		
牧畜		豬	頭	4	90,000元
		牛	頭	1	120,000元
		雞鴨	頭	30	9,000元
	其他		頭	629	215,000元
運輸工具（手車）			輛		
衣物			件		
其他					

調查專員　　縣長　　精勤農場經理劉雲仁

財產損失報告單（表式3）

填報日期三十五年三月一日

損失年月日(1)	事件(2)	地點(3)	損失項目(4)	購置年月	單位	數量	填報時價值（國幣元）	證件(5)
34,1,14、	日軍進攻	縣城	稻谷		石	80	64,000元	
〃	〃	〃	大蒜		斤	3,000	105,000元	
〃	〃	〃	甘蔗		株	1,200	100,000元	
〃	〃	〃	蕃薯		斤	3,000	42,000元	
〃	〃	〃	馬鈴薯		斤	2,000	100,000元	
〃	〃	〃	各種蔬菜		斤	5,000	15,000元	
〃	〃	〃	蒸製骨粉	33,8	擔	50	60,000元	
〃	〃	〃	種籽	33,8,	斤	80	32,000元	
〃	〃	〃	蕃茄		斤	1,500	45,000元	
〃	〃	〃	油菜		畝	10	30,000元	
〃	〃	〃	黃豆		擔	10	60,000元	
〃	〃	〃	鐵鍬	32,8,	把	10	5,000元	
〃	〃	〃	鋤頭	〃	〃	25	12,000元	
〃	〃	〃	鐮鍬	〃	〃	18	3,000元	
〃	〃	〃	四齒耙	〃	〃	10	6,000元	
〃	〃	〃	六齒耙	〃	〃	4	2,000元	
〃	〃	〃	柴刀	〃	〃	2	1,000元	
〃	〃	〃	草刀	33,8,	〃	20	6,000元	
〃	〃	〃	大耙	32,8,	〃	1	4,000元	
〃	〃	〃	耕牛	33,7	頭	3	120,000元	
〃	〃	〃	犁	33,8,	具	2	4,000元	
〃	〃	〃	豬	33,4,	頭	4	90,000元	
〃	〃	〃	魚	33,6	尾	600	180,000元	
〃	〃	〃	羊	32,1,	隻	9	27,000元	
〃	〃	〃	雞鴨	33,9,	隻	30	9,000元	
〃	〃	〃	兔	33,3,	隻	20	8,000元	
〃	〃	〃	大小門	31,2,	頁	26	31200元	
〃	〃	〃	橋梁	31,2,	座	1	12,000元	
〃	〃	〃	工人睡樓板	32,3,	塊	20	100,000元	
〃	〃	〃	工人睡席子	〃	床	20	20,000元	
〃	〃	〃	工人睡鋪板	〃	塊	40	20,000元	

受損失者：精勤農場經理劉雲仁

00142

0244

江西省遂川县精勤农场民营事业财产直接损失汇报表

工业部份

事件：日军进攻

日期：三十四年八月二十四日

地点：遂川县城

填送日期三十五年三月一日

分类	查报时之价值（国币元）
共计	1,011,000元
厂房	
器具	32,000元
现款	
制成品	
原料	546,000元
机械及工具	433,000元
运输工具	
衣物	
其他	

调查专员　　　　县长

00141

0243

財產損失報告單（表式3）

填送日期三十五年 三 月 一 日

損失年月日(1)	事件(2)	地點(3)	損失項目(4)	購置年月	單位	數量	查報時價值（國幣元）	證件(5)
34.1.24.	日寇進攻	縣城	織布鐵機	30.8.	部	4	80,000元	
〃	〃	〃	織布木機	30.8.	〃	4	28,000元	
〃	〃	〃	毛巾木機	30.8.	〃	4	20,000元	
〃	〃	〃	搖紗機	30.8.	〃	1	15,000元	
〃	〃	〃	男女襪機	30.8.	〃	10	100,000元	
〃	〃	〃	60根紡紗機	30.8	〃	2	22,000元	
〃	〃	〃	手搖紗車	30.8.	〃	40	48,000元	
〃	〃	〃	彈花機	30.8.	〃	1	14,000元	
〃	〃	〃	軋花機	30.8.	〃	1	30,000元	
〃	〃	〃	機器零件	30.8	件	60	60,000元	
〃	〃	〃	洋紗	33.12.	斤	50	100,000元	
〃	〃	〃	棉紗	33.12.	斤	12	84,000元	
〃	〃	〃	棉花	33.12.	斤	120	22,000元	
〃	〃	〃	漂白粉	33.12.	斤	22	110,000元	
〃	〃	〃	各色顏料	33.12.	斤	5	100,000元	
〃	〃	〃	苧麻	33.12.	斤	300	60,000元	
〃	〃	〃	製豆腐器械	30.8.	件	6	10,000元	
〃	〃	〃	瓷桶	30.8.	套	8	16,000元	
〃	〃	〃	豆汁玻璃瓶	30.8.	個	300	12,000元	
〃	〃	〃	大小鍋	30.8.	口	5	20,000元	
〃	〃	〃	黃豆	33.11.	担	2	8,000元	
〃	〃	〃	石羔	33.10.	斤	200	12,000元	以上係本場全部損失物件共1011,000元

受損者：精勤農場經理劉霈仁

江西省遂川縣精勤農場民營事業財產直接損失彙報表

商業部份

事件：日軍進攻

日期：三十四年七月十四日

地點：遂川縣城

填送日期三十五年三月一日

分類		單位	數量	查報時之價值（國幣元）
共計		——	——	562,800元
房屋	店房	棟	2	160,000元
	住宅	棟		
器具		件	212	362,800元
現款		元		
存貨		件	6	40,000元
運輸工具	車	輛		
	船	艘		
衣物		件		
其他				

調查專員　　縣長　　受損者：精勤農場經理劉霈仁

財產損失報告單（表式3）

填送日期三十五年三月一日

(1) 損失年月日	(2) 事件	(3) 地點	(4) 損失項目	購置年月	單位	數量	查報時價值（國幣元）	(5) 證件
34,7,14.	日軍進攻	縣城	大小櫥台	33,6.	隻	2	12,000元	
〃	〃	〃	玻璃貨櫥	〃	隻	2	20,000元	
〃	〃	〃	舖門	〃	副	全	8,000元	
〃	〃	〃	貨架	〃	副	全	80,000元	
〃	〃	〃	椅凳	〃	張	12	4,800元	
〃	〃	〃	舖板	〃	副	4	2,800元	
〃	〃	〃	房屋損壞		棟	1	60,000元	
〃	〃	〃	廚具	33,6.	件	20	20,000元	
〃	〃	〃	零星貨物		担	6	40,000元	
〃	〃	〃	會議桌	33,6.	隻	1	3,000元	
〃	〃	〃	德式床	〃	張	8	48,000元	
〃	〃	〃	籐椅茶几	〃	隻	12	6,000元	
〃	〃	〃	花盆	33.8	盆	40	12,000元	
〃	〃	〃	粗磁碗	〃	副	20	24,000元	
〃	〃	〃	大衣櫥	〃	隻	5	10,000元	
〃	〃	〃	陳列大貨櫥	〃	隻	2	10,000元	
〃	〃	〃	紗架	〃	座	2	5,000元	
〃	〃	〃	鐵紗貨櫥	〃	隻	1	3,000元	
〃	〃	〃	黑板	〃	塊	3	1,200元	
〃	〃	〃	茶架	〃	座	2	3,000元	
〃	〃	〃	大屏風	〃	座	1	10,000元	
〃	〃	〃	腳紗架	〃	座	3	5,000元	
〃	〃	〃	房屋毀損		棟	1	100,000元	
〃	〃	〃	杉板	33,12,	方	30	24,000元	
〃	〃	〃	其他用具				100,000元	
〃	〃	〃	圖表架鏡	33,12	具	40	20,000元	

受損者：精勤農場經理劉靄仁

（1）民营事业财产间接损失报告表（表式13）

农业部份（2）

损失发生之年份：民国三十四年

填送日期：三十五年三月一日

分		类	数额（单位国币元）
可能生产额减少（3）			8,400,000元
可能纯利额减少（3）			3200,000
费用之增加	拆迁费		
	防空费		
	救济费（4）		
	抚恤费（4）		

报告者：精勤农场经理刘露仁（印）

0239

00137

0538